インドネシアの歴史
東西交流史の中心的ステージとして

冨 尾 武 弘

序

　中国・インドというアジアの2大文明圏からのインドネシア海域への文化的波及は紀元前にもさかのぼるものがあるが、文献史料という面では紀元後、それも3世紀前後のことになる。インドネシアはインド・中国という2大国のほぼ中間の東西交通上の要衝に位置し、この2国との交渉のなかで重要な役割を果たし続けたことが、この国の歴史の第一の特質である。

　東アジア世界とインドとの交流、さらにはイスラム世界、そして西欧世界と東西の交流は進展するが、そのなかでインドネシアは変わらず、重要な位置を占める国であった。まさに、東西世界の直接接触拡大の歴史という世界史的展開はインドネシアを舞台にして見ることができるとも言えるものがある。これはまた、不可欠な交通の要衝ということの他に、この広大な群島国家各地で産する豊富で、かつ、貴重な天然資源の供給地であり続けたというこの国の持つ基本的特質にも起因することであった。

　インドネシア海域への様々な外来人の到来、それにともなう様々な文化とのかかわりのなかでこの国の歴史が形成されて来た。この国の複雑、多岐にわたる歴史展開は、土着的文化の強固さにも起因することであった。インドネシアの有する基本的特質を強調したが、これらへの理解なくしてはこの国の歴史理解は不可能である。本書は、これらのこの国の基本的特質の追求と、世界史の中のインドネシアという視点に留意しつつまとめられたものである。

目　次

序 ··· i

序　章 ··· 1

　第1節　地理的概要 ·· 1
　　　◆ 基本的理解のために ── 1
　　　◆ 宗教 ── 2
　　　◆ 地域文化 ── 3
　　　◆ 華僑問題 ── 4
　　　◆ 統一言語 ── 5
　　　◆ 時代区分　～外来文化到来の波 ── 5

　第2節　先史時代の諸様相 ··· 7
　　　◆ 原始人骨の宝庫 ── 7
　　　◆ 旧石器時代 ── 7
　　　◆ 中石器時代 ── 8
　　　◆ 新石器時代から青銅器時代へ ── 8

第1章　ヒンドゥー時代の開幕　～古代王朝の繁栄 ··· 11

　第1節　最古代の諸様相　～文化交流の進展 ··· 11
　　　◆ ヒンドゥー文化の到来　～歴史時代の始まり ── 11
　　　◆ 漢王朝から南インドに使節派遣　～紀元前の大事業 ── 12
　　　◆ モンスーンの発見　～沿岸航海から大洋航海の時代へ ── 14
　　　◆ 金の島、金の地　～ジャワ・スマトラは金の産地 ── 15
　　　◆ 東南アジア最古の扶南王国　～国際港オケオ ── 17
　　　◆ 東西世界、最初の直接接触　～「始乃一通」── 17

　第2節　古代王国の展開　～マラッカ海峡の本格活用の時代へ ················ 19
　　　◆ 5世紀までのインドネシアの諸相　～断片的記述 ── 19
　　　◆ 最古の碑文群　～数少ない現地史料 ── 21
　　　◆ 5，6世紀の主要王国の状況 ── 22
　　　◆ 仏教僧侶の活躍　～大洋航路の確立 ── 26
　　　◆ 赤土国　～7世紀の主要国 ── 27
　　　◆ その他の諸王国　～諸地域の独自活動 ── 29

第3節　古代統一王国の成立 〜スマトラの覇者スリィウィジャヤ王国 …… 29
　◆ 東西交通路 〜陸路と海路 ── 29
　◆ スリィウィジャヤ王国の登場 〜マラッカ海峡の一元的支配へ ── 31
　◆ スリィウィジャヤ王国の領域 〜「遠」（はるか）なる領域 ── 35
　◆ マラッカ海峡に覇権確立 〜巨大王朝出現の意義 ── 36
　◆ 古代マレー語諸碑文 〜最古のマレー語史料 ── 38
　◆ 仏教文化の隆盛 〜唐僧義浄の記述から ── 40
　◆ タラン・トゥオ仏教碑文 〜正確な大乗思想 ── 42
　◆ 唐僧義浄の活躍 〜密教への願望を捨てる ── 43
　◆ 室利仏逝国の活躍期 〜ジャワ王朝との相関関係 ── 46
　◆ マレー系人の活躍 〜マダガスカルに至る ── 48
　◆ 最先端の都市国家 〜マラッカ海峡の特質 ── 49

第4節　ジャワ古代王国の栄華 〜中部ジャワ時代 ……………………… 50
　◆ 訶陵国 〜ジャワの統一王朝 ── 50
　◆ 訶陵の現地音 〜インドネシア古代史の解明 ── 52
　◆ チャンガル碑文とサンジャヤ王 ── 53
　◆ バリトゥン王碑文とサンジャヤ王 ── 54
　◆ 訶陵国の中心域の位置 〜「南臨大海」── 55
　◆ 訶陵国の遺跡 〜ディエン高地とウンガラン山 ── 56
　◆ 海港への交通路の変換 ── 57
　◆ 訶陵東遷 〜シャイレンドラ仏教王朝時代の開幕へ ── 59
　◆ アガスティヤ神 〜南インドの信仰 ── 60
　◆ 婆露伽斯城はどこか 〜インドネシアの社会構造を求める中で ── 60

第5節　シャイレンドラ仏教王朝 〜巨大仏寺群の建立 ………………… 63
　◆ シャイレンドラの文化基盤 〜真言密教 ── 63
　◆ シャイレンドラ王朝の謎 〜スリィウィジャヤとの連携 ── 64
　◆ マレー半島 〜海域部と大陸部の接点 ── 65
　◆ シャイレンドラは訶陵か？── 66
　◆ 真言密教の精華 〜ボロブドゥール ── 68
　◆ シャイレンドラ朝の衰亡 〜中部ジャワ時代の終幕 ── 69

第2章　東部ジャワ時代の展開 〜新王朝の成立へ ……………………… 72
第1節　ジャワ古代王朝の滅亡 〜ジャワ元寇 …………………………… 72
　◆ 東部ジャワ時代の開幕 〜中・東部ジャワ時代を経て ── 72
　◆ スリィウィジャヤの復活 〜三仏斉国時代 ── 73
　◆ ジャワの復活、ダルマワンサ王 〜ジャワ・スマトラ戦争へ ── 74

- ◆ ジャワ王朝の壊滅 〜シャイレンドラ族の復讐── *75*
- ◆ エルランガのジャワ再建 〜バリ人の英雄── *76*
- ◆ 南インド・チョーラ朝の来襲 〜三仏斉国の崩壊── *77*
- ◆ エルランガのジャワ王国分割 〜11世紀の様相── *78*
- ◆ 12世紀の様相 〜チョーラ朝より繁栄か？── *79*
- ◆ シンガサリ朝の誕生 〜13世紀の様相── *81*
- ◆ クルタナガラ王 〜ジャワ元寇への過程── *83*
- ◆ ガルー王国の滅亡 〜ジャワ元寇── *85*
- ◆ ジャワ元寇の惨澹たる結末 〜マジャパヒト朝成立へ── *88*
- ◆ ガルー伝説の西部ジャワへの伝播── *90*

第2節　マジャパヒト新王朝 〜最後のヒンドゥー王朝 …………………… *92*
- ◆ マジャパヒト朝の存続期間 〜不明瞭な滅亡年── *92*
- ◆ バリ島の果たした偉大な役割 〜年代記『ナーガラクルタガマ』の発見── *92*
- ◆ 初王クルタラージャサ（1293−1309）── *93*
- ◆ 第2代王ジャヤナガラ（1309−28） 〜自ら元朝訪問── *94*
- ◆ 第3代王トリブワナ女王（1329−50）── *95*
- ◆ ハヤム・ウルク 〜第4代王ラージャサナガラ（1350−89）── *96*
- ◆ スリィウィジャヤ王国の滅亡 〜「使臣商旅阻絶」事件── *99*
- ◆ マジャパヒト第5代王ウィクラマワルダナ（1389−1400、1401−29）── *101*
- ◆ 鄭和の大遠征 〜史上空前の大航海── *101*
- ◆ 第6代王スヒタ女王（1400−1、1429−47？）〜末期の諸王── *105*

第3章　イスラム王朝の樹立と大航海時代の展開 ………………………… *108*

第1節　インドネシアへのイスラムの伝来と定着 ………………………… *108*
- ◆ イスラム到来の初期の様相── *108*
- ◆ マラッカ王国の成立と展開 〜イスラム王国の確立へ── *110*
- ◆ ジャワ・イスラム化の9聖人 〜ワリ・ソンゴ── *114*

第2節　イスラム諸王国の確立とその展開 〜イスラム、全土に波及 …… *117*
- ◆ ジャワ最初のイスラム王国 〜ドゥマック── *117*
- ◆ マタラム朝の成立と初期の様相 〜中ジャワ内陸部に王朝回帰── *118*
- ◆ 英傑スルタン・アグン 〜バタビア城攻略成らず── *120*
- ◆ アチェ王国とバンテン王国 〜強大な地方王国── *121*

第3節　大航海時代の開幕 〜東西世界の直接接触へ ……………………… *123*
- ◆ 大航海を誘発した要因 〜香料とキリスト教── *123*
- ◆ 16世紀、ポルトガル・スペインからの大航海 〜マラッカ王国の滅亡── *125*
- ◆ スペイン・ポルトガルの抗争 〜太平洋航路の発見── *127*

◆ 17世紀、オランダ・イギリスからの大航海 〜スペイン無敵艦隊の敗北 —— *128*
　　　◆ 世界最初の株式会社 〜オランダ東インド会社 —— *129*
　　　◆ バタビア城築城 〜4代総督クーンの活躍 —— *131*

第4章　17，18世紀、ジャワ王朝の衰退 〜オランダ支配確立への道程 …… *133*
第1節　打ち続く反乱とジャワ王家内紛 〜王位継承戦争へ ………… *133*
　　　◆ トゥルノジョヨの反乱 〜オランダのジャワ支配への道 —— *133*
　　　◆ スラパティの反乱 〜17世紀最大の反乱に —— *135*

第2節　ジャワ王位継承戦争 〜敗者のオランダ依存の体質 …………… *137*
　　　◆ 第1次ジャワ継承戦争（1704－08）〜オランダ最初の大規模軍事介入 —— *137*
　　　◆ 第2次ジャワ継承戦争（1719－23）〜混迷深まるジャワ王朝 —— *139*
　　　◆ 華僑大虐殺事件 〜「紅河の役」—— *140*

第3節　第3次ジャワ継承戦争（1746－57）〜ジャワ王朝の分割 ………… *143*
　　　◆ ヨクヤカルタ王宮の樹立 〜ハマンクブオノ王家誕生 —— *143*
　　　◆ オランダ東インド会社の変容 〜商品作物の栽培始まる —— *145*

第5章　19世紀、植民地支配体制の確立 ……………………………………… *148*
第1節　混迷するオランダ本国 〜激動のヨーロッパ情勢 ……………… *148*
　　　◆ オランダ東インド会社の終末 —— *148*
　　　◆ イギリス統治時代 〜ラッフルズ —— *149*

第2節　オランダのインドネシア支配復活 〜2大反乱の続発 ………… *151*
　　　◆ 混乱を増すオランダの復帰 〜ジャワ社会に募る不満 —— *151*
　　　◆ ジャワ戦争（1825－30）〜ジャワ最後の大反乱 —— *152*
　　　◆ パドリ戦争 〜イスラムの旗のもとに —— *154*

第3節　植民地搾取体制の確立 〜オランダ繁栄への道 ………… *156*
　　　◆ 強制栽培制度の導入 〜「オランダを沈ませなかった救命具」—— *156*
　　　◆ 自由主義時代の到来 〜栽培制度から私企業の繁栄へ —— *159*
　　　◆ オランダの新たな富の源泉 〜石油、ゴム etc —— *162*
　　　◆ 諸地域の様相 〜オランダ支配の進展 —— *163*
　　　◆ メッカ巡礼の激増 〜民衆的抵抗運動の基盤に —— *167*
　　　◆ アチェ戦争 〜最後で最大の反オランダ闘争 —— *168*

第6章　20世紀、新時代の到来 〜民族主義運動の興隆と独立への過程 …… *171*
第1節　倫理政策の導入 〜民族的覚醒へ ……………………………… *171*
　　　◆ 倫理政策 〜高い理念と厳しい現実 —— *171*
　　　◆ ラデン・アジェン・カルティニ 〜民族意識の最初の覚醒者 —— *174*

- ◆ ダウエス・デッケル 〜欧亜混血児 —— *177*
- ◆ サミン運動 〜無学の者達の覚醒 —— *179*

第2節　民族主義運動の勃興とその展開 …………………………………… *180*
- ◆ ブディ・ウトモ（Budi Utomo）〜最初の民族主義団体 —— *180*
- ◆ ブディ・ウトモ結成の影響 〜各種結社の誕生 —— *181*
- ◆ インドネシア協会 〜オランダ留学生達の活動 —— *182*
- ◆ 国民議会（Volksraad）〜総督の諮問機関 —— *186*
- ◆ イスラム同盟（Sarekat Islam）〜最初の巨大大衆組織 —— *186*
- ◆ 社会主義運動の展開 〜アジアで最初の共産党 —— *189*
- ◆ 青年の誓 〜「インドネシア」呼称の確立 —— *191*

第3節　スカルノの登場 〜植民地政府、弾圧政策へ ………………………… *192*
- ◆ インドネシア国民党 〜先頭に立つスカルノの戦い —— *192*
- ◆ 世界恐慌 〜インドネシア産品に甚大な被害 —— *194*
- ◆ スカルノ逮捕後の民族運動の展開 —— *195*

第4節　日本軍時代 〜独立への準備期間 …………………………………… *197*

第7章　インドネシア共和国の成立と展開 …………………………… *204*

第1節　共和国完全独立への過程 〜対オランダ独立戦争 ………………… *204*
- ◆ 国家体制の構築と連合軍の到来 —— *204*
- ◆ 武力衝突と対蘭交渉 〜リンガジャティ協定 —— *205*
- ◆ 再植民地化への欲望 〜オランダ第1次警察行動 —— *208*
- ◆ マディウン事件 〜最初の大規模反乱 —— *211*
- ◆ オランダ第2次警察行動 〜国際社会の非難集中 —— *213*
- ◆ ハーグ円卓会議 〜オランダ完全撤退へ —— *215*
- ◆ 単一のインドネシア共和国の成立へ —— *216*

第2節　議会制民主主義の崩壊から指導された民主主義体制へ ………… *217*
- ◆ 議会制民主主義の試み 〜脆弱な社会の実態 —— *217*
- ◆ 初期の内閣 〜短命内閣が続く —— *219*
- ◆ アジア・アフリカ会議 〜バンドゥンに29ケ国参集 —— *222*
- ◆ 第1回総選挙 〜政党政治への信頼失墜へ —— *224*
- ◆ 続発する地方の中央離反の動き 〜議会制民主主義の崩壊へ —— *226*

第3節　スカルノ独裁の時代 〜生き続ける革命のロマンティズム ………… *228*
- ◆ 非政党内閣の出現 〜指導された民主主義体制 —— *228*
- ◆ オランダ企業の接収、オランダ人追放 〜真の独立への戦い —— *229*
- ◆ 1945年憲法への復帰 〜イスラム国教化派の敗退 —— *231*

◆ NASAKOM体制　〜危うい政治的バランス —— *232*
　　　◆ 西イリアン奪還成功　〜諸地域反乱の終結 —— *234*

　第4節　混迷を深める内外情勢　〜スカルノ体制崩壊への道程 ……………… *237*
　　　◆ マレーシア連邦結成紛争　〜米中ソ三角利害関係 —— *237*
　　　◆ 亀裂深まるスカルノ体制　〜陸軍の反共態勢の構築 —— *239*
　　　◆ 波乱の1965年　〜破局への前哨 —— *241*
　　　◆ 9.30事件　〜スカルノ体制の終末 —— *243*

　第5節　スハルト「新体制」の時代　〜国家体制の再構築 …………………… *247*
　　　◆ スカルノとスハルト　〜2大指導者の特質 —— *247*
　　　◆ オルデ・バル（新体制）〜安定と開発 —— *248*
　　　◆ 安定から開発へ　〜自由主義圏への回帰 —— *250*
　　　◆ 新体制の確立　〜新たな課題、社会的不平等 —— *252*
　　　◆ 東ティモール問題　〜異なるアイデンティティー —— *254*
　　　◆ スハルト政権の黄金期　〜国際政治にも大きな寄与 —— *256*
　　　◆ 1980年代の変貌　〜政府主導から民間経済活動主導の時代へ —— *259*
　　　◆ 次代を担う指導者の登場　〜ハビビ、ワヒド、メガワティ —— *261*
　　　◆ アチェ独立運動　〜最大の中央離反の動き —— *264*
　　　◆ スハルト体制の終末　〜大波乱劇の展開 —— *266*

終章　大統領公選、夢の実現へ ……………………………………………………… *269*

　おわりに ………………………………………………………………………………… *272*
　参考文献 ………………………………………………………………………………… *273*

序　章

第1節　地理的概要

◆　基本的理解のために

　インドネシア共和国の総国土面積は、190万平方km余である。これは日本の約5倍となる。東西5110km、南北1887kmの広がりに展開し、経緯度でいえば、北緯6度から南緯11度、東経95度から141度となる。まさに赤道にまたがる巨大群島国家である。大小1万3千余の島々があり、人の住む島だけで約6千とされている。ただ、これらの数値は書物により異なりをみせており、この国の広大さと、その数値的把握の困難さを示している。主要な島は、スマトラ・ジャワ・カリマンタン・スラウェシ・パプアの5大島。さらに、ヌサ＝トゥンガラ（小スンダ列島）・マルク諸島等々である。パプア（イリアン）州の山岳部には今なお新石器時代の生活を営む種族が厳然と存在している。パプアは世界の中で、唯一の測量未実施地域ともいわれる。人口は2010年代で2億5千万人に達している。なお、住民の大部分はモンゴル系統のマレー系の人々である。

　全34州からなる州制が敷かれており、首都はジャワ島西部沿岸部のジャカルタである。国旗は上部が赤、下部が白の紅白旗で、国章はヒンドゥー3神の1、ヴィシュヌ神の乗り物ガルーダである。国歌は1928年の「青年の誓」で披露された現代曲「インドネシア・ラヤ」（大いなるインドネシア）である。

　気候は全域が熱帯性気候で、雨季・乾季がある。全体的に高温、多雨、多湿だが、乾季には水不足に悩む地域も少なくない。この気候条件のもと、アジア稲作社会を特徴づける小規模集約型の水稲耕作を農業の基盤とする地域が多い。乾季といえども山岳地帯には降雨が見られるので、灌漑設備が整っている地域では、年2毛作が普通に行われている。水稲耕作が行われない地域では、焼き畑耕作やサゴヤシ澱粉を食糧とする地域も見られる。

　発展途上国では急激な人口増加が大問題となっているのが通常だが、インドネシアでも例外ではなく、子供2人という家族計画の名のもと、人口抑制策が行われている。これは相当の成果をあげ、国連から表彰もされた。しかし、子供3人、4人という家庭も時にはみかけることになる。広大な領域で、人口2億数千万といえば、人口過密とはいえないとも思える

が、インドネシアの人口問題とは、全人口の6割以上が全国土のわずか7％のジャワ・マドゥラ島に過度に集中するところにある。ジャワ島は熱帯の湿潤気候帯の中でも、熱帯季節風気候帯で、他の島々より居住環境に優れているのも大きな理由と考えられる。

　インドネシアには各地域に独自の文化が発展し、自然の生態も貴重なものに満ち、地理学的・人類学的話題も尽きないものがある。ここではこの国にある世界遺産を示すことで、それらの一端を紹介しておきたい。インドネシアにある世界遺産は合計8件である。そのうち世界文化遺産は4件で、2件はボロブドゥール、プランバナン寺という古代の巨大石造遺跡群で、他の2件はジャワ原人の先史時代遺跡とバリ州の文化的景観となっている。後の4件は世界自然遺産で、この国の自然生態の豊かさ、貴重性を示すものである。それらは、スマトラ熱帯雨林遺産。西部ジャワのウジュン・クーロン国立公園、東部諸島内のコモド国立公園、パプアのロレンツ国立公園である。特に、種々の珍しい動物類の保存は緊急性を要している。いうまでもなく、その貴重性のゆえに市場では高値を呼び、密猟が絶えないからである。又、経済開発の脅威にもさらされているのが現状である。

◆ 宗教

　インドネシアは人口の9割前後がイスラム教徒で、世界最大のイスラム教徒をかかえる国である。このことを基盤に、独立後のインドネシアにあってはイスラム教国を求める政治的圧力が強かったが、この政治勢力は徐々に排斥されて行った。この国がイスラム教国となってしまえば、国家統一の維持もおぼつかないからである。ジャワ島東隣のバリ島はヒンドゥーの島であり、東部諸島ではキリスト教徒社会が優越している。

　インドネシアはイスラムだけでは理解できないが、イスラム抜きでも理解できない国家である。インドネシア共和国の国章は「維持」の神ヴィシュヌの乗り物ガルーダである。この国章には初代大統領のスカルノが表明した「国家5原則」が表象されてもおり、共和国独立の象徴的意味が込められている。さらに、大鷲のガルーダの両足はリボンをつかんでいるが、そこには「多様性の中の統一」を意味する一句が古代ジャワ語で記されている。この一句がまさに共和国の国是となるものである。しかも、この一句は古代の仏教系の文献からとられたものであり、この国の文化的伝統の底深さをうかがわせるものがある。国のシンボルに、ヒンドゥー・仏教色が呈示されている。また、国家の基本的目標にはヒンドゥー最後で、最大の王国とされるマジャパヒト王朝の栄光を取り戻そうとするものがある。このように、こ

の国はイスラムだけでは理解できないものと、繰返しておきたい。

また、イスラム信仰においても、各地域により外来文化たるイスラムの受容度が異なることにも留意が必要な国である。

◆ 地域文化

　この国の多様性の最も基盤にあるのは、外来文化のそれではなく、固有文化の多様性にある。オランダは植民地支配の拡大のなかで、20世紀初頭前後から、この地の本格的研究の必要に迫られる。この最初期の研究において、基層文化・社会の調査研究から、オランダ領東インド（インドネシア）には19の慣習法圏が存在するとの研究成果を呈示した。慣習法とは、成文化した法体系ではなく、無文法であり、遺産相続、婚姻等々が慣習的に行われるものであり、衣食住・言語という基層文化の相違をも伴うものである。まさに文化圏と言い直した方が理解しやすい。言語の相違は方言というより、地方語という用語がより適切である。しかし、これら地方語のほとんどは、マレー語系統の言語であり、けっして異民族混在によるものではない。

　一般的に植民地支配政策の根底には「分割して統治せよ」、さらには地域対立を助長させる施策も行われた。かくして、この19の慣習法圏、文化圏は独立後も明瞭に存在することになっていた。これは独立国家の統合に大きな阻害要因の一つとなったのは言うまでもない。しかし、インドネシア政府は「多様性の中の統一」を掲げ、これら地域文化を保護・育成することはあっても、意図的な破壊政策はとられることはなかった。現代では国内の移動、交流も盛んとなり、これらの地域差は減少して来ているのは自然なことである。初等教育の普及成果も国家統合に大きな役割を果たしている。

　ただ、これら19の慣習法圏は大別してのことである。例えば、スマトラだけで５つの慣習法圏が呈示されたが、それはまた、社会発展段階の種々相をも見せる興味深いものであり、まさに、「人類学の宝庫」とも称されるゆえんである。スマトラ西岸沖の島には、原始共産制的社会の存在も報告されている。ジャワ島に関しては、島の中・東部はジャワ地方であり、主要住民はジャワ族であり、ジャワ語の世界である。一方、島の西部はスンダ地方で主要住民はスンダ族でスンダ語が話される地域である。ただ、中部ジャワ内陸部は王朝文化が花咲いた地で、別の慣習法圏が設定されたものであった。比較的小さなジャワ島ではあるが、大きく３つの文化圏から成り立っているわけである。西部ジャワの奥地には、外来人との接触

を一切拒否して、厳密にスンダ文化社会を維持する村落が存在している。

　島の中・東部のジャワの地はインドネシアの歴史形成の中心地でもあったが、人口的にもジャワ族はインドネシア総人口の約半分を占め、種々の分野で中心的位置を占めることは少なくない。このような圧倒的なジャワ族の存在感に対する他地域からの反感も主要な地域対立の一つである。しかし、インドネシアはジャワだけでは理解できないが、ジャワ抜きでも、この国は理解不能となる。

　繰り返すこととなるが、外来文化たるイスラムもこれら地域の基層文化、歴史的蓄積の上に受容されているのであり、その受容度には地域により相当異なる場合がある。インドネシアのイスラムは全土で均質なものではないのである。

◆ 華僑問題

　この国の多様性にさらに加わるに華僑問題がある。現在においては中国系人の移住先は世界的な広がりを見せているが、本来は90％が東南アジアに集中していたものである。華僑の歴史は古代にさかのぼるが、東南アジアは地理的要因からも、中国大陸の貧困者の逃避先であったとともに、中国王朝の栄枯盛衰のなか、敗れた者達の逃亡先ともなっていた。インド・中国という2大文明圏の中間に位置するインドネシアの歴史形成は、それら2大国との関係の中で形成されて来たのは自然の理である。

　各国により華僑問題の様相は異なるが、インドネシアでは華僑は人口の4〜5％と少数派となっている。これは数世代もたつと現地化してしまう傾向があるところにも理由があると言える。これらのことにもより、華僑に関する各種統計数字は出所により異なるのが常である。北京政府と台湾政府からの統計数値は一致することはない。ところで、華僑問題としてまず第1になる問題は、彼らの経済支配力である。これについては、東南アジア各国では共通しているものがある。

　独立後のインドネシアでは資源を基盤とした、あるいはインフラ整備のための大企業、国営企業体、そしてこれらから派生したインドネシア人主導の企業体が成長している。しかし、流通経済、各種製造業における華僑の経済活動は圧倒的なものがあり、インドネシア経済を実質的に支配しているのは華僑とも言われる。この華僑の経済面における圧倒的存在感が、政治的・社会経済的混乱時等の大きな社会変動期に際しては、攻撃の的になる場合が少なくない。インドネシア経済は華僑だけでは理解できないが、華僑抜きでも理解できない。歴史

の中でも、中国王朝との関係で一定の仲介的役割を果たしていたが、現代の華僑問題には歴史的要素の反映が少なく、華僑問題とは現代的問題に尽きるとも言えるのが一特徴とも言える。

◆ 統一言語

インドネシア語とはインドネシア共和国が独立し、マレー語を国語、統一言語としたことによる。そもそも広大な領域ではあるが、インドネシアの住民のほとんどはマレー系民族であり、マレー語を統一言語とするに際しての抵抗はほとんどなかった。したがって、100種から200種以上ともされる地方語も、ほとんどはマレー語系統に属するものであり、小学校でインドネシア語を習い始めると言っても、けっして、全く無縁な言語を習い始めるわけではない。マレー・インドネシア語の文献史料として最古のものは、7世紀後半、マラッカ海峡に覇を唱えた海洋大国スリィウィジャヤ王朝が出した碑文がある。石刻碑文で現存している。この言語はスマトラ島東南部の沿岸、島嶼部が起源とされ、極めて簡素な構造を持ち、またさらに、接辞の活用などで大変機能的であるのが特質と言える。かくして、古代から広範な海域における交易用語として普及していたものと考えられている。沿岸部の交易都市とは異なり、内陸部は全般的に地域社会の本拠をなしている場合が多く、そこは地域・地方語の世界である。

マレー語の分布はインドネシア、マレーシア、ブルネイ、シンガポールと東南アジア海域部の広範な地域に及ぶ。フィリピノ（タガログ）語は近い親縁関係にあり、マレー語とともに台湾の先住民社会にも浸透していたものであった。また、ベトナム南部にかつて栄えたチャンパ王国からの碑文にはマレー語語彙が顕著に見られる。さらに、アフリカ東岸沖のマダガスカルの言語は疑いもなくマレー語系統に属するものである。いつマダガスカルにマレー系人の移住が行われ、マレー語が波及したかについては諸説があるが、紀元後5世紀からとする説が有力である。いずれにしても、この広範な言語文化の波及の跡はマレー・インドネシア系民族の古代における活躍の痕跡を残すものであることに相違はない。

◆ 時代区分 〜外来文化到来の波

インドネシア史の時代区分にあっては、外来文化到来の歴史による時代区分が、この国の

歴史理解により有効であると考えられる。また、この時代区分はインドネシア社会でも一般的に受容されているものである。

- 先史時代：
- ヒンドゥー時代：A.D. 1～15世紀
- イスラム・大航海時代：16～18世紀
- オランダ植民地支配時代：19～20世紀前半
- 日本軍時代：20世紀中葉
- インドネシア共和国時代：20世紀中葉以降

「ヒンドゥー時代」は、インド世界との交渉が基盤となった時代で、インドネシアでも「古代」との認識が一般的であるが、14、15世紀のマジャパヒト朝は新しい王統下のもので、交易重視の新しい局面を見せるところから「中世」とみなすことも可能と考えられる。土地制度等に関する古代文献は完全にと言っていいほどに消失しており、社会発展的研究はとくにヒンドゥー時代では困難である。

「イスラム・大航海時代」は、ジャワにおいてもアラブ世界との直接接触が基盤となる時代で、ジャワのイスラム化の進展を追うようにヨーロッパからの大航海が始まり、インドネシア海域の諸王国との抗争が続く時代となる。そして、ヨーロッパ勢力の拡大とともに、ジャワ王朝もイスラムに強く傾斜して行くことになる。ところで、イスラムのインドネシアへの本格的到来は現代につながる時代でもあり、この期を「近世」とみなすことも可能であろうと思われる。

「オランダ植民地支配時代」とは、一般的にオランダ支配3百年とも言われるが、その前半期は香辛料を主とした交易重視の特質を持ち続けた、すなわち「オランダ東インド会社」時代のもので、19世紀から始まる土地支配を基盤とした本格的植民地搾取体制下の時代と区分したものである。

当初はインド世界との接触時代であり、続いてアラブ世界との直接接触へと拡大し、そして西欧世界との直接接触へと時代が進展して行く。このように、序で指摘したように東西世界の直接接触拡大の歴史はインドネシアを舞台にして見ることが出来るのである。なお、「日本軍時代」はわずか3年半だが、数百年のヨーロッパ勢力の支配に終止符を打ち、インドネシア共和国樹立への大きな契機となったもので、単独の時代区分とした。

第2節　先史時代の諸様相

◆ 原始人骨の宝庫

　歴史学は「史（フミ）」の研究を主眼とするもので、文献史料出現以前は先史時代となる。
　インドネシアの先史時代といえば、まず第一に、世界の人類進化過程の研究に大きな貢献をしていることである。1891年のピテカントロプス・エレクトゥス（直立猿人）頭骨化石の発見以来、現在に至るまで貴重な原始人骨の発見が続いている。洪積世、すなわち、約200〜1万年前は人類進化の時代である。人類は、猿人→原人→旧人→新人と進化して来たとされるが、中部ジャワのサンギランを中心とする地域からは、これらの人類進化過程をつなぐ、すべての化石が出土しているのである。まさに、世界随一の原始人骨の宝庫である。
　最初の出土化石「直立猿人」は、現在では原人（ホモ・エレクトゥス）に分類され、猿人（アウストラロピテクス）は別に発見されている。旧人（ホモ・サピエンス・ネアンデルターレンス）の化石はガンドン出土のソロ人で、中国広東省にも出土している。この旧人の脳容量は新人なみとなる。約20〜10万年前の人類である。
　新人（ホモ・サピエンス・サピエンス）は現代人とほぼ同様の形態で、ジャワのワジャクの地、ボルネオ、中国江西省、沖縄、オーストラリアなどに出土例がある。この人類は約4万年前のもので、オーストラリア先住民につながる一つの系統（オーストラロイド）の成立が推定できるという。

◆ 旧石器時代

　古人類化石の出土は石器をともなうものが少なく、また、1万年以前の旧石器文化の研究も進んでいないが、重要遺跡は幾つか発見されている。インドネシアでは中部ジャワの南海岸のパチタン遺跡から大量の旧石器が収集され、広汎な東アジアに広がる旧石器文化圏が想定されている。アジアの多くの地は陸続きでつながっていた時代である。約5〜2万年前の氷河時代には現在インドネシアの主要部分とマレー半島は陸続きで、スンダランドを形成し、オーストラリアとニューギニアも陸続きでサフールランドを形成していた。
　旧石器の遺跡としてはパチタンの他に、マレー半島北部のタンパン遺跡、サラワクのニヤ

大洞窟が重要遺跡として知られる。特に、ニヤ遺跡は入口が240m余、広さ10万平方m余という巨大洞窟で、旧石器時代から歴史時代に至る人類の足跡が手づかずのまま層位をなして保存されているという。これら遺跡はいずれも僻遠の地で、ニヤ遺跡はボルネオ島北岸サラワク南部クチンの西北480kmの地にあるという。なお、この先史時代についての記述の多くは、有光1970、大林1984に基づいている。

◆ 中石器時代

　旧石器時代に続く中石器時代は約1万年前の時代で、地質学では沖積世と称される。気候は現在とほぼ同じとなる。したがって、地理的景観も現在とほぼ同じとなる。この時代には、土器は未だ出現せず初歩的磨製石器が現れる。出土人骨の研究から、東南アジアではメラネシア系人種の人々が主流だったようだ。主要遺跡は現段階ではインドシナ大陸部に片寄っている。中でも石器加工の進化を特徴とする北ベトナムのホアビン、バクソン文化が著名である。比較的最近に注目されているものに、タイ国のバンコク西北のカンチャナブリ州のサイヨク洞窟遺跡がある。5m近い遺物包含層が中石器時代から歴史時代への1万年の歴史を伝えているという。東南アジア先史学の指標となる貴重な遺跡である。

　海域部では、マレー半島の中部・北部の洞窟にこの期からの遺跡が発見されている。遺跡はすべて洞窟で、未だ農耕の痕跡は見られない。インドネシアではスマトラ島北部や東海岸の広範囲に巨大貝塚遺跡が伝わる。代表的なセルワイの貝塚は直径30m、高さ4mに及ぶ。石器ではホアビン文化の一形式スマトラリス（石器）と称される石器が著名である。長楕円形の河原石の片面を打剝加工し、全周縁に刃部を形成するものである。

　この中石器時代の終末に北方からモンゴロイドが突如入り込んで来たものと考えられている。バクソン文化でも刃部磨製と土器片の出現がそれを物語るものである。

◆ 新石器時代から青銅器時代へ

　現代の住民の祖先の到来とともに新石器文化時代が始まる。人々は洞窟生活から抜け出し、平地で集落を作ることになり、狩猟・採集経済から栽培が本格化することになる。栽培も根菜類の栽培から稲作の開始へと進展して行く。稲作文化は新石器時代後期に中国南部から受け入れられた。石器は刃部だけを磨いたものから、全体を磨いて成型するようになる。石器

で東南アジアで特徴的なものは、柄をつけるための突出部をつけた有肩石斧があるが、これはインドネシアには少ない。

　栽培文化に伴い、土器の使用が本格化するのが新石器時代である。マレー半島の付け根あたりのタイ領となるバン・カオに新石器時代後期の重要遺跡がある。墓の発掘で多数の土器が出土し、稲作が行われていた可能性が指摘されている。紀元前1300年頃のものと推定されている。カンボジアのトンレサップ湖にそそぐサムロンセン川支流岸から東南アジアの新石器時代文化の標型となる有肩石斧、方角斧、大量の土器が出土している。これらはサムロンセン文化と総称され、石器文化も高度な発達の跡を示すこととなっている。また、マラヤ北部のグアチャ遺跡は新石器時代後期文化の典型遺跡で、全面磨研した石器は鋭い刃部を有している。さらに、樹皮叩き具も発見されている。

　インドネシアではスラウェシーの遺跡から、やはり樹皮叩き具が出土しており、樹皮の着用が東南アジアの広範囲にわたっていたことが理解できる。方角斧文化は紀元前2〜1千年にかけて、アジア大陸からインドネシアに伝わったと考えられるが、インドネシアで特殊化して発達したものがある。特にスマトラ南部や西部ジャワ出土のものには、美麗で貴重な石材を用い、使用痕もなく、実用以外の意図で製作されたと推測されるものが出土している。これに類するものは、先にも触れたタイのサイヨク遺跡からは、その地域では入手不能なきめのこまかい良質の変成岩で作られた石器が新石器文化層から発見されている。神事とともに流通経済も始まっていたのかも知れない。また、サイヨク出土の美しい土器の器型から、ろくろか回転盤の使用を想わせるものがあるという。さらに、有孔の紡錘車も出土している。なお、インドネシアからは有肩石斧の出土は少ないが、有段石斧が発見されている。

　現代のインネシア人の大部分を占めるモンゴロイド系マレー人種の海域部への到来は、旧（原）マレー人と、新（後）マレー人と2波にわたるものと考えられている。紀元前1500年頃を中心とする新石器文化をもたらしたものが原（proto）マレー人で、これに続く紀元前500年から、同300年の年代が示される青銅器文化をもたらしたものが、新マレー人ではなかろうかと考えられている。これは、世界各地にアレキサンダー伝説というものが伝わるが、スマトラ島西部高原地帯を本拠とするミナンカバウ族にも、アレキサンダーの子孫が山頂に降臨したという民族始祖伝説が伝わる。紀元前4世紀のアレキサンダー大王の大遠征と新マレー人の海域部への到来年代が合致するのではないかと想像できるのも興味深い。ミナンカバウ人は新マレー人なのである。

　東南アジアの青銅器といえば、ベトナム北部のドンソン銅鼓文化が有名である。中国雲南

地方から伝わり、ベトナムで独自の発展を見せ、開花した巨大なドンソン銅鼓文化は、インドシナ大陸部からインドネシア群島部のほぼ全域に及んでいる。銅鼓はニューギニア西南海上のセラム島やカイ島でも発見され、東部諸島のスンバワ島では5個の銅鼓が発見された。これらは東南アジア全域にわたる流通経済がすでに始まっていたことを証明するものといえよう。

　この新石器時代や青銅器を始めとする金属器時代全体を通じて、文化は北から南へと一方的に伝播している感がある。したがって、海域部は大陸部より文化的後進性を示すと指摘する者もいるほどである。しかし、別の側面から見ると、大陸部には実にさまざまな語族が入り乱れて分布しているが、海域部は南島（オーストロネシア）語族という一つの語族だけが、そのほとんど全域を支配するというまとまりのよさを示している。大陸部に比べ、群島部では平和で平穏な世界が展開して来たと言える。

　この海域部の後進性とも指摘される状況はヒンドゥー文化の到来とともに様相を一変していくことになる。

第1章　ヒンドゥー時代の開幕 ～古代王朝の繁栄

第1節　最古代の諸様相 ～文化交流の進展

◆ ヒンドゥー文化の到来 ～歴史時代の始まり

　ヒンドゥー文化の到来とともにインドネシアの歴史時代が始まる。伝説ではインドからアジ・サカ王が文字をはじめ、インドの先進文明をもたらしたという。その到来年次はサカ（シャカ）暦の紀元となる西暦紀元後78年のこととされている。このシャカ暦は15世紀にわたるヒンドゥー時代を通じて用いられることになる。この王が文字をもたらしたとされるが、当初はインド伝来の文字がそのまま用いられていたもので、ジャワ文字と称されるものは南インド文字から発達して後世に形成されたものである。ところで、日本には「いろは」のアルファベットがあり、それはまた、一つの和歌を形成しているが、ジャワ文字のアルファベットも王朝創設にまつわる一つのエピソードを物語っているという特異なものである。

　伝説はさておき、インド文明の到来で問題となるのは、それを受容したインドネシア社会はどの程度の社会発展段階にあったかという問題がある。一般的に指摘されているのは、すでに稲作社会が形成されていたとするもので、アジア稲作社会に共通的な祖先崇拝、山岳信仰、それに稲作にともなう諸儀礼はインドネシアにあっても固有の文化としてすでに存在していたものと考えられている。王（ラジャ）をはじめ王国の高位段階の称号にはインド渡来の名称が多いが、村落段階では固有名称が圧倒的に多いことがその一つの証明となる。

　文字、体系的宗教、寺院建築等のインド文化は、当初は王朝周辺でのみ受容された。先進文化は王宮に占有され、王権の強化に資されたことであったろう。一方、村落社会はそれとは無縁の別世界を展開し続けたであろう。ただ、ジャワ島を中心とする村落は、村は「デサ」と称されるが、インドでは「デーシャ」は王朝の周辺に展開する「州、（地方）国」を指すものである。ジャワにはそれに相当するものとして、王都周辺の村々が「デサ（デーシャ）」と称されるに至ったのであろう。外来文化概念が矮小化されて受容された例といえる。

　ところで、インドからの渡来人というのも、けっしてインドから大軍が派遣され、インドネシア各地を征服したという形のものではなく、長い年月にわたる交流のなかで、インド文明が各地に浸透して行ったと考えるのが妥当であろう。アジ・サカ王の到来は紀元後78年と

する伝説があり、また、一般的にもインド文明の東南アジアへの到来は紀元後1世紀のことと考えられている。これを裏付けることのできる出来事は、やはり紀元後1世紀のこととされる季節風モンスーンの発見と、それの大洋航海への活用である。

それでは、紀元前においては遠隔地をつなぐ交流、接触は皆無だったのであろうか。次に、紀元前における東南アジアを経由しての中国世界と南インド世界との直接接触の存在を示す事件を取り上げてみたい。

◆ 漢王朝から南インドに使節派遣 〜紀元前の大事業

中国の漢王朝は、紀元前ほぼ2世紀間は前漢といい、紀元後ほぼ2世紀間は後漢と称する。前漢2百年の歴史のなかで、漢王朝は南インド東岸の黄支（カーンチ）国へ2度、使節を送っている。最初の遣使は、この王朝の基礎を築いた武帝によるものであった。武帝の在位は前156〜前87年と長期にわたる。この皇帝は中央アジア方面にも勢力を拡大したが、南方へも前111年には、中国東南部から現在のベトナム北部に支配を広めた。黄支国へ公式使節を派遣したのは、当然、このベトナム方面への進出以後のことであったろう。当時としてはこの南インドへの遣使は大事業であったようで、唐代の9世紀初頭に完成した『通典』（巻188）に「黄支国は漢の時に通じた」とあるように、後世に至るまで記憶されている。前漢の正史である『漢書』（巻28下）には、その時の旅程が記されている。

> 「日南の関所である徐聞、合浦より、5ケ月ばかりの航海で都元国がある。又、4ケ月ばかりの航海で邑盧沒国がある。又、20余日ばかりの航海で諶離国がある。歩行10余日ばかりで夫甘都盧国がある。夫甘都盧国より2ケ月余ばかりの航海で黄支国がある」

ここに出てくる国名は例外的なものを除いて再び目にすることのないもので、この旅程を現代に復元するのは困難である。しかし、文中に「歩行、10余日ばかり」とあるところから、この使節は中国南部を出発し、ベトナム沿岸を南下し、シャム湾を横断して、マレー半島のどこかを陸路横断した旅程を示すものと考えられている。それにしても、マレー半島沿岸部に達するのに10ケ月近くも要している。未だ直通航路、すなわち、モンスーンを利用した大洋航海が始まっていない時代で、船を乗り継ぎ、乗り継いでの旅であったろう。それはともかく、漢の使節は12ケ月を要したが黄支国に達している。中国世界と南インド世界はつながる時代となったのである。

なお、見当もつかない国名が続くが、一つ「夫甘都盧」なる国名については少し考えさせられる面がある。この国は「歩行可十余日」で達する地、すなわち、マレー半島を横断して、西岸に出て、インド洋に面する地であるのは確かである。この漢字名を現地音に復元してみると、「プガンダラ、パガンダラ」という音が考えられる。これは例えば、周知のインドの地名「ガンダーラ」などとも通じるものがあり、インドの地名が伝来しているものと考えていいようだ。もしそうであるなら、紀元前１，２世紀の武帝の黄支国遣使時には、すでにインド文化、インド人の東南アジアへの到来が始まっていたことになる。

漢王朝と黄支国の交流はこの武帝の遣使だけで完了したものではなく、その後も継続されたことを『漢書』には続いて次のように記している。

「(黄支国)その国は広大で人口も多く、珍しい物が多い。武帝以来、皆、朝廷に貢物を献じている。(漢王朝では)翻訳官がおり、黄門に属している。応募して来る者と共に航海し、黄金、絹製品を持って行き、真珠、ガラス製品、貴石、珍しい産物を買う。訪れる国では、いずれも食と給仕女を用意してくれる。外国の商船が、転送して、送ってくれる。」

この一文で注意が引かれるのは、中国からの交易品は黄金と絹製品で、南インドからは真珠、ガラス製品、貴石等であった。この時期には、真珠等への関心が高く、香辛料は未だ現れていない。また、皇帝直属の部署（黄門）にはすでに通訳官が用意されており、希望者が出て来れば、ともども出発するという記述も興味深い。これは、未だ定期的な交易段階には達していない時代であることを示すものと言える。さらに、「転送」という言葉からも、各国の港に寄港を繰返し、乗り継ぎ乗り継ぎの航海であったことは明らかである。

漢王朝から黄支国への第２回目の公式使節派遣は紀元後間もなくのことであった。王莽が政治を補佐する重要地位につき、その威徳を輝かさんと黄支国王に遣使して、犀を献上させている。『漢書』には先の一文に続いて以下の記述が見える。

「平帝元始中（A.D.１－５）に、王莽が政治を補佐するに、威徳を輝やかさんと欲して、黄支王にねんごろに使いを送り、(黄支王から)遣使させて、生犀牛を献じさせた。黄支より船行八ケ月ばかりで皮宗に到達する。船行二ケ月ばかりで、日南・象林界（中国南部）に到達するという」（王莽輔政、欲燿威徳、厚遣黄支王、令遣使、献生犀牛。自黄支船行可八月、到皮宗。船行可二月、到日南、象林界云）

犀の角、犀角は解熱剤等、漢方で珍重されるものだが、「生犀牛」とあるところから、生きている犀が献上されたとも理解できるが、輸送可能な幼児の犀であったのであろうか。あるいは、諸橋大漢和辞典には、生きた犀を捕殺して得た犀角を生犀と言うとの事例が示されている。この生犀牛の問題はともかく、黄支国からの使節到来は王莽にとっては威徳を輝かさんとの所期の目的を十分に達成する大偉業であったことは確かである。『漢書』（巻99王莽伝）には「瑞を黄支に受ける」と記されている。

　この一文中で、インドネシア史を考える上で重要なことは、「皮宗」なる地名である。この現地音はバナナを意味する「ピサン」と考えられ、後世に至るまでマラッカ海峡の一つの目標地点として諸書に現れる。ただ、ピサン島はいくつか存在し、ここでのピサン島は現在のシンガポール西方付近、あるいはマラッカ沖合の島と考えられている。いずれにしても、海峡の出入り口に相当する重要地点であるのに変わりはない。ここで何よりも注目すべきは、先の第1回目の旅程と異なり、第2回目の遣使時の黄支国からの返礼使節は、マラッカ海峡経由旅程がとられていることである。東西交通の歴史のなかで、マラッカ海峡活用の最古の記録と言えるとともに、半島横断、シャム湾経由ルートより2ケ月も旅程が短縮されていることにも注意がひかれる。しかしこの後、海峡経由航路が主流となるかというと、そうではなく、インドシナには東南アジア最初の大国とされる扶南国が出現し、シャム湾経由ルートが主流の時代が続くこととなる。

◆ モンスーンの発見 ～沿岸航海から大洋航海の時代へ

　アラビア語で「季節」のことを「マウシーム」という。これがインドネシア語では「ムシム」となっている。季節風モンスーンの語源である。東南アジアでは、8月を中心として南西のモンスーンが吹く。インド方面への航海の時である。中国南部からでは冬季に出発すると、1ケ月前後でマラッカ海峡地域に達する。各船舶は当地で半年前後、南西の風が吹くのを待つのである。エンジンが発明されるまでの帆船航海の時代を通じてこの基本的図式は変わらなかった。さて、このモンスーンの発見はギリシア人のヒッパロスであったところから「ヒッパロスの風」との異名を持つ。紀元後1世紀中葉のことと考えられている。これ以前の時代には、ローマを中心とした西方世界とアジアの交流は、インダス河口周辺地に集中していた。ペルシアと北インドは陸路や沿岸航路で結ばれていたわけである。この時代、西方世界にとっては東方の到達地点はインド止まりであった。これは中国世界からの西方への到

達地点は南インド止まりであったことと対応するものと言える。

　モンスーン航海が始まると、西方世界から南インドへの直行航海が始まる。それと共に、インド東岸へ進出するルートも開拓されて行く。紀元後1世紀のこの時代からの書物として『エリュートラ海案内記』が著名である。この書にはこのような時代状況を反映してインドを越えて、東アジア地域の明瞭な知識が西方世界にも及んでいることが見てとれる。たとえば、海亀を産する「クリセー（金）の地」という地名が見えるが、これはマレー半島を指すものと考えられており、さらに「北へはティナイ（シナ）にまで達する」との記述にも出会うこととなる。中国に至る航海が完全に視野に入っている時代となっているのである。

　この書では当時の交易状況にも言及されている。インドからは、種々の交易品の中で、多量の胡椒と真珠が特徴的で、ローマ世界からは多量の金貨の流出が特徴的である。例えば、南インドの東西岸をつなぐ陸路の交通路から大量のローマ貨幣が出土し、この時代にはローマ貨幣が通貨となっていたとも指摘されている（重松 1993. p.99-）。少なくとも産業革命以前にあっては、アジアの貴重な産品、製品を入手するのに、西方世界はその対価としての主流は金銀であったようだ。したがって、アジア各地での金の産出も彼らの大きな魅力であったことであったろう。東南アジア海域部には金のイメージが強くまといつくのが最古代の特質の一つでもある。

◆ 金の島、金の地 〜ジャワ・スマトラは金の産地

　インド2大叙事詩の一つ「ラーマーヤナ」には、さらわれたシータ姫を捜すため、猿軍が各地に派せられる場面がある。猿軍の一部隊には「スヴァルナドヴィーパ（金の島）、スヴァルナブーミ（金の地）」におもむく命令が下る。そこには7王国があり、金銀の島だという。「ラーマーヤナ」は紀元前数世紀から長い年月の経過のなかで現在に伝わる形になったものである。「黄金島」への知見がいつこの物語に挿入されたものかが、この場合に問題となる。これへの明確な解答を求めるのには困難な面があるが、やはり、モンスーン航海で知見が広まった結果と考えるのが自然なことと思われる。この他、インド説話文学や種々の文献にも、このような金にまつわる地名が散見するが、具体的にどこを指すものかは不明である。インドや東南アジアの各地がその候補地として名乗りをあげているのである。したがって、ここではまず、インドネシアにおけるこの地名にかかわる事跡をたどってみたい。実際、今は枯渇しているがジャワやスマトラはかつては金の産地であった。

まず先に触れた『エリュートラ海案内記』では、マレー半島を指すと考えられている「クリセー（金）の地」への言及があった。世界の地理的知見が一段と進む2世紀からは、やはりギリシア語で書かれた『プトレマイオスの地理書』という書が知られている。ここでは、「穀物の島」（Iabadiou, Yawadvīpa）についての言及があり、その島は極めて肥沃で金を豊富に産出すると記されている。この記述はジャワでは最古の732年のチャンガル碑文の「大変に善きヤワ（Yawa）の島があり、米や他の穀物に富み、金鉱にも富む」との記述と合致するのも興味深いことである。時代が進むが、チベット仏教の革新者として有名なアティシャ（阿提沙）は11世紀前半に少なくとも12年間、スマトラに留学し、スヴァルナドヴィーパの高僧ダルマキールティ（法称）に師事したという事跡がある。これについては後にも述べることとなるので、ここではこれを歴史的事実として示すのみにしておきたい。また、同じく11世紀前半のアラブ地理学者ビールーニの著作中には次のような記述が見られる。

　　「インド洋の東方の島はザーバジ（ジャワ）で、インドより中国に近く、インド人によってスワルナディーブ即ち、黄金島と呼ばれる。…その国の土地をほんのわずかを洗えば、多くの黄金を獲得できるからである。（中略）赤道は、海中、中国の南側に始まり、黄金の地として知られるザーバジの島、カラー島とスリブザ（スリィウィジャヤ）の間、そしてセイロン島の南側を通る」(Tibbetts1979. p.50)

　この記述からは、ジャワ島は「黄金の島、黄金の地」とも称されていたことがわかる。一般的に、「金地」はミャンマー、「金島」はスマトラとされることが多いが、それも確かな根拠に基づくものではない。13世紀後半には、ジャワ王クルタナガラはスヴァルナブーミに不空羂索観音像をもたらしている。この石像はスマトラに現存し、石像に刻された碑文にその事が記されている。「金島」とされることの多いスマトラだが、ここでは「金地」と称されているのである。なお、ドヴィーパは島、ブーミは地の意である。
　ところで、ジャワやスマトラの金はいつ枯渇したかは明らかではないが、16世紀からのヨーロッパからの大航海時代初期には、スマトラはなお金を産出する地と認識されていた。このように、実際に金を産出することを背景にジャワ・スマトラは、長く「金島、金地」と呼ばれてきた。ラーマーヤナの「金島、金地」はインドネシア地域を指す可能性が大きいと言えるものがある。

◆ 東南アジア最古の扶南王国 〜国際港オケオ

　東南アジア最古の王国はメコン下流域に成立した「扶南王国」である。ここで「最古」とは、中国史料中に最初に現れる東南アジアの王国という意味である。その始祖伝説は、インドからの渡来人混塡（カウンディヤ）が、未開の土地の女王柳葉（ソーマ）を妻とし、インドの先進文化を導入して王国の始祖となったというもので、東南アジアでの建国説話の一つのパターンとなっている。王は「ラジャ」と称されるようになり、国際的にも王国の体裁を整え、中国史料にも王国として長文の記述がなされることになる。この建国の年代は不明だが、2世紀にはこの王国の実存の人物が史料に現れてくるところから、1世紀後半から末年にかけて成立したものと考えられている。この王国はシャム湾の交通を掌握する位置を占めていたところから5世紀頃までは、シャム湾経由ルートが東西交通の主流となっていた。マラッカ海峡の本格的活用は、この王国の衰退期まで待たねばならなかったようだ。

　扶南王国については現地史料は乏しく、この王国の現地名も山を意味する「プノム」ではないかと推測されているのが実情である。しかし、この王国について何よりも注目を浴びていることは、この国の海港であったと考えられているオケオ遺跡の出土品である。インド伝来の仏像、神像を初め、ペルシアからの伝来品、それに中国・漢代の鏡等と貴重な出土品の中で、歴史上とりわけ価値の高いものは、ローマ皇帝アントニヌス・ピウス（138-61在位）やマルクス・アウレリウス（161-80）の肖像金貨が出土したことである。これらの出土品はベトナムのホーチミン市の博物館で実際に目にすることが出来る。まさに東西交流の進展の跡を如実に伝えるものばかりであると共に、東アジア世界はインドを越えてローマ世界とすでに確実につながっていたことを示すものと言える。扶南という大政治勢力の出現で、広範囲にわたる交通の安全が保証され、東西交流が大きく進展したのである。

◆ 東西世界、最初の直接接触 〜「始乃一通」

　紀元後最初のほぼ2世紀間は中国では後漢王朝の時代である。その正史である『後漢書』（巻86）には次のような記述が見られる。
　「紀元後120年、ミャンマーにあった撣国王が中国皇帝に使節を再び遣わして、楽士やマジシャンを献じた。そのマジシャンは口から火を吹き出したり。関節をはずしたり、牛

馬の頭を取り替えたりと種々の魔術をみせた。また、蹴ること数千回におよぶけまりを紹介した。そして、自ら自分は海西人、すなわち大秦人であるという。揮国の西南方向は大秦に通じるのである。」(永寧元年、揮国王雍由調、復遣使者、詣闕朝賀、献楽及幻人、能変化、吐火、自支解、易牛馬頭、又善跳丸、数乃数千、自言我海西人、海西即大秦也、揮国西南通大秦)

　東南アジアにおける東西交通路について、シャム湾経由ルート、マラッカ海峡経由ルートに言及してきたが、イラワディ河渓谷を経由するミャンマー・ルートも重要な交通路であった。第2次世界大戦時においては、連合軍の中国国民党軍を支援する援蒋ルートとして活用されもした。ミャンマー史のなかでも、中国大陸における戦闘で生じた敗残兵がこの渓谷を伝わってミャンマーに流入するという出来事が繰り返される。ここでは、後120年に、揮(シャン)国王が漢朝に朝貢し、大秦人の楽・幻人を献上したという出来事が記されている。「大秦」については、ローマ説、シリア説など諸説があるが、ローマ世界の人と考えて相違ないであろう。このように2世紀前半にはローマ世界の人がすでに東アジア世界に到来していたことが確証できる。この時は、いわば民間人であったが、この出来事に続いて、この2世紀後半には大秦・漢朝の国家間の最初の公式な直接接触が行われるのである。同じく『後漢書』(巻88)において次のような記述が見える。

　「166年に至って、大秦王安敦は使節を派遣して来た。日南の域外から象牙、犀角、瑇瑁を献上した。最初の一通である。その貢物はいずれも珍しいものではなく、途中で入手したものと疑われる」(至桓帝延熹九年、大秦王安敦遣使、自日南徼外、献象牙犀角瑇瑁。始乃一通焉。其所表貢、並無珍異、疑伝者過焉)

　ここに見える「大秦王安敦」は先述のローマ皇帝マルクス・アウレリウス・アントニヌスに比定されている(平凡社『アジア歴史事典』)。ただ、この時の献上品はローマ帝国の産物とは考えられない。「象牙、犀角、瑇瑁」とは南方の産物であり、中国側から見ると、いずれも珍しいものではなく(並無珍異)、そういう面ではとりたてて言うべきものがないが、注目すべきは、「始乃一通焉」とあるように東西世界がまさに初めて直接接触したというところに世界史的な大きな意義ある出来事であったと言える。

　さらにこの『後漢書』の記述において興味深いことは、「日南徼外」とあることである。この時の使節はもはやミャンマー・ルートではなく「日南」、すなわち、現在のベトナム北部方面から到来したものである。これだけの記述ではこのローマ使節はベトナム沿岸に達し

たのは、マラッカ海峡経由なのか、シャム湾横断ルートなのか不明だが、「扶南王国」の海港跡オケオ遺跡からはこのローマ王の肖像金貨が出土しているのである。言うまでもなく、この時代は扶南王国の健在期であり、シャム湾横断ルートが盛んに用いられていた時代であったことを考えないわけにはいかない。

第2節　古代王国の展開 ～マラッカ海峡の本格活用の時代へ

◆ 5世紀までのインドネシアの諸相 ～断片的記述

　インドネシア各地に碑文が出土したり、各地の王国に関して中国の諸文献中においても比較的まとまった記述が見られだすのは4世紀末から5世紀にかけてのことである。5世紀以前の東南アジア世界は、インドシナの「扶南・林邑」の時代であった。林邑とは、現在のベトナム中・南部を占めた南島系民族チャム族のチャンパ王国である。インドネシアにあったと想定される地名、国名については断片的な記述しか見られない。したがって、インドネシアはなお国際的な舞台とはかけ離れた位置にあったと考えざるをえない。

　それらインドネシアにあったと考えられる国のなかで、まず2世紀においては「葉調国」がある。この国については、永建元（131）年に、葉調国王が1回限りの中国遣使を行ったとする記録以外何も伝わっていない（『後漢書』巻86）。ただそこには「日南徼外葉調国」、すなわち、日南の域外の葉調国とあるところから東南アジア地域に存在した国であると考えて間違いない。この国についてはこれ以上の記録はないが、「葉調」は「ヤヴァドヴィーパ」の音を写したものとしてジャワ島にあった国と推測されている。「葉」の字には「ヤ」「ジャ」に近い音があるからである。しかし、スリランカ説を唱える学者もいる。いずれの説もこの国を島に位置させているが、これは、「調」は「ディーパ、ドヴィーパ」（島）の音を写す例があるからである。東南アジアにある島国となれば、インドネシア海域に存在した可能性が大としなければなるまい。

　3世紀を中心としては「斯調国」が知られる。この国については唐代までの各種文献に記録が残っているが、その位置については確定できるような記述はなく、諸説が出ている。諸説のうち、主要なものは葉調国と同一説やスリランカ説などがある。ただ、この国について

はスリランカ説の方が有力であるようだ（藤田1943. p. 671他）。

2世紀の葉調がジャワを指し、3世紀の斯調がスリランカを指すとすれば、3世紀におけるインドネシア地域の王国としては「諸薄国」が考えられる。この国については、3世紀前半に扶南国に使いした中国呉王朝の朱応・康泰の見聞記に付随的に現れるものである。康泰著作と伝えられる『扶南土俗』『呉時外国伝』は完全な形では現在には伝わらず、断片的に各種文献に採録される形で伝わっている。まず、諸薄国の位置を示すものとして、『梁書』（巻54扶南国伝）に、「扶南の東方の海中に大きな島があり、その島上に諸薄国がある。その国の東に馬五洲がある」とある。

「扶南」はインドシナ南部にあった国で、その東方の海中にある国となればインドネシアの島々の内のどれかと考えて間違いない。この一文でさらに興味深いものはこの国の東に「馬五洲」があるという記述である。この地名は『扶南土俗』に「五洲」、『呉時外国伝』中には「五馬洲」と記されており、モルッカス香料諸島を指すものと考えられる。これを香料諸島に比定する根拠は、その産品である。康泰の著作からの断片的記述は『太平御覧』にも採録されており、そこでは、この島は鶏舌香を産出することが記せられている。

　「康泰扶南土俗曰、諸薄東、有五洲、出鶏舌香」（巻787）

　「呉時外国伝曰、五馬洲、出鶏舌香」（巻981）

すなわち、「五（馬）洲」は、鶏舌香を産出する島である。鶏舌香とは丁字のことであり、本来は香料諸島の特定の島々にしか産出しなかったモルッカス香料諸島の特産品である。3世紀には、ジャワおよび、その東方にある香料諸島とその特産品である丁字が認識されていたのである。丁字の登場である。「丁字」という名称は、この産品の形状が「丁の字」を呈しているところからくるもので、そもそもは、「鶏の舌」にも似た小さな形状を示しているところから「鶏舌香」と称されていたのである。考えてみると、丁字はこの後、ニクズクとともにインドネシア海域を代表する主要交易品であり続け、後世におけるヨーロッパの大航海を誘引したとも言える主要産品であった。

ところで、「五馬」「五洲」「馬五」と、いずれが正しい表記なのかという問題については、藤田博士は「馬五」が本来の表記で、現地音はガウメディと指摘しているが（p.685）、諸説が多い。なお、「諸薄」についても、これをボルネオとする説も有力な説であるが、「諸薄」の「薄」字には、「ba, va」音があり、「ジャバ」なる音を写した可能性が大きい。

◆ 最古の碑文群 〜数少ない現地史料

　中国史籍中にインドネシア海域の諸王国についての記述が見られだすのは5世紀になってからのことであるが、それはまさに現地出土碑文の出現の時期とも合致しているのが興味深い。インド・中国両世界からの関心が、ようやく海域部にまで及び、マラッカ海峡の本格的活用への道筋がついていく時代が到来しているのである。

　インドネシア海域における最古の碑文はカリマンタン（ボルネオ島）東岸の大河カプアス流域のクテイ地方に伝わる4個のクテイ石柱碑文である。サンスクリット語で書かれ、文字は南インド系の文字が用いられている。その文字の書体様式から4世紀末から5世紀初頭のものと考えられる。インドにおいては、インド文字の書体は時代・地域によりさまざまな発展形態を見せているところから、伝播先の東南アジア諸地域で出土する碑文の書体はそのインドの出発地点と時代を明確に求めることができる。碑文の内容は、王朝の始祖クンドゥンガの子息ムーラヴァルマン王の種々の寄進行為を讃えるもので、それ以上の歴史的事件等については何も触れられていない。ただ、王国の始祖は現地名で、その子息がサンスクリット名を名乗るのは、インド文明の本格的到来時を背景としたものと考えられる。なお、これら碑文は現在はジャカルタの中央博物館に保存されている。

　この南インド文化の影響をおびるクテイ諸碑文については、ジャワ・スマトラというインドネシアの中心地域から遙か遠く離れた地域に、インドネシア最古の碑文が出土していることは長く不可解なことと考えられていた。しかし、東部ジャワから、カリマンタン・スラウェシー島間のマカッサル海峡を経由してフィリピンから中国に至る交通路の存在を考えるとき、カリマンタン東岸地域は中継地点としての役割を果たしたことが十分に考えられる。よって、4世紀末から5世紀にかけては、東部ジャワには何らかの政治勢力が存在し、それとの連係のなかで、クテイ王朝なるものが栄えていたと推測できるのである。

　クテイ諸碑文に続くものは西部ジャワ内陸部のボゴール周辺に出土する4個の碑文がある。文字の彫刻は大変美しく、文化的にも相当の繁栄を見せていた王国のものと考えられるが、この周辺からは王宮遺跡等は見つかっていない。南インド系の文字書体からいずれも5世紀前半からのものである。これらボゴール碑文に対応する碑文が現在のジャカルタの沿岸部に数個出土している。これら碑文の分布状況から、内陸部に王都があり、海港部との緊密な関係のうえで繁栄するというジャワ王朝の有する構造上の一つの基本的パターンが見てとれる。

碑文の内容は、タルマナガラ国のプルナワルマン王を讃えるものが主流で、内1碑文からは、この王の治世は22年間で、運河を掘削したことが刻されている。

　インドネシア諸地域からの5世紀前後における碑文出土状況は上記のものくらいであるが、ついで、中国史料中におけるインドネシアの5世紀を見てみたい。史料的には現地出土史料が少なく、中国史籍中の記述に大きく依拠するのは古代史の特質である。

◆ 5，6世紀の主要王国の状況

　永初元（420）年に中国南部に宋王朝が成立し、東南アジア諸地域と盛んに関係を結ぶことになる。この宋朝の正史『宋書』(巻97)を見ると、東南アジアの政治地図が一変している。一つは、「林邑」（チャンパ）についての記述が主体となり、「扶南」への言及は付随的なものとなっていることである。これは、「扶南衰退」の時代状況を反映したものとみなされる。さらに、『宋書』に見られる今一つの顕著な、そして新しい変化は、インドネシア海域に存在したと考えられる諸王国について多くの記述が現れることである。

　東南アジア最初の大王国「扶南」が衰運を示し始め、インドネシアの諸王国が出現してきたということは、とりもなおさず、シャム湾経由ルートの衰退と、マラッカ海峡経由航路の隆盛を示すものである。林邑国はベトナム中・南部にあってどちらのルートが活用されようとも中継地としての一定の役割は維持したものであったろう。これは宋朝に始まる170年間の南朝宋、斉、梁、陳4王朝の正史である『南史』(巻78)においても「林邑、扶南」に続いて記載されている国々は、マレー半島からインドネシア海域の諸王国であり、マラッカ海峡を軸とするインドネシア諸王国の本格的な活躍の時代を迎えている時代状況が理解できる。このように5世紀に入ると、マラッカ海峡を中心とする交通が円滑化し、その円滑な交通を担う政治勢力がマレー・インドネシア各地に確立する時代を迎える。ここでそれら海域部の諸王国の状況を、それらの国々からの中国遣使記録の様相から見てみたい。中国遣使記録というものは、それはとりもなおさずその王国の対外的活動期を示すものである。

〔中国遣使記録一覧〕

【5世紀を中心とした王国】

　　呵羅単国：430, 433, 434, 435, 436, 437, 449, 452.
　　婆　皇　国：442, 449, 451, 455, 456, 459, 464, 466.

婆　達　国：435, 449, 451.
【6世紀を中心とした王国】
　　　干陀利国：443, 445, 455, 502, 518, 520, 526, 560, 563.
　　　婆　利　国：473, 517, 522, 616, 630.
　　　丹　丹　国：530, 531, 535, 571, 581, 585, 617, 666, 670.
【7世紀を中心とした王国】
　　　赤　土　国：608, 609, 610.

◎　5世紀の中心的王国群　～呵羅単、婆皇、婆達

　5世紀からはインドネシア海域部が活発な対外活動を始める時代が幕開けするが、ただ、これらの王国については漢文史料に記述が残るとはいえ、その正確な位置等を確定するには史料的には乏しいものがある。そして、きわめて残念なことの一つには、インドネシア各地で碑文を出した王国との関係が不明なことである。さて、この遣使記録一覧から明瞭なことは、5世紀の中心的な王国は、「呵羅単、婆（娑）皇、婆達」の3国である。『宋書』（巻97呵羅単国伝）には次のように書かれている。

　「元嘉二十六（449）年、太祖は詔で言われるに、呵羅単、娑皇、娑達三国は頻繁に遠くの海を越えて、よろこびしたがいて、貢物を納める」（太祖詔曰、呵羅単、娑皇、娑達三国、頻越遐海、款化納貢）

　これら3王国の内、まず、「婆（娑）達国」であるが、この国は史料によっては「闍婆婆達」「闍婆達」とも表記される。時代が相当降り、信頼性に少し欠けるが、『明史』（巻324闍婆国伝）には「闍婆、いにしえは闍婆達という。宋の元嘉時（423-53年）に、はじめて中国に朝貢する」とあるところからも、ジャワ島中・東部のジャワ地方にあったと考えられる。ところで、先にカリマンタン東岸のクテイ王国に言及したが、この当時、マカッサル海峡経由航路が盛んに活用されていたとすれば、この婆達国はクテイ王国との連係でこの航路に関与していたものであったろう。すなわち、婆達国はジャワでも東部ジャワに位置していたものと推測できるのである。なお、中国王朝への朝貢という問題であるが、これについては、現代では「朝貢貿易」と称されるように、国家間の交易活動と理解されている。
　他方、婆皇については、スマトラ島南部ランポン地方にトゥーラン・バワン河が現存する

が、この「バワン」が婆皇の現地音と考えられている。呵羅単国については、「呵羅単国、闍婆洲（島）を治める」（『宋書』巻97、『南史』巻78）、あるいは「闍婆洲の呵羅単国」として言及されることが多く、西部ジャワにあった国で、婆皇国と連係してマラッカ海峡の海運に関与した国と考えられる。呵羅単を西部ジャワ・スンダ地方に位置させる根拠は、婆達国がジャワにあったことにもよるが、そもそもジャワの地には「島」意識には乏しいものがあり、自らの地を単に「ジャワ」と称するだけで、わざわざ「島」をつけることはない。呵羅単国は「ジャワ島の呵羅単」とされるところから、「ジャワ」の地ではなく、西部ジャワに求めるのが妥当と考えられる。西部ジャワ・スンダの沿岸部は中国南部から真南にあるところから、中国から西方世界に向うに際しての寄港地ともなる地域で、マラッカ海峡の経済圏に含まれる地である。なお、この国とボゴール諸碑文との関係は不明である。

◎ 干陀利国と丹丹国 〜6世紀の中心的王国

　5世紀の中心的3国に続くものが「干陀利国」である。その位置は、「婆皇国」よりは北方であるパレンバン、ジャムビ地方がこの国の中心域であったろう。干陀利国は婆皇国と同時期に活動していたが、婆皇衰退後、これに代わりマラッカ海峡における中心的勢力となって行ったようだ。中国遣使記録からも、この国の活躍期は5世紀よりも6世紀を中心としたものである。この国については、『明史』（巻324）に「三仏斉、古名干陀利」と、後に海峡に覇を唱えるスリィウィジャヤ（三仏斉）の昔の名とされているのが興味深い。
　この国が本当にパレンバンを拠点としたスリィウィジャヤの古名であるかどうかについては、このただ一度の『明史』の記述だけでは断定的なことは言えないが、中心地についてはこの両者はほぼ同一地域にあったものとだけは言えるであろう。ところで、呵羅単、婆皇、干陀利は、いずれもマラッカ海峡周辺の王国である。これらの国々の中国遣使活動から言えることは、呵羅単の活動が終息した後、中国との交渉は婆皇国に継承され、婆皇国の活動の終息後は、干陀利国に継承されていることがわかる。呵羅単、婆皇の関係を今少し考えてみると、婆皇国は呵羅単とほぼ同時期に活発に活動するが、呵羅単の活動が終息すると、婆皇の活動も永続性をなくし、終息してしまっている。そういう面では、この2国は共存共栄、あるいは、相互補完的関係にもあったとも言えるであろう。
　6世紀においては干陀利国の他に、マレー半島にあったと考えられる丹丹国が出現して来ている。干陀利と丹丹の関係を中国遣使記録から考えてみると、この2国の関係も競合的と

いうよりは、相互補完的なものが見てとれる。すなわち、一方の活動が沈滞しているときは、他方が活発な活動を見せているのである。しかし、丹丹国が干陀利国の活動を中心的に継承したものであったのかどうかについては、なお検討を要するものがある。それは、7世紀には赤土国がマレー半島に現れ、中国・隋朝がその赤土国に使節を派遣しているからである。このことから、中国王朝にとり丹丹国よりは赤土国の方が重要と認識されていたことは確かなことである。

　この中国遺使記録を見て興味深いことは、マラッカ海峡における中心地は北上する動きを示し、さらに海峡を軸にしてマレー半島に転じて円環状の動きを示していることである。この動きは、後世のマラッカ王国誕生に至るプロセスと類似のものを呈しているのである。

　◎ 婆利国 〜現在のバリ島ではない

　5世紀後半から7世紀にかけて活躍した諸王国のなかで、やや特異な位置を占めるのが婆利国である。この国の活動期は断続的だが長期にわたるものがある。「婆利国」という名前から、ジャワ島東隣の現在のバリ島が想定されるが、『梁書』(巻54)に、「婆利国、在広州東南、海中洲上、去広州二月日行。国界東西五十日行、南北二十日行」とある記述、すなわち、この国の広さは東西は歩行50日、南北は20日も要する巨大島（洲）との記述から現在のバリ島に比定することはできない。中国東南部広州の東南の巨大島となると、カリマンタン（インドネシア領ボルネオ）しか考えられない。カリマンタンと言っても広大で、その島上のどこに所在したかということについてはその位置を示す史料はない。ただ、海上交通路を考える時、婆利国の所在地として2つの候補地が考えられる。

　一つは、東部ジャワからマカッサル海峡経由の交通路がなお健在であったとしたら、婆利国はカリマンタン東南部地域に存在したと想定できる。5世紀後半に出現の婆利国が婆達国を継承してこの交通路に関与して活躍したとも考えてみたいが、確証はない。ただ、カリマンタン東南部においてバンジャルマシンに流れ込む巨大河川にバリトなる名があるが、この河川名には「婆利」を想起させるものがある。

　他方、この国はマラッカ海峡を軸とする交通網に加担する地であったと考えると、その位置はカリマンタン西岸から西南部に想定される。いずれにしても、この国と関連する現地出土の遺跡、遺物等は皆無の状態で、中国史書の記述だけからではこれ以上の想定は困難である。ただ、カリマンタン西南部の現在のポンティアナック等の町はマレー系人種の移住が見

られ、マラッカ海峡地域のマレー文化圏に含まれる地域が形成されていることは注目に値する。「婆利国」はカリマンタン西南部にあってマラッカ海峡を軸とする交通・通商網に加担した国であった可能性も十分にあるのである。

◆ 仏教僧侶の活躍 〜大洋航路の確立

　4世紀末年の396年以後に、カシミールの王子を出自とする求那跋摩（グナワルマン）がスリランカからジャワに到来し、ジャワ王家の信頼を得て一国を仏教化したという事跡が伝えられている。彼は、元嘉元（424）年には中国に迎えられ、いくつかの仏教経典を中国語に訳している。彼の活躍の跡は『高僧伝』（巻3）その他、中国仏教史関係の各種文献中に記録されており、中国での活躍も小さなものではなかったようだ。求那跋摩が教化したジャワの王朝とは、どこに位置していたか等のことについては何ら手掛りはない。しかし、彼の伝記中には隣国との戦争に際して王に助言を与えたことなども記録されているところから、ジャワにおいては未だ統一王朝が成立するには至らず、諸王国群立の時代であったと考えられる。なお、婆達国、呵羅単国からの中国遣使に際しての中国皇帝への表文は仏教賛美に満ちており、この時代、ジャワ島には仏教がすでに伝来していたのは確かである。

　4世紀末から5世紀にかけて活躍した今一人の人物として法顕がある。歴史上法顕の活躍の意義深いことの一つは、中国僧のインドでの求法活動への道筋を開拓した人物であることである。本書でも採りあげる唐の義浄はその著『大唐西域求法高僧伝』の序文で「法顕法師は、すなわち、はじめて荒々しい道を切り開いた」（顕法師即創闢荒途）と記している。彼は往路は陸路、すなわち、中央アジア・ルートを開拓してインドに入り、帰路はスリランカからマラッカ海峡経由の海路で中国に帰国した。彼の著書『仏国記』（法顕伝）は、この苦難に満ちたインド求法の旅を記録したものであるが、なかでも中国への帰還に際しての乗員200人位の船で以ての、すさまじいばかりのインド洋や南シナ海の航海が詳述されており、5世紀の大洋航海の有様を知るうえで大変貴重な史料となっている。おそらく、大洋航海を詳述する最初の記録であろう。先に、200人積載の船としたが、これよりほぼ1千年後のヨーロッパからの大航海時代初期の船も同じような規模の船であったのである。

　ところで、法顕が中国への帰国時、マラッカ海峡地域で寄港した地は、「耶婆提」と記されている。これは「ヤヴァドヴィーパ」すなわち「ジャワ島」と解釈して間違いないものである。「提」字はドヴィーパ（島）を写す語である。法顕が「ジャワ」ではなく「ジャワ島」

と記してあるのは、先述したように、西部ジャワ地域を指しているのに相違はない。繰り返すこととなるが、中国南部から真っすぐ南下するとジャワ島西部沿岸部に到達するものであり、まさに西部ジャワ沿岸地帯はマラッカ海峡を軸とする交通圏の一角をなしている。よって「耶婆提」とは、西部ジャワの沿岸部を指すものとするのが極く自然な結論となる。

　求那跋摩のジャワでの活躍、法顕のマラッカ海峡の活用は、インドネシアのアジア史の舞台登場へのさきがけとなるものである。アジア史の形成の中でも重要な二人の歴史的人物に言及したが、両人ともスリランカとの関係を有していることも注目しておかねばならない。結論的に言えることは、4～5世紀にかけて、スリランカ ― マラッカ海峡 ― 中国間の交通網がすでに確立していたのである、と。

◆ 赤土国 ～7世紀の主要国

　時代は6世紀から7世紀へと進展するが、7世紀を通じて活躍した国が丹丹国である。マレー半島南部に位置した国と考えられるが、この国は海域部を代表する王国ではなかったようだ。中国ではその後、統一王朝として出現した隋王朝（589-618）が使節を派遣した南海の王国は「赤土国」であった。このことは、この赤土国が隋代に代表的な海域部の王国であったことを示している。その位置については、丹丹国の北方、マレー半島中部地域が想定される。

　ところで、隋朝の正史『隋書』（巻82南蛮伝）において、専条としてまとまった記述のある東南アジア地域の王国は「林邑、赤土、真臘、婆利」である。ここでは丹丹国は専条としてはとりあげられていない。そういう面でもマラッカ海峡地域を代表する王国は赤土であったと考えられる。それにしても、東南アジア大陸部における政治地図は一変してしまっている。扶南に代わり、林邑、真臘（クメール）が中心を占める時代となっている。『隋書』の同所に「真臘は林邑の西南にある。もとは扶南の属国である」とあるように、かつては扶南の属国であった真臘の勃興は、とりもなおさず、扶南の衰滅を意味している。

　さて、赤土国についてであるが、この国と中国との交渉は大業3（607）年、隋朝から常駿などが使節として派遣されたことに始まる。赤土国は、これに応えて大業4，5，6年と3年続けて中国に使節を派遣しているが、おそらくは隋朝の乱れに影響されてか、両国の交渉はこれ以降見えなくなる。しかし、赤土国は続く唐代にまで存続したことは確かで、唐代の中国史籍中にも赤土の名は散見する。この国の位置については、マレー半島中部に位置した

と考える大きな根拠の一つは『旧唐書』(巻222下、婆利国伝)に見える「(婆利国は)林邑、扶南、赤土、丹丹国を経由して、すなわち至る」なる一文である。この一文はベトナム中南部の林邑からシャム湾に面する扶南を経由して、マレー半島東岸沿いに航海してカリマンタンの婆利国に至る旅程を示すものである。この旅程は、マラッカ海峡に直航するルート確立後も用いられていた一つの交通路である。この『旧唐書』に記せられる婆利国に至る航海ルートから、赤土はメコンデルタの扶南とマレー半島南部の丹丹国の間に位置していることになる。すなわち、マレー半島中部地域がその位置と考えるのが自然なことになる。

　赤土をマレー半島中部地域に求める根拠となる今一つの重要な史料がある。それは時代がさかのぼるが、5世紀頃の南インドのパッラワ文字で記されたサンスクリット語碑文が半島中部西岸のケダー地方から出土していることである。この碑には、「ラクタムルティカ(赤土)に住する大航海者ブッダグプタ」の名が刻されている。赤土とはいうまでもなく、土の色が赤色を呈しているところからの命名で、『隋書』(巻82赤土国伝)に、「(赤土国は)都する所、土色が多くは赤いため、国号となした」と記されている。

　ところで、ブッダグプタ碑文が半島の西岸に出土していることで問題となるのがマレー半島東西岸の関係である。漢代における中国からの南インド黄支国への使節派遣の際に見られたように、東西岸の陸路横断路が存在していたことは確かである。そういうところから、半島の王国は東西岸を一体的に支配することは、当然あり得ることである。すなわち、赤土国は半島両岸にまたがって存在した国と考えられる。この赤土国について『隋書』同所に、今一つ重要な記述がある。「赤土国、扶南之別種也」という一文である。この一文から、赤土国は群島部インドネシア側の諸王国の系譜につながる国というよりは、北方インドシナの扶南王国の系譜に連なる国と理解できるものであり、赤土国をマレー半島中部から北部にかけての地域に位置していたものとみなす根拠の一つとなる。ところで、マレー半島ケダー地方一帯は、インドシナ側大陸部の勢力と海域部の勢力が拮抗する地域である。海域部の勢力が強大な時代は、その勢力はケダーを越えて北上し、海域部の勢力が減退している時代には、大陸部の勢力はケダーを越えて南下する現象が歴史的に見てとれる。このことについては、第5節の「マレー半島　～海域部と大陸部の接点」で再び触れることとしたい。

　赤土国についても史料が少なく不明なことの方が多い。隋朝に続く唐朝の時代となると「訶陵」「室利仏逝」が統一王朝として現れてくる。このような側面から見ると、赤土国はインドネシア海域における「訶陵・室利仏逝」時代出現の前哨をなす王国とも言える。

◆ その他の諸王国 〜諸地域の独自活動

　東西交通路がマラッカ海峡経由ルートへとシフトして行く過程で、マレー半島周辺では他にも種々の王国が活躍したが、それらについては中国史料も断片的記述しか残さず、しかも半島には遺跡も少なく、解明が進んでいない。それらの内、比較的長文の記述が各種史料に残っている国として「狼牙脩国」がある。この国名の現地音は「ランカスカ」で、その位置については、半島東岸のパタニから西岸のケダ地方を占めた国とする説が有力でもあるが、その説では「赤土国」の位置と重複してしまう。『北史』（巻95赤土国伝）では、明白にこの国を赤土国の北として記されているところから、パタニの北方、ソンクラ（シンゴラ）やナコン・シ・タマラートという半島の中北部に存在した国とするのが妥当であろう。また、この「狼牙脩国」と「接する」、あるいは、「隣人」とされる国に「盤盤国」があった（『旧唐書』巻197、『新唐書』巻222）。狼牙脩の南には赤土国があるところから、盤盤国は狼牙脩国の北方の隣人として、マレー半島の北部にかかる地に求めるのが順当であろう。

　さらに、「頓遜国」の存在も知られているが、この国については「扶南の南界」（『南史』巻78扶南伝）との記述から、半島の付け根あたりからインドシナ大陸部にかかる国と考えられる。そして、この国も半島の東西岸にわたる地を占めていたようだ。いずれにしても、扶南大王国の衰退とともに、マレー半島諸地域では、各地域が独自の活動を見せ始めた結果の新たな政治的展開を示す図式と理解すべきであろう。この時代にはこの他、種々様々な地名・国名が新たに出現するが、史料不足からその多くは解明が困難な状態のなかにある。

第3節　古代統一王国の成立 〜スマトラの覇者スリィウィジャヤ王国

◆ 東西交通路 〜陸路と海路

　東西世界を結ぶ交通路には、中央アジアの砂漠地帯経由の陸路と、南シナ海・インド洋の荒波を経由する海路とがあった。太平洋航路は、16世紀にスペイン人が開拓したものである。古代においては陸と海のシルクロードが東西交通の幹線であった。中国人で最初にインドへ

の陸路を開拓した5世紀の法顕は『法顕伝』(長沢1971)で「砂漠中には悪鬼、熱風が有り、会えば皆死んでしまう。一人として無事の者はない。空には飛ぶ鳥はなく、地には走る動物もない。…ただ枯れた人骨を標識とするだけである」と記している。

　砂漠の旅は水没のおそれはないが、砂に埋没、熱暑で倒れる危険が多い。一方、海路の旅には風波の危険がつねにつきまとう。海上交通については同じく『法顕伝』の最終部分にそのすさまじさは法顕自らの体験でもって詳述されている。また、どちらの交通路も至る所、悪人、悪党が待ち構えている。海には海賊、陸には追いはぎ等々、その一端は『西遊記』の孫悟空の活躍に象徴されるとも言える。東アジア世界では、古代においては大変な熱意でもってインドの仏教を受容したものだが、このような過酷な長旅を経て導入されたものであった。インドネシアをも舞台に活躍した唐代の義浄は自著『大唐西域求法高僧伝』(足立喜六訳注)の序文において、この困難さを次のように述べている。

> 「それいにしえより神州(中国)の地では、生命を軽んじ、仏法に殉じる人をみるに、法顕法師がはじめて危険なルートを開き、玄奘法師が中に正しいルートを開いた。(中略) 仏法を求める道は多難にして、宝処(インド)はますます遠い。すぐれた人材は十に満ちて、多いのではあるが、実を結ぶのはまれに一であって、まことに少ない」

　インドへの求法僧で成功するものは、10人の内、まれに一人(結実罕一)、という義浄の表現は誇張してのものではなく、まったく事実に基づいたものである。この『義浄高僧伝』は60余名ばかりの当時の求法僧の消息を伝えたものだが、成果を得て、無事、中国に帰還を果たしたものは、わずか5名であり、一割に満たない。他は途中で断念したり、異国で病死したり、行方不明となってしまっている。乗船が難破して遭難したケースはわずか1件しか記されていない。多くは異国の風土と、長旅の厳しさに耐えられなかったのである。これについては『法顕伝』の次の1節がそれを象徴的に示している。スリランカに至り、帰国を前にした法顕自らの感慨を述べたものである。

> 「法顕は漢の地(中国)を去ってから何年もたってしまった。交遊する人々はすべて異域の人であり、山川草木、目に映るものすべてなじみのないものであった。また、同行してきた者(4人)たちとは分れ分れになってしまった。ある者は滞留してしまい、ある者は死んでしまった。ただ一人ぼっちになった自分をかえり見るとき、心は常に悲しみを抱いていた。その時、商人が仏像の側で中国の白絹の扇を供養しているのを見て、思わずいたましくも悲しくなり、涙が出て来て、目に満ちてしまった」

ところで、三蔵法師玄奘に象徴される中央アジア経由の陸路は、突然に通行不能となってしまう。665年からその翌年にかけ、チベット（吐蕃）族が中央アジア各地を占拠し中国・インドの陸路は途絶してしまう。東西交通は海路だけとなってしまうのである。当然、インドネシア海域がそれにともない活況を呈してくる時代を迎えることになる。インドネシア古代王朝の繁栄には、この東西交通路の変換も大きくかかわったことであったろう。

◆ スリィウィジャヤ王国の登場 〜マラッカ海峡の一元的支配へ

　東西交通路の陸路の途絶、インドシナ南部の大国扶南の衰退という時代状況は、マラッカ海峡の本格的活用の時代へと大きく門戸を開くことになる。歴史の進展は、5世紀の諸王国分立の時代から、それらをたばねる海峡における統一王朝の形成へと進んで行く。広大な海峡地域のなかでスマトラ東南部地域パレンバンを本拠にした海洋帝国スリィウィジャヤ王国の登場である。おそらく、この王国の前段階的な王国として「マラユー（摩羅游）王国」があったようだが、マラユー国からの中国遣使は、ただ一度、西暦644年のものだけが記録に残るものである（『冊府元亀』巻970）。この「マラユー国」は、スリィウィジャヤ王国の都パレンバンの北方、ジャムビに都を置いた国と考えられている。そして、スリィウィジャヤの拡大とともに、その勢力下に入ってしまうことになる。義浄著『南海寄帰内法伝』（巻1）に、「マラユー洲は、すなわち、今のスリィウィジャヤ国、これなり」と見える一文が、それを示していると考えられている。

　なお、マラユー、ムラユー、マレーなる呼称は、現代ではマレー半島に特定化されている面があるが、本来はスマトラ東南部とその周辺地を中心地として、広大なマレー・インドネシア文化圏を指すものでもある。

◎ スリィウィジャヤ王国の成立時期

　スリィウィジャヤ王国は、中国史籍中には「室利仏逝国」として現れるが、その成立年代については正確なことは不明である。ただこの国の対外活動期については、明確な記録が残っている。「（室利仏逝国は）咸亨（670-73）から開元（713-41）に至る間に、しばしば使者をつかわした」（『新唐書』巻222下、室利仏逝国伝）。

　すなわち、この国は咸亨年間にはすでに中国唐王朝に遣使するほど、国家形成が進んでい

たものである。先述の摩羅游国からの中国遣使年は644年であったから、この年以降、咸亨年間以前がこの国の成立期となる。唐の高僧義浄がインド求法の旅に出発し、室利仏逝国に到達したのは咸亨2年のことであったから（義浄『高僧伝』巻下）、671年にはこの王国はすでに国際的にも門戸を開いていたことになる。

　◎ スリィウィジャヤ王国の都 〜パレンバン

　この国の都は、スマトラ東南部地域、現在のパレンバン市である。一部ではマレー半島に中心があったとの説も聞こえるが、それはこの王国の勢力範囲が広範囲に及んでいた証拠ともなるものである。たとえば、この国は14世紀末に滅亡するが、17世紀初頭のイタリア人イエズス会布教師マテオ・リッチ（利瑪竇）の残した世界地図『坤輿万国全図』では、なんとマレー半島北部地域に、この国の10世紀以降の名称である「三仏斉」の名が記されている。滅亡後数百年経過し、しかもスリィウィジャヤを継承したマラッカ王国も1511年にはポルトガルに占領されてしまっている。このような時代に、なお三仏斉の継承者であることを主張する地域がマレー半島に残存していることも興味深いが、これがスリィウィジャヤ・マレー半島説を生む素地となっているのであろう。

　スリィウィジャヤ王国の都をパレンバンとする第1の根拠は、「スリィウィジャヤ」と刻された7世紀の碑文がこの町に出土していることである。第2の根拠は、この王国に関連する遺跡、出土遺物がパレンバン市周辺に最も多いことである。遺跡等については、インドネシア海域でも特に沿岸部は熱暑とスコールのせいであろうか、全般的に保存状態はきわめて悪いものがある。これは自然条件だけではなく、インドネシアの歴史というものは、ヒンドゥー・仏教時代のあとにはイスラム時代が続き、さらに植民地時代が続くという文化的価値観が激変する歴史過程を経てきているところにも大きな理由がある。価値を失くした寺院に用いられたレンガや石材は、新時代の建造物に再活用されることは少なくないが、これは遺跡保存には致命的なものである。オランダ植民地支配者も当地の歴史や文化財保護に意を用いだすのはようやく20世紀前後からのことであった。

　王国に関連する第1の古代遺跡は、現在のパレンバン市域の外縁部にあるブキット・スグンタン丘である。ブキットは丘を意味する。今では何の変哲もない小高い丘である。唐僧義浄なども、ここに長期間滞在し、インドから持ち帰った仏典の翻訳に従事していたのであろう。丘の上にあった像高3.6mの石造仏立像は、現在ではパレンバン市の中心部にある博物

館の庭に安置されている。この石像は7世紀前後の南インドの仏像様式を備えている。パレンバン周辺には石材に乏しいところから、この仏像は南インドから導入されたもの、あるいは、パレンバン沖のバンカ島で作られたものとも考えられている。さらに、この丘周辺からは参拝者が祈願のために置いていったと考えられている「成就行」（シッダヤートラ）と刻された粘土片が大量に出土している。この粘土片類の文字も南インドのものであり、南インドとの深い関係のなかで、この王国が栄えたことを示すものである。

　第3の根拠は、後世の記述となるが、中国史料にスリィウィジャヤはパレンバンと明確に記されていることによる。15世紀からの『瀛涯勝覧』（旧港国伝）には、「旧港即古名三仏斉国是也、番名曰淳淋邦」とある。この一文は、三仏斉滅亡後、その旧都は「旧港」と称せられたが、その古名は三仏斉であり、土地の人々は「淳淋邦パレンバン」と称しているとの記述である。この他、『明実録』（洪武7年(1374) 9月甲戌条）には、「三仏斉国王麻那答宝林邦」とある。この王名の「麻那答」は何を意味するか不明であるが、「宝林邦」は明らかにパレンバンの音を写したものである。

　以上の3つの根拠からも、この王国の都はパレンバンに位置していたものと確定できる。なお、パレンバンという地名の初見は、これより先、13世紀の『諸蕃志』（三仏斉国伝）に見える「巴林馮」であろう。しかし、この『諸蕃志』においては、「巴林馮」は、三仏斉国の属領として出てくるものである。スリィウィジャヤの都をパレンバンとするなかで、パレンバンが属領となっているということは、とりもなおさず、13世紀においては、中心地、すなわち、都が移動していることを意味するものである。スリィウィジャヤ王国には第2の中心域というものがあるのである。

◎ 王国の第2の中心 〜ジャムビ

　マラッカ海峡地域は東西交通の要衝として、種々様々な地域からの影響が及ぶ地であるが、インドネシア地域内ではジャワ王朝との関係が重要となる。基本的図式としては、ジャワ王朝が強大化する時はスマトラ東南部地域はその影響下に入り、その反対に、ジャワ王朝が弱体化すると、これらの地域では独自の政治・経済活動を見せるものである。

　スリィウィジャヤ王国は10世紀以降、「三仏斉国」として中国史料に現れる。『宋史』（巻489三仏斉国伝）に「(三仏斉国) 唐天祐元年 (904)、貢物」と見えるのが、この国名の初見となる。この三仏斉国時代にはジャワ・スマトラ戦争が長期にわたり展開し、1032年に至っては

第1章　ヒンドゥー時代の開幕 〜古代王朝の繁栄　33

ジャワ王朝がパレンバンに壊滅的打撃を加えることになる。この後、三仏斉国の名は半世紀近く史上から消え、その対外活動、すなわち、中国の宋朝との関係が復活するのは1077年のこととなる（『宋史』前同）。そして、1079年（元豊2）の宋朝への遣使では、「三仏斉詹卑国」（『宋会要輯稿』蕃夷7，36）なる国名のもとで行われている。「詹卑」とはまぎれもなく「ジャムビ」を指している。ジャワの攻撃で崩壊したパレンバンを逃れた勢力は、北方のジャムビに避難し、当地で勢力を再構築したのである。おそらく、ジャムビを都とした時代は2世紀余り続くことになると考えられる。それが、13世紀の『諸蕃志』にパレンバンが三仏斉国の属領として現れる理由である。なお、ジャムビは他の文献では「占卑」として表記されることも多い。

　この時期の遺跡として、現在のジャムビ市下流域のムアラ・ジャムビに相当規模の遺跡が残っている。「ムアラ」とは「河口」の意で、昔はそこが河口に面した「三仏斉詹卑国」の都城であったのである。スリィウィジャヤ王国の都について、結論的にまとめてみると、出土碑文、遺跡・遺物、中国王朝との交渉記録等から、パレンバンを都として成立、発展し、その北方のジャムビを第2の中心域とし、当地を都とする時代もあったと言える。

◎　王都は海に面していた

　インドネシア考古局は地形学の専門家もまじえて海空から海岸線の調査を1954年に行った。その結果、空よりの調査から、このパレンバン・ジャムビ両都市から現在の沿岸部までは、すべて沖積土地帯であり、パレンバンは古代においては海への突出部の先端にあり、ジャムビは湾を形成していたことが判明している。一方、陸の調査では、古代の遺跡はすべて古い土地の上にあり、沖積土地帯の上に遺跡のあるものはなかったという。

　ある説によると、ジャムビの町を貫流する大河バタン・ハリは、百年に7.5kmは河口部が埋まるという。沖積は紀元前後から始まったと考えられているところから、現在の両都市は海岸から70〜100km内陸部になっているのも不思議なことではない。結論的には、紀元後1千年以降はパレンバン・ジャムビは、もはや海港ではなくなっていたとしている（Slametmulyono1963. p.94-）。旅行地図で見ても、この両都市から沿岸部までの地帯は湿地帯のマークが印されている。さらに、5万分の1の地図で見ると、この湿地帯内の多くの地名にはプロウ（島）がついている。海中のマングローブ林などが、砂止めとなり沖積のスピードをより速めたものと考えられる。

◆ スリィウィジャヤ王国の領域 〜「遠」(はるか) なる領域

　この王国の領域については、『新唐書』(巻222下、室利仏逝国伝) に、「地東西千里、南北四千里而遠、有城十四、以二国分總、西曰郎婆露斯」とある。中国の1里は時代により若干異なり、ここでは概算のため1里を500mとすると、この王国の東西の範囲は500kmとなる。これはマラッカ海峡両岸地域を十分におおうものである。一方、南北四千里は約2千kmと概算できる。南北2千kmといえば、スマトラ島全域どころか、スマトラ島北端からジャワ島西部に及ぶ距離に相当する。まさに、「遠」(はるか、きわまりない) なる領域である。なお、王国を二分して西側部分を「郎婆露斯」としていたというが、島の西北地域にバロスなる地域名が現代にも残っている。このバロスがこれに相当するものと考えられている。『新唐書』のこの記述を裏付けるものとして『諸蕃志』(三仏斉国伝) の記述がある (藤善1991. p.49)。

> 「三仏斉は十五の州を束ねている。(中略) 城壁は周囲数十里である。人民は城外に散居したり、水上に居住している。(中略) 租税を納めなくてよい。(中略、以下領域の列記) 蓬豊 (パハン)、登牙儂 (トレンガヌ)、凌牙斯加 (リンガスカ)、吉蘭丹 (クランタン)、仏羅安 (ブラナン)、日羅亭 (マレー半島中部)、潜邁 (同)、抜沓 (同)、単馬令 (ターンブラリンガ)、加羅希 (グラヒ)、巴林馮 (パレンバン)、新拖 (スンダ)、監篦 (カンペイ)、藍無里 (ランブリ)、細蘭 (スリランカ) すべて三仏斉の属国である。(中略) 三仏斉国の東は戎牙路と界を接している」

　ここに見える国名は、前半、蓬豊から加羅希までの10国がマレー半島所在のもので、後半の監篦、藍無里はスマトラ北部地域に相当する。それにしても、西部ジャワ・スンダ (新拖) 地方からスリランカまでをカバーする交通幹線を支配下においている。東方は戎牙路 (ウジュン・ガルー) すなわち、東部ジャワ・スラバヤ方面と界を接しているとの記述から、西部ジャワは三仏斉の影響下にあったと考えて間違いないものがある。ここに、「南北四千里」という『新唐書』における「遠たる」その領域は、13世紀の『諸蕃志』の時代では、西方はさらにスリランカにまで影響を及ぼしていたようだ。『諸蕃志』では1州の増加が見られるが、それは「細蘭」なのである。なお、『新唐書』の「城」と、『諸蕃志』の「州」はここでは同じ意味で、地方の「国」を指している。はるか遠方のスリランカをも属国としていたということに対して理解が及ばない面があるかも知れないが、マラッカ海峡の西口を出ると次の停

泊地はスリランカなのである。

　ところで、スリィウィジャヤ王国の広大な領域を考える時、国土の隅々にいたるまでの実効支配がはたして行われていたのであろうか、という問題がでてくる。しかし、実効支配というような領域認識は、近代に至って生じてきたものであり、現代的領域認識でもって古代国家は考えられない。スリィウィジャヤ王国は海洋帝国なのである。

◆ マラッカ海峡に覇権確立 ～巨大王朝出現の意義

　7世紀中葉以降、インドネシア東部はジャワ王国、西部はスリィウィジャヤに諸勢力が集約され、インドネシア地域における2国の覇権が確立する時代を迎える。10世紀以降の宋王朝の正史『宋史』(巻489) では、インドネシアについては、東は闍婆王国、西は三仏斉国に関する長文の記述があり、他の種々雑多な王国の名は一切消えてしまっている。海域部におけるこのような安定した統一勢力の形成と発展は、とくに東西交通の要衝、東西交易品の集散地である長大なマラッカ海峡のスムーズで安全な航行と交易活動を保証して、東西の交通、交易の発展に寄与するところが大きかったと考えられる。

　他方、大陸部のインドシナは『宋史』の記述では、ベトナム南部の占城（チャンパ）王国が中心的勢力として出現するが、その他の地域には見るべき勢力形成がなされていない。真臘（クメール）は、なお強化するに至っていない時代である。ベトナム南部はチャンパ王国、インドネシア東部はジャワ王国、マラッカ海峡はスリィウィジャヤ王国という巨大勢力が形成するトライアングルは、マラッカ海峡を軸とする交通、交易ネットワークが繁栄に至る一つの基本的パターンを現出させる。

　インドネシア海域には本来、実に多くの、無数といっていいほどの王国が各地に形成されていた。特に河口部には王国が形成され、水上交通、交易を管轄していた。海運上の利便性を考えるとき、多数の王が各地に割拠し、おのおの独自の活動をおこなっている状況よりも、統一的な王がいて、全般を統括している状況のほうが、利便性がよいのは自明の理である。しかも、この海域には、タイ南部からフィリピン群島地域に至るまで、漂海民（オラン・ラウト）が分布しており、彼らがいつ海賊行為を働くか分らない地域でもある。小王国群立の場合を想定してみると、まさに、次のような記述と合致する状況が考えられる。「諸外国の船が転送しながら、これ（商品）を届ける。また、交易の利のため、人をおどし、殺すこともある」。この一文は、先に触れた前漢の武帝が南インドの黄支国に使節を送った記事中に出

てくるものである(『漢書』巻28下)。まさに、小王国が群立し、勢力範囲が細分化された状況のなか、商品輸送は転送を繰返し目的地に達していた様相がうかがえる。このような状況から、マラッカ海峡を軸とする広範囲な海域の交通ルートが巨大王国下で一元的な支配下に入るということは、とりもなおさず、その長大な領海内の安全航行が一国で保障されるとともに、転送作業の大幅な軽減をもたらしたであろう。

また、海賊については、16世紀の中国の沿岸部にも見られたものである。松田毅一著『黄金のゴア盛衰記』には、ポルトガル人到来時における中国沿海地域東方の海上の島々における私商の活躍が描かれている。彼ら私商達は交易がうまく行かないと海賊行為を働き、その後、どこかへ姿をくらますのである(p.91)。交易活動なのか、海賊活動なのか分別がつかないという側面は、16世紀に至っても同じような様相を呈していたものである。

さて再び13世紀の『諸蕃志』(三仏斉国伝)の記述から、三仏斉国が海上交通をどのように支配していたかを見てみたい。富を集中支配はするが、自制的でカリスマ的な屈強な王の存在と、その支配の基盤に強力な軍事力の存在があったことが明瞭に記されている。

「(三仏斉国軍は)水戦・陸戦を習い、征伐する所があれば随時に兵を徴発する。(中略)敵に臨んでは死をもおそれず、諸国に抜きんでたものである。(中略)国法は厳しく、姦淫を犯せば男女ともことごとく極刑に処する。国王が死ねば従者は殉死を願い、火葬の火の中に身を投じる。竜の精とよばれている国王は、穀物を食べようとはしない。沙糊(サゴヤシ澱粉)だけを食べる。もし穀物を食べると、その歳は干ばつに見舞われ、穀価が暴騰する。(中略)大量の宝石をちりばめた金冠があり、大変重い。大朝会の時、王だけ戴くことができる。他の者はその重さに耐えかねる。譲位の時は、子達を集め、この冠を授けるが、よく耐える者が後継となる。(中略)

この国は海中にあり、諸国の船舶の往来の咽喉をおさえている。昔は鉄のロープを張り、海賊に備えた。操縦は機械仕掛けで商船が至ればロープをゆるめた。近頃は平穏で、撤去して用いておらず、水辺に積まれているが、人々はこれを仏のように敬っている。船が到着すると、これに祭る。(中略)商船が入港せず通りすぎるなら、すぐさま船を出して、死をかけて合戦する。この故に諸国の船が輻輳している。」

このほか、12世紀の『嶺外代答』(三仏斉国伝)には、マラッカ海峡は「諸蕃水道之要衝也」と記されているように「諸国の海上交通の要衝」としての役割・機能を維持するには当該地域の社会政治的安定をはじめ、強力な軍事力を基盤に広範な地域をコントロールできる

巨大政治・経済勢力の存在が重要な意味を持つものであり、スリィウィジャヤ王国の出現の意義は歴史上極めて大きいものがあった。

◆ 古代マレー語諸碑文 〜最古のマレー語史料

　スリィウィジャヤ王国が現代に伝える遺物としては若干の彫像類と最古のマレー（インドネシア）語文献となっている石刻碑文類等が主要なものである。『諸蕃志』に「城壁は周囲数十里」と記されているような城郭都市の痕跡は残っていない。
　主要な石刻碑文としては、以下のものがある。
　　① クドゥカン・ブキット碑：西暦682年。パレンバン出土。
　　② タラン・トゥオ碑：西暦684年。パレンバン出土。
　　③ コタ・カプール碑：西暦686年。バンカ島コタ・カプール出土。
　　④ カラン・ブラヒ碑：無記年。ジャムビ上流地域出土。
　　⑤ パラス・パセマ碑：無記年。スマトラ島南端出土。

　これらの碑文の内、①のクドゥカン・ブキット碑は王国の確立・発展に大きな意味を持つ。おそらくは王国の精神的象徴ともなるべき、仏教聖所建立にまつわる出来事を記したものであろう。唐僧義浄が室利仏逝に向け、旅立ったのは671年のことであった。その10年後には、この国はこのように一連の碑文を出すまでに発展したのである。
　この2年後、タラン・トゥオ碑が出されている。この碑はブキット・スグンタン丘に出土したもので、碑文の内容は、正確な大乗仏教思想にもとずき、王国と人民の安泰を願う王の願文を刻したものである。①の碑文は、この聖所の麓で発見されたものであり、①と②の碑文には何らかの関連性があるものと考えねばならない。とくにこのタラン・トゥオ碑文は、王国の内政充実期を迎えたとも言える記念碑的な重要な意味を持ったものと考えられる。なお、タラン・トゥオ仏教碑文は東南アジアにおける大乗仏教の存在を示す年代の記せられた最古の碑文史料ともなっている（Coedes1930. p.54）。
　③のコタ・カプール碑は、パレンバンの沖合、バンカ島のコタ・カプールに出土した。この王国の海峡支配を考えるとき、バンカ島はきわめて戦略的な位置にあったことを示すものと言える。碑文の内容は、王国の威を示すとともに、王国への反抗をいましめるものとなっている。碑文末尾には、この686年に、ジャワへの遠征軍の出発が刻されている。この年に

おけるジャワ征討軍の出発については、後の「チャンガル碑文とサンジャヤ王」の項においてあらためて採りあげることにしたい。

④のカラン・ブラヒ碑は、③とほぼ同じ内容だが、これにはジャワ征討軍出立に関する記述はない。これと同内容のものが、さらに、スマトラ島南端、スンダ海峡に面するパラス・パセマ（⑤）からも出土しているところから、これら一連の石碑は、王国の威を直接的に支配地に示す意味で置かれたものであったろう。とくに④は、内陸部の山脈地帯と平野部の境界地域に置かれたものであるところから、この王国は東西交通・交易のみを基盤としていたのではなく、内陸部の支配をも行っていたことを示すうえで貴重な史料である。

これら碑文の出土地、すなわち、パレンバンを中心としたスマトラ島東南部地域がとりもなおさず、この王国の中心域である。パレンバン地域には、この他、断片的な刻文類の出土も報告されている。なお、これら碑文は最古のマレー語文献史料となっているとともに、インドネシアで土地の言語が碑文に用いられた最初の例でもある。文字は南インドのパッラワ朝の文字書体が正確に用いられており、この王朝に限らず、インドネシア史にあっては南インドとの関係を軸として歴史形成が行われて来たことを示すものでもある。

◎ マレー・インドネシア語について 〜古代からの交易用語

インドネシア語とは第2次大戦後のインドネシア独立と共に、マレー語を国語としたところから由来する。「分割して統治せよ」という植民地支配のもと、インドネシアの各地域は分断、孤立化し、大部分の人たちは地方語しか話せない状態にあった。そういう中で、マラッカ海峡南部に起源を有すると考えられるマレー語は、古来から広範囲な海域における交易用語として用いられていた。すなわち、沿岸部の諸交易都市では古代からかなりの普及は見られていたものと考えられる。

これが例えば、ジャワ族がインドネシア国民のほぼ半数を占めることから、ジャワ語を国語とすると決議したとすれば、受容はされなかったであろう。各地方語は、一種独特な表現方法におちいっている場合が少なくなく、外部の者には近づきにくいという特質を有している。また、インドネシアにあるほとんどの地方語は、言語学的にはマレー語系統に属するものであり、各地方の人達にとり、マレー語はけっして外国語ではないのである。広大で多種多様要素から構成されるインドネシア共和国の国語として極めて簡素な構造を維持してきたマレー語が受容・定着したのは自然なことであった。

第1章　ヒンドゥー時代の開幕 〜古代王朝の繁栄

マレー語が簡素な構造を持つ言語であるということは、種々様々な外来文化を受容して来たインドネシアの歴史の中で、これら7世紀の碑文に用いられている古代マレー語は、現代マレー・インドネシア語と比較してみても、大した変化を見せていない原因ともなっている。事実、これら碑文における古マレー語は、外来語についてはその後の変遷は激しいが、マレー語の構造、基本的語彙については変化は少ない。

◆ 仏教文化の隆盛 〜唐僧義浄の記述から

　現代のパレンバン市には古代文化の面影をとどめるものは少ないが、7世紀のスリィウィジャヤの都における仏教隆盛とその充実ぶりは、義浄訳『根本説一切有部百一羯磨』（巻5）に注記の形で記入された次の一文が端的によく示している。これはまた、彼はインドからの帰途、スリィウィジャヤに滞在したことが歴史的事実であることを証明するものである。

　「このスリィウィジャヤ城下には僧侶が千余りいる…あらゆる尋読（勉学）は中国（インド）とことならない。それ、唐の僧で西方に行き勉強したいと欲する者は、ここに 1，2年滞在して、その方式を習ってから、中インドに進むのも、また、これはよいことであろう」

　義浄が7年間にもわたり当地で訳経作業や著作活動に不自由なく従事していた事実を念頭におけば、この一文も事実に相違ないものと理解できるであろう。すなわち、スリィウィジャヤの都には僧侶が千人余りもおり、そして、仏教の勉学についても、本場インドと異ならないレベルであったのである。ここに「中国とことならない」とある「中国」とは、日本の隣国の中国を指すものではなく、インドを指すものである。たとえば、5世紀の『法顕伝』でもインドを「中国」としていたのである。おそらくはインドのマーディヤプラデーシャ「中つ国」などを「中国」と訳したものではと考えられる。したがって、少なくとも5世紀からこの唐の時代まではインドは「中国」とも認識されていたのである。

　当時のスリィウィジャヤにおいては、仏教教学のレベルがまさに仏教の本場インドと変わらぬものを維持していたが、「僧衆千余」という仏教社会の規模については、仏教の中心地インドのナーランダ寺が「僧徒の数は三千を越える」と同じく義浄著作の『南海寄帰内法伝』（巻4，32讃詠之礼条）に記されているところから、ナーランダ寺ほどではないが、相当規模のものであったと考えていいであろう。そしてそれが、規模だけではなく、当時の碩学シ

ャカキールティ（釈迦雞栗底）をも当地に呼び寄せるほどの内容をともなったものであったのである。そこのところも、『南海寄帰伝』（巻4，34西方学法条）には「南海のスリィウィジャヤ国には釈迦雞栗底がいる。今、スリィウィジャヤ国に現存している。インド全土を歴遊して、碩学である」と記されている。

　スリィウィジャヤ王国が仏教教学において国際的に重要な場を提供した例は他にもある。11世紀前半、当地はなお仏教教学の一中心地を形成していたことを知ることができる。それはチベット仏教の革新者であったアティーシャ（阿提沙）が、1011年から1023年にかけて、スヴァルナドヴィーパ（金洲、金島）のスリィウィジャヤ城においてダルマキールティ（法称）のもとで勉学したことである。ただ、「金洲」はインドを指す場合もあるが、これはやはり南海のスリィウィジャヤを指すものであることは次のことからも証明される。それは、アティーシャの師である法称の著作がチベット大蔵経に保持されており、その奥書に「金洲のスリィウィジャヤ城において、スリィ・チューダマニヴァルワデーワ王の万寿十年…に造られたり」、また、「スリィーウィジャヤなる楽しき住処の王、吉祥あるチューダーマニヴルマは法称尊者に勧請せるを以て著わせり」とある（静谷1954. p. 12）。このチューダマニヴルマ（チューダマニヴァルワデーワ）王は、まさに11世紀初頭に南インドのネガパタムにチューダワルマン寺を建立、寄進したスリィウィジャヤ王であり、アティーシャと法称の子弟関係、および彼のスリィウィジャヤ留学は疑いないものである。

　しかし、遠く離れたインドネシアとチベットとの関係となると奇異に思われるかも知れないが、この時代、インドでは南インドの勢力が増大し、ベンガル地方は衰退していた時期であった。北インドとインドネシアとの関係、北インドとチベットとの関係が薄れ、インドネシアとチベットとの関係が残存することとなっていたのかも知れない。

　なお、咸平6 (1003) 年に中国に使節を送ったスリィウィジャヤ王は『宋史』（巻489三仏斉国伝）に「思離味囉無尼仏麻調華」と記されている。最初の「思離」は「スリィ」の音写であるが、この王がチューダマニヴァルマデーワと考えられる。この時の中国遣使の目的は、仏寺を建立したので中国皇帝に「寺の額と鐘」を求めたものであった。この王の南インドにおける仏寺建立と合わせ、スリィウィジャヤの仏教世界は、この時代、なお盛んであったことを証明するものにほかならない。この王については、後の「ジャワの復活、ダルマワンサ王〜ジャワ・スマトラ戦争へ」において、再び取り上げることとなる。

◆ タラン・トゥオ仏教碑文 〜正確な大乗思想

　スリィウィジャヤ王国においては仏教が受容され、また、当地の人々にも崇仰されていたことを証明するには、現地出土の現地語で書かれた碑文より優るものはない。それは、シャカ暦606（西暦684）年の年号が刻まれたタラン・トゥオ仏教碑文である。そして、まさにこの時代が、義浄がインドでの勉学を終えてスリィウィジャヤに帰着した年である687年とも符号する時代であった。義浄も記述しているが、今のジャムビと考えられるムラユー国も、マレー半島の羯荼国（ケダ）も、すべてスリィウィジャヤの支配下となってしまっている。この王国はマレー半島にまで勢力を広げる大国に成長するとともに、仏教文化の花を咲かせる絶頂期を迎えていた、それが義浄が当地に7年間も滞留することとなった大きな理由の一つでもあったことであろう。

　さて、このタラン・トゥオ碑文が大乗仏教の思想にもとづいていることは明瞭である。上座部（小乗）仏教の世界では、輪廻転生のくさびから自らが解脱することのみを求めて修行するものであるが、大乗仏教が文字通り大きい乗り物を自称する所以は、自らの修行で得た成果を、出家することもかなわない一切衆生の救いのために振り向ける、すなわち、回向することにある。大乗仏教の代表的経典の一つである『法華経』（岩波文庫版）には次のようにその大乗の本質を端的に述べている。「諸仏の本の誓願はわが行ぜし所の仏道を、普く衆生をして、亦、同じくこの道を得せしめんと欲するなり」（118頁、方便品）。

　このタラン・トゥオ碑文はジャヤナーシャ王の願文である。その王の本願とは、自らの善行で以て、一切衆生を安立せしめ、無上の正覚を得させることであった。すなわち、王はすぐれた施策の成果を方便として、衆生が仏法を尊び、菩提心を発して、そして、ついには一切衆生が無上の正覚を得んことを願ったものである。なお、この王名はこの碑文中にのみ見える名前となっている。

　一方、『大唐西域求法高僧伝』においても、スリィウィジャヤ王は仏僧を厚遇したという記述は少なからず見られる。スリィウィジャヤ以西は王の船で送られたという厚遇を得たのは義浄だけではないのである。さらに、『南海寄帰伝』（巻1）では、「国王は尊貴の位を捨て、自ら奴僕と称して僧に食を授けた」とも記されている。

　ところで、仏教が当地の人々によく理解されたうえで受容されていたかということについては、タラン・トゥオ仏教碑文がマレー語で書かれているということのほかに、仏教教義の

基本的用語にマレー語の単語が用いられていることからも仏教教義は十分に当地の社会に浸透していたものと考えられる。たとえば、碑文中には六波羅蜜という用語自体はないが、碑文の最後の部分の冒頭に「布施、持戒、忍辱、精進…」とあるのが、六波羅蜜に相当する。この内、「精進」は「ヴィーリヤ・ラージン」と記されている。サンスクリット語の「ヴィーリヤ」と、ほぼ同意味の「ラージン」なるマレー語が付加されている。「ラージン」は、変形もせず現代でも「熱心な」という意味でよく用いられる。ここではサンスクリット用語とマレー語単語が熟語となって、「精進」の意を表しているのが興味深い。

　また、「持戒」においても、「マルシラ」と、サンスクリット語「シラ」（戒）に、マレー語文法の一特徴である所有を示す接頭辞「マル」が付加され、「戒を持す」の意味をもたせている。接頭辞「マル」は、現代では「ブル」(ber) となっているが、このことはとりもなおさず、「持戒」ということは、完全にマレー語の感覚で仏教用語が用いられていることを示すものといえる。このように中国僧義浄の記述その他、現地出土の現地語による碑文等から、当地は国際的な仏教教学の一中心地を形成していたばかりでなく、土地の人びとも仏教教義をよく理解したうえで受容していたことがわかるのである。

◆ 唐僧義浄の活躍 〜密教への願望を捨てる

　仏教経典を経、律、論と三つに分類して三蔵（トリピタカ）という。その内の経蔵（スートラ）は教義に関するもので、般若経を中心とした主要な大乗経典は玄奘が中国世界に導入した。律蔵（ヴィナヤ）は、戒律や規範・作法等に関するもので、義浄は中国世界に律蔵の整わないことをなげき、その収集を目指して求法の旅に出たのである。ちなみに、論蔵（アビダルマ）は、「対法」とも訳されるもので、「ダルマ（法）」についての諸議論を主体とするものである。律に秀でた人を律師、論にすぐれた人を論師と称し、三蔵に通じる人は三蔵法師と称される。義浄も三蔵法師の称号を付与されている。

　義浄の主要な関心が律蔵にあったことは、スリィウィジャヤにおいて彼が『南海寄帰内法伝』を著したことにつながる。この書には、諸地方における仏教界の作法、儀礼の手順等が四十項目にわたって事細かく記録されている。また、彼の訳経は、上座部系の「根本説一切有部」系の経典の翻訳が多い。また、『南海寄帰伝』に、「南海諸国は十余国あるが、もっぱらただ根本有部である」と記されているところから、義浄が中国に持ち帰った有部系の経典類のなかには、南海で収集したものも少なからずあったと考えるのが自然なことと言える。

根本説一切有部は上座部系であるが、仏教社会は戒律を基盤とするものであり、その本来の戒律の体系は上座部系経典に保持されているのである。

　律蔵収集という義浄の初志は何の迷いもなく貫徹されたものであったかというと、必ずしもそうではなかったようだ。彼がナーランダ寺に滞在したのは674年から685年の間、彼の40歳から51歳にかけてのことであった。当時のナーランダ寺周辺には、新しい仏教流派の興隆が目覚しかった。その新流派というのは、次世紀において東アジア世界を熱波のように覆うこととなる真言密教（マントラ・ヤーナ）であった。インドにおいて義浄とも交友があった無行禅師は「近ごろ真言の教法が有って、国を挙げて崇仰している」と中国に書き送っている。この無行の書簡は日本の円仁が中国から持ち帰った経典目録の中に載っているものだが、現在では散失してしまっている（大村1972. p.282）。インド世界ですさまじい興隆を見せていたこの新宗派に義浄もけっして心を閉ざしていたわけではなかった。彼は自著『大唐西域求法高僧伝』（巻下、道琳法師条）において次のように記している。

　　「この呪蔵は東夏（唐）には未だ伝わっていない。（中略）義浄はナーランダ寺において、しばしばその壇場に入り、心はこのエッセンスを修得したいと願ったものであった。しかし、功をなすには、二つのものを追ってはいけないと考え、ついにこの（呪蔵への）思いを捨てた」

　彼はまた、この一節で呪蔵とは何かを端的に次のように表現している。「呪蔵と言う理由は、天にのぼり、竜に乗り、百神を役使して、生を利する道であり、ただ呪文に、これ親しむものである」。この新宗派は呪術を主体とするということだが、仏教もその本来の誕生の趣旨から大きく離れて、ヒンドゥー教と変わらないものになって来ているとの感を抱かざるを得ない。事実、インドではこれ以降、仏教は堕落、衰退の道を歩んで行くことになる。この真言密教がインド外へ本格的に伝播して行くのは、義浄の時代以降のこととなる。真言密教に関する経典類は彼と共には東アジアに伝わっていない。それはインドネシア地域においても同様で、ジャワではボロブドゥール等の巨大仏教遺跡群を残すこととなる8世紀後半のシャイレンドラ朝の興隆とともに受容されていったものであった。

　このように仏教界における義浄の功績というものは、仏教世界の基盤となる律蔵の導入にあったことで、華々しさの少ない地味な分野であり、それが義浄が一般的にはあまり知られることがない理由かも知れない。しかし、61部239巻という彼の訳経量は玄奘には及ばないが、当時においては群を抜いたものであり、当時の最高峰を行く仏教僧侶であったことは確

かである。そのような高僧がパレンバンに長期間滞在し、活動していたことは意義深いことであるが、日本の歴史のなかでも、彼は実は大きな寄与をしていることを知る人もまれなことである。奈良時代に全国に国分寺、国分尼寺が設置されたが、そこに置かれた経典は『金光明最勝王経』であった。東大寺に伝わるこの経典には「三蔵法師義浄奉制訳」と明記されている。この経典の特質を一言で言えば、東西南北を守る四天王の加護のもと、国家護持をはかるという国家の精神的基盤として活用されたのである。また、東大寺の西大門は今はないが、その西大門に掲げられた「金光明四天王護国之寺」と書かれた巨大な勅額は東大寺に残っている。これが東大寺の正式名称であるとともに、全国の国分寺の正式名称でもあったのである。

ところで、義浄の著作である『大唐西域求法高僧伝』には、義浄が活躍していた、まさにその時代における中国僧を中心とした求法僧たちの消息が記録されている。その数は義浄を含めて61名にあがる。この61名の内には新羅僧が5名前後含まれている。しかし、これら新羅僧も長安等で修業していた僧であるから、ここでは中国僧に含めることとしたい。勿論、未だ日本僧は一人も見当たらない。この書は歴史研究上においても貴重な文献史料となっている、その第一の理由は、この書の内容は義浄がインド滞在時、およびスリィウィジャヤ滞在時に集めた諸中国僧の消息であり、それにともなう当時の仏教界の様相、陸路から海路に転換する東西交通上の状況等々について当時の政治状況を反映した生々しい記録に満ちていることにある。

この書、および『南海寄帰内法伝』の2書は、義浄のスリィウィジャヤ滞在時に書きあげられたことは確かなことである。それは、義浄の『求法高僧伝』巻下、大津師条に明記されている。大津師は天授3（692）年に帰国するが、義浄の翻訳済みの経典および、これらの2書は彼に託されて中国にもたらされ、朝廷に献上されている。それにしても、義浄が7年にもわたり、中国の紙や墨、筆に不自由なくスリィウィジャヤで著作、訳経に取り組んだという事実からも、想像以上に7世紀においてはすでに中国世界とマラッカ海峡地域との関係は、海上交通も含めて安定化・緊密化していたと考えねばならない。61名の求法僧の旅程を見ても、乗船が沈没して死亡したとの記録は一度しかないのである。

なお、61名の求法僧の内、海路をとった僧は40名であるが、その内の7名がジャワの訶陵国へおもむいている。当時の訶陵国は、次節で見る通り、遺跡等からはヒンドゥー教で代表されるものだが、仏教も平行して行われていたのである。それにしてもマラッカ海峡に至りながらインドとは逆方向のジャワに向うとは、ジャワにおいても中国僧を引き寄せる程の相

当レベルの仏教教学の場が用意されていたと考えるべきものであろう。義浄の訳経作業に従事するため中国から到来した苾蒭法朗などは、694年の義浄の最終的帰国に際してはインドには向かわず訶陵国へ行き、そして、そこで病死しているのである。

◆ 室利仏逝国の活躍期 ～ジャワ王朝との相関関係

　インドネシア古代史の研究を続ける中で、明らかになって来た一つの重要な成果と言えるものは、ジャワ諸王朝とスマトラ、あるいは、マラッカ海峡地域の諸王朝との関係である。遺跡等もこのジャワとスマトラ地域に集中しており、この両地域がインドネシア史を形成してきた2大中心地と言えるとともに、この両地は、緊密な関係の内に相関的な関係を持つことが明らかとなっている。
　室利仏逝国が中国と交渉を持ったのは、咸亨年間（670－73）から開元年間（713－41）にかけてであった。ところで、この室利仏逝国の対外活動期というものは、インドネシア史のなかでどのような位置を占めていたものなのか、この歴史研究上の重要な課題に対する解答は、ジャワ王朝との関係のなかで求められる。室利仏逝国勃興以前の7世紀前半に継続的に中国と交渉を持ったインドネシア海域の国としてはジャワの「訶陵国」があった。その中国唐朝への遣使記録は、大きく前期と後期に2分できる遣使記録となる。

　　◎前期：640年（貞観14）から668年（乾封元年）間に4度。あるいは、670年（總章3）までの5度。
　　◎後期：768（大暦3）年から咸通年間（860－73）間に10度。

　この訶陵国の中国遣使活動における前期と後期の間の約100年間の遣使活動の中断は、何を意味しているであろうか。実は、この100年間がスマトラのスリィウィジャヤ（室利仏逝）国の対外活動期であったと考えられるのである。「咸亨から開元に至る間」の室利仏逝の唐朝への遣使活動期間というものは、訶陵の中国遣使活動途絶期に、すっぽりとはまるのである。このことは、ジャワの訶陵国とスマトラの室利仏逝国の興廃には何らかの相関関係があると考えるに十分の根拠を呈示していると言える。
　このジャワ・スマトラ間の相関関係というものは、この時代だけではなく、さらに続く時代における歴史展開のなかでも明瞭に見られるものである。それは、訶陵の後期の中国遣使活動が続いている間は、スリィウィジャヤの対外活動は沈黙していることでも示され、また、

スリィウィジャヤ国が再び史上に現れてくるのは10世紀初頭のことであるが、それは訶陵の遣使活動が全く止んでのちのことであった。ジャワにおいては、9世紀後半から10世紀にかけての時代は、政治勢力の中心地が中部ジャワから東部ジャワに移行する政治的大変動期であった。インドネシア史における「東ジャワ時代」が始まる陣痛期であったのである。ジャワの混乱期、それが、10世紀以降、中国史料に「三仏斉」と表記されるスリィウィジャヤ王国の再活動期となるのである。

ここに、ジャワとスマトラの王朝間の興廃のなかに一つの相関関係が明瞭に見て取れることになる。先にも述べたが、「マラッカ海峡地域は、ジャワの政権が安定し、強固であれば、ジャワの影響下に入るが、ジャワの政治的混乱期には独自の政治・経済活動をなす」ということである。さきに、スリィウィジャヤ王国興隆の要因に東西交通路の大変換があったとしたが、インドネシア国内の政治変動、とくにジャワ王朝の変動による要因が基本的に存在しているのである。

これらのことをまとめてみると、長期にわたり存続を続けたこの王国の歴史を以下のように大きく3時代区分できることになる。

1．前期：7世紀後半の古代マレー語諸碑文や唐僧義浄の活躍に象徴される古代の栄光の時代。中国史料には主として室利仏逝国と漢字表記される時代。
2．中期：8世紀後半からはジャワ王朝の活躍期で、スマトラ東南部地域もその影響下に入っていた時代。史料的にはスリィウィジャヤ王国の沈黙期。
3．後期：ジャワ王朝の混乱を背景に、唐末の10世紀初頭から中国史料に三仏斉国として登場し、明初の14世紀末に滅亡するまでの時代。

この王国は実に8世紀にわたり存続したものであった。マラッカ海峡という広大で、重要地域において、700年余にわたり東西交通・交易を円滑に行うという役割・機能を果たしていたということは歴史上一つの特異な例と言えるであろう。なお、後期の三仏斉国の現地音については「サンボジャ」なる音を写したものであろうとか、種々の議論があり、未だ決着のつかない面がある。しかし、スリィウィジャヤ王国を指しているのは間違いない。それは、960年代から970年代にかけての6度にわたるこの国からの中国遣使は「三仏斉国王室（釈）利烏耶」が送ったことが明記されている。断るまでもなく、「室利烏耶」は「スリィウィジャヤ」の音を写したものである。特に、建隆3（962）年の遣使では、「三仏斉国、遣使」とはなっておらず、「室利烏耶、遣使」となっている。

なお、中期についてはジャワのシャイレンドラ朝との連携が見られる時代である。ただ、

強調しておきたいことは、史料的には沈黙期ではあるが、王国は滅亡していないということである。後期は長期にわたるもので、さらなる時代区分が可能ではあるが、三仏斉時代として一時代とした。三仏斉国については、各種中国史籍に多くの記録が残され、また、アラブ史料にも盛んに言及されるが、現地史料というものが少ない時代でもある。これが、この時代の研究がなかなか進展しない大きな理由となっている。

◆ マレー系人の活躍 〜マダガスカルに至る

　マラッカ海峡地域は東西世界の人々が交錯する交通の十字路でもあり、それら外来人に活躍する場を提供する役割も担ってきた。したがって、この地域の歴史を述べるに際しては、それら外来人、外来文化ばかりを強調する傾向がどうしても強くなってしまう。しかし、この海域の人々は驚嘆すべき活動を見せていたものであった（冨尾2008）。
　アフリカ東岸沖に巨大なマダガスカル島があるが、その国語メリナ語、すなわち、マダガスカル語はマレー・インドネシア語派に属する言語である。また、その民族文化要素の多くもインドネシア系のものが維持、継承されてきている。これは、古代においてはまぎれもなくマレー系人がマダガスカル、アフリカ東岸にまで、活動圏を持っていた痕跡である。12世紀のアラブ文献には「（ジャワの）島々の住民は種々の船でザンジバルに行き、彼らの品物を売って利益を得る。お互いの言葉を理解するからである」とも記されている。
　「お互いの言葉を理解する」とは、まさにマレー系人の社会がすでに形成されていたことに他ならない。現在でも、マダガスカル島の住民は、アフリカ大陸からの移住者とインドネシア系人が中心となって形成されている。ところで、このインド洋横断の大航海が行われたのはいつの時代かというと、これがよく分かっていない。諸説がある中で5世紀頃から始まったとする説が有力で、14世紀頃まで続いたものと考えられている。世界最大の仏教遺跡である8世紀のジャワのボロブドゥール寺壁面に彫刻されている両側にアウトリガー（そえ木）を持つ外洋船が活躍したものであったろう。
　マレー・インドネシア系人の海外進出については、中国大陸へも早期から始まっていた。それは「崑崙人、崑崙舶」という名称で中国の諸書に記録されている。中国では「崑崙」は本来、死者の霊魂がおもむく西方の楽土、あるいは、ヒマラヤ山系と結びつくものである。しかし、一方で、南海すなわち東南アジアに関する記述の中に、しばしば「崑崙」なる語が見られる。いわば、「南海の崑崙」である。そもそも「ヒマラヤ」とは、「ヒマ（雪）」と

「マラヤ（山）」からなる合成語で、「雪山、大雪山」とも訳されて来た。このように「マラヤ」には山の意があり、ここに中国人が、南海地域のマラヤ、マレー地域を「崑崙」と称した理由があったと考えられる。

　この「南海の崑崙人」の中国での活躍の跡は紀元後 3 世紀にまでさかのぼる。多くは召使等の役目を担っていたようだが、王朝軍に加わり戦闘に従事したことも史書に記録が残っている。この他、奈良の唐招提寺を建立した鑑真一行にも崑崙国人軍法力なる仏師が主要メンバーとして加わっていたことが『唐大和上東征伝』などに記録されている。当時のジャワは仏教文化の全盛期で、その残された彫像芸術は世界の仏教美術の中でも高く評価されるべきものだが、中国世界ではすでにその彫像技術が評価され、鑑真の大寺で活躍していたのである。しかも、この崑崙人の仏師は日本にも至り、唐招提寺建立に際し、彫像分野で指導的活躍をしたことが、鑑真関連の諸書で確かめることができる。軍法力は「常人には及ばない」仏像を作ると記されている。また、鑑真が最終的に中国から出発する時、広州湾には数えきれないほどの船が停泊していた情景が記されているが、大食（アラブ）、波斯（ペルシア）船とともに崑崙舶の存在も明記されている（冨尾2004）。なお、中国ジャンクの大洋航海への進出は宋代、10世紀以降のことと考えられている。唐代の求法僧に中国ジャンクに乗船したとの痕跡は見当たらない。

　マレー系人の活躍については、大航海時代初期のヨーロッパ人は、インドネシア海域におけるマレー系人の活発な海上通商活動を記録している（Schrieke1960. p. 18, 65etc）。中にはインド沿岸都市に拠点を置くヒンドゥー教徒のマレー人大商人一族に関する記述も見られる。その大商人は、西はアデン、メッカから東はインドネシアに至る大海域で大規模な国際貿易、金融活動を行い、地方領主的な権勢を誇っていたという（Van Leur1955. p. 203）。マダガスカルは間違いなく彼らの活動圏であったのである。

◆ 最先端の都市国家 〜マラッカ海峡の特質

　マラッカ海峡地域に統一政権を樹立したスリィウィジャヤ王国は、東西交通・交易上の不可欠な中継基地という役割・機能を基盤に、大国に発展していったものであった。そして重要なことは、この国は経済的発展だけでなく、文化的側面においても、当時の国際世界で一流のレベルを維持していたことが明瞭であった。義浄が 7 年余にわたり当地で不自由なく仕事に従事できたこと。インド世界から当時の碩学が到来していたこと等々。スマトラ島東南

部には、経済的にも文化的にも当時の世界における最先端的な都市が形成されていたものと考えられる。地理的にも東西文化が、いち早く到達する地域として、これは自然なことであった。

　それは、現代のような航空機の時代となっても、この海峡の重要性は基本的に揺るがないものがある。それが、マラッカ海峡地域にはシンガポールという現代世界の最先端を行く都市が形成されていることと通じるものがある。そもそも、このシンガポールの町の繁栄の基盤にはシンガポール港がある。ヨーロッパを出ると極東地域までの間では、国際港としての諸機能・設備を完備した港はシンガポールしかないのである（田中1984）。古代と変わらぬ地理的位置を占めるほかに、このように様々な要望にも対応できるという、その時代その時代に応じた実質性を備えているということが重要である。現代における広範な海域におけるシンガポールの連携活動、ネットワークというものは古代国家ともどこかで通じ合うところがあるのではとも、考えてみたい。いずれにしても、この海峡が担う不変的かつ重要な役割・機能を果たす地が、この海域には途絶えることなく現れるのである。

第4節　ジャワ古代王国の栄華 〜中部ジャワ時代

◆ 訶陵国 〜ジャワの統一王朝

　ジャワでは、5世紀には「闍婆婆達国」があり、また、インド僧求那跋摩の活躍も見られた。この後、7世紀中葉にかけての「訶陵国」の出現まで、ジャワの王国については史料的には空白期となる。その理由としては、やはり、大陸部の扶南王国が存続を続けており、国際的関心が本格的に海域部に及ばない時代が続いていたと共に、ジャワには継続的な対外関係を維持し得る強大国の形成が遅れていたのであろう。

　訶陵国は7世紀中葉前後から9世紀後半にかけて中国・唐王朝と関係を維持していた。ここではまずこの国からの遣唐使の全記録を提示しておきたい。

[前期]
　　640年：（貞観十四）五月、訶陵…遣使、貢方物。（『冊府元亀』巻970, 9葉右）
　　647年：（訶陵国）貞観二十一年、遣使、献金花等物。（『太平寰宇記』巻177訶陵国伝）

648年：(訶陵国) 貞観二十二年、朝貢使至。(『唐会要』巻100訶陵国伝)

668年：乾封元年七月、単単国、訶陵国、各遣使、献方物。(『冊府元亀』巻970, 16葉右)

［670年］：(總章) 三年、林邑 (占城)、獅子、訶羅、単単等、並遣使、朝献。(『冊府元亀』巻970, 16葉右)

［後期］

768年：(訶陵国) 大暦三年四月、皆遣使朝貢。(『旧唐書』巻197訶陵国伝)

　同　：(大暦三年) 十一月、訶陵国、遣使朝貢。(『冊府元亀』巻972, 2葉右)

769年：(大暦四年正月) 訶陵…遣使朝貢。(同)

　同　：(大暦四年十二月) 訶陵並遣使、朝貢。(同)

813年：(訶陵国) 元和八年、献僧祇奴、五色鸚鵡、頻伽鳥等。(『新唐書』巻222下、訶陵国伝)

815年：(元和十年) 八月、訶陵国、遣使。(『冊府元亀』巻972, 2葉右)

818年：(元和十三年) 訶陵国、遣使、進僧耆女二人、鸚鵡、玳瑁及生犀等。(『冊府元亀』巻972, 7葉右)

827～35年：(訶陵国) 訖大和、再朝貢。(『新唐書』巻222下、訶陵国伝)

860～73年：(訶陵国) 咸通中、遣使、献女楽。(同)

　この訶陵国の遣唐使の記録中にある「方物」とは地方の物産、特産品を意味する。後期訶陵の記録中にある「僧祇奴、僧耆女」は一般に奴隷とされるもので、召使・従者として重宝されたものであったろう。なお、670年の遣使記録には「訶羅」とあるが、これは訶陵を指すのかどうか、議論が分かれるところである。スリィウィジャヤ王国の対外活動開始が、670～673年の咸亨年間からであり、義淨が室利仏逝国に到達したのが671年のことであったから、訶陵の対外活動が670年まで続いていたかは疑問でもある。いずれにしても、スマトラのスリィウィジャヤ王国は訶陵の遣唐使派遣停止後、すぐさまそれに代って海域部を代表する国として活動を開始したようだ。

　ところで、訶陵国は遣唐使派遣記録からも2世紀余にわたり存続した王国に相違ないが、現地出土の碑文等の史料が極めて少ない。この王朝の最古の碑文は732年のチャンガル碑文となる。しかし、『新唐書』(巻43) には「訶陵国、南中洲之最大者」とあるように、海域部最大の王国であった。東南アジア最大の国土を有するインドネシアにあっても、肥沃で広大な農耕地が開ける地としては、ジャワ島中・東部を越えるものはない。チャンガル碑にも、

第1章　ヒンドゥー時代の開幕 〜古代王朝の繁栄　51

穀物の豊かなことが明記されている。しかし、この碑文にも王国名が記されていない。

◆ 訶陵の現地音 〜インドネシア古代史の解明

「訶陵国」については、その現地音を含めて国際学界の中でも実にさまざまな説が出されて来た。その第一の理由はこの国のインドネシア名が確定しなかったことにあった。筆者は、中国僧が仏典の翻訳に際し、翻訳不能の固有名詞や特殊用語を漢字に音写したが、その音写例の精査で以て、「訶陵」には「ガルー」音があることを突きとめた。その結果、各種史料の関連性が明白となり、インドネシア古代史は一気に解明されることになった。

「ガルー王国」といえば、ジャワの地から遠く離れた西部ジャワ・スンダ地方に伝わる『パラヒヤンガン物語』中にのみ生き続けていた王国であった。まさに「幻の王国」であった。「パラヒヤンガン」とは、神々の地という意味を有する西部ジャワの広大な高原地帯を指す雅語である。このスンダ地方の高原部は歴史舞台に現れて来ることが少ない地であるが、高原部とは異なり、西部ジャワの沿岸地帯はジャワとの関係よりも、マラッカ海峡との関連性が強い地域であったことも改めて指摘しておきたい。

さて、『パラヒヤンガン物語』であるが、この物語の中心主題はガルー王国のサンジャヤ王の活躍の記録である（Meulen1966；『インドネシア国史』II、p. 212）。しかし、西部ジャワにはこの王国に相当する遺跡等も見当たらず、いわば神話的物語とも考えられていた。ヤシ葉文書39葉からなる比較的短いこの物語の概要は、扶南王国建国神話と共通してインドからの渡来人カンディアワンを始祖としている。このカンディアワンには5子があったが、末弟のウリティカンダユンが敵対する諸王を破り、ガルー王となった。この王には3子スンパックワジャ、クドゥル、マンディミニャックがあった。師僧は長兄の妻に、ポ・ラブブを指し向け、両人の間にプルバソラが生まれる。しかし、ポ・ラブブは末弟のマンディミニャックに魅かれ、「シ・サラ」（間違いの子）が生まれる。これが後に、スナあるいはサンナと称され王位を継承することになるが、統治7年にして、長兄の子プルバソラに追放され、ムラピ山地に逃れることになった。

ところが、追放されたサンナの子でムラピ山地生れのラケアン・ジャムブリが王国奪回を決意することになる。彼は魔術師などの助力を得て、プルバソラを破り、サンジャヤ王としてガルー王に即位するのである。ここまでがこの物語の前半部である。

物語の後半部はガルー王に即位したサンジャヤ王の征服行が中心主題となる。まずは中部

ジャワの中心域の平定が最初の仕事であったようだ。そもそもムラピ山というのが、中部ジャワ中心域の象徴的存在である活火山である。それはともかく、サンジャヤ王の活躍を著名なものにしているのは、その外地征服行である。彼はスマトラ島北部までを平定し、さらにマレー半島からクメールまで征服行が行われたという。インドシナ各地への征服行については、この時期にはカンボジア王国はジャワの支配下にあったことは歴史的事実であり、アラブ史料もジャワのクメール征伐を伝えている。また、ベトナムの歴史書、碑文にもジャワのベトナムへの侵略があったことが記せられており、これも歴史的事実と考えられるが、サンジャヤの遠征は、さらに「チナ」すなわち中国にも及んだとされている。ここの所が少し、非現実的とも思われるが、8世紀中葉の唐王朝では楊貴妃もからんだ「安史の乱」が勃発していた。『唐書』には、窮地に陥った唐王朝側につく「南蛮軍」の活躍が幾度となく報告されている。この「南蛮軍」とは何を指しているのであろうか。ジャワ王朝の「チナ」への遠征と、これをつなぐ接点については何ら手がかりはない。

「チナ」の問題はさておき、ここで重要なことは、単なる伝説的物語と考えられていた『チャリタ・パラヒヤンガン』の史料的価値が見直されたことと、この物語中のガルー王国サンジャヤ王とは、この物語にのみ登場する人物ではなく、ジャワ各種碑文に現れるサンジャヤ王と同一人物と考えられ、ジャワ古代史は一気に明らかとなって来たことである。

◆ チャンガル碑文とサンジャヤ王

ジャワ最古の碑文史料は西暦732年のチャンガル碑文である。これは石碑で中部ジャワ・クドゥ平原南部のチャンガル村に出土した。古都ヨクヤカルタ（ジョクジャ）から見ると、ムラピ火山の裏側に相当する山麓の山々の起伏の間に隠れるように、この村がある。まさに追放されたサンナ王が、勢力を密かに蓄えるに最適の地とも思われるものがある。山を下ればクドゥ平原が広がっている。この碑文の主旨は「サンナ（スナ）王の子サンジャヤ王が封建諸侯を負かして王国を正しく統治し、その栄光はあらゆる地方に及ぶ。サンジャヤ王は丘の上にリンガを建立した」である（Sarkar1971）。チャンガル村のそばのウキール山に登れば、この記述通りの寺院遺跡が残っている。このチャンガル碑もそこにあったものである。

このチャンガル碑で重要なことは、王国を再建したという732年という年代である。この年代は、前・後期訶陵間の中国遣使中断期に相当する。すなわち、『パラヒヤンガン物語』に伝えられているように、ジャワ王朝の内紛期である。ジャワの混乱期にはマラッカ海峡地

域は独自の政治経済活動をなす。それがスリィウィジャヤ王国の活動期となるものであった。これを裏付けるものとしては、パレンバン沖バンカ島出土の686年のコタ・カプール碑文がある。この碑にはジャワへの遠征軍派遣の一文が刻されているが、この記述が歴史的事実として大きな意味を有して来る。

このスマトラのジャワ遠征は、何を標的にしたものかは不明だが、インドネシアのプルバチャラカ博士（1952）は、サンナ追放のための遠征との説を出していた（p.59）。もしそうなら、プルバソラはスリィウィジャヤ王国と連携して王位奪回を果たしたことになる。いずれにしても、668年の前期訶陵の中国遣使以降、ガルー王国は内紛に見舞われていた。それが、670年の遣使では、「訶羅」と記せられているように、国名を正しく記せられないほどの混乱を伴ったものであったのかも分らない。そして、さらには686年のスマトラのスリィウィジャヤ王国からの決定的な外圧を迎えることとなったものであったろう。

この混乱するガルー王国を再建したのはサンジャヤ王であった。彼は父の逃亡先であるムラピ山地生れである。すなわち、その誕生はコタ・カプール碑の686年以降のことであり、その王位回復は732年であった。年代的側面からも十分整合性を持つものと言える。

◆ バリトゥン王碑文とサンジャヤ王

サンジャヤ王の名は、チャンガル碑より175年後の碑文に再び現れる。その碑文とは、バリトゥン王が出した907年のマンティヤーシーⅠ銅板碑文である。この碑文では、バリトゥン王に至る8王の系譜が列記されている。その祖、すなわち最初に記せられているのが「マタラムの主サンジャヤ王」である（Sarkar1971）。このサンジャヤ王からバリトゥン王に至る間に記せられている7王は「マハーラージャ」（大王）の称号がつくシャイレンドラ王統である。この王統がボロブドゥール等の巨大石造仏寺群を残すことになる。このシャイレンドラ王統の初王はパナンカラン王と記せられている。この王は778年にこの王統のジャワでの最初の碑文となるカラサン碑を出したパナムカラナ王と同一人物である。

732年に碑文を出したサンジャヤ王に続く王が778年に碑文を出したということは年代的側面から見ても何ら不自然なことはない。また、778年に碑文を出したパナムカラナ王から7代後のバリトゥン王の907年碑文の間は、129年となる。129年間で7王となると、1王の平均統治年は約18年となり、これも不自然な数値ではない。これらのことは、これら碑文史料の比較検討が十二分に合理的であることを証している。したがって、両碑文中のサンジャヤ

王は同一人物を指すものであり、しかも、サンジャヤ王はマタラムの王であることが判明する。マタラムといえば、中部ジャワ内陸部のジャワ王朝の揺籃の地である。近世においてもスラカルタ・ヨクヤカルタを拠点とした王朝はマタラム王国と称した。ジャワ古代王朝であるガルー王国、これを継承し、仏教文化の栄華を極めたシャイレンドラ王朝、舞台は同じ中ジャワ内陸部のマタラムの地なのである。

◆ 訶陵国の中心域の位置 〜「南臨大海」

　訶陵国が「ガルー王国」であり、マタラムの地を本拠としたことが明らかとなったことで、漢文史料中の訶陵に関する記述から、この国の中心域の位置を特定することが可能となる。『新唐書』訶陵国伝には「訶陵…南瀕海。…山上有郎卑野洲。王常登以望海」なる記述がある。同様の記述が『旧唐書』訶陵伝にも見えるが、そこでは「南瀕海」が「南臨大海」となっている。いずれにしても、この国は南は海が近く、また、「王は常に山に登って海を望む」とある山は、「常」とあるところから、それ程の高山でもないであろう。

　マタラムの地で海に近く、山がある地域となると対象となる地域も限定されてくる。古都ヨクヤカルタ市の南方近郊にイスラムを受容した近世マタラム朝の歴代スルタン一族の墓所、イモギリ陵墓がある。ちなみに、イモギリとはヒマラヤの別名、ヒマ（雪）ギリ（山）の「h」音が落ちて、しかも、ジャワ語発音では「ア」音が「オ」音となることが多いところにその由来がある。「イマギリ」が「イモギリ」となったものである（Gonda1973）。

　この陵墓は山中にあるが、山岳地帯といっても、せいぜい数百メートル前後の山々の中にあるもので「王が常に登る」との記述が不自然なものではないと思わせるものがある。このイモギリ陵墓の山上には、17世紀においてオランダの支配に果敢に抵抗した高名な3代目スルタンのスルタン・アグンが葬られている。山上から南の方をみると、山と山の切れ目にインド洋の広がりが明瞭に眺めることができる。山上はかなり広く、スルタン・アグンの墓は木造家屋に覆われてある。公園のような広々とした墓所であり、まさに「山上に郎卑野洲あり」との記述を想起させる。さらに、近世マタラム朝の初王セノパティの墓所もイモギリに隣接する銀細工の町コタ・グデに残る。このセノパティが王国を興す時、その土地の首領と会見したという伝説の地も、イモギリからインド洋岸のパラン・トレテス海岸に出ると残っている。この海岸は今も南海の女神ラトゥ・キドゥルを信仰するジャワ人の聖地でもある。ジャワ島のインド洋岸はおおむね人をも寄せ付けない程の断崖絶壁が続くことも聖地たるに

ふさわしい。イモギリからこの海岸まではせいぜい10km足らずの距離で、「南瀕海」「南臨大海」との記述とも符合する地理的位置である。

　近世マタラム朝、古代のマタラム朝、すなわち、ガルー王国も銀細工とセノパティの墓で著名なコタ・グデや、近世マタラム朝の陵墓イモギリ地方を揺籃の地としたものであったと言える。

◆ 訶陵国の遺跡 〜ディエン高地とウンガラン山

　中部ジャワ内陸部、インド洋に面して広がる地がマタラムで、その北、島の中央部に広がる地が肥沃なクドゥ平原である。ジャワ最古の遺跡群があるディエン高地は、そのクドゥ平原のさらに西方、3000m級の3山が連なる地にある。それらの山々は内陸部と沿岸部を隔てるようにそびえたっている。ジャワでも有数の景観を呈する地である。ディエン遺跡はその3山の南端、標高2500m余のプラフー山山頂の火口跡にある。この山岳地帯はマタラムの地からは遙か遼遠の地ではあるが、ヨクヤカルタ市を貫流してインド洋に注ぐプロゴ川の源流の地でもある。

　ただ、この遺跡周辺に王朝が続いた形跡もなく、このような隔絶した地にジャワ最古の遺跡群が残っていることは、謎のままであった。ディエンは、まさに歴史の神秘のベールに包まれていた。インドネシアではヒンドゥー・仏教時代の建造物遺跡を「チャンディ」と呼ぶが、その9割は王家の墓である（千原1975. p.27）。このディエン寺院群も王墓とみなして相違ないものがある。この地には、数百年にわたる寺院建築の跡があるが、ジャワ最古代王朝にかかわるものは、中心部に位置する5棟の石造寺院群で、「ディエン前期」に分類されている。ジャワ考古学で著名なスクモノ氏（1979）は、この古ディエン様式の寺院群を約650年から730年前後のものとする卓見を出していた。この年代設定は、まさに前期訶陵の対外活動期から732年のチャンガル碑文の間の年代に合致するものである。スクモノ氏は、訶陵国のことが念頭にあったかは確認しようもないが、この最古層のディエン寺院群は前期訶陵、ガルー王国の遺跡なのである。なお、この5棟の寺院は現在では「アルジュナ・グループ」と称され、各々にインド2大叙事詩の一『マハーバーラタ』の英雄の名前がつけられている。19世紀の命名とされている（千原同. p.78）。千数百年前の本来の名称などは、はるかかなたに忘れ去られているものである。

　このディエン遺跡に続くものは、マタラムの地から見ると、ディエンとは逆方向の東方に

位置するウンガラン山に残るグドン・ソンゴ（9寺）遺跡である。この遺跡も内陸部とジャワ北岸部の境界をなす山岳地帯にある。山の尾根にそって9ヶ所に寺院跡が点在しているもので、これも古代ジャワの神秘のベールに包まれていたものであった。建築様式からは、ディエンの古層の寺院との共通性が指摘され、しかも、グドン・ソンゴはディエンに続くものと考えられている。ディエンのオリジナル性にはゆるぎないものがあるのである。

ところで、この遺跡は古代ジャワ建築の編年史研究のなかでは、故千原大五郎博士は約730年から780年の間のものとする説を提示していた（冨尾1991. p.61）。この730年という年代はサンジャヤ王の王国回復を宣言する732年のチャンガル碑文と合致し、780年という年代はシャイレンドラのジャワでの最初の碑文である778年のカラサン碑文の年代と合致する。すなわち、この9寺遺跡は、サンジャヤ王の王国回復から、シャイレンドラ族の登場までの時代のものであり、サンジャヤ一族の墓所とみなせることになる。

ジャワ最古代の遺跡については、山上に残るこの両遺跡のみ知られていたものだが、インドネシア共和国独立後の大きな考古学的発見の一つに、この時代に相当する寺院遺跡が平地に出土したことであった。その一つは、1966年、ヨクヤカルタ市から東方プラムバナン地区への途次のサンビサリ村の地下約5mから、ほとんど無傷のまま千数百年の眠りからさめたように、その華麗な姿を現したものであった（千原同. p.96）。このサンビサリ寺は、ディエン古層の寺院建築様式と軌を一にするもので、また、南インドのマドゥラス（チェンナイ）市郊外、インド洋に面する海岸に立つ「海岸寺院」（ショアーテンプル）と姿も規模もほとんど同一にするものである。この期のジャワの寺院は南インドに祖型がある。本尊はこの期のものに共通してリンガで、シバ教寺院である。さらに近年、この寺院より少し東方、カラサン寺の近くに、これと全く同一規模の寺院遺跡が発見され、発掘調査されている。この寺院はクドゥラン寺と称されるが、この地からは今後さらなる考古学的発見が続き、ジャワ古代史はより鮮明な姿を現してくるものとの期待を抱かせるものがある。

◆ 海港への交通路の変換

ディエン遺跡が前期訶陵の遺跡で、グドン・ソンゴ寺院群が王国を再建したサンジャヤ一族の遺跡とすれば、その間にどのような経緯があったのか。両遺跡は直線距離にしても50kmは十分に離れている。ただ、両遺跡の共通点は、共にヒンドゥー寺院であり、内陸部とジャワ島北岸地域の海港都市との境界をなす山岳地帯にあることであった。この内陸と沿岸部の

境界線上に存在するということに問題解明への大きなヒントがあった。

　ディエンのあるプラフー山を含む3高山がヨクヤカルタを貫流するプロゴ川の源流の地であった。しかし、ただ源流の地という精神的意義だけで遼遠の地に祖廟と思われる寺院が建設されたのであろうか。この3山の真中のスンドロ山東麓にあるパラカンの町の周辺には若干の遺跡も残る。このパラカンやプラフー山麓から道を北にとるとジャワ海に面するプカロンガンの港町に達する。その古代の道は今も現存している。マタラムの地から見れば、いかにも隔絶した地とも思われるディエン聖地ではあるが、ジャワ北岸と通じる交通の要衝に面する地にあるわけである。別の側面から見れば、内陸部と沿岸部の接点となる地であり、戦略的にも重要地点であったと指摘できる。

　港町プカロンガンは古代から重要な交易港であったろうことは、近年相次いで出土した碑文からも証明できる。前期訶陵時代に相当する7世紀前半の碑文、さらには、それより古い年代と推定される碑文も発見されている。これらのことは、ディエン古層寺院群の時代、すなわち前期訶陵時、中部ジャワ内陸部と北岸のプカロンガン地方とは何らかの連携関係を有していた証拠となるものである。

　他方、グドン・ソンゴのあるウンガラン山は著名な港町スマランに至る交通路の途次にある。スマランでは、1100年の年号が記された碑文が発見されており、そこにはサンジャヤ王の子孫のための自由地について言及されている（Krom1954. p.59）。このスマランとスラカルタ（ソロ）との間にサラティガなる町がある。景勝地でもあるサラティガの地は、内陸部と沿岸部の接点をなす重要地点で、当地には17世紀まで寺院遺跡が残っていた報告や（Graaf1958. p.117）、8世紀中葉からの碑文の出土も報告されている（Casparis1975. p.29）。

　この地が戦略的重要地点であることは、近世のマタラム朝史においても見られる。内陸部の近世マタラム朝は沿岸部からのイスラムやオランダの圧力を受けて混乱の歴史を形成して行くが、その際、このサラティガが内陸と沿岸部の接点をなす地として、しばしば歴史舞台に登場してくるものである（Ricklefs1974）。まさに、サラティガは先のプカロンガン・ルートにおけるパラカンの町や、プラフー山東麓地域に相当する地といえる。ウンガラン山はディエンのような高山ではないが、このサラティガに隣接する地にあるのである。なお、ウンガラン山東麓地域には、グドン・ソンゴと同一の建築様式の墓地その他の遺跡が出土している。それらはグドン・ソンゴの建立・維持に関与したとみなされる相当規模の僧侶社会の存在を想定させるものである。

　前期訶陵においては、ディエンが祖廟の地であったが、サンジャヤが再建したガルー王国

にあっては、ウンガラン山がそれに想定されたものであったろう。両者に共通するものは、これら聖地は農耕の民ジャワ族の本拠である内陸部の北限の地であり、これら聖地の向こう側は、喧騒に満ちた交易世界たるパシシール（沿岸部）の地なのである。すなわち、内陸部王朝にとっての外港への交通路の変換が両遺跡の背景にあったと言える。

◆ 訶陵東遷 ～シャイレンドラ仏教王朝時代の開幕へ

　８世紀中葉前後となって来ると、北インドの新文明を受容したシャイレンドラ一大仏教王朝の時代を迎える。遺跡類からも、ヒンドゥー系寺院から、それらとは比較しようもない巨大なボロブドゥール等の仏教系寺院群に移行する時代となる。このヒンドゥーから仏教への交替の時期は、チャンガル碑文の732年とカラサン碑の778年の間であることは確かである。さらに、スクモノ氏（1979）の報告によれば、近年発見されたスラカルタ東部スラーゲン出土の８世紀中葉の碑文では、サンカラなる王がヒンドゥー教のシバ派から仏教に改宗したことが記せられていると言う（p.469）。

　このように、中部ジャワにおける仏教への移行期は８世紀中葉と考えられるが、この国家的宗教の交替は、訶陵国東遷という事件を伴ったようだ。ここではまず、訶陵東遷という事実を各種史料から検証してみたい。『新唐書』訶陵国伝には次のような記述がある。「（訶陵国）王は闍婆城に居す。その祖、吉延が婆露伽斯城に東遷する」。そして、『元史類篇』（巻42）には、その東遷の年次が次のように記録されている。「唐元宗天宝中（742-55）に、闍婆より婆露伽斯城にうつる」。この『元史類篇』は、その史料的価値が疑問視されてもいるが、この訶陵東遷年次については十分に信頼がおけるものがある。現地出土史料類がそれを裏付けることになる。

　まず、東部ジャワ内陸部マラン市西北で760年の記年のあるディナヤ碑文が発見されている。この碑文における文字書体、宗教形態は古代中部ジャワの文化伝統を継承しているものであり、訶陵東遷を裏付ける第一の史料となる。ただ、文字書体については、南インドのパッラワ文字から発展し、ジャワ化された古代ジャワ文字と称される書体となっている。この書体を用いた最古の碑文が、これより前、750年の記年のあるプルムプンガン石柱碑文で、中部ジャワのサラティガに出土しているのである（Casparis1975. p.29）。この石柱碑文の発見で、訶陵東遷年次は750年以後、ディナヤ碑文の760年以前のことと絞り込むことになる。まさに、『元史類篇』の示す年次と合致する。

他方、寺院遺跡の面では、マラン市西方部にバドッド寺院遺跡がある。この寺院の建築様式は、ディエン高地やウンガラン山の寺院との類似性が顕著である。しかし、このバドッド寺院に関し、注意を喚起しなければならないことは、前期訶陵時代の諸寺院に比して、基壇が巨大になっていることである。これは続くシャイレンドラ時代の巨大寺院建築技術をすでに一部吸収した結果と考えられる。訶陵東遷後、中部ジャワで栄華を誇るシャイレンドラ時代というものは、巨大寺院群に見られるように建築技術の飛躍的発展という面でも、明らかに新しい文明をインドネシアにもたらしたが、バドッド寺院にすでにシャイレンドラの建築文化の影響が見られるということは、訶陵からシャイレンドラへとの時代の進展は、戦争等による強圧的なものではなく、部分的にも文化的接触を経たうえで行われたとも推測できる重要な示唆を与えるものである。

◆ アガスティヤ神 〜南インドの信仰

　8世紀中葉における中ジャワから東ジャワへの文化伝統の伝播と継承は、文字書体や寺院様式のほかに、ヒンドゥー教のシバ信仰、なかでも、北インドの先進文化ヒンドゥー教を南インドにもたらした神様として、南インドで特徴的なアガスティヤ神崇拝にも見られる。この神への信仰がジャワにも伝わっていることは、碑文やこの神像の存在で検証することができる。まず、732年のチャンガル碑文には、クンジャラクンジャなる名が見えるが、これはインド南端にあってアガスティヤの住所とされるものである(Dowson1973)。現在ではクンジャラ山は、アガスティヤ・マライと称されている。このほか、ウンガラン山のグドン・ソンゴ寺院の外壁にもこの神像の浮彫が見られる。

　この神への信仰の東部ジャワへの伝播は、とりもなおさず760年のディナヤ碑文に見られるものである。この碑には、祖先が作った木製のアガスティヤ神像を黒石で作り直したことが記せられている。文字書体、宗教、建築様式の中部ジャワから東部ジャワへの伝播と継承は、訶陵勢力東遷の明瞭な証拠となるものである。

◆ 婆露伽斯城はどこか 〜インドネシアの社会構造を求める中で

　訶陵が東部ジャワに移ったことは明白ではあるが、先の『新唐書』の一文「其祖吉延、東遷於婆露伽斯城」中の吉延なる王名も、婆露伽斯城の位置も不明のままである。それはどち

らも、この一文中にただ一度のみ登場することに大きな理由がある。そこで、ここではインドネシア史を中心的に形成して来たジャワ王朝なるものの特質や、社会構造的側面を追求する中で、この移動先の位置問題を考える一助としてみたい。なお、「吉延王」については、ディナヤ碑文中の「ガジャヤーナ王」とする説が見られる。

　ジャワ社会や巨大で複雑なインドネシア社会の特質の一つとして、インドネシア社会には強い不変性が存在すると指摘する有力な説がある。その一方、それとは反対にインドネシアの歴史は断絶の歴史と考える人も少なくない。ヒンドゥー・仏教時代から、その豊かな彫像と華麗な寺院建築文化を否定するイスラム時代、さらには強圧的な植民地時代と、価値観の激変する歴史をこの国は歩んで来ており、その間には連続性は見られないとみなす人は少なくない。しかし、インドネシア共和国の「多様性の中の統一」と一般的に訳されている国家標語は、古代の仏教系の文献中の一節から採られたものであり、国章ガルーダはヴィシュヌ神の乗り物である。このように現在のインドネシアの国家政策の一つの大きな底流には、古代王朝の栄光を取り戻そうとする意図を明確に読み取ることができる。これらのことからもインドネシア史を古代、中世、近世とおのおの別々の歴史として捉えるよりは、その間に何が断絶し、何が連続しているか、また、通時代的特質というものが見られるのかどうかという視点が史料不足につきまとわれるこの国の歴史研究には重要である。

　インドネシア社会の研究で大きな業績を残したオランダのファン・ルール（1955）は、インドネシア史の一大転換点であるイスラム化の時代について、「ジャワにおけるイスラムの受容は「高度な文明」への移行と何ら関係ない」(p.114)、「イスラムは「経済的発展」をもたらさなかった」(p.116) と、述べている。イスラムは新文明も経済発展をももたらさなかった。したがって、その社会構造にも大きな変動はなかったとする説は、インドネシア人のムルトノ氏（1968）の近世マタラム朝の王国構造に関するすぐれた研究においても同一論調である。このことは、イスラム王国の研究もヒンドゥー系王国の研究において参考にするべき点が少なくないと言うことになる。ここでは、イスラム化という一大変革期にあっても、インドネシア社会は大した変動を経験しなかったという有力な諸説がある一方、これに積極的に反論する説論に乏しいということを指摘しておきたい。このことは、インドネシア史における通時代的特質、歴史的特質の解明が、その歴史研究に極めて有効であるということとなる。これは少なくとも、モンスーン航海の時代を通じてより一層該当するものであろう。

　インドネシア史における通時代的特質の中で、まず第一に指摘すべきことは、インドネシア史形成の2大中心はジャワとマラッカ海峡周辺地域ということであろう。ジャワにあって

は、肥沃で広大な農耕地の他に、後背地として香料諸島を控え、豊かな王国を形成する経済基盤は十分にあった。また、古代においては豊富な金の産出もあったようだ。一方、マラッカ海峡は東西通商の一大要衝であり、それを基盤にした王国形成が歴史上なされて来た。したがって、両地の歴史上の相関関係を追求することが今後とも大きな課題となる。言うまでもなく、インドネシア史上の種々の歴史的遺跡は両地に集中しているのである。

　ジャワとマラッカ海峡地域をインドネシアの２大中心としたが、ジャワだけをとって見ても、その諸王朝の基本的特質を考えるとき、次の２点が重要となる。まず第一に、ジャワ王朝の本拠は内陸部に形成され、その外港となる北岸部（パシシール）との関係が重要となる。第二に注目すべき現象としては、王朝の中心は、中部ジャワと東部ジャワを往復する運動をなすことである。たとえば、訶陵が東部ジャワに移り、東部ジャワ時代のさきがけとなるが、その後、イスラムの本格的到来と共に、政治勢力の中心が再び中部ジャワに戻って来て、近世マタラム朝の時代が始まる。その際、ジャワのイスラム化の歴史から明らかなように、パシシールの動向にしたがい、内陸部の中心が移動することである。けっして、内陸部の動向がこのような政治勢力の中心地の移動を主導するものではなかった。このことは、インドネシアの社会変動に際しては、交易の中心地であるパシシールの比重が内陸部より重いと言える。表現を換えれば、土地支配より交易活動からの利の方が王朝の経済基盤にとっては比重が高いと推測できるものである。この交易という側面からも、繰り返すこととなるが、ジャワ王朝と交易品の国際市場への集散地としてのマラッカ海峡との関係がインドネシア史解明には極めて重要であることが理解できるであろう。

　政治勢力の中心地の移動は、内陸部ではなくパシシールが主導するということは、「婆露伽斯城」の位置比定に有力な手掛かりを提供するものである。まず、この地名の現地音を求める努力の中で、フランスのジャワ古代碑文学者ダメー氏（1957）は、1700年頃の地図に、西部ジャワ、ジャカルタの東方部の現在のブカシ河口に「パラン・カシ、バラン・カシ」なる地名を見ることができる。これが「ブカシ」の語源であると指摘した（p.610）。勿論、訶陵は東遷したのであって、西部ジャワに見られるものは、地名の転移、あるいは同一地名の残存したものであろう。それにしても、「婆露伽斯」の現地音として「パラン・カシ、バラン・カシ」は十分に妥当性があるものである。

　ところで、「パラン」には「崖」等の意味がある。たとえば、ヨクヤカルタの南のインド洋岸には「パラン・トレテス」という海岸がある。このように、河口部や沿岸部等において、海に突き出ている崖は「パラン」と称される。したがって、訶陵が東遷するが、その移動先

は東部ジャワでも河口部、沿岸部を考えねばなるまい。すなわち、現在のスラバヤ、グレシック周辺に移った可能性が大である。そこには海に突き出た崖も見られるのである。東遷した訶陵は、東部ジャワ第一の要衝であるスラバヤ周辺地域の交易の拠点の掌握をまず第一に考えたとするのが自然なことである。ジャワのイスラム化の事例を参考にしても、新勢力はまず沿岸部に勢力を樹立したものであった。インドネシアの歴史の転換点においては、パシシールがその変動の主導を行うと言えるのである。

第5節　シャイレンドラ仏教王朝 〜巨大仏寺群の建立

◆ シャイレンドラの文化基盤 〜真言密教

　訶陵国が東部ジャワに移った後、中部ジャワではシャイレンドラ朝が仏教文化の花を咲かすことになる。この王朝についても、その実体は不明なことばかりである。史料不足という悪条件に常につきまとわれるのがインドネシア古代史研究である。そこで、インドネシア文化を形成するオリジンの研究も少なからず重要となる。言うまでもなく、宗教、寺院建築、文字という歴史研究に欠かせない事柄はすべてインドにその源を発している。ここでは、インドネシア古代史理解のための一つの基軸として南インドの文化と北インドの文化という2大潮流を考えたい。南インド文化は、後世に至るまで、インドネシア文化の背骨を形成するものである。この文化を特徴づけるものは、パッラワ文字とシバ信仰であった。

　一方、シャイレンドラ朝が受容したものは北インド文化であった。この文化を特徴づけるものは古ナーガリ文字と大乗仏教である。ここでは、文字書体と宗教の2点を座標軸とすると、訶陵とシャイレンドラの文化的様相の相違が明瞭に理解できる。ヒンドゥー教シバ派の潮流はサンジャヤ王と、907年に碑文を出したバリトゥン王に見られ、その間の7王がシャイレンドラ諸王である。シャイレンドラ諸王は仏教の潮流を体現し、文字書体は北インドの古ナーガリ文字を用いる。これは日本に伝わる梵字と同じ系統の文字である。

　中部ジャワにおいて、シバ派と仏教の交代の時期は、先にも触れた通り、8世紀中葉に始まる。それでは、シャイレンドラ仏教文化の隆盛は、どのような契機でもたらされたものか。ここで、7世紀後半の唐僧義浄の時代に立ち戻って考えてみたい。義浄のインド滞在時

(673-85)、ナーランダを中心としたインドの仏教界では、真言密教の勃興という一大変革が生じていたことについては先に述べた。義浄自身は律蔵収集の初志を貫徹し、この真言の教法の修得は断念したものであった。すなわち、この新興の真言密教は義浄と共には、インドネシアにも中国にも伝わっていない。彼が梵語経典から中国語に翻訳した訳経業績を調べてみると、密教系の経典類もあることはあるが、それらは全て真言密教成立以前のいわゆる「雑密」経典類であり、真言密教に関連する「純密」経典類は含まれていない。

中国や日本における真言密教は、『金剛頂経』『大日経』という2大経典にもとづくが、『金剛頂経』は金剛智によって海路、中国に伝えられた。彼はその途次、スリィウイジャヤに立ち寄ったのは、720（開元8）年のことであった。中国では、善無畏の『大日経』の陸路による伝来（717年）と、この金剛智の入唐以降、本格的な密教時代が始まるが、インドネシアにおいても、これらの年代は、サンジャヤ王の王国回復と、それに続くシャイレンドラ朝の開始につながる年代である。8世紀には、アジア東方世界は真言の教法におおわれて行くことになる。かくして、インドネシアも宗教界における真言密教の熱波におおわれて行ったというアジア史の発展と軌を一にした歴史を歩むことになる。訶陵国はこの熱波によって中部ジャワから東部ジャワに追い出されてしまったとの推測も出来るであろう。訶陵東遷、シャイレンドラ勃興という背景には、このような国際的な大きな文化潮流があった。

◆ シャイレンドラ王朝の謎　〜スリィウィジャヤとの連携

世界最大の仏教遺跡ボロブドゥール、これに次ぐ規模のセウ寺院と、いずれも金剛界マンダラを体現している。ボロブドゥールは世界的に有名であるが、その近くのムンドゥット寺院の釈迦三尊像は、美術的にも、ボリューム的にも仏教世界の最高級の遺品と言っても過言ではない逸品である。このようなハイレベルな遺跡群を残したシャイレンドラ朝というものは、いかに繁栄した王国であったことか。実は、ここにこの王朝についての最大の謎が隠されている。すなわち、チャンガル碑にあるように、豊かな農耕と、豊富な金の産出によってだけで、この繁栄が維持されたものであろうか。一方、東ジャワに移った訶陵国は、この時期には、とりたてて言うほどの遺跡を残していない。しかし、8世紀後半からのシャイレンドラ隆盛期には、ジャワからの中国遣使活動は訶陵国の名で行われている。この時期、シャイレンドラに相当する王国名は中国史料には見当たらない。ジャワ王朝はすべて訶陵国で代表されている。それでは、対外活動は東部ジャワの訶陵国が担い、シャイレンドラ朝の活動

は中部ジャワに限定されたものであったろうか。中部ジャワに限定された王朝が、あのような美麗で、巨大な建造物を残すことができたのであろうか。

　ここでは、このような大きな疑問とともに未だ解明されていない訶陵とシャイレンドラの関係問題について考えてみたい。まず、シャイレンドラ朝は中部ジャワに限定された王朝ではなかったことを象徴的に示すものとして、この王朝からの最古の碑文、775年のリゴール石碑がマレー半島中北部の現在ではタイ領となるリゴール（現ナコンシータマラート）から出土していることである。この石碑も謎に満ちたもので、片面にはスリィウィジャヤ王国の碑文、片面にはシャイレンドラ朝の碑文が刻まれている。ただ、文字書体はシャイレンドラが導入した北インドの古ナーガリ文字が用いられ、言語もサンスクリットとなっている。これらのことから、この碑はスリィウィジャヤの地において、すでにシャイレンドラ文化優勢を示すものと言える。マラッカ海峡は西方世界からの先進文化がいち早く到来する地である。新文明を受容したシャイレンドラの誕生の契機というものはスリィウィジャヤ王国勢力との何らかの連携によるものと考えられる。後世の歴史からも、この両王朝の関係は因縁浅からぬものが見られるのであり、両王朝の連携説は十分に妥当性がある。

　結論的に言えば、このリゴール碑は、スリィウィジャヤ・シャイレンドラの結合を示すものであり、この結合のなかで、マラッカ海峡の支配権がシャイレンドラ族に移ったことを示すものと言える。そしてその勢力はジャワにも及んで行ったものと捉えられよう。このように、シャイレンドラ朝はその誕生の契機からも中部ジャワに限定された王朝ではない。したがって、この王朝の謎の一つを解明するには、周辺諸国の状況の把握も不可欠である。

◆ マレー半島 〜海域部と大陸部の接点

　リゴール碑がインドシナ大陸部に接する地から出土しているが、そもそも、マレー半島というものは、インドシナ側の勢力と海域部のインドネシア側の勢力の衝突点となっている。歴史的にみて、両地の勢力状況により、国境が南北に大きくぶれる地域である。現在では、タイ国に代表される大陸部の勢力が強く、南部のマレー文化圏にまでタイの勢力が南下してマレーシアとの国境が形成されている。15世紀初頭には、これよりさらに南のマラッカ地方など半島南部にまでタイ王国の影響力が南下していたものであった。このような現在の状況とは逆に、8世紀には海域部の勢力が強大で、かなり北部にまで進出していたと言える。

　それでは、当時、インドシナ側において、海域部の勢力伸長を許すようなどのような状況

が見られたのであろうか。リゴール地域の北側に続く地域は古代においてはクメール朝の領域だが、このクメール朝は8世紀においては分裂状況にあった。中国史料には、南部沿岸部の水真臘と、内陸部の陸真臘に分裂していた状況が記録されている。そして、南部の水真臘はジャワの支配下に入っていたのである。ジャワのインドシナ干渉、それはこのリゴール碑によって象徴的に示されていると言えよう。アンコールワットに代表されるクメール王朝の真の繁栄への道筋は、ジャワの支配から解放され帰国したジャヤヴァルマンⅡ世の802年の王位復帰から始まるものである。これ以降のクメール文化にジャワ文化の影響が見られるのは、このような両地の関係史を反映するものである。

　この他にも、ジャワのインドシナ干渉という問題で注目されるのが、ジャワ軍のベトナム沿岸部への767、774、787年と数次にわたる攻撃である（セデス1969. p.91）。この頃のベトナム北部は中国の支配下にあり、現在のハノイには唐朝の安南都護府が置かれ、南部は南方系民族によるチャンパ（占城、林邑）王国が隆盛であった。ジャワからの第1次攻撃は安南都護府を攻撃し、後の2回は南部のチャンパ王国沿岸部への侵略を行った。

　これらのジャワのベトナム地域への攻撃やクメール王朝への政治干渉の原因は何であったかについてはよく分かっていないが、インドシナにあっては隣接地域との国際関係が不調であったことだけは確かであろう。したがって、ジャワのクメール・ベトナム両地への攻撃というものは何らかの関連性があったものと考えるのが自然であろう。東南アジア大陸部のインドシナの歴史を形成してきた一つの底流として、南へ南へと民族が移動する南下現象というものがあるが、これに反して、ジャワを中心としたインドネシアの勢力には、北上しようとする動態があることを、この歴史的事実からも指摘できるのである。

◆　シャイレンドラは訶陵か？

　ここで再びシャイレンドラの謎について考えてみたい。シィレンドラに相当する国名が中国文献に見当たらないという問題が未解明な課題として残っている。ところで、ジャワのインドシナ干渉については、インドネシア側では、ただ、西部ジャワに伝わる『パラヒヤンガン物語』にのみ記憶されていた。732年に王国を回復したサンジャヤ王が767年にベトナム遠征を行ったとするには、年代的側面からは何ら不自然なことではない。しかし、訶陵東遷を示すディナヤ碑文が760年に出されている。続く774年の第2次攻撃の翌年には、スリィウィジャヤ・シャイレンドラ合同のリゴール碑が出ている。そして、787年の第3次攻撃は、ジ

ャワにおけるシャイレンドラ最古のカラサン碑より10年後のことである。時はすでにシャイレンドラ時代となっている。これらのことを考え合わせてみると、シャイレンドラはサンジャヤ王の事業を継承し、積極的な対外活動を行った王朝とみなさざるを得ない。サンジャヤ王を祖と掲げ、シャイレンドラ7王を列記した907年のバリトゥン王碑文は、シャイレンドラがサンジャヤ王の事業を継承したことを証明するものに他ならないであろう。すなわち、サンジャヤ王は760年代まで中部ジャワに残り、770年代にはその事業はシャイレンドラ族に引き継がれたものと考えられる。

　それでは、8世紀中葉に東遷した訶陵とは何なのか。サンジャヤが中部ジャワに残り、「其祖吉延」が東部ジャワに移ったということは、訶陵の2分裂と捉えるしかないのではなかろうか。訶陵国の全てが東遷したのではなく、サンジャヤ一族が中部ジャワに残ったとする有力な根拠は、ウンガラン山の9寺遺跡である。この9寺院も王墓跡であるが、732年の王国回復から750年代に東遷する20年前後の王家の墓とするには規模が大きすぎるものがある。グドン・ソンゴはやはり760年代末まで統治し、平和裡にシャイレンドラ族に継承したサンジャヤ一族の陵墓と考えるべきものであろう。

　8世紀後半には、シャイレンドラが中ジャワで栄華を誇る一方、この時期、東ジャワからはディナヤ碑文やバドッド寺院以外、これといった遺跡類は見当たらない。東遷した訶陵は積極的な対外活動を行った強国とは考えられない。すなわち、中国文献に残るこの時期の訶陵国はシャイレンドラ朝の活動の跡を示すものと考えるべきものであろう。訶陵はジャワを代表する王国名で、この時代、シャイレンドラ一族がこれを担ったのである。

　これらのことを結論的にまとめてみると、後期訶陵の中国遣使は、768年と769年の8世紀後半の2度の遣使と、813年から始まる9世紀における遣使と、前半部と後半部に2分できる。その間の空白期が、それはサンジャヤ王からシャイレンドラ一族への政権交替期であったろう。すなわち、9世紀における訶陵の中国遣使活動は、まさにシャイレンドラの活動とみなすべきであろう。中国史料に残る訶陵からの朝貢記録は、インドネシアにおける政治状況を如実に反映しているのである。

　それにしても、この政権交替にまつわる一連の出来事には、戦争等による破壊の跡もなく、全く静かなものである。先にも指摘したように東遷した訶陵の遺跡、バドッド寺院にはシャイレンドラの新建築様式がすでに一部吸収されているところからも、両者は一時期、中ジャワで並存する時期があったと考えられる。これは、この後、シャイレンドラ朝が衰亡し、中部ジャワの政治勢力が徐々に東部ジャワに吸収される過程においても戦役等が生じたという

ことが伺えないのと相通じることである。これらのことから、仮説的に言えることは、シャイレンドラ勃興、訶陵東遷、サンジャヤ王の政権移譲というものは、同一王族内の出来事ではなかったろうか。いわば、南インドのシバ教を守る守旧派と、北インドの新興仏教を掲げる革新派ともいうべきものの対立に過ぎなかったのではと推測される。そのように考えないと、この余りの静けさに満ちた歴史転換が理解できないものがある。

そして、今一つ、この歴史転換の背景にあるものとして、従来はムラピ火山爆発説などが一般的にささやかれていたものだが、筆者が提唱するプロゴ河氾濫説には、より具体性がある。それは、先にも触れたディエンやウンガラン山遺跡と同時代の遺跡が平地の地下から人的破壊の跡もなく姿を現していることである。しかも、クドゥーラン遺跡のすぐそばには、カラサン、サリ寺院というシャイレンドラ時代初期の遺跡がその地上部分に現存しているのである。とくに、サリ寺院では周辺は全くの砂地のままで、その上に建設されている。クドゥーラン遺跡周辺の集落も砂地が広がる。これらは大洪水の跡と考えさせられるものである。これらのことより、サンジャヤ時代末期、ヨクヤカルタ市周辺はプロゴ河の大氾濫に見舞われたものと考えられる。その時期は、後期訶陵の前半部の最後の中国遣使年である769年と、ジャワのシャイレンドラ最古のカラサン碑の775年の間の出来事であったろう。

◆ 真言密教の精華 〜ボロブドゥール

ボロブドゥール寺院は、2重の几帳面をとった一辺約120mの正方形の基壇の上に、高さ30m余のピラミッド状の9層の石造建造物で、ほぼ余すところなく彫刻や彫像で埋め尽くされている。まさに芸術作品の山である。その規模もさることながら、一寺院に仏教世界のすべてを体現させようとの構想に基づく寺院はインドにも、中国にも例がない。

まず全体構想としては、欲界・色界・無色界と三界を現している。最下層の基壇は欲界を示す。これは、今は補強基壇のため一部しか見えないが、ここには人々は欲望のおもむくままの悪行をなし、その結果として地獄で厳しい責苦を受けるという、おどろおどろしい因果応報の世界が『分別善悪応報経』に基づき描かれる。これに続く、第1回廊から第4回廊にかけては色界を示す。釈迦が世に仏法を広め、人々は人間らしい生活を営むようになるが、なお「色」（rupa、形）にとらわれ、美しく着飾ったり、人の関心を引くための踊りや所作を行う世界である。まず最初に釈迦の一生が『方広大荘厳経』に基づき描かれ、続いて「華厳経入法界品」や『普賢菩薩行願讃』、その他『譬喩経』『本生譚』などが回廊の左右を埋め尽

くしている。しかも、いずれも経典に正確に基づいて描かれている。参詣者は仏教世界の種々相を学んで後、回廊を抜けると最上層部は円壇で、釈迦の悟りの世界、形に囚われない無色界に到達するという秀抜な趣向である。

　一寺院に三界を体現させようとの構想も他に例を見ないが、さらに、この寺院は巨大な金剛界立体マンダラでもある。『金剛頂経』（津田1995）には次のように説かれている。「大曼荼羅に入るについて、器であるか器でないかということは問題にされない。…ある人々がいて、それが仮に大いなる罪悪をなすものであったとしても、その人々がこの金剛界曼荼羅を観、入るなら、彼らは一切の罪悪を離れたものとなるであろう」。まさに、一切衆生を救済せんとする大乗仏教の根本思想、理想主義を、実際の形として実現させた稀有な大寺院なのである。したがって、壁面の東面には阿閦仏、南には宝生、西には阿弥陀、北には不空成就という４仏を配し、中央には大日如来（毘盧舎那）が座すという金剛界曼荼羅の基本型となる５仏が配され、さらにその上方、無色界には瞑想する釈迦如来を端座させている。これらの仏像の総数は504体という驚くべきもので、参拝者に仏教世界の偉大さを、質量と共に巨大寺院全体で圧倒的に迫るものである。世界最大の仏教遺跡とされるが、それはその巨大さだけではないのである。

　なお、近くのムンドット寺院の釈迦三尊とも一体性を有している。ジャワに伝わる古代の仏教経典にはおおよそ次のように説かれている（石井1988. p.77-）。「釈迦牟尼尊の右半身から観自在菩薩、左半身からは金剛手菩薩が生まれる。これが釈迦三尊を形成する。さらに、釈迦牟尼尊の顔からは毘盧舎那仏が生まれ、観自在菩薩からは阿閦、宝生、金剛手菩薩からは阿弥陀、不空成就が生まれる」。これが金剛界曼荼羅の５仏を形成するものである。

　なお、ボロブドゥール寺院の建立者については何ら伝わっていないが、中国世界に真言密教を導入した金剛智三蔵の弟子の不空は、ジャワで金剛智の弟子となり共々入唐している。不空は、日本にこの宗派を開いた空海の師の師に当る。この不空の活躍期がボロブドゥール建立期と合致するものである。また、彼は唐朝においても曼荼羅壇の建立に大いに力を注いだものであり、その活動内容も合致するものと言える。

◆ シャイレンドラ朝の衰亡 ～中部ジャワ時代の終幕

　８世紀後半から９世紀後半にかけてのほぼ百年間が、シャイレンドラの活躍期である。７世紀のスリィウィジャヤ王国の活躍期もほぼ百年間であったことを思い起こすと、百年毎に

大事変が生じるというジャワ人の間に見られる自分達の歴史へのこだわりというものも真実性を帯びてくる。

　シャイレンドラ朝については、なお謎に満ちた王朝でもある。まず第一に、巨大遺跡は残すが、この王朝の王宮の所在地すら分かっていない。それに「マハーラージャ」（大王）の称号のつく7王についても、王名は伝わるが、各々の王の事跡等は皆目分かっていない状態である。そういうわけで、この王朝の衰退の過程というものも不明確なままである。巨大仏寺建立熱がその衰退原因ではなかったか。ボロブドゥールは完成には至らなかったが、この巨大寺院建立の失敗が王朝の崩壊を早めたのか。金の埋蔵量が底をつき始めたのではないか、等々種々の推測がなされている。

　ただ、シャイレンドラ仏教王朝の衰亡は、中部ジャワにおけるアガスティヤ信仰の復活ということで象徴的に示される。ここではナエルセンとイオン（1977、共著）の報告を中心にして、ここのところを明らかにして行きたい。ところで、ヒンドゥーの復活宣言とは、西暦865年、スリィ・クンバヨニは勝利を記念してラトゥ・バカ台地にシバ・リンガを建立したという碑文である。この「クンバヨニ」とはアガスティヤ神の別称で、ラトゥ・バカ台地とは、プラムバナン遺跡群の南方に展開する台地で、若干の遺跡を残している。この王は他にも、863年にも碑文を出している。

　この9世紀中葉から後半にかけての年代は、シャイレンドラ7王の内の第6王カユワンギ王の治世（856？－882）に相当する。この王の治世開始年については、863年説もあり諸説が混乱している。ところで、巨大仏寺建立熱は、プラムバナン地区のプラオサン寺を最後とするが、この寺院は第5王ピカタン王の建立になるものである。この寺院には若干の彫像類が残されているが、それらはシャイレンドラ全盛期のものと比べると、明らかに全般的に線が細くなっている。これは文化・国力の衰退を示していると考えていいものである。さらに、このピカタン王は850年に碑文を出しているが、そこにおける文字書体は、ナーガリではなく、ジャワ化された古カウィ文字への過渡的な文字書体が用いられているのである。これらの文化変容には、バイタリー性の強化というよりも、その逆方向に進んでいる感を与えるものである。

　これらのことから、北インド文化を忠実に受容してきたシャイレンドラの文化伝統には9世紀中葉に一大転機が訪れていたとみなされる。このピカタン王についても、この王をクンバヨニ王に比定する説が出るなど、確実な史料の欠落も、この時期のシャイレンドラ朝の衰退を示すものだが、シバ派の勢力の波及している状況がその背景にあると考えられる。この

シバ派の台頭という状況は、仏教王朝としてあったシャイレンドラ朝内に何らかの亀裂、内紛の生起を想定させるものがある。ナエルセンも「9世紀中葉に政治的事件」が生じたとみなしているように仏寺建立熱はピカタン王で終息し、これを継承した第6王カユワンギの治世は、その出土碑文より、農業改良面の活動で特徴づけられる。しかし、カユワンギ王の努力も王朝の破滅を防ぎ得なかったようだ。そして、シャイレンドラ最終王ワトゥフマランの出した碑文としては、896年のものしかない。そこにおいては、彼は単に支配者を示す「ハジ」の称号を用いているのみである。この王朝の特徴的称号「マハーラージャ」は、この時期には別の王が用いていると言う。

　以上のことから結論的にいえることは、アガスティヤ信仰の再興を宣言する856年の出来事以降のこの地方におけるシバ派の台頭は、訶陵再興の祖サンジャヤ以降の正統王統を継承するものではなく、それを否定するものであったようだ。サンジャヤを祖と掲げ、しかもシャイレンドラ7王の伝統をも継承せんと出現して来たのが、バリトゥン王であった。彼の有名な907年のマンティヤーシーI銅板碑文は、マタラム王サンジャヤとシャイレンドラ7王の王統を明記し、その正統性を継承せんとの宣言であったのである。

　バリトゥン王が東ジャワ人であることは古くから指摘されている。彼は碑文にはワトゥクラの領主として見えるが、それは東ジャワにある地名である。コペンハーゲンにあるワトゥクラ碑文の研究からも、そこには典型的な東部ジャワの都クディリの特徴が見られ、バリトゥンの東ジャワ出身説が一層補強されて来ている。これは、東遷した訶陵の末裔が、シャイレンドラの危機に、それを救済せんと到来したものと考えられるのである。時代は、中部ジャワ王朝の時代から東部ジャワ時代の幕開けへと進展しつつある。

第2章　東部ジャワ時代の展開 〜新王朝の成立へ

第1節　ジャワ古代王朝の滅亡 〜ジャワ元寇

◆ 東部ジャワ時代の開幕 〜中・東部ジャワ時代を経て

　インドネシア史上における東部ジャワ時代はシンドック王（929-947）に始まる。彼はブランタス河中流域のクディリに都を構え、およそ3百年続く通称クディリ朝の始祖となる。東部ジャワから到来し、中部ジャワを掌握したバリトゥン王から、このシンドック王までの間に、ダクシャ・トゥロドン・ワワの諸王が知られている。このバリトゥン王等の4王の時代には、碑文出土地が中・東部ジャワにまたがるところから、この時代を中東部ジャワ期と称していいものがある。特にバリトゥン・ダクシャ時代の碑文の多くは中部ジャワに出土する。中部ジャワにおける最後の巨大石造寺院である秀麗なプラムバナン・ヒンドゥー寺院はこの期に建立されたものである。

　しかし、この期の第3王トゥロドンの時代には、碑文はなお中部ジャワにも見られるが、ワワ王の時代ともなると碑文出土地は東部ジャワに集中することになる。これらのことから中部ジャワ期から東部ジャワ期への移行は、この4王の間に徐々になされたものと考えられる。ワワ王最後の碑文は、マラン市周辺出土の928年のミント碑文である。この碑は現在はスコットランドに保存されているが、碑文中にはアガスティヤ神が再び現れて来る。

　この翌年に、シンドックがワワを継承することになるが、シンドックの治世は平和なものであった。8世紀半ばにシャイレンドラ族の到来で東遷した訶陵は、東部ジャワにおいて独自の政治・経済力を形成し、9世紀中葉にシャイレンドラが衰亡せんとする時には、その政権を引き受けれるほどの立派な受け皿を形成していたのである。しかし、シンドック王の時代の碑文は、海港都市スラバヤその他の比較的狭い地域に集中しており、混乱状態は見せないものの、巨大勢力を構築した時代とも考えられない。インドネシア海域における活力の中心はスマトラ方面に見られる時代が続くことになる。

　クディリ期全般を通じても言えることだが、このシンドック王時代の歴史についても多くは不明である。ただ、文化面では中部ジャワ時代からの仏教聖典『サンヒヤン・カマハーヤニカム』（聖大乗論）には、この王名が記せられており、また、碑文史料からも仏教を保護し

た王であることは確かである。ヒンドゥー王国は復活するが、それは仏教を否定するものではなかった。すなわち、この後のジャワ王朝の文化を特徴づけるヒンドゥー・仏教併存は、この王に始まると言える。これが後にインドネシア文化史上の一特徴となる「シバ・ブッダ」なる観念を生んでいくことになる。

なお、この期については考古学的分野での新たな発見や研究成果に乏しく、多くはクロム博士の古くからの説論に加え、筆者の中国文献に基づく研究成果に依拠した論述となる。

◆ スリィウィジャヤの復活 〜三仏斉国時代

10世紀前半、ジャワにおける政治勢力は東部ジャワに統合されるが、この勢力統合はジャワ王朝の強大化を意味するものではなかった。それはこれ以降、ジャワには遺跡類に見るべきものが少なく、また、中国王朝との交渉等にも沈滞期が続くことでも示される。ジャワの勢力はもはやマラッカ海峡にまで及びがたかったのか、海峡方面では「三仏斉国」が活動を始めることになる。13世紀の『諸蕃志』（巻上、三仏斉国伝）には、「その国（三仏斉国）は、唐の天祐（904－907）より始めて中国に通じる」と記されている。この記述中の「始」という表現がこの国の新たな活動開始をよく示している。なお、『宋史』（巻489三仏斉国伝）では「(三仏斉国）唐天祐元年、貢物」とある。

この10世紀初頭から中国と交渉を持ち始める「三仏斉」と漢字表記される国の現地音については、アラビア語文献中の「サンボジャ」なる音を写したものであろうとか諸説があるが、スリィウィジャヤ王国を指しているのには間違いないようだ。その一つの明白な根拠は、建隆2（961）年のこの国からの中国遣使に「其王釈利烏耶」とあることである（『宋史』同）。「釈利烏耶」とは間違いなく「スリィウィジャヤ」の音を写したものである。この「釈利烏耶王」を名乗っての遣使は、この翌年、及び、972年にも見られる。

ここにスリィウィジャヤの復活を見ることとなるが、それはとりもなおさずジャワ王朝の沈滞を意味するものと言える。これらのことからも、シャイレンドラ朝の衰亡、そして、東部ジャワへの政治勢力の統合は、大規模な戦役等はなかったとしても、少なからぬ混乱過程の中で進行したものと考えられる。ここに先にも指摘した「ジャワの政権が安定し、強固ならば、マラッカ海峡はジャワの影響下に入るが、ジャワが混乱するとマラッカ海峡地域は独自の政治・経済活動をなす」というインドネシア史を形成して来た基本的ダイナミズムを見ることが出来る。

ところで、三仏斉スリィウィジャヤ王国と中国王朝との交渉には活発な活動の跡を見せている。904年の最初の遣使に続く第2回目の遣使は960（建隆元）年と長期の空白期があるが、これは唐朝の崩壊から宋朝の樹立までの混乱期にその理由がある。宋朝が成立するや、960年から990年の30年間に、三仏斉からの中国遣使は15回にも及ぶ。この数字は他国と中国との交渉例の中でも際立って多いものである。ところが、この両王朝の緊密な関係に突然、異変が生じて来る。それは991（淳化2）年、ジャワがスリィウィジャヤ攻撃を敢行したのであった。丁度、宋朝に使いしていた三仏斉国からの使者が、1年待機し、淳化3年に帰国せんとしたが、戦争は未だやまず、途中から中国に舞い戻っている（『宋史』同）。すなわち、ジャワの攻撃に対して、三仏斉も反撃を加えたのであろう。両国は戦争状態に突入して行ったのである。『宋史』には「その国（闍婆）と三仏斉は讐怨が有って、互いに相い攻戦している」と記されている（巻489闍婆国伝）。『諸蕃志』闍婆伝では、この両国は「互相攻撃」とあり、両王朝が戦争状態に入っていたことには間違いない。ジャワはほぼ1世紀間の沈滞期を脱しようとしていたのである。

◆ ジャワの復活、ダルマワンサ王 〜ジャワ・スマトラ戦争へ

　ジャワの勢力の復活はダルマワンサ王（991-1007）に象徴される。それは闍婆の三仏斉攻撃と共に、中国遣使が百数十年振りとなる992（淳化3）年に復活していることでも示される。それにしても、初王シンドックを継承した諸王については、マクタワンサワルダナ王の名前だけが知られるだけで、シンドック以後の約半世紀間の王統は不明である。ジャワ王朝がいかにひどい沈滞状況にあったかを考えさせられる。そういう面で、ダルマワンサ王がジャワの長い沈黙を破り突如出現して来て、しかも、スリィウィジャヤとの長い戦争を始めた前後の過程などは推し量ることも不可能である。

　この戦争による打撃は三仏斉国側にも大きなものであったようだ。この国からの頻繁だった宋朝への遣使活動は10年余中断することになる。三仏斉はこの打撃からの回復を対外関係の緊密化のなかに求めたと指摘したのはクロム博士の卓見であった。1003（咸平6）年の三仏斉国王スリィ・チューダマニヴァルマデワ（思離囉無尼仏麻調華）からの宋朝への遣使は、貢物の献上が主目的ではなく、皇帝の誕生日を祝って仏寺を建立したので、その寺院の名称と鐘を求めるものであった。宋朝皇帝はその意図を善として、「承天万寿」の寺額と鐘を鋳して与えている（『宋史』同）。この後、三仏斉・中国関係は再び緊密化して行くことになる。

この王は、さらにインドとの関係をも深めんと、南インドに仏寺を建立・寄進している。

インドとの関係においては、1005/6年にチューダマニ王を継承したマラウィジャヤ（麻囉皮）王は、南インドのネガパットナムに父が建立した仏寺に一村を寄贈している。このようにヒンドゥーのジャワ王朝に対抗して仏教奉持を掲げて中国・南インドとの関係を緊密化し、勢力を蓄えた三仏斉スリィウィジャヤ王国は、1006年から翌年にかけてジャワ王朝を壊滅させる攻撃をなすことになる。この事件は、この崩壊したジャワ王朝を再建したエルランガ王が1041年に出したカルカッタ碑文に記録されている。この碑文は現在はカルカッタ（コルカタ）に保存されているのでこの名称となっているが、サンスクリット語と古ジャワ語で書かれている。前者の部分では、「首都は焼かれ灰となる」と記され、より記述の長い後者の部分では「ウラワリ王」の攻撃で、ジャワの壊滅と王の戦死が刻されている。

かくして、ジャワの勢力を再興させたダルマワンサ王ではあったが、治世16年にして、その努力は無残にも打ち砕かれることになったわけである。それにしても、ジャワ壊滅をもたらした「ウラワリ」とは何であろうか。雲をつかむようなインドネシア古代史上の謎の一つであった。次項では、ジャワとスリィウィジャヤ間にあったという「讐怨」とはいかなるものかを求める中で、この謎を考えてみたい。

なお、ダルマワンサ王の文化面での功績として、インド文献の古ジャワ語化の努力が知られている。特にインド2大叙事詩の一『マハーバーラタ』のジャワ語化は最古のジャワ語の散文とされている。また、インドの法律書のジャワ語化もこの王命でなされている。

◆ ジャワ王朝の壊滅 〜シャイレンドラ族の復讐

9世紀中葉前後の中部ジャワの政治的事件はシャイレンドラ一族の内紛、抗争をともなったものであったろう。そして、この政争に敗れた側がスマトラのスリィウィジャヤ王国に逃れたようだ。リゴール碑が示したようにシャイレンドラ族というものは、その誕生時からスリィウィジャヤとは因縁浅からぬ関係があった。

この両王家が再び合体したことは、インドのナーランダ寺院跡で出土した『ナーランダ銅板碑文』から知ることができる。この碑はインドのパーラ王朝デヴァパーラデヴァ王の治世39年、西暦約860年にバーラプトラによって出されたものである。この碑文には「バーラプトラの祖父はヤーヴァブーミ（ジャワ）王でシャイレンドラ家系、父はスマトラ王の娘と結婚して、その子のバーラプトラがスヴァルナドヴィーパ（金島＝スマトラ島）を統治」とある。

そして、このバーラプトラがナーランダに自国からの巡礼、留学生のために建立した仏寺の維持のために、5村を贈与したことが記せられている（Krom1954. p. 69）。パーラ朝やインド仏教の中心地であるナーランダといえばシャイレンドラ仏教文化の故郷である。バーラプトラは自家の伝統をスマトラで持続することを試みていたのである。

　ここで重要なことは、バーラプトラの活躍もさることながら、この碑文中において、シャイレンドラ一族はサンスクリット語で「ウィラウィリマタナ」（敵をこらしめる英雄）と形容されていることである。ところで、この「ウィラウィリ」の「ィ」音を取り除くと「ウラワリ」となるのである。ここに「ウラワリ」なる謎に満ちた名称、それは実はシャイレンドラ族を指すものと判明することになる。ウラワリの正体が明らかになることで、インドネシア古代史上の謎の一つが確実に解明されることになった。

　すなわち、『宋史』などに伝えられる、ジャワとスリィウィジャヤの間にあるという「讐怨」というものは、その淵源をたどると9世紀中葉前後の中部ジャワに生じた抗争に起因するものと考えられる。ジャワで敗退したバーラプトラの父がスリィウィジャヤに逃れ、両王家の連携を復元せしめ、勢力を蓄積していたのである。その子のバーラプトラが王位を継承するや、860年前後にはナーランダに仏寺建立を行うまでに国力を充実させていたのである。この頃、ジャワでは856年にはクンバヨニ王のシバ派の勝利宣言の碑が出ている。ヒンドゥーはジャワで復活し、仏教はスマトラで堅持されていくことになる。そういう意味では、バーラプトラのナーランダ寺への寄進は、単なる宗教活動とは言えず、北インドとの関係維持、すなわち、仏教堅持を宣言する中で、ヒンドゥーのジャワとの対決姿勢を明確に示す大きな政治的意味を帯びたものと理解しなければならない。かくして、11世紀初頭において、ウラワリはジャワを攻撃、壊滅さすという決着を迎えたのである。

◆ エルランガのジャワ再建 〜バリ人の英雄

　スマトラからの攻撃で壊滅したジャワ王朝を再建した人物としてエルランガ王子が有名である。彼の名はアイルランガとも発音されるが、「アイル、エル」には「水」の意味があり、「ランガ」には「渡る」等の意がある。したがって、この名には「海を渡って来た」というような意味があるようだ。このようにその名前からも彼がバリ島出身であることが分る。ヴィシュヌ神の化身ともされるエルランガのガルーダに乗る姿は、彼の活躍の象徴でもある。この像の原型は、スラバヤ郊外のプナングンガン山の彼の墓所と考えられているところから

発見され、現在はマジャパヒト博物館に安置されている。

　エルランガは王国回復の努力が結実した時、その王国再建の歴史を刻した碑文を1041年に出している。前にも触れた『カルカッタ碑文』と称されているものである。この碑文があることで、彼の活躍も現代に伝わることとなっている。この碑文には彼の絶え間ない戦いの跡が記録されている。エルランガの誕生は両親がバリを統治している間の991年のことであった。バリ王家とジャワ王家の関係は歴代深いものがあり、彼はダルマワンサ王の女婿としてジャワ王家に入っていた。1010年、王宮崩壊後3年にして、エルランガは僧侶等有力者から即位を要請されている。しかし、実際の即位は1019年に行われたようである。このことからも、1007年のジャワ王宮壊滅の打撃がいかに大きいものであったかが推測できる。当初の彼の活動拠点は、現在のスラバヤ市周辺を中心とした沿岸部の限定された地域であった。即位後も急速な勢力回復は望めなかったようである。王国領域拡大への動きは、ようやく1028年のことであった。それも東西交通の要衝マラッカ海峡をめぐる国際情勢の変動に起因するものであったと考えられている。

◆ 南インド・チョーラ朝の来襲 〜三仏斉国の崩壊

　ジャワ王朝回復につながる国際関係の変動とはどのようなものであったのか。これについては、クロム博士は「ジャワの回復はインドからの攻撃が成功し、スリィウィジャヤが衰退して後のこと」との古くからの指摘がある（Krom1954. p.123）。この期におけるインド方面からの遠征軍の到来はインドネシア側には何の記録も残されていないが、西暦1030年に相当する南インド・タンジョールダリ碑文に、この事跡が記録されている。当時、南インドを中心に勢威を振うチョーラ朝ラージェンドラチョーラデワⅠ世は、西暦では1022〜4年にかけて、2度にわたりマラッカ海峡地域の主要地点すべてを押える遠征を行っている。この遠征は何に起因するものか、ジャワ王朝の要請によるものか、チョーラ朝自体の利害によるものなのか、何一つ分かっていない。ただ、ジャワ王朝の回復に大きなインパクトを与えたものであったことには相違ないようだ。エルランガの『カルカッタ碑文』によれば、彼の戦闘は1028年に始まり、1035年には祈願成就の聖所建立、王宮建設ということで一応の終結を見せている。しかも、この間の1032年には、宿敵「ウラワリ」征伐を行っている。「ウラワリ」と言えば、あの1007年にジャワ王朝を壊滅させたスマトラのシャイレンドラ勢力である。

　南インド・チョーラ朝のスマトラ攻撃、エルランガのウラワリ・スリィウィジャヤ征伐、

これら一連の事件は、はたして歴史的事実なのであろうか。インドネシア側史料からは、『カルカッタ』碑文以上のものは見当たらない。しかし、三仏斉国からの中国遣使記録を調べてみると、これらの事件はその遣使状況に明らかに反映されているのであり、三仏斉スリィウィジャヤ王国の崩壊状況が検証できるのである。

　三仏斉国の中国遣使は、宋朝成立後の960年から1019年までの間は極めて安定したものを示している。その間はほぼ60年であるが、ジャワとの交戦状態が続いた10世紀末前後の10年余の空白期があるとは言え、合計27回の遣使を行っている。連年の遣使という例も少なくない程、極めて緊密な関係を維持していたものであった。このような三仏斉・宋朝間の安定した交渉も、1019年以降には変調を来している。この年に続く三仏斉からの遣使は10年近く途絶した後の1028年におけるものとなる。遣使が10年途絶えることは珍しいことではないが、問題は、この1028年の遣使以降、ほぼ半世紀間、三仏斉の中国遣使は見られなくなる。そして、半世紀後の1077（熙寧10）年に遣使が復活してくるが、そこでは通常「三仏斉国王誰々」というものではなく、「大首領」という呼称のもとに行われている（『宋史』三仏斉国伝）。

　この「大首領」の遣使というものの意味は、宋朝に歴代、「三仏斉国王」と認知されていた王統は断絶し、中国とは初交渉となる勢力からの使節、すなわち、宋朝皇帝に国王としての認証を求める使節であると考えられる。そして、これに続く1079（元豊2）年の遣使では、「三仏斉詹卑国」の名のもとに行われている（『宋会要輯稿』蕃夷7，36）。「詹卑」（ジャムビ）とは、パレンバン北方にある都市である。先の「大首領」の勢力を、宋朝側では、「三仏斉詹卑国」として認知したのである。そして、1084年以降では、単に「三仏斉国」としてこの国は扱われている。ここに明らかなように、パレンバンにおける勢力は対外交渉を行う能力を喪失し、王国の第2の中心であるジャムビの勢力がそれに代わったということが検証できることになる。9世紀中葉からのシャイレンドラをめぐる抗争は、ほぼ2世紀を経て、エルランガのウラワリ征伐、パレンバン攻略ということで最終的決着がつけられたわけである。

　なお、現在のジャムビ市下流域のムアラ・ジャムビに、この三仏斉詹卑国時代に相当する遺跡群が残されている。

◆ エルランガのジャワ王国分割 〜11世紀の様相

　エルランガのジャワ王朝再建後の歴史展開については、よく分かっていない部分が多い。ただ、この王は1049年に死去するが、その死去する前に王国を海港部の「ジャンガラ」と、

内陸部の「カディリ」（クディリ）という2国に分割して2人の王子に統治させたようだ。この分割の理由については、2王子の対立が原因であったとか、王の2王子への愛情の故であったとか、種々の理由が指摘されているが、そのいずれにしても、王国分割は勢力増大につながらないのは自明の理である。エルランガ後の時代からは、碑文史料をはじめとして、遺跡等にも見るべきものが少ない時代が続くことになる。

一方、低迷するジャワとは反対に、スマトラ方面ではジャムビで再興した三仏斉国からの中国遣使は、1084年以降、1090年代にかけて堅調なものを示している。ジャワ王朝の低迷期にはスマトラ方面が活発であるという基本的パターンは、ここでも合致するものがある。このような状況のなか、1084年には、スリィウィジャヤとインド南部のチョーラ朝との交渉の存在を示す碑文が南インドから出土している。その碑文では、チョーラ王は仏寺シャイレンドラ・チューダマニヴァルマン僧院に与えられた村の税を免除することが記せられている。チョーラ朝においても、実体がよく分かっていないが、1068年前後にマラッカ海峡方面に遠征隊を送るなどの活動があったようだ。この王朝は、1070年のヴィーラ・ラージェンドラ王の死去後、一時勢威は振るわなかったが、クロッツンガ・チョーラ王の即位で王国の勢力は回復され、三仏斉との友好関係も、ここに回復されたのであろう。もし、チョーラ朝との関係回復が三仏斉勢力回復と関係があるのなら、マラッカ海峡をめぐる諸勢力、なかでもインドと中国という2大国のマラッカ海峡をめぐる国際関係の解明が、三仏斉に限らず、インドネシア史の解明のためにも極めて重要な課題となる。

それにしても、南インド出土1084年碑文に再びシャイレンドラの名が現れてくる。スマトラのシャイレンドラはなお死滅していないのである。

◆ 12世紀の様相 〜チョーラ朝より繁栄か？

11世紀後半において、スリィウィジャヤはチョーラ朝との関係を回復させるなど活発な対外活動を行った。この両者の関係は、当然チョーラ朝が主で、スリィウィジャヤが従と考えられるが、「蒲甘国」（ミャンマー）からの1106年における中国遣使記録に「注輦（チョーラ）は三仏斉に役属する」という記述が見られるのである（『宋史』巻489蒲甘国伝）。この一文は12世紀のイスラム全盛時代という国際商業が活発化する時代状況を考えると、南インド地域よりマラッカ海峡地域の方が繁栄を示していたということも考えられないことはない。ここでは、この一文を念頭に置きながら、12世紀の状況を考えてみたい。

12世紀の様相として、まず三仏斉国からの中国遣使は11世紀末年から1137年まで、40年前後中断している。この中断の原因は何かとジャワの情勢を見てみると、ジャワは1109年から中国遣使を復活させているのである。ジャワ王国にあっては、1049年のエルランガ死去後の王国分割状況から、12世紀初頭には、王朝の本来の拠点であるクディリに統一王朝が形成された。これにともない、対外活動も復活することになったのであろう。しかし、このクディリ統一王朝成立後の諸王については明確な王統を再構築できるほどの史料がそろわない。したがって、断片的な記述となるが、この期の初王としてジャヤワルシャ王が1104年に出した碑文が残っている。続く王は、カーメシュワラⅠ世で、少なくとも1115年から1130年にかけて統治していたようだ。この王は数個の碑文を出しているが、全般的に碑文史料というものは、多くは宗教に関連するもので、歴史の再構築に役立つものは少ない。

　続く第3王は現代史にも影を落とすジョヨボヨ王である。この王を有名にしているものは、長い外国支配から解放する日本軍の到来と、インドネシア独立を予言するジョヨボヨ予言なるものであるが、実際には、この予言はずっと後世の作と考えられている。しかし、この王の統治期間とされる1135～57年間には、中国遣使が5度も行われており、ジャワ王朝の活力を回復させた優れた王であったと考えられる。この王の実質的な活躍に、後世作の予言が結びついたのであろう。文化史的側面では、『マハーバーラタ』のジャワ化が、この王のもとで行われたようだ。

　このジョヨボヨ王の後、王統は再びおぼろげとなる。1181年の石碑からは、ガンドラ王の名が知られ、1185年碑文ではカーメシュワラⅡ世の統治が知られる。この後、スレンガ王の統治が1194年から1200年にかけて続いたようだ。13世紀になると、ジャワには新しい政治勢力の台頭が見られ、このクディリの勢力を凌駕して行くことになる。この期のクディリ最終王は、クルタジャヤ王である。

　一方、スマトラ方面においても、12世紀は全般的に低調な時代であった。1137年から復活する三仏斉の中国遣使も、1150年代に順調なものが見られるだけで、その前後に関しては、歴史研究上、何ら手がかりとなるようなものはない。桑田六郎博士(1936)は12世紀における三仏斉の低調の原因として、(1) 中国・南宋の不振。(2) 入貢の形式を取らずとも自由な貿易が許されていた。(3) 中国船の南方への進出が盛んになった、等の理由を挙げている (p.124)。これに加えるに、インドシナのクメール王朝が全盛期を迎えており、国際的関心が海域部から大陸部に移っていたのでは、とも考えられる。

　この頃の文献として、1178年出版の周去非著『嶺外代答』、1225年刊行の『諸蕃志』等が

この時代の状況を反映したものである。これらはこの期における中国人の海洋世界への本格的進出を反映した出版物とも言える。ここでは、両書の諸記述の中でも特に注目すべきは『嶺外代答』（巻3）に見られる「諸外国の富の多いことは、アラブ国を越えるものは無く、その次はジャワ国、その次は三仏斉国である」という記述である。この記述からも、歴史的事件が少ない時代とはいえ、ジャワとスマトラの両王国はインドネシア海域だけにとどまらず、国際的にも豊かな国として存続を続けていたのである。またさらに、この記述の後には、「三仏斉は、諸国海道往来の要衝なり」という記述が続く。スリィウィジャヤ国の東西交通上における重要性にも何ら変化は見られない。

ところで、12世紀といえば、イスラムの全盛時代であった。世界の繁栄の中心はアラブ地域であり、アラブ商人が世界を闊歩していたのである。それにともない、アラブ世界と中国巨大市場をつなぐマラッカ海峡地域の繁栄も当然のことであったろう。そういう面で、先に引用した不可解とも思える「チョーラは三仏斉に役属する」という一文も、国際商業の世界における中国側の理解であったとすれば、南インドよりインドネシア海域の方が、より繁栄していたということで、理解できることでもあろう。

◆ シンガサリ朝の誕生 〜13世紀の様相

13世紀に入ると、中部ジャワ起源のジャワ古代王朝は新しい局面に遭遇する。その新しい局面とは、ジャワ王朝の沈滞を打破しようとする動きであったのかも分らない。この新しい動きの主人公はケン・アロックと称される青年で、後にシンガサリ朝という新しい系譜の王朝を樹立することになる。文献の少ないこの時代において、ケン・アロックの青年時代の有様を伝えるものとしては『パララトン』という物語しかない。この物語の副題に「アロック物語」とあるように、彼についての物語が前半部の主題である。この物語は歴史学の史料としては信頼のおけない部分の方が多いとも言えるが、他に史料のないこともあり、彼の新王朝樹立への軌跡については、今もこの物語からのエピソードが持ち出される。これもクロム博士（1954）にしたがい、その一端を紹介しておきたい。

アロックは捨子にされてしまうほど貧しい農民の子として生まれた。成人して強盗団に加わったが、その強盗団に対してクディリ朝から撲滅命令が下った。アロックは山中に逃亡するが、その山中で、彼はシバ神からジャワを強固にする人物との啓示を受ける。その後、彼はバラモン僧の紹介でトゥマペルの知事の元で働くことになった。トゥマペルは当地に成立

した王朝名をとりシンガサリと称されることになっていくが、スラバヤの南方約70km、丁度、デルタ地帯が終り、丘陵地帯に入っていく地点にある。そのトゥマペルの知事の妻はケン・デデスであった。シンガサリ出土のインドネシア美術の最高傑作「般若波羅蜜多像」（表紙画）は、一般的に彼女の像とされている。

　ケン・アロックをトゥマペル知事に紹介したバラモン僧は、アロックにケン・デデスを妻にした者は世界の征服者となると告げる。そこで、アロックはデデスの夫を亡き者にせんと、クリス（短剣）を注文するが、その完成が遅れたということで、その完成間近のクリスで刀師を刺し殺してしまう。刀師は息を引き取る前に、7王がそのクリスのために死ぬであろうと呪う。そして、ケン・デデスの夫、その次には、このアロック自身と、そのクリスに刺されて死んでいくことになる。こういうところにも、『パララトン』は物語としては大変興味深いが、作り話的要素が強く、史料としては信をおけない所が多い。

　いずれにしても、トゥマペルに拠点を有したケン・アロックの勢力は、クディリ朝と対立して行く。当時のクディリ朝は、クルタジャヤの統治下にあった。この王は、僧侶層との間で紛争を起こしたりで、人心が彼から離れて、僧侶達はケン・アロックを頼ってトゥマペルに逃れる状況にあった。僧侶層の支援でアロックの地位は強固となり、彼は王称ラージャサを名乗ることになった。かくして、1222年には、ラージャサ軍はクディリに進軍し、勝利を収め、ここにシンガサリ朝が誕生することになった。しかし、クディリの勢力はこの戦いで敗北し、シンガサリに対し従属的立場におちいったが、勢力は存続したようだ。

　このシンガサリ朝の時代は、ジャワの文化史のなかで、特に東ジャワ独自の文化的要素が顕著に表面に出てくる時代となる。それらは、今もシンガサリの町にそびえ立つチャンディ・シンガサリの特異な建築様式にまず第一に見られるものである。初王ラージャサの墓所は未だ特定されていないが、第2王アヌサパティ（1227-48）の墓であるキダール寺の華麗な姿は新しい時代の美意識をよく体現している。このほか、この時代の文化的特徴の一つとして、シバ教と仏教の融合が一層進展することである。それは、第3王トージャヤ（1248-50）を継承した第4王ヴィシュヌワルダナ（1250-68）の墓所であるジャゴ寺に典型的に現れてくる。この寺院壁画の石刻彫刻は、シバ教関連の物語類のなかに仏教系の物語も見られ、さらに、尊像については、下層にシバ像、上層に阿閦像が安置されていたという。王自身は不空羂索観音像として安置されていたようだ。現在では、この像は上部構造の木製堂宇が消滅していることもあり、境内の片隅に置かれている。このシバ教・仏教融合は次のシンガサリ最終王クルタナガラ王（1268-92）時代に明確に「シバ・ブッダ」観念として確立し、続

くマジャパヒト朝に継承されて行くことになる。

　シンガサリ朝は5王が続き、その存続期間は1292年までと比較的短命な王朝であったが、大きな歴史的意義を持つ王国となる。その意義とは、中部ジャワで誕生し、後、東部ジャワに移った古代ジャワ王朝「訶陵（ガルー）国」の系譜のかたわらに、新しい政治勢力が形成されたことである。これが13世紀末のジャワ元寇による「訶陵・葛郎」の最終的消滅とインドネシア史上最大とされ、しかも、最後のヒンドゥー王朝となるマジャパヒト朝の成立につながって行くのである。シンガサリ初王はラージャサを名乗るが、マジャパヒト朝初王はクルタラージャサを名乗るように、ラージャサ王統が誕生するというインドネシア史に新局面が切り開かれたという歴史的事件であった。

◆　クルタナガラ王　〜ジャワ元寇への過程

　シンガサリ朝のなかで最も有名な王は、最終王でもある第5王クルタナガラである。この王は勢力拡大のため、各地に遠征軍を派遣するが、なかでも、スマトラ遠征（パマラユー）は、この王の偉業とされる。クルタナガラへの期待は早くから大きいものがあったのであろう。父王は在位中の1254年に彼を即位させている。1292年に死去するまで、実に40年近くの統治は彼への大きな期待の反映であろう。

　スマトラ遠征は、1275年に始まり、10年余にわたる大事業であった。この遠征は当時のスリィウィジャヤの都ジャムビを中心に発せられたようで、ジャムビ上流域から1286年の年代が刻まれた不空羂索観音像が出土している。像に彫られた銘文には「ジャワよりスヴァルナブーミ（金地＝スマトラ）へ」とある。この像は、港町ジャムビから内陸に至る広範な地域にジャワの影響力を直接確立させた証拠となるものである。そして、この遠征軍の他の大きな目的はジャムビに移っていた都を、スリィウィジャヤ本来の拠点であるパレンバンに回帰させることにもあったようだ。パレンバンは、ジャワ王朝のスマトラにおける拠点ともなる地で、この遠征の第一の目的は、ジャワ王朝とスリィウィジャヤの結束を固めるところにあったと考えられる。

　ジャワとスマトラの結束を固めるとは、何のためであったろうか。それは、とりもなおさず、この時期、ユーラシア大陸を席捲するモンゴルの脅威に備えるためであったに相違ない。モンゴル族は1270年代には中国大陸では元朝を樹立し、70年代末までに南部の南宋の勢力を一掃し、南海地域に進出を始めていた。マラッカ海峡地域では、本来はスリィウィジャヤ王

国の影響下にあった多くの地域が元朝に直接朝貢する状況となっていた。すなわち、スリィウィジャヤに離反する地域が海峡地域では多数に及ぶ事態となっていたのである。その大きな理由として考えられることは、元朝の三仏斉スリィウィジャヤ忌避であったろう。

　元朝の三仏斉忌避は、元代における元朝と南海地域の関係で大きな特徴の一つであろう。元朝の正史『元史』には、三仏斉国等との交渉を側近が進言するが、世祖皇帝はこれに従わなかったことが記録されている (巻11)。『元史』には三仏斉の名はこの時のただ一度しか現れないもので、元朝の三仏斉忌避は全く徹底したものであった。かくして、かのマルコ・ポーロもスマトラ東北部の港を経由して帰国していくことになる。この期のスマトラ東北岸で活躍した主要港市は、蘇木 (門) 答剌 (スムトラ)、南巫里 (アチェ)、阿魯 (アルー) 等である。

　ところで、この元朝の三仏斉忌避の理由は何であったのかは分かっていない。ただ、元朝に追われた宋朝の残党は東南アジア地域で反元朝活動をしていた事が諸文献に記されている。スマトラ島東南部パレンバン地域にも多数の宋朝遺民が集まっていた事は十分に考えられることである。このことを考えるうえで、ジャワ元寇に先立つベトナム地域への元寇が重要である。ジャワ王朝も各地に及ぶ元寇に無知ではなかったというより、ベトナム地域への元寇にもジャワが関与した形跡があるのである。

　当時のベトナム地域には、南部には南方系民族のチャンパ王国が隆盛であった。1283年、元寇はこの地に至り、チャンパの都は攻略され、王は山中に逃れゲリラ戦を続行すると共に、ジャワ等の近隣諸国に援兵を要請している (『元史』巻210占城国伝)。この期のチャンパ碑文によればチャンパ王の妃の一人は、ジャワ姫であった。元寇は、この後、チャンパを支援する北部の大越国にも及ぶが、1288 (至元25) 年、白藤 (バクダン) 江の戦いで、元軍は敗北し、ベトナム地域への元寇は最終的決着がつくことになる。ベトナム遠征で完全な敗北を喫した元朝皇帝の怒りは、側近に「ジャワを征すべし」とジャワに向けられたのである (『元史』巻162史弼伝)。

　この事からも、ベトナム地域への元寇にジャワの関与があったことが十分に想定され得るものがある。少なくとも、ジャワはモンゴルの脅威に対して無知ではなかったことは確かである。この他、ベトナム元寇の敗因の一つに、宋朝残党の激しい反元朝活動を諸書が伝えている。ベトナム地域を第一として、パレンバンを初めとする海峡地域は、歴史的に中国からの逃避者が集る地である。元朝が三仏斉を忌避し続けた理由も、ここにあるのではと考えられる。

　このベトナム元寇の失敗後、元寇はジャワに及ぶことになるが、マラッカ海峡地域の諸王

国がスリィウィジャヤから離反する中、ジャワ・スマトラの結束を固めんとのクルタナガラの動きは、まさに元朝モンゴル族の脅威に対応してのことであったろう。クルタナガラ王は元朝からの王自らが、元朝宮廷に出向くようにとの度重なる要求を拒否し続け、ついには、1291（至元28）年に至っては、元朝からの使節の顔面に入墨して追い返すという事件が生じる（『新元史』巻173孟祺伝）。この王の行為は、一時的な激情にまかせてとも見られるが、スマトラ遠征も成果を得て、対モンゴル対策を整えた後の、満を持しての行為と考えてみたいものだ。いわば、ジャワ側からの宣戦布告である。皇帝の使者が重大な恥辱を受け、皇帝が激怒するのは当然である。かくして、この事件の後、すぐさまジャワ征討軍が組織されることになった。

　ジャワ元寇は2万の軍兵を動員してとの当初の計画であったが、『元史』等を厳密に調べると、実際には5千兵位の規模で出発したようだ。しかし、3万人説、2万人説と諸説は残っている。ジャワ元寇軍は東部ジャワの景観を代表する大河ブランタスの中流域にあるクディリまで進攻する。いかに武器にすぐれたものがあったとはいえ、内陸部深く、クディリに至る大平原を5千兵で、ジャワ兵「十余万」と戦えたとは考えられない面があるのである（冨尾2004, 2006）。

◆ ガルー王国の滅亡 〜ジャワ元寇

　至元28（1291）年にクルタナガラ王は元朝皇帝の使節に傷害を加えて追い返すという事件が生じる。これに対して元朝はすぐさまジャワ征伐へと遠征軍の編成に取組んだ。この遠征軍の出発は至元29年12月で、ジャワ海に面した海港トゥバンに到着したのは翌年の2月の頃であった。ところが、この間にジャワの政治地図は大変動を来たしていたのであった。

　シンガサリ朝の成立で従属的地位に甘じていたクディリ王宮では、1271年にはジャヤカトワンが王位についた。この王は、『ナーガラクルタガマ』では、あらゆる方策で最高権力を得ようとした「悪人」として描かれている。この年代記はシンガサリ〜マジャパヒト朝の年代記であるから、クディリの勢力は「悪人」とされるのは致し方ないものである。しかし、この記述は、反面、クディリの新王ジャヤカトワンの勢力回復への活動が無視できないものであったことを証明するものでもある。かくして、1292年にはクディリ軍は、シンガサリ王宮を急襲することになる。クディリ軍の最初の攻撃は撃退されたが、別方向からの軍は王宮に入り、クルタナガラ王を殺害し、王宮は壊滅した。シンガサリ王宮はスマトラ遠征軍が未

帰還の防備の手薄さを突かれてしまったのである。

　この時代については、『ナーガラクルタガマ』と『パララトン』が貴重な文献だが、史料としての信頼性が薄いにかかわらず、この事変を物語るものは『パララトン』しかなく、その記述があたかも史実として語られている。『パララトン』によれば、クルタナガラ王の女婿ウィジャヤは敗北を認め、一旦、クディリに降伏した。そして、ブランタス下流域の荒地を求めたところ、ジャヤカトワンはこれを認めたという。ウィジャヤの従者がその荒地に生えているマジャの木の実を食べたところ「パヒット（苦い）」だったので、その地はマジャパヒトと名づけられたというエピソードはよく知られたものである。しかしこの『パララトン』が伝えるウィジャヤ降伏から「マジャパヒト命名伝説」も、『元史』などの記述を見ると、史実とは言えない。『元史』によれば、ウィジャヤは父王が殺害された後、クディリを攻撃するが、勝利するには至らず、退却して、マジャパヒトに拠点を保って、クディリ軍と対峙していたのである。元軍到来時はまさにウィジャヤ軍とクディリ軍は攻防の最中であった。『元史』巻162史弼伝には、ここのところが次のように記されている。

　「時に爪哇と隣国の葛郎が怨恨を構えていた。ジャワの主、哈只葛達那加剌（ハジ・クルタナガラ）は、葛郎の主、哈只葛当（ハジ・カトン＝ジャヤカトワン）のために殺されてしまい、その婿の土罕必闍耶（トゥアン？・ウィジャヤ）は哈只葛当を攻めるが、勝利せず、退きて、麻喏八歇（マジャパヒト）を保つ」

　元代からジャワの漢字表記は「爪哇」となるが、この記述においてはシンガサリ・クディリ両王とも「ラジャ（王）」に代わる「ハジ」という称号をつけている。中国側も両者に「王」を用いず、「ハジ」とほぼ同義の「主」とのみしているのは、この時点におけるジャワを代表する「王」は不在である状況を示していると考えられる。元朝のクルタナガラ王への度重なる王自身による朝貢要請はジャワにおける王権確立の必要性が背景としてあったのかもわからない。その問題はともかくとして、殺害されたクルタナガラ王の後継者ウィジャヤへの「土罕」なる称号は、これは単に主人を意味する「トゥアン」であろう。ここに、シンガサリ王宮が壊滅し、後継者のウィジャヤが未だ即位に至らない混乱状況が中国史料からも明らかである。このような興味深い中国史料における記述の他に重要なことは、シンガサリと敵対するクディリの勢力が「葛郎国」と記されていることである。

　ここに「葛郎」とあるのは、まさに「訶陵」と同様に「ガルー」の音を写したものに相違ないのである。実に数百年の空白期を経て「ガルー」の名が中国史料に再び現れてきている

のである。かくして、東部ジャワ内陸部のクディリに都した王国とはまぎれもなく、古代中部ジャワで誕生し、9世紀中葉前後に東部ジャワに移った「訶陵国」の王統に相違ないことが証明されることになる。7世紀中葉から13世紀末葉のこの元寇で最終的に滅亡するまで、「ガルー王国」とは実に6世紀以上にわたり存続した王国であったのである。

　ところで、東南アジア世界においても元寇は各地で大社会変動をもたらす結果となった。それはもたらしたというより大変動への触媒の役割を果たしたと表現した方が適切かも知れない。大陸部におけるこの変動を一言で言うなら、それは旧来のヒンドゥー系諸王朝の衰運を加速させ、新興の上座部仏教を奉持する勢力の台頭を促進させたと言える。そしてインドネシアにおいては、内陸部に本拠を構えるジャワ古代王朝の伝統が終息し、沿岸部（パシール）地域に本拠を構える新王統のマジャパヒト朝の誕生の直接的契機となったものであった。このマジャパヒト朝は沿岸地域に進出したとはいえ、その周辺には広大な農耕地が開けた地であり、しかも、海港までもブランタス河を通じて直接通じる近さにあり、戦略的にも勝れた地点にある。農耕と海上交易の直接的支配で以てインドネシア史上最大の繁栄を誇ったとされる王国が形成されるのである。このようにインドネシア史にとってもジャワ元寇は大きな意味を持つものであった。

　ここで本題に戻るが、『元史』巻210爪哇国伝によれば、元朝のジャワ遠征軍は至元29（1292）年12月に中国南部の泉州の港を出発し、ベトナム沿岸を南下し、南部のチャンパ（占城）国に寄港した。そこから、マラッカ海峡地域の諸王国に元朝に従うようにと諭すための使節を派遣している。まず周辺地からの危険性を取除く外交努力をしているのである。遠征隊本隊はチャンパから南シナ海を横断してボルネオ（カリマンタン）島西南部のカリマタ諸島を経由して、サンバル岬付近の小島ゲラン島に集結した。この島は、北方から真っすぐジャワを攻めるという戦略的にも最適の場所である。この島では、作戦会議が開かれ、また、進入用の小舟等も一部は当地で造ったと記録されている。作戦会議では先遣隊5百人の派遣を決め、本隊は7日遅れの旧暦2月13日に出発、中部ジャワの港町スマランの北方洋上のカリモン・ジャワ（吉利門）諸島を経由してジャワ島到達を決めた。

　ジャワ島には東部ジャワ北岸のトゥバン港に到着するが、そこで隊を2分し、一隊はスラバヤ港口（戎牙路）へと向かった。両隊は、トゥバンからは陸路で、スラバヤからはブランタス河をさかのぼり、パチェカン（八節澗）に集結することになっていた。パチェカンは南はシンガサリ王府に接し、北はジャワ海に通じるデルタにおける交通の要衝、戦略上の重要地

点であった。『元史』などには「ジャワの咽喉、必争の地なり」と記されている。元軍がパチェカンに会したのは3月1日であった。おそらく先遣隊の慰撫工作活動が成功していたのであろう、シンガサリ王家のウィジャヤが降伏の使節を派遣してきていた。そのウィジャヤの使節はジャワの地図をもたらして、救いを求めたとある。クディリ軍の攻撃で苦境におちいっていたのである。一方、クディリ方は、再三の「招諭」、すなわち、友好関係樹立への説得を拒否し続けたのであった。かくして、皮肉なことというか、元寇の直接的原因を作ったクルタナガラ王のシンガサリではなく、その敵側を元軍が攻める事態となる。

　元軍はパチェカンに本陣を構え、そこから陸路と水路で本格的にクディリに進撃する手はずを整える。その時、マジャパヒトには葛郎王軍が攻撃をかけて来たが、元軍はウィジャヤの救援要請で、このクディリ軍を撃退している。3月7日から8日にかけての戦闘であった。この後、元軍とウィジャヤ軍は、クディリを攻めることになっていく。3月15日、元軍は3軍に分れ、水陸からクディリ（ダハ）を目指した。ウィジャヤの軍は最後尾から従ったようだ。元軍がクディリに再集結したのは19日であった。

　3月19日、ダハ（答哈）城に至った元軍は「葛郎兵十余万」と3度にわたり戦うことになった。戦闘は大体、朝の6時頃から昼過ぎまで続いたようで、かなりの激戦であったと考えられる。最後は、クディリ軍は壊滅し、ダハ城の背後を流れるブランタス河の激流に追いやられ、溺死する者「数万人」と記されている。現在はダハ城の跡は巨大タバコ会社の本社工場となっており、ブランタス河も上流に巨大ダムが完成したこともあり、かつての黄濁した激流は嘘のような清流となっている。つわ者どもの夢の跡はそのよすがも無くなっている。

　敗北した王と「葛郎兵」は城内にこもり最後の抵抗を試みたようだが、元軍に包囲され、夕方にはついに王が降伏することとなった。訶陵・葛郎王国の長い歴史はここにその終幕を迎えたのである。

◆ ジャワ元寇の惨澹たる結末 〜マジャパヒト朝成立へ

　ジャワ元寇は最終局面で劇的な展開を見せ、元軍は大損害を受けながら撤退するという結末を迎える。それにともない、マジャパヒト新王朝が成立して行く。

　ジャワ元寇を率いたのは、史弼を頭とし、これを補佐する亦黒迷失、高興の3人であった。「ダハ城」攻略の後、現地協力者のウィジャヤは元朝への貢物の準備をするため、先にマジャパヒトに帰還することを願い出た。史弼と亦黒迷失はこれを認め、ウィジャヤに2人の使

者と５百人の護衛兵をつけて送ったのであった。高興はその時には、千人の兵を率いて山中に逃走した王子達を追っていた。高興が王子の一人を捕虜にしてダハ城に戻った時には、ウィジャヤは帰った後であった。『元史』巻162高興伝には、「興深言其失計」と記されている。短くはあるが、この一文からは、高興はウィジャヤを先に帰した二人に対して、その失計であることを心の底から心配して両者に語ったさまが伺えるものがある。高興はこれより先、元軍がウィジャヤと協力して、「葛郎国攻撃」を決した時にも、その懸念を次のように表明している。「ジャワが降伏してきたとはいえ、もし途中で変心して葛郎と合体すれば、元軍は全く孤立してしまう。想像もできない事態となる」(『元史』史弼伝)。

　ウィジャヤを先に帰したことについての高興の懸念はすぐさま現実のものとなる。ウィジャヤは同伴した元軍の使者二人を殺害し、元軍攻撃の挙に出たのである。元軍は虚をつかれ、どれほどの混乱を示したかは想像に余りある。多数の死者を出しながらほうほうの態で船隊にまでたどりつき、あわただしく帰国したのであった。『元史』史弼伝には、そこのところが生々しく次のように記されている。

　「夾路擾奪、(史)弼自断後、且戦且行、行三百里、得登舟、行六十八日夜、達泉州、士卒死者三千余人」

　元軍は左右両側からの攻撃を受けることになった。そのようななかで、史弼は自らしんがりをつとめ、戦闘を繰り返しながら３百里もの道を港までたどり着いたのであろう。中国の一里を概算で約５百ｍとすると、３百里は約150kmの距離となる。この距離からして、おそらくトゥバン港に戻ったのであろうが、敵中でこのような長距離の逃避行とは大変な窮地に追い込まれたことは間違いないことである。結果的に３千人の大損害を蒙ることになったのである。帰国後は当然、指揮官はこの責任を問われる。史弼、亦黒迷失は杖刑を受け、しかも、家産の三分の一を没収されるという刑罰を受けるのである。反対に、常に思慮深く、二人の拙速を懸念していた高興は、功績も多かったということで「金五十両」を褒賞として賜っている。

　このようにジャワ元寇は、元軍にとっては散々な結末でもって終ることになるが、ウィジャヤにとっては、労少なく、得るものが莫大なものとなった。かくして、元寇の年、1293年にはウィジャヤは、クルタラージャサの王名を名乗ってマジャパヒト初王に即位する。この王名は明らかに、シンガサリ朝創始者ラージャサと、同じくその最終王クルタナガラ王の名をとったもので、シンガサリ王朝を継承するものであることを明瞭に示したものであった。

ここにシンガサリ〜マジャパヒトという新しい王朝の系譜が確立することになった。ガルー王国の末裔達は伝説の中にのみ生き続けることになる。

◆ ガルー伝説の西部ジャワへの伝播

「ガルー王国」と言えば、王国名としては西部ジャワに伝わる『パラヒヤンガン物語』の中にのみ伝わるものであった。ジャワの地では「葛郎国」滅亡後に成立したマジャパヒト朝の時代、それに続くイスラム化の時代のなかで、この王国への記憶は完全に消滅してしまっていた。しかし、王国名とは認識されてはいなかったが、「ガルー」の名は東部ジャワには残っていたものである。クディリ朝の時代は遺跡類には少ないものがあるが、ジャワ固有の文学が隆盛となったことで有名である。それらの古文学の一ジャンルに王子を主題とする一群の『パンジ物語』というものがある。コリパン（スラバヤ周辺）の王子と、ダハ（クディリ）の姫との恋愛物語である。王子はラデン・パンジと称され、ダハの姫はラデン・ガルーと称された（Zoetmulder1983）。ラデンは王族等への尊称であるから、ラデン・ガルーとはまさに「ガルー姫」となる。そして、スラバヤ周辺のブランタス河口地域は碑文史料などからも「（ウ）ジュン・ガルー」（ガルーの先端）と称されていたのである。『元史』爪哇伝中の「戎牙路」がこれに相当するものである。このように諸文献中には「ガルー」の名が残ってはいるのだが、だれもがこれを古代王国の名称とは考えなかったのである。なお、エルランガ王のジャワ王国分割の際には、スラバヤ地域はジャンガラと称されているが、これは「（ウ）ジュン・ガルー」が誤って伝えられて来たものであろう。

「ガルー王国」への忘却、それは、マジャパヒト朝時代に確実に始まっていたようだ。年代記『ナーガラクルタガマ』の中には「ガルー」の名は諸聖地の名が列挙される中で一度だけ出てくるだけである。これに続くイスラム化の時代は、文化的価値観が一変する時代となる。古代王朝の栄光は復活する余地はなくなるのも自然なことであったろう。それでは、ジャワの地では忘れ去られたこの王朝への記憶がどうして西部ジャワ・スンダの地に伝わり、そこに残ることとなったのであろうか。このガルー伝説の西部ジャワへの伝播の様相を『インドネシア国史Ⅱ』の記述をもとに考えてみたい（p.219-）。

ジャワ地方に比して、西部ジャワ・スンダ地方、特にその内陸部の風光明媚な高原地方には遺跡等歴史的遺物は少ない。タルマナガラ国は遙か5世紀にあった王国である。そういう中で、スンダの栄光を代表するものとしてパジャジャラン王国があった。しかし、この王国

の実体についてはほとんどわかっていないものがあった。ただ、西暦1333年の年代を有するバトゥ・トゥリス碑がボゴールから出土している。一般的にこの年代がパジャジャラン王国の建国年とされている。

　この碑文によれば、この碑を出したのは「デワタスラナ」王で、その父は「デワニスカラ」で「グナ・ティガ」に葬られた。祖父は「ニスカラワストゥ・カンチャナ」で「ヌサ・ララン」に葬られたとある。驚くべきことに、この碑文に記されている王統は『パラヒヤンガン物語』中に伝わるものと合致するのである。この物語の史料的価値は見直されて当然のことである。『パラヒヤンガン物語』では、「ニスカラ・ワストゥ・カンチャナ」は「ヌサララン」に葬られ、継承したのは「ガルーの王子（トハアン）」で「グヌン・ティル」に葬られたとある。この「ティル」はスンダ語で「3」を意味し、先の「ティガ」と同義である。

　この両者の記述において、前者の「デワニスカラ」が、後者の「ガルーのトハアン」に相当する。「デワニスカラ」がガルーの王子ならば、その父の「ニスカラ・ワストゥ・カンチャナ」が、ガルーと何らかの直接的関係を有していたことになる。クロム博士は、1333年のバトゥ・トゥリス碑を出した「デワタスラナ」の祖父（ニスカラ・ワストゥ・カンチャナ）がガルーから来たとしている。中部ジャワとの州境に近いチアミス近辺のカワリには「アスタナグデ（大王宮）村」という平和な稲作の村がある。水田の広がりの中にこんもりとした森があり、そこには数個の小さな碑文が村人に守られて伝わっている。それら碑文の一つには「ワストゥ王」なる名が見られるのである。これが「ニスカラ・ワストゥ・カンチャナ」と同一人物に相違ないものである。

　以上のことをまとめてみると、パクアン・パジャジャラン建国者の祖父が、ジャワ地方からガルー王国の伝統を担ってスンダ地方に来たと考えられるであろう。このことは、1333年の碑文を残した王の祖父であるから、13世紀末から14世紀初頭のことであったと想定しても不自然なことではない。すなわち、クディリに都していた「ガルー王国」が、元寇で滅亡していく、まさにその時代に相当するものである。ところで、バトゥ・トゥリス碑文の文字書体を調べてみると、ここのところがより明白となってくるものがある。クロム博士は、この碑の文字書体について「乱れた古ジャワ文字」としている。インドネシア碑文学の権威であるカスパリス氏（1975）は、この碑の文字書体についてより明確に次のように指摘している。「パジャジャランがマジャパヒトの全盛期に現れたので、人はその文字も明らかにその偉大な帝國のものに基づいていると予期する。これは明らかにそうではないのである…。東ジャワのその時代の文字は、スンダ文字に何らの影響も見られないどころか、古スンダ文字の幾

つかには、中部ジャワ期の古代ジャワ文字を想起せしめるものがある」と（p.55）。

　これらのことから結論づけ得ることは、13世紀末、おそくとも14世紀初頭に、スンダ地方内陸部にジャワの影響が波及しているが、それは時のマジャパヒト王朝の正統文化が伝わったのではなく、「乱れたジャワ文字」とあるように、もはや、豊かな文化伝統を担う力を喪失してしまった、換言すれば、マジャパヒトの勢力に追われた古い残存勢力、すなわち、滅亡したガルー王国の残党がスンダに逃れたものと考えられるのである。

第2節　マジャパヒト新王朝 〜最後のヒンドゥー王朝

◆ マジャパヒト朝の存続期間 〜不明瞭な滅亡年

　マジャパヒト朝（ジャワ語発音ではモジョパヒト）はジャワ元寇を契機として1293年に樹立し、2百年余にわたり存続したインドネシア史上最大の王朝とされている。このようにこの王国の建国年については明確なものがあるが、その滅亡年については曖昧模糊としている。ジャワ島北岸部に勢力を築いたイスラム勢力の攻勢で、おそらく1510年代から20年代にかけて滅亡したと考えられている。スラバヤ市南西約60kmのトゥロウランに残るこの王朝の王宮跡には、明らかに人的破壊の跡が見られる。

　一方、ジャワ人の間に見られる百年毎に王朝に大事変が生じるという彼らの自らの歴史へのこだわりから出される1478年（ジャワ暦1400年）をこの王朝の滅亡年とする説もあながち無視できないものがある。それは、この頃にはこの王朝は相当に衰退し、実質的な勢威を示せなくなっていたという意味においてである。王朝の衰退、それに伴う明瞭な史料の欠落は、この王朝の後半期をほとんど不明のものとしている。なお、このマジャパヒト朝については新たな研究進展が特に少なく、前節同様、クロム博士の古くからの説論に新たに漢籍史料の分析を加えての記述となる。

◆ バリ島の果たした偉大な役割 〜年代記『ナーガラクルタガマ』の発見

　ジャワ島東隣のバリ島にイスラム勢力に追われたマジャパヒト朝王族達は安住の地を求め

た。彼らがもたらしたこの王朝の文化はバリ島で愛好され現在に至っている。なかでも、ヤシ葉に刻された文献類は、現地語でロンタールと称される貝葉で、バリでは今も更新・制作されている。バリではバリ暦（ジャワ暦）の紀元が変わる百年に一度の大祭では、誰もその手順を知る者はいなく、このロンタール文書をひもといて実行するものである。ジャワではイスラム時代の到来でヒンドゥー時代の文書文献類は焚書の運命にあったようで、ほとんど残っていないが、バリでは愛好されつつ保存されているのである。

　中世文化を今に伝えるバリ島の努力も偉大なものがあるが、なかでも、1894年にはマジャパヒト朝の歴史を伝えるロンタール文献『ナーガラクルタガマ』がバリ島東隣のロンボック島の一寺院から発見された。この『ナーガラクルタガマ』の発見で、モジョパヒト朝の歴史が明らかになってきたものであった。しかし、この年代記も全盛期の第4代王ハヤム・ウルクまでであり、それ以降については、史料価値が疑われる『パララトン』なる歴史物語に依拠することが多いのが実情である。インドネシア史上最大とされるマジャパヒト朝ではあるが、その実体はなお歴史の闇の中に埋もれている部分の方が多い。

◆ 初王クルタラージャサ（1293―1309）

　シンガサリ朝クルタナガラの女婿ウィジャヤが、マジャパヒト新王朝の初王としてクルタラージャサの王称で即位した。妃はクルタナガラの4人の姫だが、その第4番目のガーヤトリはラージャパトニ（王の妻）の称号を有した。ラージャパトニは2人の姫を得て、その一人は第3代王、女王となる。

　クルタラージャサの統治期からの史料は少なく、余り事件がなかった時代とも考えられる。『ナーガラクルタガマ』では、全ジャワは従順であったと記されている。1305年の碑文では、この期の征服地として、バリ・マラユー（スマトラ東南部）・マドゥラ・カリマンタン（ボルネオ）のタンジュンプラ等が挙げられている。また、1294年のブタック碑文では、先王「クルタナガラ王の弟子」と称されるウィララージャの大きな功績への褒償として、ジャワ島東隅地方（スラバヤ地域）の全てが彼に与えられたという。

　この王の時代に、クルタナガラが送ったパマラユー（スマトラ遠征）軍が帰り、マラユー姫2人を連れ帰ったとされる。このマラユー姫がクルタラージャサの妃となり、その間に第2王ジャヤナガラが誕生することになる。

◆ 第2代王ジャヤナガラ（1309-28）～自ら元朝訪問

　ジャヤナガラは初王クルタラージャサの子息で、母はマラユー姫とされているが、クルタナガラの長女との間に生まれたとの説もある。この王の時代は初王の盟友達の反乱が続く。これには新王の即位で、その宰相が旧勢力を一掃せんとの政略的側面もあったようだ。

　最初の反乱は、約束の宰相の地位が得れなかったランガ・ラウェが起こした反乱である。しかし、この反乱は、スマトラ遠征軍司令官アナブランに撲滅された。これに続くものが、ソラの反乱と称されるもので、初王の古い友人であったが、新王の宰相のそそのかしにより反乱に至ったものとされている。この反乱もアナブランに征圧されることになる。

　これらの事件は、『パララトン』などの歴史物語が語るもので、その真実性を確証できるものはない。年代記『ナーガラクルタガマ』が伝えるジャヤナガラ期の唯一の反乱は、ナムビ事件と称されるものである。マジャパヒト樹立に大きな功績があったウィララージャは特別な報償を得ていたが、新王即位後は王宮の儀式にも出席することはなくなって行ったという。その子息ナムビはマジャパヒトで宰相の地位にあったが、父の病気見舞いの許可を得て王宮を去って後、再び戻ることはなかった。1316年、王自らがこの勢力を征圧し、半独立勢力としてあったジャワ東隅地域を直接掌握することになった。

　これに続いて、1319年には王宮高官クティの反乱があったとされる。クティは一時、都を占拠し、王は王宮から逃避することになる。窮地におちいった王の復権に活躍するのが、次代において宰相としてマジャパヒト朝の最盛期をもたらすガジャ・マダであった。彼は、当時は19歳で、15人の王の親衛隊の指揮をしていたという。彼は都の反クティ派と連携し、ついにクティ殺害に成功する。ガジャ・マダはこの功績を認められ、重要な地方拠点都市クディリの統治を委ねられ、高官の世界に入って行くことになった。クティの反乱は『パララトン』に物語られているもので、本当の歴史的事件であったかについては疑念が残るが、他にこの期の出来事を伝えるものはない。

　ジャヤナガラ期の歴史的出来事としては、この他、オドリコなるイタリア人宣教師の到来が伝えられている。1321年のことで、彼はインドネシアへの最初のヨーロッパ人とされており、スマトラやジャワについて若干の記述を残している。また、1323年の一碑文では南インドのパーンディヤ王朝の王章である2尾の魚が描かれ、王名もスンダラパーンディヤとある。この王名がジャヤナガラ王を指すものかどうかについては説が分かれているが、南インドと

の関係が維持されていたことは確証できるものである。

　ジャヤナガラ王の統治は1328年までで、この年に死去したものである。この死去について、中国史料に貴重な記録が残っている。『元史』(巻30)に、泰定4（1327）年12月に爪哇国からの朝貢使が至ったことが記せられているが、その翌年の致和元年正月戊子条には、元朝皇帝から詔があって、「優護爪哇国王札牙納哥」なる記述が見える。この「札牙納哥」は間違いなく「ジャヤナガラ」を指すものであって、元朝皇帝はこれに対し、他に例のない「優護」なる言葉を用いている。この言葉は「やさしくいたわる」位の意味であるが、爪哇王自らが元朝を訪問していたが、王は長い旅程の中で体調を崩してしまったことが背景としてあるものと考えられる。そして、それが原因で死に至ったものでなかったろうかと考えられる。

　『ナーガラクルタガマ』も『パララトン』も王自らの元朝訪問について、また、病死について何も語っていないが、バリの伝説では、ガジャ・マダの策略で侍医タンチャが、王の腫れものの手術後、王を殺害したと伝えている。この伝説も真実を伝えるものとは考えられないが、ただ、王は侍医も救えなかった病におちいっていたことを反映した伝説なのであろう。ところで、ジャワ王自らの中国皇帝訪問とは他に例のない出来事である。各種反乱の続くなか、国内情勢の安定のため、中国皇帝からの「ジャワ王」としての認証も安定化に必要とされる情勢があったものと考えられる。そういう意味でも、ジャヤナガラ期はマジャパヒト朝の確立期としての位置づけができるであろう。

◆ 第3代王トリブワナ女王（1329−50）

　ジャヤナガラは後継の男子を残さず、異腹の妹が継承する。王母ラージャパトニが継承すべきであったが、仏道に精進する修道女となっており、長女に委ねることになったとされる。この女王期からの最初の碑文は1329年のもので、王母ラージャパトニの名の下に公布されている。トリブワナとは、仏教で説く、欲界・色界・無色界の「三界」の意である。正式の即位名は「トリブワノツンガデヴィ・ジャヤヴィシュヌヴァルダニ」となる。

　1331年には、ジャワ東隅地方サデン、ケタで反乱が生じ、この鎮圧に活躍したクディリの統治者ガジャ・マダはトリブワナ女王の宰相に任命されている。年代記『ナーガラクルタガマ』には、この時の彼の活躍が讃えられている。ガジャ・マダは、これ以降、30年余にわたりマジャパヒト朝の実質的権力者として、この王朝の黄金期を築いていくことになる。彼が宰相に就任するに際しての有名な逸話が伝わっている。それは、現在のインドネシア共和国

に相当する全領域を支配するまでは「パラパ」を食べずと宣言したというものである。この「パラパ」とは何を意味するものかは不明だが、現在の共和国政府が打ち上げた最初の人口衛星には、群島国家の統一を願って「パラパ」と命名されたものだった。この逸話は歴史物語『パララトン』に記されるものだが、歴史的事実かどうかという問題を越えてインドネシア人の間に定着しているものである。

　この期には、マジャパヒト朝の勢力伸長はスマトラ方面へも及んだようだ。それを担ったのが王家の家系のアディティヤワルマンであった。この人物についても史実は不明瞭の部分が多いが、スマトラ内陸部に至るまでのジャワの支配確立に活躍したものと考えられる。1343年、ジャゴ寺境内で文殊師利像の法要が行われた。この仏像の後面の碑文には、王母ラージャパトニが支配する王国で、この女王の家系であるアディティヤワルマンが美しい寺院の建立を命じたとあり、彼は王家でも相当の出自であった。なお、ジャゴ寺は13世紀のシンガサリ第4代王の墓廟としてあったが、この時にアディティヤワルマンによって再建されたものである。この後、1347年には彼はスマトラ島西部のパガールルユンで碑文を出している。この碑文はスマトラでの中心的部族ミナンカバウ族の本拠を直接支配下に置いたことを示すものと言える。今は枯渇したが古来からスマトラ島は「スヴァルナドヴィーパ」（黄金島）と称されてきたように、歴史時代には金が豊富に産出する地であった。ジャワのスマトラ内陸部への進出も、それの獲得を目指してのことであったろう。しかし、余りに史料に乏しく、その実体には迫りようがないものである。

　これより先、1334年には、トリブワナ女王は次代を担う一子ハヤム・ウルク（若きおんどりの意）を得ている。1350年、王母ラージャパトニが死去し、このハヤム・ウルクが16歳で即位し、トリブワナはその後見人、摂政女王として補佐したようだ。若年の王の即位とはいえ、ガジャ・マダが変わらず宰相としてあり、マジャパヒト朝は最盛期を迎えることになる。

◆ ハヤム・ウルク 〜第4代王ラージャサナガラ（1350－89）

　トリブワナ女王を後見人にして、宰相ガジャ・マダの補佐を得て、ハヤム・ウルク、ラージャサナガラ王はマジャパヒト朝の黄金期を築いていく。『ナーガラクルタガマ』第13、14歌には、この期のこの王朝の版図の主要地名が列記されている。まず最初にはスマトラ方面の諸地名が並び、続いてカリマンタンの領域、次にマレー半島上の領域、第4のグループとして、東部諸島の征服地が列記される。それらは現在のインドネシアとほぼ同じ領域にマレ

一半島が加わっている。マレーシアはイギリスの統治を継承し独立し、インドネシアはオランダの支配を覆して独立したことで、別々の独立国となったものである。

　この期には、各地に遠征軍が派せられたようだが、なかでも、1357年の東部諸島へのドンポ遠征（スムバワ島）が有名である。この遠征はトゥムングン・ナラ王が指揮したもので、『ナーガラクルタガマ』では、このナラ王が常に遠征軍を指揮したとある。スムバワ島には１個の碑文とジャワの影響を受けた神像が伝わっている。

　このような広大なマジャパヒト朝領域確立期のなかで有名なエピソードは、西部ジャワ・スンダ王との間に生じたブバッド事変である。旧勢力の系譜につながるスンダのパジャジャラン王国の姫が、ジャワ王との婚姻を望み、マジャパヒトに至らんとしたが、王都の近郊ブバッドでガジャ・マダの策略により、スンダ王一行は皆殺しにされたという物語である。この有名なエピソードは歴史的事実かどうかについては、大きな疑念が残るが、マジャパヒト朝領域確立のなかで生まれたエピソードであろうと考えられる。

　この期におけるマジャパヒト朝の勢威高揚の様相は中国王朝との関係史のなかにも検証できるものがある。マジャパヒト朝成立後は、中国元朝との関係は素早く回復され、爪哇・元朝間には緊密な関係が維持されていた。ただ、1327－28年のジャヤナガラ王自身の元朝訪問と、それが原因と考えられる王の発病・死去後のトリブワナ女王期には、1332年の爪哇からの遣使が記録されているのみである。ハヤム・ウルク期においても、元朝への遣使は1363年に一度と低調なものがあるが、1368年に明朝が樹立するや、爪哇・明朝間の交渉は活発なものを見せ始める。1370（洪武３）年のジャワからの使節は、「爪哇国王昔里八達剌八剌蒲」（1377年以降は八達那巴那務）の名の元に行われている。ラージャサナガラ王は対外的には「スリィ・バタラ・プラブ」（王の意）を名乗っていたわけである。この年から1377年の間に４度も明朝に使節を派遣している。

　この間、1364年には、宰相ガジャ・マダが死去し、彼に代わる人物がいなく、その役務は４人で分担する状況が３年も続いた。この強力宰相の死去が統一王朝の政情に影響を与えたのではないかと考えられる出来事として、1378年には「闍婆国王磨那咤喃」の中国遣使が記録されている。ジャワ人にとり「ジャワ」の漢字表記が「闍婆」でも「爪哇」でも、どちらでも関知しないことだが、ここに対外活動に介在する中国系人の活動が推測される。古代王朝に用いられた「闍婆」にこだわる勢力がなお存在しているのである。さらに、その翌年の1379年９月には、爪哇東番王、爪哇西番王の朝貢使節が至っている。しかし、この年の10月には、「爪哇国王八達那巴那務」の明朝への遣使が記録されており、マジャパヒト朝が健在

であることを示すことになっている。

　ところが、この年に続く洪武13（1380）年10月には、爪哇・明朝関係のなかで重大事件が勃発する。それは、この当時、パレンバンの三仏斉スリィウィジャヤ王国には3王が存在していたことが中国史料に記録されているが、その内、ジャワの影響力の波及のなかで、おそらく窮地に追いやられていた王家が、父王死去の後、その子息が継承したい旨、明朝皇帝に願い出た。この王家は明朝に依存するなかで、その存続をはかったものと考えられる。明朝皇帝はその願出を快く受理し、その子息を三仏斉国王と認証する冊封使を派遣した。これに対し、スリィウィジャヤに対する覇権を主張するジャワは、この覇権を侵害するものとして、この明朝の使者を殺害してしまうことになる。ここのところを『明史』（巻324三仏斉国伝）では「聞天朝封為国王、与己埒、則大怒、遣人、誘朝使、邀殺之」と、記されている。この一文の意味するところは、およそ次のようなものであろう。「（ジャワは）明朝が封じて国王となしたと聞き、おのれと等しくするものとして、大いに怒り、人を送って、朝廷の使者を誘い、これを待ち伏せして、殺してしまった」。

　この時、明朝に使いしていた爪哇からの使臣は、月余にわたり拘留せられ、問責を受けた後、爪哇王に対する明朝皇帝の抗議の詔をたずさえて帰国している。この翌年の洪武14（1381）年10月、および洪武15年正月のジャワから明朝への使節は、明らかに謝罪と代償のためであったろう。合計4百余名の奴隷や、7万5千斤もの大量の胡椒を貢納している。この事件後、爪哇からの明朝への遣使は10年余にわたり中断することになる。また、この遣使は「八達那巴那務」の名の元での最後のものとなった。

　このジャワの明朝使臣殺害事件は、この当時、マジャパヒトの勢力がパレンバンを実質的に支配下においていたことを中国史料から証明することに他ならない。また、14世紀の偉大な旅行家イブン・バトゥータは、マラッカ海峡経由で中国に至るが、彼の旅行記ではスマトラ島を「ジャーワ」と称している（家島2001, p.394）。これはこの王国の全盛期の勢威がスマトラに及んでいた状況を反映したものに他ないものといえる。明朝使臣殺害事件後のハヤム・ウルクの最後の10年間については何も伝えられていない。1389年、彼は死去するが、それと共にマジャパヒト朝は急速に栄光を失って行ったものと考えられている。

　なお、この期の遺跡で、マジャパヒト朝の勢威と豪壮さを体現するものとして、東ジャワのインド洋に面するブリタールにパナターラン巨大寺院が残る。この遺跡は中ジャワの美術とは異なる東ジャワ独自の文化様相の一端を示す面でも貴重な遺跡となっている。ところで、この寺院はその名称から「タタール（モンゴル）戦役」の戦勝記念として建立されたものと

考えられる。使役の接頭辞 pa の付加でタタールの t 音が n 音に変化したものである。また、異民族に対する勝利を象徴する『ラーマヤナ物語』が彫られている。

◆ スリィウィジャヤ王国の滅亡 〜「使臣商旅阻絶」事件

　ラージャサナガラ没後の14世紀末年にはマラッカ海峡地域では不穏な情勢がかもし出されていた。これがマジャパヒト朝衰運への一要因であったとも考えられる大事件となる。しかし、それはインドネシア国内の問題に起因することではなく、中国明朝の国内問題に起因することであった。

　中国南部で成立した明王朝は中国統一王朝として確立して行く過程において、建国の功績で特権的地位を占めていた層を対象にした大疑獄、大粛清事件が続く。中でも、左丞相としてほしいままに権勢を誇っていた胡惟庸及びその一派への1380（洪武13）年の疑獄事件、及び、この胡惟庸党へのとどめとも言える1390（洪武23）年の「李善長の獄」が続いた。それに伴い、大量の避難民が南方世界に流出したと考えられる。

　紀元後1千年頃のアラビア語文献『ムクタサル・アル・アジャーイブ』には次のような一文がある。「中国の住民が侵略や紛争で壊滅するとザーバジ（ジャワ）の島の一つに掠奪に来る。かくして、群島の全ての島や町の運命となっている」（Tibbetts 1979. p. 49）。今は14世紀の事件を取り上げているわけだが、このような現象は中国大陸と南海地域との関係における一つの通時代的特質をなしていると言える。ここでは、特に胡惟庸一派への弾圧で避難した人々はスリィウィジャヤの都パレンバンに集中し、マラッカ海峡の海上交通を掌中に収め、中国への船舶を一切阻止する行動に出ることになる。明朝へは船が到来しなくなるという前代未聞の「客旅不通」「使臣商旅阻絶」事件が勃発する。洪武30年、1397年のことであった。ただ、この1397年には皇帝に「客旅不通」事態が報告されたもので、『明史』（三仏斉国伝）には「諸番久欠貢」と、諸外国からの貢使が「ひさしく」欠貢しているとあり、このような状況が少なくとも数年続いた後に、皇帝に奏上されたものと考えられる。

　さて、パレンバンに拠点を有した胡惟庸党が、何時から明白な反明行動に出たかを考えるうえで、『明実録』（洪武30年8月丙午条）の「胡惟庸が乱を謀ると、三仏斉にはこれに通じる者が出た。明朝の使臣が訪問したが、あざむかれた。ジャワ王はその事を聞き知り、三仏斉を戒めるとともに、その使臣を礼をもって明朝に送り返した。この後、使臣や商旅は阻絶された」という一文が重要である。なお、明朝使臣が「あざむかれた」という具体的内容は、

他の文献の記述から、この使臣はあざむかれて、結局はその都にも入れなかったという待遇を受けたようだ。パレンバンが明朝使臣の受け入れを拒否したこと自体、明白な反明行動だが、さらに物理的に明朝への人や船舶の往来を阻止する行動に出たわけである。

　ところで、爪哇から明朝への遣使は、1393（洪武26）年と、その翌年に11年振りに行われている。この遣使が、パレンバンに受入れを拒否された明朝使臣を救出し、「礼もて明朝に送還」した遣使に合致するものと考えられる。このように考えるうえで有力な傍証がある。それは緬国すなわちミャンマーからの明朝への遣使が、この年、洪武26年から始まり、29年まで連年続くことになる。この緬国の遣使はその遣使記録からはイラワディ渓谷をさかのぼった陸路によるもので、それはとりもなおさず、これ以前の緬国の東アジア交易はマラッカ海峡に接続することで行われていたものであったろう。すなわち、ミャンマーの困難な陸路による明朝への遣使は、マラッカ海峡の交通が阻絶された結果なのであろうと考えられる。

　一方、明朝にとっても、この「客旅不通」事件は重大な事態である。マルコ・ポーロも中国東南部諸港の繁栄と、それにともなう税収が莫大なさまを記述している（愛宕1984. p.66-）。明朝国家体制の一角が崩されかねない事態とも言える。明朝皇帝自らが事態打開に当たったのも当然のことであったろう。『明実録』『明史』等の記述によると、皇帝の激怒は、10万の軍でもって、この小さな土地を拠点にした反明活動を粉砕するのも易しいことだが、三仏斉はジャワの統属下にあるので、ジャワ王に事態打開を求めることになったようだ。しかし、明朝の船は胡惟庸党に阻止されかねない状況にあった。そこで、海峡の交通網に抵触しない暹羅（シャム）王を経由して明朝皇帝の意向を爪哇王に伝える方策が考え出された。

　中国史料に残る記述は簡潔に過ぎる程、簡潔なもので、細かないきさつにまで記述が及ばないのが常であるが、この明朝皇帝の意向は間違いなく爪哇王に伝わったのであろう。『明史』三仏斉国伝には、この結末は「時爪哇已破三仏斉、拠其国。改其名曰旧港。三仏斉遂亡」と、これも簡潔な記述のみ残されている。

　ジャワは三仏斉を撃破し、ここに7百年余のスリィウィジャヤ王国は滅亡することになる。1397年の出来事であった。パレンバンは「旧港」と名を改められ、その栄光はこの名称の通り過去のものとなって行く。しかし、ジャワは当地を撃破したが、その後の統治は意のままにならず、「国中大乱」という状況を招いていた。パレンバンを追われた勢力は、ジャワの圧力を逃れ、マレー半島のマラッカに新しい拠点を作り、この勢力が以後、海峡の中心勢力として発展して行くことになる。

　明朝では、この事件に加えるに、初代皇帝洪武帝から永楽帝への継承時に「靖難の役」と

称される内戦が生じる。第2代皇帝永楽帝に敗れた勢力は、やはり南方に大量に流出し、海峡の混乱はさらに増幅されたことであったろう。さらにジャワ王朝においても、分裂状況におちいる混乱期が始まることになる。

◆ マジャパヒト第5代王ウィクラマワルダナ（1389－1400、1401－29）

　ラージャサナガラは正室から一人の王女しか得れず、ラージャサの姉妹の子息でマタラムの地を統治していたウィクラマワルダナとこの王女を結婚させ、継承者としたようだ。妾腹からの男子ウィーラブミには、ジャワ島東隅地方の統治を委ねた。ウィクラマワルダナの統治年に1年の空白があるが、これは1399年における一子の皇太子の死去に伴うもので、娘のスヒタが統治したとされている。王位継承者の死、娘しかも妾腹の子の統治ということで、かなりの物議をかもすこととなったようで、1年でウィクラマは復位した。
　この王位継承者しかも一子の死をめぐる一連の出来事は国内状勢に少なからぬ波紋を及ぼしたことが、中国遣使記録からも伺える。1402年に明朝では第2代皇帝永楽帝が即位し、その即位の告知の使者が各国に派遣された。ジャワには、1403（永楽元）年に使者が派遣され、それに応えてであろう、「爪哇国西王都馬板」が明朝に遣使している。ここにすでに「ジャワの西王」とあるのが、そもそも異常な表現となるが、この翌年の1404年からは、「爪哇国東王孛令達哈」の遣使が見られることになる。東王、すなわち、ウィーラブミは皇太子死去後の王権空白期に際し、独自の対外活動を始めたのである。
　なお、「都馬板」とは、前代のシンガサリ朝が都したトゥマペルを指し、「孛令達哈」とは、ジャワ古代王朝の都であった「ダハ（カディリ）の王」を意味するものと考えられる。ここにはマジャパヒト成立以前の前代の勢力にそれぞれが正統性を置き、勢力を競う状況が読み取れると言える。この東西2王は平和共存を目指したものでないことは、明朝への遣使においても、同時の遣使ではなく、相前後する遣使となっていることでも競合状況が明らかである。しかし、このジャワ王国の分裂状況は永続するものではなかった。

◆ 鄭和の大遠征 〜史上空前の大航海

　マラッカ海峡の大混乱、それに伴う東西通商網の寸断状況が誘発したのが永楽帝の一大事業、鄭和の大遠征であった。永楽帝は帰朝した明朝使臣から「中国軍民無頼者」が海域部で

海賊行為を働く実情の報告を受け、激怒し、征伐の意向を表明している(『明実録』洪武35年9月戊子条)。明朝を追われた「軍民」や「無頼」化した人々は明朝への「使臣商旅阻絶」事件を起こす。すなわち、マラッカ海峡を軸とする海運を掌握するほどの反明大勢力を構築していたのである。その撲滅はけっして容易ではないとの判断に至っていたことであろう。かくして、総勢2万7千余、62隻からなる大遠征隊が組織されて行った。

おそらくは、この艦隊の旗艦クラスは文献記述や出土した巨大な錨などから7〜8千トンにも達するものであったと考えられている。この当時、中国ジャンクはすでに巨大化しており、1千トンクラスの船が大洋を往来し、インド以東は中国ジャンクの独壇場の観を呈していたという。西方アラビア地域からの船もインド西岸で中国ジャンクに乗り換えて中国に至るのが一般的であった。この時より8〜90年後のヨーロッパからの大航海のさきがけ、ヴァスコ・ダ・ガマの乗った船はわずか120トンであった(寺田1984)。

この鄭和大遠征隊は1405(永楽3)年に最初に発せられ、その後の29年間に合計7度も派遣された。当初はインドまでの航海であったが、その後は遠くアラブ、ペルシア地域からアフリカ東岸、そしてメッカにまで達したものであった。この大航海の総司令官である鄭和に課せられた任務は、「中国軍民無頼者」を討伐し、海路の修復をなして、交易の再活性化をはかることにあったに相違ない。交易の活性化という面では、諸国の交易使節団を艦隊に乗せ、その帰国に際しても鄭和艦隊が送還の役を担うということが繰り返された。海路の修復という面では、初期には幾つかの武力紛争を伴うものであった。

最初の武力紛争は東部ジャワで生じた。この当時、マジャパヒト朝では東部スラバヤ地域は独立勢力を形成し、中国史料でも爪哇東王、爪哇西王からの遣使が記録されている。ところが、『明実録』(永楽5年9月癸酉条)の記述に従うと、王朝の本拠である西王は1406(永楽4)年に、東王を攻撃し、これを滅ぼした。しかし、この戦役の時、鄭和隊の隊員が、東王、すなわち、スラバヤの港町に上陸し、交易に従事していたところ、紛争に巻き込まれて鄭和隊員170名が殺害されるという事件が生じた。ジャワ西王はこの事件を恐れて、すぐさま謝罪使を明朝に派遣したところ、明朝から賠償金として6万両を要求されている。しかし、ジャワが1万両を支払った段階で、残余の支払いは免除されている。

ところで、この事件は明朝にとってもけっして小さな事件ではなかったのであろう。興味深い記述が『明実録』に残っている。

(A) 金吾左衛指揮李道明等千人、使爪哇、還(永楽7年2月辛巳)。

(B) 爪哇国王…送中国流移人、還(永楽8年12月戊戌)。

（A）は、ジャワに派遣されていたいわば皇帝の親衛隊指揮官の李道明等1千人が帰還したとの記事である。鄭和艦隊とは別にスラバヤ事件の解決に1千人もの親衛隊が派遣されていたのである。皇帝直属部隊の南海派遣とは他に例のないことであり、（B）の中国からの逃亡者を中国に送還したとの記述も、歴史時代には全く他に例がない。ここにこの（A）（B）2つの出来事は、永楽帝自らの「中国軍民無頼者」討伐の強い意志が反映されたものと言えるものがある。この後、ジャワと明朝は緊密な交渉を続けることになるが、海域部の安定回復にジャワが明朝に協力し、種々の情報を提供して行ったとも考えられる。また、ジャワが賠償金の残余の支払いを免除された背景には、スラバヤ事件を含めたジャワ王朝の紛糾には反明活動を行う「中国軍民無頼者」達の関与の存在が考えられ、ジャワ王の直接的責任ではないとの判断に達していたことであったろう。中国系人は通事として中国との交渉に活躍することが多かったのである。

　鄭和艦隊は、この後、スマトラの旧港パレンバンで大規模な武力行使に入って行く。それはスラバヤ事件の報復の意味もあったのかも知れない。それに加えるに、三仏斉スリィウィジャヤの都はジャワに滅ぼされるが、ジャワはパレンバンの統治がままならず、「国中大乱」の状況が続いていたことであったろう。そのなかで、新興の陳祖義なる者が台頭し、「旧港頭目」ともなっていた。一方、旧来の華僑社会の頭目は施進卿であった。当初は両者共に明朝に恭順を表明し、朝貢使をも明朝に派遣していた。しかし、陳祖義なる者の実態は「為盗海上、貢使往来苦之」（海賊行為をなし、外国使臣の往来を苦しめていた）と、明朝と諸外国との交通に危害を加える海賊活動の首謀者であった。まさに、彼こそが鄭和艦隊が討伐を目指した反明活動を行う「中国軍民無頼者」の頭目であったと考えられる。

　かくして、施進卿からの助言もあり、機を見ては鄭和艦隊を襲撃せんとしていた陳祖義の動きを察知していた鄭和隊は、その一派への攻撃を敢行したものであった。「殺賊党五千余人」と、陳祖義一派は撲滅されることになった。『明史』（巻304鄭和伝）には、「戮於都市」（都市を殺戮する）と記されている。陳祖義等首謀者3人は捕えられ、朝廷に献上され、全員斬首刑とされた。

　1405（永楽3）年秋以降に出発した鄭和の第1次遠征は東部ジャワで170人の犠牲者を出したが、旧港の悪党団を撲滅するという成果を得た後、インド西岸に達して永楽5年9月に帰還している。そして、続いて翌1408（永楽6）年9月には第2次遠征への勅命が下される。第1次航海の帰還に際して便乗して到来していた各国の使節団の送還も重要任務であった。

　この第2次航海ではインドネシア海域では何事も生じなかったようだが、スリランカで武

力紛争が生じている。この事件も『明実録』（永楽9年6月乙巳条）の記述に従うと、錫蘭山（スリランカ）王亜烈苦奈児（アラガコナーラ）は隣国との平和を好まず、しばしば海上を往来する使臣を襲い、諸外国はこれに苦しんでいたようだ。鄭和隊は到着後、王の誘いに応じて上陸していたところ、錫蘭山国の5万の兵の攻撃を受け、窮地に陥った。しかし、間隙をぬって鄭和隊の2千の兵が手薄な王城を急襲し、王とその一族を捕虜とし、その後、錫蘭山国軍を撃破することに成功している。

この事件は1409～10年の間に生じたものと考えられ、1411（永楽9）年に帰還を果たした鄭和艦隊は、錫蘭国王等を朝廷に献上した。ところが、永楽帝はその罪を問うことはなく赦し、翌1412（永楽10）年の第3次遠征隊によって帰国させている。この錫蘭国王赦免は、スリランカでの武力抗争、海上交通に危害を加える行為は王の直接的責任ではないとの判断があったと考えられる。このように考えるうえで貴重な史料が出土している。

スリランカ南端部のガレの町から巨大な鄭和碑文が1911年に発見された。この碑は鄭和が各地に建立したとされる幾つかの碑文で発見された唯一のものである。この碑文には右側に11行の漢文、左側の上下段にペルシア語、タミール語碑文が刻されている。碑文の内容としては、安全航海への加護をなす各々の宗教に感謝し、仏寺に布施を捧げたことが記せられている。すなわち、海上の平和と安定を願って建立されたもので、漢文のものは仏教信仰を表わしており、それは旧来の中国人社会の願望と合致するものと言える。

鄭和隊の第1の目的は、「中国軍民無頼者」達の反明活動の一環として行う海賊行為、海上交通妨害行為の撲滅であった。ここにスリランカ王が行っていたとされる海賊行為、さらには鄭和隊への攻撃も、それは主として新来の中国系人の策略によるものであり、錫蘭国王自身の強い意思に基づくものではなかったと考えられるのである。永楽帝の錫蘭国王赦免はこのように考えると合理性があると思われる。また、華僑の広範にわたるネットワーク活動というものを想起する必要がある事件であったと言える。反明活動はスリランカにまで展開していたのである。なお、このガレの碑文の日付は永楽7年2月で、第2次航海に際して中国で用意されたものであったろう。

鄭和隊はこの2次遠征でインドまでの海路の安定を回復させる成果を得たようで、1412（永楽10）年からの第3次遠征では新たにインド以西、ペルシア湾岸のホルムズ等にも進出している。武力紛争という面では、この3次遠征時、スマトラ東北岸の蘇門答剌（スムトラ・パサイ）国で事件が生じたようだ。ただ、この事件は中国の諸書に記載されるが、その真実性には極めて疑わしいものがある。

事件の概要は諸書で異なりを見せるが、おおよそ次のようである。蘇門答剌国王は隣国の那狐児（ナクール）王に殺害された。蘇門答剌王の妻が、実子が幼少であるため、王位継承者はこれへの報復を果たせる者として人を募った。漁師の老人がこれに応じて那狐児王への報復を果たし、故王の妻と結婚して国を統治した。時日が経ち、故王の子が成長し、この漁師の老王を殺害して王位を奪回した。しかし、この老王の子（あるいは弟）蘇幹剌（スカンダール）は、一旦は逃走したが、数万の兵を率いて反撃に出て、蘇門答剌国を訪問中の鄭和隊を攻撃して来た。鄭和隊はこれに反撃を加え、蘇幹剌を捕虜にして、中国に連れ帰ったというものである。

　この物語に真実性が欠けるという第１の根拠は、蘇門答剌国からの中国遣使は1405（永楽３）年から1433（宣徳８）年の間、一貫して宰奴里阿必丁（ザイナルアビディン）王の名で続き、その遣使記録は安定したもので、何ら変事の影響をうかがわせないことである。第２の根拠としては、那狐児は「地は広からず、住民はただ千余家」で「小国である」（『瀛涯勝覧』那狐児伝）ということである。諸書が伝える数万の衆を率いてとの蘇幹剌の攻撃とは現実性に欠けるのである。

　そこで考えられることは、蘇門答剌国と隣国との紛争は永楽３年に宰奴里阿必丁が明朝から王位を認証される以前の出来事であった可能性が大きいこと。また、このような紛争が生じたとしても、「中国軍民無頼者」の討伐を目指す鄭和隊の本務からはずれた小事件であっただろうと考えられる。海路の安定化のなか、小事を誇大化して鄭和隊の偉業に加えんとの意図があったのかも知れない。これ以降、鄭和遠征隊には武力紛争についての記述はなくなり、大貿易使節団的性質が強くなる。『明史』鄭和伝によれば、鄭和が訪問した国は30余国にのぼり、「明朝初期の盛時」として国際交易が一大盛況を見せた時代とされている。時には千数百人の外国使節団が到来したとの記録も残る。

◆ 第６代王スヒタ女王（1400－1、1429－47？）〜末期の諸王

　ジャワからの中国遣使は1415（永楽13）年からは、「爪哇国王楊惟西沙」の名のもとで始まり、1441（正統６）年まで続くことになる。１年に２度の遣使ということも少なくない頻繁な両国の交渉が維持されている。したがって、マジャパヒト第５王、第６王は対外的には同一王称を用いていたことになる。あるいは、「楊惟西沙」とはスヒタ女王を示しているのかもわからない。ちなみに、「楊惟西沙」は「ヒヤン・ウィセサ」の音を写したものと考えら

れるが、この王称は「最高の王」という意味を有している。

　スヒタ女王は1429年に死去した先代王ウィクラマワルダナの娘であるが、その統治内容等はほとんど何も分かっていない。この時代ともなると、『パララトン』の記述も混乱の様相を呈して来ている。ただ、1441年まで続く「爪哇国王楊惟西沙」による中国遣使はスヒタの統治の末期とほぼ一致するものがある。しかし、ジャワからの中国遣使はこれ以降も順調で、1446年には1年間に4度も使節を派遣している。ところが、1447年の爪哇国からの遣使後、5年間の空白を経た1452（景泰3）年からの遣使では「爪哇国王巴剌武」の名のもとに行われている。すなわち、1447年前後までスヒタの統治が続いていたと推測できるのである。

　爪哇国と明朝間の交渉は1460年代まで安定したものを示しており、そういう面ではジャワ王国は平和と安定を享受していた時代とも言えるが、その実際的内容について語る史料は皆無の状態である。スヒタ女王以降のマジャパヒト朝末期の諸王については不明瞭さが一層つのり、古くからのクロム博士の論説に従う他はない。クロム博士は、この時期のマジャパヒト朝は全盛期の版図から地方王国が独自に明朝に遣使活動する状況を呈示し、それをマジャパヒト朝からの離反とみなしている。事実として、マラッカ海峡の中心地が、ジャワの支配地であったパレンバンから、ジャワの影響力からは遠いマラッカに移ったことで、ジャワ繁栄の基盤の一つが剥離したことに相違ないと考えられる。

　ところで、スヒタを継承したのは、その男兄弟のクルタウィジャヤで1447年から死去の1451年までと短期間の統治となる。この第7代王の統治期間は中国明朝との交渉も空白期となっている。なお、この王は現在のベトナム南部にあったチャンパ王国の姫を妃としたようだ。1451年のこの王の死後には、断片的に諸王の名が伝わるだけで、その相互関係などには何ら手掛かりがなくなる。マジャパヒト朝末期の歴史は、ほぼ闇の中にあると言える。そのような中、第8代王としてラージャサワルダナ王の名が知られている。その在位期間は1451年から死去の1453年までで、この期、中国遣使記録では1452年から54年まで、連年「爪哇国王巴剌武」からの3度の遣使が記録されている。「巴剌武」は王を示す「プラブー」の音を写したものである。

　8代王死去後は3年間は空位で、1456－66年間に在位したとされるのが第9代王ヒヤン・プルワウィセサ王である。この期には、1460年と1465年に中国遣使が記録されている。この王の後、30年間、明朝との交渉も途絶え、王朝末期の様相はこの側面からも伺えるものがある。続く第10代王はブレ・サンダン・パラス（1466－68）で、トゥマペルで統治とされているが、実際にトゥロウランのマジャパヒト王宮を離れて、トゥマペルに移ったものかは不明

である。前王の1460（天順4）年の遣使も「爪哇国王都馬板（トゥマペル）」の名で行われている。

　マジャパヒト朝で王名が明らかに伝わる最後の王は第11代王ブラウィジャヤであり、この王についての逸話の多くは伝説の世界に入ってしまうことになる。この王の在位期間は1468－78年とされるが、この1478年は、ジャワ暦の紀元が変わる年であり、百年毎に王朝の転変があるとするジャワ人の間の自らの歴史へのこだわりによるマジャパヒト朝の滅亡年である。これはまた、マジャパヒト朝の権勢は、この前後に実質的に終わりを告げたことを示すものとも言える。

　この時期、1473年には、系譜の不明なシンガウィクラマ王が銅板碑文を出している。この碑文では、王国はジャンガラ・カディリからなるヤワブーミ（ジャワの地）と称されているようにシンガサリ朝以前のカディリ（クディリ）に都した古代王朝の系譜が示されている。この期の碑文のほとんどがスラバヤ（ジャンガラ、ウジュン・ガルー）周辺から出土するが、一碑文では、マジャパヒトに対する或る戦争に言及されてもいる。また、1486年碑文は、故ダハ（カディリ）王の12回忌に関するもので、ここにも古代王朝の系譜が主張されている。マジャパヒトはイスラムに滅ぼされる以前に、このジャンガラ・カディリ勢力に滅ぼされたとの説が出る所以である。

　中国遣使記録では、1495（弘治8）年と1499（弘治12）年に「爪哇国王」からの遣使が記録されているのがジャワからの最後のものとなる。なお、1501（弘治14）年には、中国南部の人達が南海で交易をなし、爪哇に至って、当地の人達と共謀して、偽の朝貢使節を明朝に送った事件が生じている（『孝宗実録』弘治14年3月壬子条）。これはマジャパヒト朝は交易への統制力をも失くしてしまう段階に至っていることを示すものであると言える。しかし、この時期、本格的に到来し出すヨーロッパ人の諸記録では、ジャワ内陸部での異教徒（ヒンドゥー）王の統治を伝えている。イスラムはなお、ジャワ・スマトラの沿岸部にのみ定着している時代状況を示している。

第3章　イスラム王朝の樹立と大航海時代の展開

　15世紀はジャワ王朝が衰退に向う一方、マラッカ海峡地域では本格的にイスラム化が進展する時代となる。このイスラム化の波は16世紀にはジャワにも及んで行く。他方、西方世界ではイスラム世界が低迷し、イベリア半島ではイスラム王国を打倒したキリスト教勢力が強い反イスラムの姿勢のなかアジア進出への熱意が高まる。「大航海」時代の開幕である。ヨーロッパからの大航海の発進、彼らの目指したのはインドネシア東部に広がる香料諸島への到達であった。東西世界直接接触のすさまじい時代が始まることになる。

第1節　インドネシアへのイスラムの伝来と定着

◆ イスラム到来の初期の様相

　インドネシアにおけるイスラム教伝来の最古の痕跡は、東ジャワ沿岸地域のレランに残る1082年の墓石である。これは渡来人の墓と考えられている。この後、本格的にインドネシア海域にイスラムが到来し、定着し出すのは13世紀以降のことになる。なお、この第3章以降の近現代史については、リックレフス氏（2005）の研究成果が基軸となる。イスラム時代は現代につながるものであり、これを近世の始まりとも考えられる。

　インドネシア地域で最初のイスラム王国の存在を示すものとして、スマトラ北部にスルタン・スレイマン・ビン・アブドゥーラの1211年の墓碑がある。この後、史料は途絶えるが、マルコ・ポーロはヨーロッパへの帰国旅程でスマトラ東北岸のプルラックに寄港する。そこでは町の住民だけがイスラムに改宗しており、山岳地帯の住民や、隣接の都市などはなお偶像教徒であったと記している（愛宕1984）。このマルコ・ポーロの記述は1292年からのものだが、1297年にはプルラックの隣接都市の一つスムトラからスルタン・マリク・アッサリフのイスラム墓碑が発見されている。このスルタンの墓石がインド西北岸グジャラート州カンベイ湾からのものであるところから、インドネシアのイスラム化にグジャラート商人の活躍が強調される傾向がある。

　ところで、このスマトラの最初の支配者とみなされるスルタン・アッサリフのイスラム王

国は中国史料中の「蘇木都剌国」に相当するもので、この国は1282〜94（至元19−31）年間に元朝と交渉を持っている。その漢籍中の1282年の記述では、「国主、土漢八的」（トゥハン・パティ？　宰相の意か）とあり、この時点では国主は未だイスラム名をとっていない。したがって、この国のイスラム化は当然、この年以降のことであったろう。

　中国では元朝に続いて14世紀後半には明朝が成立するが、スムトラ国と明朝との交渉は断絶することなく続く。そして、この国は明時代には完全にイスラム化されていることが、その王名からも明らかである。まず、明朝初期の1383（洪武16）年、漢字表記が「須文達那」の国名で、「殊旦」（スルタン）が明朝に朝貢使節を派遣している。特に、15世紀初頭からの永楽帝時代には「蘇門答剌国王宰奴里阿必丁」（ザイナルアビディン）なるイスラム名の国王と明朝との頻繁な交渉は30年に及んで続いた。

　このスムトラ国は、パサイ河畔にあった国だが、トメ・ピレスはじめ西欧人の記録や現地文献の『パサイ王国物語』等では「パサイ王国」の名で多出する。パサイ王国はスムトラ王国の対岸に位置していたとされ、後、この2国は合体して行き、一般的に「スムトラ・パサイ王国」と称されることが多い。

　なお、史料にも記録される程のこの国の活躍期を考えてみると、島の東南部パレンバンに位置したスリィウィジャヤ王国の興廃と相関関係を持っていたようだ。まず、元代の「蘇木都剌国」の活躍期は、元朝が宋朝残党の活動するパレンバンを忌避してスマトラ東北岸を寄港地とした時代に相当し、明代の「蘇門答剌国」の活躍期は三仏斉の崩壊期に相当するものである。そして、三仏斉スリィウィジャヤを継承するマラッカ王国の隆盛とともに蘇門答剌国の活躍期も終息して行くことになる。また、一説には至元18，9（1281，82）年に現れる「蘇木達」もスマトラとされるが、この国はインドに存在した国である。

　蘇門答剌国はスルタン・ザイナルアビディン没後、また、マラッカ王国の確立後には衰微して行くが、『明史』巻325蘇門答剌国伝では、国の衰微とともに王位簒奪紛争が続き、ついに「国名をかえて、アチェという」（易国名、曰亜斉）と記されている。これは、この地域の中心が島の東北部から、北端部のアチェに移動した、あるいは、北端部のアチェの支配下に入ったことを示すものであろう。漢籍中では、南巫里、藍無里（その他）と記せられる国がアチェ王国に相当するものである。なお、このスムトラ国の名称が、後にスマトラ島全体の名称となったとも言われるが、1017（天禧元）年の三仏斉国からの中国遣使記録には、その王は「其王霞遅蘇勿吒蒲迷、遣使…」と、「スマトラの地（スマトラ・ブーミ）の王（ハジ）」を名乗っている。これが、実質的にスマトラ名称の初見である。

第3章　イスラム王朝の樹立と大航海時代の展開

◆ マラッカ王国の成立と展開 ～イスラム王国の確立へ

　スリィウィジャヤ王国滅亡後、パレンバンを追われた王家はマレー半島南部西岸のマラッカに逃れ勢力を構築した。初王はヒンドゥー的称号「パラメシュワラ」（最高の君主）を名乗り、スリィウィジャヤ王国の継承者、また、ジャワ王家の系譜につながることを主張したようだ。マラッカ王国については、1511年にポルトガルに占領されるまでの8代にわたる王統は比較的明瞭である（和田1976）。

　　① パラメシュワラ：±1401～±1414。
　　② ムガット・イスカンダール・シャー：1414～±1423。
　　③ スリィ・マハーラージャ：1423～1444。
　　④ スリィ・パラメシュワラ・デワ・シャー：1444～1445。
　　⑤ ムザファール・シャー：1445～1456/59。
　　⑥ マンスール・シャー：1456/59～1477。
　　⑦ アラウッディーン・リアヤット・シャー：1477～±1480。
　　⑧ マッムード・シャー：±1480～1511。

　この王統を一覧しても、この王国のイスラム化の過程は明瞭に読み取れるものがある。初王パラメシュワラは、明朝への遣使記録では「拝里迷蘇刺」とあり、活発な中国遣使活動を行っている。この当時、おそらくはスリィウィジャヤ王国崩壊後の海峡における権力の空白期に、シャム（暹羅）はマレー半島南端部、さらにはスマトラ東北岸地域にまで勢力を一気に拡大していた。したがって、マラッカの地はシャム王国の支配下にあった地で、初期には毎年シャム王国に貢納を行うという状況にあった。このシャムの羈絆から脱して独立勢力を確立するには明朝の助力が大きかった。まず、1403（永楽元）年に、明朝は永楽帝即位の告知と遣使を促す使節を各国に派遣する。満剌加にも使節が及び、これが明・満剌加の最初の接触となった。この明朝からの要請に応じて、1405年には「満剌加国酋長拝里迷蘇刺」が明朝に遣使している。明朝ではこの使節の到来で以て、この「酋長」を国王と認証し、これ以降では「満剌加国王」としての扱いとなって行く（『明史』巻325満剌加伝）。この年をマラッカ王国の成立年とみなす説もある。

　ところで、スリィウィジャヤ王国の時代は中国遣使活動においては、ジャワ王国と併行し

て遣使することはなかったが、マラッカ王国はジャワの遣使活動と併行して活発な遣使を行うこととなる。この理由として考えられるのは、一つにはマラッカの位置はパレンバン・ジャムビより遙かに遠く、ジャワの圧力が及びにくい地であったと考えられること。今一つの理由としては、シャム王国の影響から脱して王国の独立を維持するには、明朝との緊密な関係が欠かせないものであったことであろう。したがって、マラッカ国からの明朝訪問が頻繁として続くことになる。また、明朝側においても、「客旅不通」「使臣商旅阻絶」事件から三仏斉国滅亡後のマラッカ海峡地域の混乱のなか、海路の修復のためには海峡における安定した中継港の再建が急務と考えられていたようだ。かくして、7度におよぶ鄭和大遠征隊の派遣が1405（永楽3）年から始まることになり、マラッカにはこの鄭和遠征隊用の基地が設けられたものであった。かくして、1411（永楽9）年には満剌加国王拝里迷蘇剌は妻子・陪臣540余人を率いて明朝へ表敬、謝恩のための訪問を行っている。この大使節団の搬送も鄭和艦隊の巨艦で以てはじめてなし得たことであったとともに、明朝側においても、満剌加国重視、優遇の大きな意思表明であったろう。この大使節団派遣はマラッカ王国はシャムから完全に独立を果たしたことを示す象徴的意味を持つものであった。

　この王国の第2代王はムガット・イスカンダル・シャー（母幹撒于的児沙）だが、1414年、自ら明朝を訪れ、父王の死去の報告と自らの王位継承の認証を求めている。ここには、王権の維持を一方的に明朝に依拠する姿勢が読み取れると言える。また、この王称からはマラッカ第2代王は明らかにイスラムを受容している。この王は、1419（永楽17）年に再び明朝を訪問している。この時の訪問の目的は、暹羅（シャム）の侵略を訴えることにもあった。明朝ではこの要請を受け、暹羅王を詔勅でさとして、事態を収拾している。この事件に関して、明代の重要な地理書『東西洋考』では、「満剌加国が境域を保ち得るのは、皆、中国の賜物なり」と記しているが、この当時のマラッカ王国の状況を考えるとこの一文には真実に近いものがあったと考えられる。

　マラッカ王国の第3代王は、スリィ・マハーラージャ（西哩麻哈剌者）でヒンドゥー的王称が復活している。これは、この王国のイスラム化はなお過渡的な状況にあったことを示すものであろう。この王も、父王の死去に伴う王位継承を自ら明朝を訪問して願い出ている。1424（永楽22）年のことで、このように王位継承毎に王自らが訪問することは他に余り例のないことである。前王は10年前後の治世に8度も遣明使節を送っているが、この王も、20年前後の統治期間中に8度も中国遣使を行っている。この3代王は1433（宣徳8）年に再度、大使節団を自ら率いて明朝訪問を行っている。これはシャムの侵略に対して、明朝から助力

第3章　イスラム王朝の樹立と大航海時代の展開　*111*

を得た謝恩のためであった。ただ、鄭和大遠征はこの時が最後で、この後はマラッカ王国はその独立を自力で維持して行くことになる。

続く第4代王は、スリィ・パラメシュワラ・デワ・シャー（息力八密息瓦児丢八沙）で、わずか2年足らずの治世で終わっている。王称に初代王のものが復活しているが、王権をめぐるどのような動きがあったのかは史料は何も語っていない。ただ、王宮内で権力闘争があったようだが、それを伝えるのは『マライ年代記』（スジャラ・ムラユー）だけである。そこでは、先王の子息には異母兄弟となるカシムとイブラヒムがあったが、人望はカシムにあった。ところが、先王の妃が自らの子息の王位継承を策謀しイブラヒム（第4代王）を即位させた。そこで、納得がいかず、不満が高まる従臣たちが王宮内クーデタを敢行し、カシム（ムザファール・シャー）を即位させたというものである。『マライ年代記』は荒唐無稽な話も多いが、この逸話は史実を反映したものとされている。

第5代王スルタン・ムザファール・シャー（速魯檀無荅仏哪沙）は10年余の治世期間（1445–56/59）中、明朝への遣使は1455（景泰6）年7月に一度行っただけである。その理由として考えられるのは、シャムのアユタヤ朝からの2度にわたる攻撃であったろう。このシャムの侵略については明朝の記録に何も残らないが、『マライ年代記』『アユタヤ王朝年代記』に記されているもので、後者では、1445年と1456年にシャムのマラッカ遠征が行われたことが記録されている。特に第2回目の攻撃に際しては、マラッカ王国はアユタヤ軍を撃退し、マライ半島南部からシャム勢力の排除に成功したようだ。この自力での勝利は、建国当初の何事も明朝に依存する体質からの脱却を果たした大きな意義を有するものとなった。

この期におけるこの王国の版図はマレー半島のほぼ全域に広がった。ただ、パレンバンはなおジャワ王国の影響下にあり続け、その奪取はならなかったようで、版図という面ではスリィウィジャヤ王国には及ばなかったものと考えられる。トメ・ピレス『東方諸国記』（生田1966）にも、この王時の領土拡大活動が記されているが、この王はスルタンを称した最初のマラッカ国王であり、王国のイスラム化を確固としたものにした。これにしたがって、周辺地のイスラム化も急速に進むことになる。トメ・ピレスによれば、このイスラム化の功績でアラブ・ペルシャ方面からも多数のイスラム商人がマラッカに集まることになったようだ。

第6代王はスルタン・マンスール・シャーで、1456/59～77年間の20年前後の治世中、明朝への遣使は4度「蘇丹茫（芒）速沙、満速沙児」の漢字表記のもとに行われている。1469年時の遣使記録では「満速沙児」となっているが、これは「沙」と「児」が入れ替わっているものである。この王は先代スルタンに続き王国の隆盛を維持、発展させ、版図はさらにス

マトラ東北岸地域にも広がった。ここに三仏斉スリィウィジャヤ王国が果たしていた海峡における中心的中継港としての役割・機能を完全に回復させたと言えるものがある。このスルタンの墓石が1918年頃発見され、現在はクアラルンプールの国立博物館に保存されている。また、このスルタンの王子スレイマン・シャーの墓石は半島最南端のジョホールで発見されている。

　続く第7代王はアラウッディーンで、治世は1477年から1480年頃と短期間となる。この期からは中国への遣使活動も見られない。このスルタンの墓石は王都のマラッカではなく、ジョホールで発見され、しかも没年も記されていないのが不思議なことと言える。しかし、この背景を語る史料は皆無である。なお、この期は琉球王国が東南アジア各国と盛んな交渉を行っていた時期で、マラッカ王国とは、1460～1481年間に16回も遣使活動を行っている（小葉田1939）。

　第8代王は最終王となるマッムード・シャーで、在位は1480年頃から1511年までとなる。この1511年は、ポルトガル艦隊の攻撃でマラッカが滅亡した年である。この王は中国史料では「馬哈木沙、蘇丹媽末」と漢字表記されている。後者の表記は「マッムード」のマレー語訛り「ママット」とも考えられている。先王は、おそらく若年で死去したのであろう、父を継承したマッムードは、『東方諸国記』『マライ年代記』とも幼少での即位を伝えている。なお、琉球王国からの『歴代宝案』には、琉球・満剌加の外交文書が収録されているが、成化16（1480）年の満剌加国王から琉球国王への書信では、マラッカ国王は「年方六歳」とあり、ようやく6歳にしての即位だったことが分る。

　このスルタンは、ポルトガルに追われた後、半島南部やスマトラ東岸地域を転々とするが、マラッカ奪還の夢をはたせないまま、1527年頃、スマトラ東岸のカンパルで死去したようだ。ポルトガルに占領されたマラッカに対して、スマトラ北端のアチェ王国やジャワ王国がマラッカ攻撃を敢行するが、相互不信のため連携が取れず、別々の攻撃となり、いずれも成功することはなかった。ポルトガルにとっては相当厳しい防御戦となったようだが。

　マラッカ王国は強大さという面ではスリィウィジャヤ王国には及ばなかったと考えられるが、到来し出したヨーロッパ人の眼には、その繁栄ぶりは驚異的なものであったようだ。トメ・ピレス『東方諸国記』の「マラカは商品のために作られた都市で、世界中のどの都市よりもすぐれている」（p.493）「（マラカは）季節風が吹き始め、また吹き終わる所にある」（p.475）「84の言語が話されている」（p.455）等々の記述は、この王国の特質をよく表していると言える。なお、「84の言語」の内、その半分はインドネシア海域の諸方言である。まさに

東西世界のあらゆる商品が当地に集まり、「(商業は)マラカにやって来なければ成立しない」(p.493)という活況を呈していたものであった。

◆ ジャワ・イスラム化の9聖人 〜ワリ・ソンゴ

　ジャワのイスラム化については、ワリ・ソンゴ(9聖人)の活躍が大きいとされている。多くは伝説化されている感があるが、いずれも墓は現存し今も参拝者は絶えない。まずは、9聖人とその墓の所在地を示しておきたい。年代は判明している限りの没年である。なお、この時代については故長岡新治郎氏(1959)の研究に多くを依拠している。

　① マウラナ・マリク・イブラヒム；グレシック、1419年。
　② スーナン・アムペル；スラバヤ、1472或は1481年。
　③ スーナン・ギリ；グレシック。
　④ スーナン・ボナン；トゥバン、1525年。
　⑤ スーナン・ドラジャット；トゥバン郊外シダユー。
　⑥ スーナン・クドゥス；クドゥス。
　⑦ スーナン・ムーリヤ；ジュパラ。
　⑧ スーナン・グヌン・ジャティ；チルボン、1570年。
　⑨ スーナン・カリジャガ；ドゥマック。

　東部ジャワの中心都市スラバヤ郊外の港町グレシックには、1082年、あるいは1101年に死去したファティマ・ビン・マイムーン婦人のイスラム墓石が伝わっている。それから数世紀隔てて、この地に本格的にイスラムが定着する時代を迎える。この時代を象徴する9聖人については各種伝承に若干の相違を見せるが、ジャワ・イスラム化に功績ある最初の人物はマリク・イブラヒムである。彼はペルシア出身の商人であった。イスラムでは伝道師等の職階は設定されておらず、誰もが布教できるという特質を持つ。すなわち、ある土地のイスラム化とは、イスラム経済の波及を示すものとも言える。

　丁度、この期に相当する中国史料に馬歓の『瀛涯勝覧』がある。彼は、1413年、鄭和の第4次遠征隊に随行し、その見聞を著したものである。この書の爪哇国伝では、「国有三等人」すなわち、ジャワには3種類の人がいる。第一は、回回人で、「西番各国人」、すなわち、西方諸国からのイスラム教徒で、次は唐人、すなわち、中国系人で、多くは回教門に属す人々

とある。残る一種類の人は、「土人」、すなわち、土地の人々で、「崇信鬼教」とあり、イスラムはなお外来人社会間のものであったようだ。

　マリク・イブラヒムの墓碑はグレシックに残るが、スラバヤ・グレシックはジャワ・イスラム化初期の中心地となる港町である。ところで、マリク・イブラヒムに続くスーナン・アムペルの登場まで、半世紀以上の空白期があるが、この間を埋めるものとしてジャワ内陸部のマジャパヒト王宮近くでイスラム墓が残っている。リックレフス氏の報告によれば、最も古いものは1368／9年からで1611年にまで及ぶ。大部分はイスラム暦ではなくジャワ暦を用いており、また、墓石を残すというところからジャワ人上層部のものと考えられる。なお、マジャパヒト第7代王クルタウィジャヤの妃はチャンパからの姫であったが、チャンパはすでにイスラム化されており、この「プトリ（姫）・チャンパ」の葬儀は、1448年にイスラム式で行われた。この墓石は現存している。このように内陸部の中心地においてもイスラムが波及している状況にあったと言える。

　マリク・イブラヒムに続く　スーナン・アムペルはジャワ・イスラム化の真の出発点ともなる重要な位置を占める。出自はマジャパヒト王妃のチャンパ姫の孫に当る。チャンパ姫の次女は渡来した賓客イブラヒム・アスマラの妻となるが、その間の子息ラフマットがスラバヤのアムペル・デンタを本拠として人々の信頼を集め、スーナン・アムペルと称されたようだ。そしてこのアムペル・デンタからは次代のイスラム指導者が育つことになる。その一人はスーナン・ギリであり、今一人はスーナン・アムペルの子息スーナン・ボナンである。なお、このスーナンなる呼称はこれら聖人達への尊称で、後にスラカルタ諸王の尊称ともなる。

　スーナン・ギリはラデン・パク、あるいは、スーナン・サトマタとも称されるが、その出自は数奇なものである。ジェッダからの法家ワリ・ラナンはアムペル・デンタからさらに東方のバランバンガン地方に旅し、土地の王女の病を治し、その娘と結婚するが、王の改宗はならず、立ち去ってしまった。残された妻からは子供が生まれたが、王はこれを木箱に入れて海に流してしまった。この木箱を発見した者はグレシック在住のキ・サムボジャの寡婦で大資産家のニャイ・ピナテにこの木箱中の子供、後のラデン・パクを預けることになった。この子供が、スーナン・ボナンと共にアムペル・デンタでコーランの読誦を学び、共々、マラッカでも修業した。養母のピナテ死後、ラデン・パクはその巨富を継承し、グレシックのギリの丘に宮殿を建設し、スーナン・ギリと称された。これ以降、ギリ（丘）は長くジャワ・イスラムの中心的な権威を保持することになる。東部諸島のイスラム化もギリより発せられるのである。

一方、スーナン・ボナンは、ジャワ海に面する港町トゥバンでイマム（教長）となり、当地で1525年に死去する。続くスーナン・ドラジャットは、ジャワのイスラム化時代を物語る『ジャワ年代記』（Babad Tanah Jawi）に現れない人物だが、墓廟はトゥバンの西方郊外シダユーにある。以上が東部ジャワで活躍した聖人達で、イスラム化の波は西へ西へと進み、これ以降は中部ジャワが舞台となる。それと共に、東部ジャワ内陸部が本拠のヒンドゥー勢力との戦いという局面が色濃く出てくることになる。スーナン・クドゥス、スーナン・ムーリヤがそれで、中部ジャワ沿岸部に勢力を構築し、内陸部の異教徒との闘争者ともなった。特にスーナン・クドゥスは、1527年のマジャパヒト攻撃の指導者であった。

　中部ジャワを舞台とした聖人達の今一つの特徴は、指導者の外来人的特質が薄れ、ジャワ的要素が顕著となることであろう。スーナン・グヌン・ジャティはスマトラ東北岸のパセイの出身で、当初はファラテハンと称し、西部ジャワのイスラム化に活躍する。この聖人には中国系説もあるが、1521年頃メッカにも行ったとされている。1511年、東南アジアにおけるイスラムの拠点マラッカがポルトガルに占領され、イスラム勢力にとっては新たな強敵が出現する時代を迎えていたのである。彼は後、中ジャワのジュパラに移り、ジャワ最初のイスラム王国ドゥマックのパンゲラン・トレンガヌの妹と結婚し、西部ジャワ一帯を攻略した後、チルボンを本拠として1570年、当地で死去している。

　「9聖人」の最後のスーナン・カリジャガはマジャパヒト朝の地方代官の子息とされ、スーナン・ボナンによりイスラムに改宗し、チルボンの小河のほとりに住んだところからその名が由来する。カリ（河）ジャガ（見守る）とは「河を見守る」という意味がある。この聖人には神秘主義的色彩が強い多くの伝説に包まれている。その神秘主義的色彩が、ヒンドゥー的伝統とイスラムをつなぐ上で大きな役割を果たしたと一般的に考えられている。彼はチルボンの統治者となったスーナン・グヌン・ジャティの妹を妻として、西部ジャワから中部ジャワ沿岸部に移り、ジュパラ、ドゥマックを活躍の場として、ドゥマックのアディ・ラングで多くの弟子を従えた。ジャワ・イスラム化の最終局面における著名な聖者である。

第2節　イスラム諸王国の確立とその展開 〜イスラム、全土に波及

◆ ジャワ最初のイスラム王国 〜ドゥマック

　中部ジャワ沿岸部のドゥマックに政治勢力が構築され出したのは15世紀後半以降のようだ。多くは伝説的物語の中にあり、それらの内で中国系のジン・ブンなる人物名に出くわすことになるが、その実体は不明である。別の説では、ポルトガル人がロディムと呼ぶ、チェ・コ・ポなる中国系人物が活躍したものともされている。したがって、ドゥマック王国の初王はラデン・パタ（1475–1518）だが、この王が、第2代王とされることもある。このラデン・パタはマジャパヒト最終王と中国人姫との間の子息とされるが、これも伝説の中にある。このドゥマック王国の全盛期は第3代王トレンガヌに代表される。この王の在位期間は、1505〜18年間と、1521〜46年間という2期に分かれるとする説がある。この内の前期は、ラデン・パタの統治期と重複するが、この問題について明解な回答を示す史料はない。考えられるのはラデン・パタの老齢期には兄弟あるいは子息ともされるトレンガヌに統治を委ねていたとも考えられる。この第2節では再びリックレフス氏に依拠する。

　1518年のラデン・パタ死去後は、トレンガヌの義兄に当るジュパラのパティ・ウヌス（あるいはユヌス）が第2代王として統治したようだ。パティという称号から、大臣あるいは宰相としてラデン・パタを補佐していたのであろう。それはまた、1513年にはポルトガルに占領されたマラッカに攻撃をしかけたのが、このパティ・ウヌスだったことも、宰相相当の地位にいたことは相違ないものと考えられる。

　このように、第3代王スルタン・トレンガヌの実質的統治期は1521〜1546年間と考えられる。このスルタン時には、ジャワ島東西地域の征服戦がほぼ完了している。ポルトガルのマラッカ占領後、イスラム商人が各地に避難するが、彼は特に西部ジャワのバンテンやチルボンを積極的に支援し、それぞれ相当な勢力のイスラム王国が形成されて行った。マジャパヒト朝も1527年におけるこのスルタンによる征服戦で最終的に滅亡したとみなされる。しかし、この東部ジャワ征服行の中、トレンガヌはパナルカン攻撃中に災難を避けられず、殺害されてしまった。

　トレンガヌ死去後、王位継承をめぐる紛争が続き、ドゥマック王国の衰亡を早めてしまう。まず、トレンガヌの兄弟セダ・レペンが継承するが、これはトレンガヌの子息プラウォトに

殺害され、これが第4代王となった（±1546-61）。しかし、この王は自分が殺害したセダ・レペンの子息アーリヤ・パナンサンに殺害された。ところが、トレンガヌの娘婿で中部ジャワ内陸部のパジャンの統治の任にあったジャカ・ティンキルがこれを破り、ドゥマック王国は消滅し、パジャン王国が成立する。1581年、ジャカ・ティンキルはジャワ・イスラムの最高権威スーナン・ギリより王位を認証され、スルタン・パジャンとなる。かくして、中部ジャワ内陸部に政治勢力の中心が再び回帰することになった。ジャワ王朝は中部・東部ジャワを往復運動をなすのである。

このドゥマック王国をめぐる政治的混乱期に、ドゥマック北方の海港ジュパラが一時的に強大化する。ジュパラは、1551年、1574年と2度、ポルトガルのマラッカを攻撃している。74年時には、3ケ月にわたりマラッカを包囲したようだ。この期、アチェからも2度にわたりマラッカを攻撃している。しかし、いずれの攻撃もポルトガルを駆逐するには至らなかった。もし、ジャワとアチェ軍が合体しての攻撃であれば、ポルトガルも耐え得たかどうかと考えられもしている状況にあった。強い自負心によるものか、当時、ジャワはアチェを受容できなかったのである。ジュパラの強勢を維持した人物として、ラトゥ・カリニャマット女王の治世が伝えられている。

◆ マタラム朝の成立と初期の様相 ～中ジャワ内陸部に王朝回帰

中部ジャワ内陸部マタラムの地に政治勢力の中心が回帰し、そこに展開した王家が現代にまで存続を続けている。その主要都市は、スラカルタ（ソロ）とヨクヤカルタ（ジョクジャ）である。パジャンはスラカルタ地域に存在する。

ジャカ・ティンキルがパジャン王国を樹立するが、その配下で大きな功績をあげていた人物にキヤイ・グデ・パマナハンがいた。彼は東部ジャワの難敵アーリヤ・グデ・プナンサンを破ったが、約束の報奨であるマタラムの地での封地を得れなかった。そこでカリ・ジャガが仲介し、ジャカ・ティンキルに約束を果たさせたという。このカリ・ジャガはマタラム朝樹立に向けての道程にしばしば顔を出してくる。このようにワリ・ソンゴとは宗教面だけでなく、世俗的な面でも活躍したことが理解できることである。

このパマナハンがマタラムの地に拠点を有したのは1570年代と考えられている。この子息がセナパティで、1584年頃の父の死去後、自立して勢力を拡大し、1587年前後にはパジャンを最終的に滅ぼすことになる。セナパティがパジャンの封臣から脱して、自立する前後に関

して、実に多くの伝説が伝えられている。それらの中で最も主要な部分は、インド洋の海中に住すという「南海の女神」(Nyai Lara Kidul) からの支援の獲得物語であろう。セナパティは海中に入り、そこに滞在して女神から直接、支援の約束を得たという。

　このセナパティがパジャンを破った後、続いて北岸部のドゥマックを征服し、中部ジャワでの覇権を確実にした。1590年代には、本格的に東部ジャワ諸地域への征服行が続くが、強大な勢力を維持していたスラバヤ地域の征服は容易ではなく、第3代スルタン時の1625年頃にようやく東部ジャワ征服が達成される。セナパティの治世は、1584年前後から1601年までだが、その治世中にジャワ島全域の支配はならなかったものの、中部ジャワでマタラム朝が確立されていた。彼の墓廟はコタ・グデに現存する。そこはヨクヤカルタの南方に隣接し、インド洋岸により近い地域であり、そこが彼の本来の拠点だったようだ。

　マタラム朝の第2代王はセナパティの子息パネンバハン・セダ・イン・クラプヤック(1601-13) となる。17世紀ともなると、ポルトガルだけでなくオランダ・イギリスも本格的に到来する時代となる。種々の出来事について、ヨーロッパ側からの記録で諸事件も少しはより明らかとなる。長兄ではなかったクラプヤックの王位継承に異議を唱える向きが少なからずあったようで、それが各地の統治の任にあったいとこ達の反乱となって現れてくる。その最初は、ドゥマック統治の任にあったパンゲラン・プーゲルの反乱である。この反乱が生じたことは、この混乱時に11人のオランダ人が捕虜となったというヨーロッパ側の記録で証明されるものである。パンゲラン・プーゲルの反乱は1605年には鎮圧されたが、他のいとこが1607年から翌年にかけ、東部ジャワのポノロゴで反乱を起こしている。これとほぼ同時期に、クディリでも反乱が生じたようだが、いずれも制圧されている。

　クラプヤック王の最大の事業は、諸内乱を征圧した後の東部ジャワの中心地スラバヤ地域の攻略であった。ヨーロッパ人の記録にはモルッカス香料諸島からマラッカまでの海域におけるスラバヤ商船の活躍が伝えられている。このように当時のスラバヤは豊かな強国で、周囲37kmを大砲を備えた濠で囲まれていたという。スラバヤ攻撃は1610年から13年にかけ毎年行われたようだが、農作物の収穫を破壊するなど、その経済的基盤を弱める位の成果しか得れなかったようだ。1613年にはスラバヤに隣接するグレシックその他の海港都市を焼払っている。その地に駐在していたオランダ東インド会社の商館員は全員脱出したなどという記録が残っている。クラプヤックのスラバヤ地域への遠征の目的は、明らかに交易活動の奪取を目指すところにもあった。彼はオランダ側にも使節を派遣して、中ジャワの海港ジュパラにオランダの商館を設置させたりしている。

◆ 英傑スルタン・アグン ～バタビア城攻略成らず

　マタラム朝の第3代王は、ジャワ王朝の最後の光輝を見せたとも言えるスルタン・アグン（1613-46）である。先王の子息で、東ジャワ征服という先王達の事業を継承し、完成させた英傑である。スラバヤ地域の諸勢力はなお強大で、1616年にはスラバヤ同盟軍は沿岸部からスラカルタ地域のパジャンへの攻撃を行った。これは撃退されたが、翌1617年にはスラバヤと通じたパジャンがマタラム朝に反乱を起こしている。これらのスラバヤからの反攻を乗り越え、1619年にはスラバヤ同盟の最重要港市、ジャワ北岸のトゥバンを征服。1624年には、難敵マドゥラ島を征服し、スラバヤ包囲網がほぼ完成することになる。かくして、1625年にはスラバヤが遂に屈伏するに至る。それは戦闘によるものではなく、包囲戦による飢餓のためであった。

　この頃がスルタン・アグンの絶頂期であった。ジャワ島東端部分のバランバンガン、西部ジャワ西端部のバンテン以外は、ほぼマタラム朝の支配下に入っていた。しかし、バンテン征服を考えるうえでも、スルタン・アグンはバタビア（現ジャカルタ）に拠点を構築したオランダ勢力と直面せざるを得なくなる。インドネシアにおける確固たるオランダの地盤を構築したヤン・ピーテルスゾーン・クーンは、インドネシア海域を縦横無尽に活躍していた。この活躍とは、オランダの香料交易に障害となる地を武力で乱暴に征圧することを意味している。「自然法」すなわち、強い者が勝つという、当時の哲学を実践していたものである。1618年には、彼は中部ジャワのジュパラ港でも武力抗争を起こしていた。

　スルタン・アグンとオランダとの交渉は、1614年のスルタンの即位を祝うオランダ使節の訪問以降も継続されていた。しかし、巨大なバタビア城建設をはじめ、オランダの明白な香料貿易独占政策には、ジャワ王朝も容認できるものではなかった。かくして、スルタン・アグンはバタビア城攻撃を決断するに至る。1628年8月、マタラム朝軍部隊はバタビアに至り、10月にはさらに増援部隊が到着しバタビア城攻撃は開始された。オランダのバタビア要塞は一度ならず陥落の危機にも面したようだが、マタラム軍の町を貫くチリウン河をせき止めての水攻め策が失敗に終わり、最終的には12月に至るとジャワ部隊は撤退を余儀なくされたようだ。その理由については、雨季の到来も一因とされているが細かな経緯は不明である。それにしても、ジャワ軍はバタビア城を4ケ月にもわたり包囲し、オランダ側も相当の苦戦を強いられたことは確かなことである。なお、この時のマタラム軍の規模については1万とも

2万とも諸説があり明確な数値は不明である。

　スルタン・アグンは翌1629年にも再度の攻撃を行うが、これは大悲劇となった。オランダ軍はあらかじめ沿岸部の船や食糧庫を焼払い、ジャワ軍は飢餓や病気の蔓延で1ケ月の攻撃しか行えず、最終的に攻撃部隊は分解してしまったという。しかし、城内のクーンは防戦中、蔓延するペスト（コレラ説もあり）を発病し、42歳で病死した。スルタン・アグンはこの敗戦の後、若干の反乱等に見舞われるが、中・東部ジャワの統治に注力するとともに、イスラムに大きく傾斜して行く。イスラム世界との連携に最後の拠りどころを求めたのであろう。1633年にはヒンドゥー暦を捨て、公式にイスラム暦を採用するに至る。1639年にはメッカに使節を派遣し、正式にスルタンの称号を付与された。その正式王称は長く、一般的に「偉大なるスルタン」（スルタン・アグン）と称される。

　オランダに果敢に挑戦し、ジャワ王朝の最後の輝きを示した英傑も1646年に死去し、子息がススフナン・アマンクラット（Ⅰ世）として継承する。強大化するオランダ海上勢力に蚕食されて行く時代が始まることになる。

◆ アチェ王国とバンテン王国 〜強大な地方王国

　マラッカ滅亡後、イスラム商人は各地に分散し、この後、海峡における覇権をめぐる抗争が続く。そのなかで第1の強国となったのがスマトラ北端のアチェ王国であった。マラッカ王家が逃亡したマレー半島南端のジョホールもポルトガル駆逐への努力を続けるが、ジョホールはポルトガル側からの連続する攻勢に強力な反撃力は形成できなかった。一方、アチェにはマラッカを避けた交易が集中し、強力なアチェ王国が形成されて行った。スルタン・アリ・ムガヤット・シャー（1514-30）は、20年代から周辺地の征服を始め、スマトラ東岸の胡椒と金の産出地を奪取する。1524年には、スマトラ東北岸のパサイ等の主要港を支配下にし、当地のポルトガル勢力を撃破する強大さを示した。アチェにとり、ポルトガルと北上する力を示していたジョホールが当面する敵となっていた。

　このスルタンは長子サラフディン（1530-37）に継承されるが、父を越える指導力は発揮できなかったようだ。彼は1537年にはマラッカ攻撃をなすが、失敗し、失脚する。この失脚年については39年説もあるが、アチェの勢力拡大策は王位を継承した彼の兄弟アラウディン・リアヤット・シャー・アル・カハール（1537-71）によっても継承された。しかし、彼の統治初期のジョホール攻撃は撃退され、1547年のマラッカ攻撃も失敗に終わる。ようやく、

1564年から翌年にかけての攻撃でジョホールのスルタンを殺害し、それによって海峡北部における支配権を確固としたものにした。この後、1568年には再びマラッカ攻撃を敢行するも、失敗に終わっている。さらに、1570年のジョホール攻撃も撤退を余儀なくされ、アチェ王国も海峡全域を支配する程の勢力構築には至らなかった。

　この後、アチェ王国には強力指導者が30年余にわたり現れず、内紛期となる。しかし、この王国の強大さを代表するアチェ最大の指導者が17世紀初頭に出現する。それはスルタン・イスカンダール・ムダ（1607-36）で、インドネシア西部でこの王国を最強のものとすることになる。その活動は、スマトラ東岸地帯からマレー半島の主要地点に及ぶものであった。1613年にはジョホールを攻撃するも、これは海峡東南部地域の同盟軍の反撃で撤退を余儀なくされたが、1614年にはビンタン島のポルトガル艦隊を撃破するなど、スルタンの攻撃は中断することはなく、1623年にはジョホールを再略奪している。マレー半島のパハン、ケダ地域の征服を完了した後のことであった。そして、1629年には、スルタン・イスカンダール・ムダは全戦力を結集して、マラッカ攻撃を敢行するに至る。数百隻のアチェ海軍が攻撃に加わるが、ポルトガル側の報告では、スルタンの全ての船舶と１万９千兵が消滅したと伝えている。アチェはこの後、再び強力な軍事国家として復活することはなく、スマトラ島北端の小王国として存続を続けていくことになる。

　一方、ジャワ島西端のバンテン地域においても、マラッカから分散した交易が当地にも及び隆盛に向うことになった。バンテンは本来、胡椒の輸出港としての役割を担っていた地であった。バンテン王国の来歴については不明瞭だが、ジャワのイスラム化の時代に至り、中部ジャワのドゥマック王国からの圧力が及び、一時期ポルトガルと反ドゥマック同盟が形成されたりもした。しかし、1523年から翌年にかけ、ドゥマック軍と共に９聖人の一人、スーナン・グヌン・ジャティがバンテンの旧支配者を転覆させ、新たな王統を作りだした。しかし、ドゥマックの影響はその後消滅し、バンテンは独立王国となって行った。1552年、スーナン・グヌン・ジャティはチルボンに移り、そこで別の王統を作りだしている。

　この頃、この王国に著名な指導者、ハサヌディン（1552-70）が出現する。彼は胡椒産地のスマトラ南部のラムポン地域に勢力を拡大し、東は現ジャカルタのスンダ・カラパ（ジャヤカルタ）に及ぶ勢力範囲は、地方王国としては強大な勢威を誇ったものである。なお、ハサヌディンはグヌン・ジャティの子息ともみなされているが、当地においてこの時期、イスラム布教に活躍した人物としてファラテハンなる人物が著名である。このファラテハンが、後にグヌン・ジャティとなったとも考えられているが、別人とみなす説もあり、真実は曖昧

模糊のままである。したがって、ハサヌディンは第2代王ともされたり、初代王ともされるなど諸説は混沌としている。

ハサヌディンを継承したマウラナ・ユスフ（1570-80）は、先王以上の活躍は見られず不明な点の方が多い時代となって行く。時代は、ポルトガルに続いてオランダ・イギリスが本格的に到来する時代となる。現ジャカルタに本拠を構えたオランダ、これに対抗するにイギリスはバンテンに拠点を構えた。西部ジャワはヨーロッパ人の活躍の舞台となって行くことになる。バンテンは歴史は不明なことが多いが、西部ジャワの重要な交易港としての役割を長く維持していたことは、それらヨーロッパ人の報告からも明らかなことである。

第3節　大航海時代の開幕　～東西世界の直接接触へ

◆ 大航海を誘発した要因　～香料とキリスト教

東西世界は古来から様々な地域の人々が関与する中継貿易でつながっていた。大航海時代とは、この中継貿易の歴史に終止符を打ち、東西世界が直接接触するという世界史的大転換の時代の開始を意味する。西ヨーロッパからはアフリカ東岸を南下し、喜望峰を迂回して、長駆マラッカ海峡に至るという、まさに大航海であり、人命の損失もおびただしい大冒険旅行であった。また、土地土地での交渉がもつれて生命を落とす例も少なくはなかった。この危険に満ちた大航海を誘発した要因として大きく3つの要因が考えられる。なお、これらの諸問題については、永積昭（1977）、生田滋（1998）両氏の論説に依拠することが多い。

まず第1に、ヨーロッパは牧畜社会、すなわち肉食社会であった。冬季を前に余分な家畜を屠殺し、その肉を塩漬けで保存するが、食用に際しては、その臭気消し、食欲増進、味付けのため熱帯アジアに産する香辛料は必需品であった。中国諸王朝においても南海の香辛料が珍重されたものだが、そこには嗜好品・贅沢品的要素も強かったと考えられる。そのため、オランダのファン・ルール（1955）がインドネシア産香辛料への需要は、東洋市場はヨーロッパ市場の3分の1とみなしているのも首肯できることである（p.123）。

またさらに、熱帯産香辛料はヨーロッパでは医薬品としても貴重視され、丁字などは秤にかけられ貨幣と同様に通用したようだ。「丁字1グラムは金1グラム」という言葉さえ伝わ

っている。したがって、大変な冒険旅行ではあったが、一たび航海が成功するや莫大な利益を獲得することになった。1522年、世界一周をなしとげたマゼラン船隊のただ一隻の帰還船ビクトリア号がモルッカから運んだ丁字は2500％の利益を挙げたという。また、1598年に発せられたオランダの第2次航海は400倍の利益をもたらしたものであった。香料諸島からマラッカに運ぶだけで、丁字の価格は5～10倍となるのである。

　ところで、香辛料といっても実に様々な種類があるが、代表的なものは、胡椒・丁字・ニクズク（ナツメグ）である。オランダ人は特にこれら3種を指して「スパイス」と呼んだ。この内、胡椒はインドを初め、スマトラやジャワ島でも栽培地が広がっているが、問題は、丁字とニクヅクで、これらは当時、インドネシア東方諸島のモルッカス香料諸島にしか生育していないものであった。トメ・ピレスは「神はティモールを白檀のために。バンダをナツメグのために、そしてモルッカスを丁字のために造り給うた」との言葉を書きとどめている。ヨーロッパからの大航海とは、まさにこれらの直接獲得を目指して発せられたものであった。

　大航海を誘発した第2の要因として、オスマン・トルコ帝国の興隆がある。この帝国はヨーロッパ大陸への進出を目論み、1526年に至ってはコンスタンチノープルを占領している。これにより、地中海世界への陸路の東西交通路が遮断されてしまった。ベネチアに代表される地中海世界の繁栄を奪わんとのポルトガル・スペインの意図は、トメ・ピレスの次の言葉からも伺うことができる。「マラッカの支配者になることは、ベネチアの喉元に手をかけることだ」。この言葉はまさに真実をついているものであったろう。

　ポルトガルは1511年のマラッカ占領と共に、イスラム商人の拠点であるアラビア半島各地に攻撃を加え、ペルシア湾、紅海経由のイスラム商業ルートの破壊を目論んでいる。そもそも、インドネシアの歴史時代の幕開けはインド世界との接触開始によるものであった。その後、イスラム世界との直接接触へと歴史は展開し、ここに東西世界がインドネシアを舞台にして直接接触を行う時代が到来したのである。まさに、インドネシアを舞台にして東西の直接接触拡大の歴史を見ることができると言えよう。

　大航海を誘発した第3の要因として、世界の中心域を形成していたイスラム勢力の衰退がある。イベリア半島でもイスラムの衰勢と共にキリスト教勢力が復権した。1492年、イスラム勢力はイベリア半島南部における最後の拠点アンダルーシアを失うに至る。復権したキリスト教勢力はイスラムへの敵対心を強く残し、この後もイスラムへの攻撃心をゆるめることはなかった。それは東方世界に存在すると信じられていた伝説上のキリスト教国プレスター・ジョンの王国と手を結び、イスラム勢力をさらに追い落とそうとする考えに象徴的に現

れてくる。1498年、ヴァスコダ・ガマがインド東岸カリカットに到達するが、土地の王から航海の目的を尋ねられると、ガマは「キリスト教と香料」と答えたという。

　この東方世界にあると信じられていたプレスター・ジョンのキリスト教王国は、当初は中央アジアに存在する、あるいはエチオピアに存在するとも考えられていたが、インドにあると考えられるようになっていたのである。そして、ガマはインドにおいてはそのキリスト教国はマラッカにあるとの情報を得ることにもなっていた。しかしながら、この伝説的王国の存在については、全く事実無根のことでもないのである。1952年、インド在住のシリア・キリスト教徒社会は、「使徒トーマス、インド布教1900年祭」を挙行している。西暦52年に、聖トーマスが南インドに布教の足跡をしるしたと信じられているのである。なお、この年を聖トーマスの死去年とする説も有力である。マルコ・ポーロも「使徒聖トーマスの遺体はマバール地方の小村に安置」されていると伝えている。この「聖トーマス（サントメ）伝説」については、重松伸司氏（1993）が詳細な追跡を行っている。「サントメ」（桟留）なる言葉は、インド特産品である綿織物の一名称として日本にも至っている。これらの聖トーマスの諸伝説が、プレスター・ジョン王国伝説ともつながったものであったろう。

◆ 16世紀、ポルトガル・スペインからの大航海 〜マラッカ王国の滅亡

　1469年、スペイン王国が形成され、イベリア半島におけるキリスト教諸王国はスペイン・ポルトガル2王国に統合される。アフリカ東岸における活動に独占権を持つポルトガルは、1488年には喜望峰に達する探検航海を成功させていた。スペイン王国においても、1492年にはコロンブスが西回りの航海でアメリカ新大陸を発見する。このコロンブスの偉業はポルトガルのジョアンⅡ世（1481−95）に大きなショックを与えたものであった。

　1494年、スペイン・ポルトガル両王国はそれぞれの活動範囲を西経46度37分で分離するトルデシリャス条約を結ぶ。この子午線を延長すると東経133度23分となる。後に香料諸島をめぐる両国の激闘の中、これが争点ともなる。それはともかく、この条約によってスペインはインド世界におもむくに西回り、ポルトガルは東回りと分離された。なお当時は、今の東南アジアをも含めた地域をインド世界と認識されていたものであった。

　1495年、ポルトガルではマヌエル王（−1521）が即位すると、インドへの進出活動が本格化する。1498年には、ヴァスコ・ダ・ガマがインド西岸のカリカットへの航海に成功し、1500年の第2回航海では13隻の船隊が送られ、インド西岸南部のコチンに商館を設置してい

る。1502年にはガマは20隻の艦隊を率いて三度、インドに派遣された。この時は、イスラムへの敵対心を明白に示し、イスラム船舶を各地で攻撃するとともに、カリカットではイスラム商人の追放を要求し、拒否されると市を砲撃している。この期では、南方のコチンが拠点で、この翌年にはコチンは要塞化され、1504年のインド側からの攻撃を退け、ポルトガルのインドにおける立場を確立している。

　1505年にはアフリカから東洋における活動を統轄する「インディア領」なる新たな組織が形成され、その初代インド副王として、フランシスコ・デ・アルメイダ（−1509）が任命された。この翌年の1506年にはマヌエル王はアルメイダに対して早くも、マラッカ占領の命令を出している。他方、1507年にはポルトガル艦隊は紅海周辺地を攻撃しイスラム商業ルートの破壊活動をなしている。このような明白な反イスラム攻撃に対し、エジプトのマムルーク朝、後にはトルコがインドネシアにまで及ぶ汎イスラム連合を組織するが、その実効性には極めて乏しいものがあった。ポルトガルの進出はマムルーク朝の財政収入にも大打撃となり、1508年にはインドに艦隊を派遣し、ポルトガルの一艦隊を撃破するが、翌年にはアルメイダ率いる艦隊の反撃でエジプト艦隊は破壊された。ただ、この戦闘後、帰国途中のアルメイダは喜望峰付近で殺害された。

　ポルトガルの第2代インド副王（総督）に、ポルトガルの海外発展の初期における象徴的人物であるアフォンソ・デ・アルブケルケ（1509−15）が着任する。彼は1510年にゴアを占領し、当地をインド領の首都とした。これより先、マヌエル王は1508年に、セケイラをマラッカの発見とキリスト教徒探索のため派遣していた。セケイラ船隊は1509年にマラッカに到着し、当初はその国王との交渉も順調なものがあったが、イスラム商人達の強い抗議でマラッカ国王は突然にこの船隊を攻撃した。この攻撃でポルトガル人約60名が犠牲となり、25名の捕虜を残してセケイラは退却している。

　この頃、マヌエル王はアルブケルケにマラッカ占領を急ぐよう伝えていた。スペインが新大陸から太平洋に出るための海峡発見の努力を進めていた状況にあったからである。かくして、1511年7月には16隻からなるアルブケルケの艦隊はマラッカに到着するに至った。マラッカのスルタン・マッムード・シャーは捕虜釈放は認めたが、賠償金要求等は拒否し、戦争となった。当初はマラッカ側の抵抗激しく、ポルトガルは一度は退却を余儀なくされた。しかし、8月6日からの再度の上陸戦では9日間の激戦の後、マラッカ市は陥落、占領された。スルタンは半島南端のジョホール地域に逃れ、王国再建の機会をうかがうが、マラッカ王国の復活はならなかった。ただ、1641年、ポルトガルのマラッカはオランダに占領されるが、

それにはジョホールのスルタンの支援があった。

◆ スペイン・ポルトガルの抗争 〜太平洋航路の発見

　ポルトガルに支配されたマラッカからイスラム商人は海峡各地の港に退避し、ポルトガルはそれら各地のイスラム王国との絶え間ない戦いを余儀なくされていく。それと共に、紅海からエジプトに通じるイスラム交易世界との抗争も続くことになる。1515年のアルブケルケによる紅海遠征が、彼の寿命を縮め、ポルトガル勢力の統率力が低落して行くことになるのである。各地との抗争も大きな課題であったが、ポルトガルの目指すものは何よりも、香料諸島に到達し、香料を直接獲得することにあった。当時の丁字の主産地はハルマヘラ島西側のテルナテ・ティドレの小島であった。ジャワやマラッカ商人による丁字貿易の衰退により、当初はポルトガル船も歓迎される傾向にあったが、この2島間の主導権争いもあり、さらには、スペイン船の到来も加わり、極めて複雑な抗争図が展開されていく。1520年にはポルトガル人が大虐殺される事件も生じる。その一因には乱暴な彼らの行動にも大きな原因があるのだが、そもそもこの大航海、大冒険旅行の乗組員に志願可能な者は、頑健な若者、中には乱暴者や無頼者が少なからず含まれていたものであった。

　スペイン人の香料諸島への到達については、5隻のマゼラン船隊の生き残りの2隻が、1521年11月、フィリピンからブルネイ経由で至っている。この内の1隻は積載過剰、老朽化で航海不能となり、残る1隻ビクトリア号が丁字を積載して1522年9月にセビリアに世界1周を果たして帰還している。この後、スペインの香料諸島への本格的参入は1527年初頭からであった。彼らはポルトガルと緊密なテルナテを避け、ティドレ島との関係強化に努めた結果、周辺諸島をも巻込む激烈な抗争が展開された。しかし、マラッカという補給基地を持つポルトガルと異なり、スペインはメキシコを拠点とし、しかも、帰還航海は風をうまくつかめず困難を極めたものであった。このように、大局的にはインドネシア海域でのポルトガル優位の基本的図式は変わることはなかった。太平洋航路が確立するのは1564年、日本近海まで北上して、メキシコへの貿易風に乗る航路が発見されて後のことであった。香料諸島の諸様相をはじめ、これらの経緯については生田滋氏（1998）が極めて詳細な研究成果を出している。

　香料諸島における両国の抗争とはうらはらに、1526年、スペイン・ポルトガル両王は、それぞれの妹と結婚し、両王は義理の兄弟となっていた。かくして、1529年にはスペインは香

料諸島に関する権利をポルトガルに売却して両国の抗争に終止符をうつサラゴサ条約が結ばれた。スペインはマニラを拠点とし、大量のメキシコ銀で以てアジア貿易を推進させて行く。また、1580年にはスペイン国王がポルトガル国王を兼ねるという事態が生じ、この状態が1640年まで続いた。

　なお、スペイン・ポルトガル時代と次代のオランダ・イギリス時代との大きな相違点の一つにキリスト教布教活動がある。イスラムへの強い敵対心にも起因することであったろうが、この時代は、アジア進出とキリスト教布教は表裏一体をなすという際立った特徴を示す。1534年にイエズス会が設立され、東方での布教の任務を担うことになる。1542年、ザビエルがインドネシアに到来し、未だイスラムが希薄な東方諸島の教化に力を注ぎ、東方諸島のキリスト教化の基礎を築いた。これら伝道師は乱暴な航海者達の中で、ポルトガル人の良心を示したものであったろう。1459年、ザビエルは日本布教活動を開始するが、時は戦国時代で充分な成果を挙げ得ず、中国への布教を志す中で死去している。

◆ 17世紀、オランダ・イギリスからの大航海 ～スペイン無敵艦隊の敗北

　ポルトガルはインドネシア海域への進出を果たしたが、彼らが当初目指した香料貿易の独占には力が大きく不足していた。まず第1に、王室の財政基盤が弱く、船隊を組織するに際し私的資本の参加も余儀なくされていた。これが、組織の統率力欠乏と、汚職・腐敗を招く大きな原因となった。また、当時の人口は百万人とされるポルトガル王国自体の人的国力の問題も大きかった。したがって、当時の丁字貿易全体の中でポルトガルの交易量は15％にも達しない程度のものと指摘されてもいる。さらに、キリスト教布教へのこだわり、イスラム嫌悪の底流は現地社会との対立を生みやすく、ポルトガル貿易の障害ともなった。

　オランダの活動は、これらポルトガルの抱えていた諸弱点を大きく乗り越えるものであった。オランダはそもそもはスペイン王国下の一地域であって、ヨーロッパ内の海運・貿易を担っていた。ところが、16世紀中葉から後半にかけてのスペインの圧政に対して、1568年には80年に及ぶ独立戦争が始まる。この戦争のなか、スペインを追われたユダヤ人が大量にアムステルダムに移住して来た。彼らがオランダ大航海の強力な財政基盤を提供することになるのである。また、独立戦争から脱落したベルギー地域から商工業者の移住が加わり、アムステルダムはヨーロッパの政治・経済の中心地となって行った。これらは、1580年から85年前後に生じたことだが、1588年にはスペインの無敵艦隊がイギリスに敗北し、オランダの面

前に海外雄飛の機会が開かれることになった。オランダには北海の荒海でのニシン漁で鍛えられた航海者にも事欠かなかった。

　オランダ人による東インド（インドネシア）への航海は、1594年の「遠国会社」設立から始まる。オランダ人の大航海は当初から会社組織によるものであった。また、1595年にはリンスホーテンの『東方案内記』が出版されるなど、東洋への航海熱は一層たかめられていた。1594年4月、オランダの第1次航海の4隻の船が出帆した。この船隊はポルトガルとの衝突を避け、インド洋を横断し、スマトラ西岸からスマトラ・ジャワ島間のスンダ海峡を抜けてバンテンに達したのは翌年の6月であった。現地社会との接触には不慣れで、また、ポルトガル人による妨害もあり、交易活動では成果を挙げ得ず、香料諸島にも達することもできず帰国を余儀なくされた。乗組員249名中、帰還者は89名という惨憺たる結末は、初体験にまつわる種々の苦難に遭遇した結果であった。

　オランダの第2次航海は、1598年4月初頭、ファン・ネック指揮の8隻の船隊で出発した。その内の3隻の快速船は6ケ月でバンテンに到着している。当時としては驚異的な速さで、オランダ人は生来の航海者であることを示すものといえる。ファン・ネックは前回の教訓をよくわきまえて、現地社会とはポルトガルを共同の敵とする態勢を作り上げ、交易を成功させている。8隻の内の4隻が先に帰国しているが、往復に14ケ月もかからないという大成功の航海をなしとげた。残る船隊はジャワ沿岸諸港での交易の後、香料諸島に達し、数ケ所に商館を建設し、駐在員も残して1600年9月に帰還している。この時の航海は4百倍の利益を挙げるという大成果を挙げて完了している。この大成功により続々と大航海会社が設立され、1602年までの間に14の船隊、合計65隻が派遣された。ここに、ポルトガルとの競争の他にオランダ人同士間の過当競争が加わることになった。

◆ 世界最初の株式会社 〜オランダ東インド会社

　過当競争の弊害を避けるため考え出された方策は、諸会社が資金を持ち寄り、利益はその出資金に応じて分配するという組織体の構築であった。これは、現代の株式会社と基本的に何ら変わらないもので、インドネシアを舞台として生じた世界史的出来事と言える。1602年3月のことで、名称は「連合東インド会社」（VOC）とされ、東洋貿易の独占権を国家より付与された。VOCは1600年に設立されたイギリス東インド会社と比べて10倍の資本金を有したという。それに加え、イギリスはなお、航海毎に清算する当座会社の域を出ず、常に資

金難に悩まされていた状況にあった。この時期におけるオランダの対応力の強さと、素早さには他国の追随を許さないものがあった。

連合東インド会社による最初の船隊はファン・ワールワイク指揮のもと、この1602年に送られている。この船隊は、はやくもバンテンやジョホールでポルトガルを撃破、駆逐している。オランダにとりスペイン・ポルトガルとの戦いはヨーロッパにおける独立戦争の延長線上にもあったのである。1605年、オランダは香料諸島の集散港アムボンやテルナテ島をポルトガルから奪うが、スペインの反撃に会っている。また、1606年のマラッカ攻撃も失敗に終わっている。強力なオランダ船隊も何もかも順調ではなかったのである。その原因として、オランダの買い入れ価格が低すぎ、現地社会の離反を招いていたこともあるが、戦線の拡大により指揮系統に混乱が生じていたことが大きかった。さらに、1609年にはオランダ・スペイン間で12年間の休戦条約が締結され、スペインが全力をインドネシア海域に注ぐ体制が敷かれ、さらに、イギリスの勢力拡張の動きも始まっていた。

このような状況のなか、連合会社の重役会である17人会は、1609年9月1日に東洋における会社活動の全権を委ねる総督の設置を決定する。指揮系統の統一が何よりも必要とされていたのである。この頃、オランダはバンテンとの関係が思わしくいかず、隣接するジャヤカルタ（現ジャカルタ）のヴィジャヤクラマ王に接近し、ジャカトラ（ジャヤカルタ）条約を結び、90㎡余の土地を購入している。この条約締結の1ケ月後の1610年12月に、初代総督ピーテル・ポット（－1614）が着任した。この時、バンテン・ジャヤカルタ地域の商館長には、インドネシアにおけるオランダの強力な基盤形成に活躍することになるクーンが就任している。この初代総督はジャワのマタラム朝やジャヤカルタ領主との友好関係樹立への努力の中、1613年に乗船が難破して死亡している。

2代目総督はレインスト（1614－15）で、彼はアラビア地域との通商関係の樹立を意図し、その中でコーヒーというものを知る。このコーヒーが1世紀後にはインドネシアからの主要産品の一つになるものである。クーンはこの総督のもとで事務総長となり、イギリスとの競合が激しくなるバンテンからジャヤカルタに拠点を移す検討を始める。1615年、レインストは死去し、3代目総督にはレアール（1615－19）が着任するが、イギリスとの競合は一層激化する。総督はモルッカスでの指揮におもむき、クーンはジャワでの指揮を一任された。イギリス・オランダ両国の艦隊は一触即発の険悪な状況のなか、クーンは強硬姿勢を堅持した。これにバンテン・ジャヤカルタ両王国の思惑が加わり、複雑な様相が続く状況下、法律学者のレアールは自ら軍事に適さずと、辞職し、後任にクーンを推薦した。

◆ バタビア城築城 〜4代総督クーンの活躍

　1619年3月、強力な指導者ヤン・ピーテルスゾーン・クーンが4代目総督に就任する（－1623）。彼はジャヤカルタの商館を土地の王の反対にかかわらず要塞化した。イギリスはバンテンの王と協定を結び、オランダを駆逐する計画を持っていたのである。しかし、武力抗争をも含むこの覇権争いもイギリスがバンテンとの関係を悪化させて撤退して行くことになった。1619年5月末、戦力不足のためモルッカスに支援を求めに行っていたクーンは14隻の船隊を伴って帰り、ジャヤカルタの町を破壊し、この地をオランダ最初の占領地とした。ところが本国では、この年に抗争と過度の価格競合を避けるため、オランダ・イギリスは協定を締結した。香料は共同買入れとし、その分配についてはオランダが2/3、イギリスは1/3とするものであった。クーンはこの協定はオランダの犠牲が大き過ぎると不満であった。現地では両国人の敵対心はおさまるわけにはいかなかったのである。

　1621年3月、クーンはジャヤカルタに新市を建設し、オランダ民族のラテン名バターウィーにちなんでバタビアと命名した。強固な要塞建築のバタビア城はこれ以降のオランダ東洋貿易の拠点となる。この年には、オランダに対する最初の組織立った暴動がニクヅクの産地バンダ諸島で生じる。契約による売渡を拒否する暴動で、イギリスはその鎮圧には協力せず、クーンが独力で当った。彼はイギリスに対してオランダのバンダ貿易独占を宣言するとともに、イギリス領有の島をもこの時に奪ってしまう。クーンのこの時の鎮圧策は残虐を極めたもので、イギリスからだけでなく、オランダ側からも非難の声があがり、1623年2月、クーンは総督を辞任することになった。

　クーンが帰国の途についた直後の2月末、アムボイナ事件と称される奇怪で残虐な大事件が生じる。香料諸島の中心港となっていたアムボイナ（アムボン）のオランダ要塞には1619年の蘭英協定によりイギリス商館も設置されていたが、傭兵の日本人とイギリス人が結託して、オランダ人皆殺しの盟約を結んだということで、イギリス人10名、日本人9名、ポルトガル人1名が処刑された。日本人を拷問にかけ自白させた陰謀であるとして、イギリス世論も大変な激高を示し、長く両国の不和の原因となった。この解決は1667年に至って、オランダが遺族に補償金を支払うことでようやく決着を見ることになる。しかし、陰惨極まるこの事件を象徴的契機として、アジア東部におけるオランダの優位は決定的となって行く。イギリスは日本や東南アジア貿易が衰退するなか、インド経営に力を注ぐことになって行った。

なお、この時代、多くの日本浪人が傭兵として重宝されたものであった。

　総督クーンの後継のカルペンチールは1627年までの総督で、この27年にはオランダはひそかにクーンを再びバタビアに送り、総督に復帰させている。イギリスではオランダに好意的なチャールズⅠ世が即位していたことが背景にあった。しかし、1628年から翌年にかけ、マタラム朝のバタビア城攻撃があり、クーンはその防戦の中で疫病で急逝することになった。しかし、この戦役でのオランダの勝利はインドネシア海域におけるオランダの立場を確固たるものにするとともに、インドネシア貿易独占体制確立への第1歩となるものであった。1641年にはポルトガルをマラッカから駆逐し、弱小勢力に落としめている。さらに、1667年11月には、香料諸島への入口でもあるスラウェシー島南端部のマカッサルのゴア王国のハサヌディン王を破り、ボンゴヤ条約を結び、これを保護下においている。マカッサルはオランダの圧力で追われたイギリス、ポルトガルをはじめとする諸外国商人の最後の拠点となっていたものであった。そして、1682年には繁栄するバタビア隣接地のバンテンを服属させている。イギリスはスマトラ西岸の僻地ベンクーレンに依るしかなくなって行った。残るジャワ北岸からのジャワ人商人の封じ込めは18世紀のことになる。

第4章　17, 18世紀、ジャワ王朝の衰退
～オランダ支配確立への道程

第1節　打ち続く反乱とジャワ王家内紛　～王位継承戦争へ

　オランダの主要港の占領が進展し、広範な国際貿易ネットワークが寸断され、ジャワ王朝に限らずインドネシア海域の人々の繁栄の基盤が蚕食されて行った。このような低迷状況を背景に、17世紀後半から18世紀中葉にかけ、大規模な反乱やジャワ王朝の内紛が続き、一連の王位継承戦争の勃発へと事態は進むことになる。そして、これら紛争の度に劣勢の側はオランダの支援を頼りとし、紛争終了後には不利な条約を締結せざるを得なくなることが繰り返される。かくして、オランダのインドネシア支配が確立して行くのである。

◆　トゥルノジョヨの反乱　～オランダのジャワ支配への道

　スルタン・アグン没後のジャワ王朝の内紛にともなってトゥルノジョヨの反乱が生じた。トゥルノジョヨはマドゥラ島の王族だが、その反乱に至る経緯には複雑な要因がからんでいた。まず第一の要因は、スルタン・アグンを継承したススフナン・アマンクラットⅠ世（1646-77）の悪政である。彼は即位後すぐに、皇太子時代の自らの不行跡にからみ、自分に疑念を持つ一派をはじめとして王宮内で5～6千人を殺害したとされる。王宮は疑惑と恐怖に満ち、それにともない王国内外の地域では分裂・離反が生じていた。しかも、それらに対する鎮圧軍の派遣もことごとく失敗に終わっていた。オランダとの関係においても王は無定見で、失政を繰り返し、1660年代後半には王宮分解の時期が迫っていた。

　このような状況のなか、希望が持てる人物は皇太子であったが、父王による皇太子毒殺未遂、とか、皇太子がクーデタを図るとかの噂が飛び交い、しかも、これらの噂も全く根拠がないわけではないという混迷状況に至っていた。そして、1668年前後からは、アマンクラットⅠ世と皇太子との間の亀裂は決定的なものとなって行く。1670年には、ジャワの聖人の子孫であるラデン・カジョランと共に、その長女と結婚したトゥルノジョヨは皇太子と会見している。Ⅰ世に対する陰謀団の形成であった。彼はその翌年の1671年には悪政に苦しむマドゥラ島住民を従えてマドゥラ島の支配権を掌握するに至る。このトゥルノジョヨの反乱には

再蜂起したゴア王国が、1669年には最終的に壊滅して、ジャワ島に大量に避難していたマカッサル人が加わり、反乱はジャワ北岸一帯を飲み込んで行く爆発的エネルギーを発することになった。これには心理的背景もここでは重要な要因を占めていた。その一つは、百年毎に王朝の転変があると信じられていたジャワ暦の世紀末（1677年）が近づいていたこと。さらに、ヨクヤカルタ地域の象徴でもあるムラピ山の噴火、数回の地震、月食など、いわば天変地異現象が続いていたこと等であった。今一つの原因は、ヨーロッパでは第3次英蘭戦争が勃発しており、オランダが敗北するとの噂がインドネシアにも広まっていたことである（浅田1989, p.46）。この噂がボンガヤ条約で海上活動を封じられて海賊化していたマカッサル人の反オランダ活動を活発化させていた。このようにトゥルノジョヨ反乱には別の要素が加わり、トゥルノジョヨ自身がこの反乱の制御が不能な事態となって行った。

　一方、マタラム王宮内でも、アマンクラットⅠ世の残酷さと殺人は止むことはなく、複雑な分裂状況を呈し、皇太子自身、反乱派の制御が不能な状態に陥っていた。このような状況下、トゥルノジョヨは1676年には王称を用い始め、マタラム王座への権利を主張するに至る。かくして、1677年5月にはマタラム王宮はトゥルノジョヨ部隊に占領された。王家に伝わる財宝類は略奪され、王と皇太子は王宮から脱走した。トゥルノジョヨは王都略奪後、東ジャワのクディリに転進して行った。王と皇太子不在の王宮では、皇太子とは兄弟のプーゲル王子がススフナンの王称を用いて王宮を支配することになった。

　1677年7月、逃亡したアマンクラットⅠ世は西部ジャワに近い港町トゥガルでオランダ軍司令官スペールマンのもとに身を寄せていたが、当地で死去し、同行していた皇太子が王位を継承した（アマンクラットⅡ世；1677-1703）。Ⅱ世としては、自らの生き残る道はオランダの支援に頼るほかはなかった。彼はオランダとの協定を強化し、1677年9月にはトゥガルから中部ジャワの沿岸都市ジュパラに戻っている。1678年1月、積極介入派のスペールマンとは対立することの多かった総督マーツアイケルが死去し、ファン・フーンスが総督に就任し、スペールマンは事務総長となった。Ⅱ世は強力な支援者のもとに身を寄せていたのである。これが、巷間ではⅡ世はスペールマンの子とも揶揄された理由である。

　1678年9月、オランダ軍は反乱軍の本拠クディリに進軍し、苦戦の末、11月末にはクディリを奪回している。この戦闘のなかで、マタラム王宮から持ち去られていたマジャパヒト朝伝来の王冠を手に入れたオランダ軍のキャップテン・タックは、それをⅡ世に売りつけるが、後の1686年、その支払いをめぐる紛争もありタックは王宮で殺害されることとなる。1679年末にはトゥルノジョヨは東ジャワで逮捕、処刑され、オランダ時代初期の最大の反乱も終息

する。この11月には、マカッサル人反乱部隊も、東部ジャワで敗退している。これには、ゴア王国撃破以来のオランダの盟友ボネのアルン・パラカ率いるブギス人部隊の支援が大きかった。隣人同士であるマカッサル人とブギス人の地域対立が利用されたわけである。

　1680年9月、アマンクラットII世はようやくにして内陸部の故地パジャンに戻り、新王宮カルタスラを開いた。しかし、旧王宮を守り、王称をも唱えていた兄弟のパンゲラン・プーゲルの存在があった。II世は一旦は彼の追放に成功するが、翌年の4月にはプーゲルは1万の兵を集め新王宮を占領した。しかし、プーゲルは11月にはオランダ軍に降伏し、II世の王位継承を認めることで、生命は保証され、後に、パクブオノI世としてアマンクラットを継承することになる。この王位をめぐる紛争は、18世紀の一連の王位継承戦争のさきがけとなるものである。

　この頃のオランダ軍は武力、規律等においても勝れていたが、内陸部の地理不案内、病気その他種々な困難に遭遇していた。そして、その戦費がオランダ東インド会社の財政を大きく衰退させてもいた。一方、ジャワ王朝はオランダ軍の支援に対する代償は、すでにその支払い能力を越えるものであった。

　なお、この時期、ジャワ島西端地域のバンテン王国は胡椒貿易等で繁栄を示していた。さらに1651年には英傑スルタン・アグン（スルタン・ティルタヤサ）の即位（－1683）で黄金期を迎えていた。スルタンはオランダとの敵対姿勢を堅持し、トゥルノジョヨにも支援物資を送っていた。トゥルノジョヨ勝利時にはバタビア攻撃をせんとの野望を抱いていたのである。ところが、その皇太子は親オランダで親子の亀裂が内紛にまで発展することになる。皇太子は一時は父王を追放したり、拘束したりするが、人心の支持を得られず、劣勢となって行った。そこで、皇太子側はオランダの支援を要請し、1683年3月にはスルタン・アグンは遂に降伏する。皇太子はオランダの保護のもとスルタンを継承した。翌1684年には彼はオランダと新条約を結び、バンテンやスマトラ南部ランポンにおけるオランダの貿易独占を認めるに至った。これで以て、他のヨーロッパ人はこの地域からの退去を余儀なくされることとなった。

◆　スラパティの反乱　～17世紀最大の反乱に

　トゥルノジョヨ反乱は鎮圧されたが、その余熱はインドネシア各地でさめることはなかった。この頃のオランダ東インド会社は、総督をはじめとして一般職員に至るまで汚職、腐敗

がはびこっていた。その原因として、給料の低さを一定限度内で私的経済活動で補うことが許されていたことも一因であった。また、道徳的退廃もひどく、それらが土地の人々への配慮を欠くこととなり、反オランダ人感情を一層高めていた。この反オランダ人感情は、インドネシア人のイスラム意識の高揚をともなうものでもあった。このような状況下、1680年代には幾つかの反西欧人活動が見られる。

その一つが、スマトラ出身のイブン・イスカンダル（アレキサンダー大王の子孫）で、彼はまた、ラージャ・シャクティ（神性王）をも名乗り、海賊を率いてジャワ海を荒らしていた。1686年には彼の艦隊はオランダに撃破されるが、その活動は止むことはなかった。今一つは、オランダ人を戦慄させる事件であった。それは、元はオランダ軍所属でトゥルノジョヨを自ら逮捕した人物でもあるアムボン人のキャップテン・ヨンケルのバタビアのヨーロッパ人大殺戮計画であった。その資金はカルタスラ王宮から出ていたとされる。1689年8月、この陰謀が暴かれ、ヨンケルは逮捕、処刑されたが、彼の残党はカルタスラ王宮に逃れ、そこで保護されたものであった。この他、マカッサル出身のイスラム聖職者シェイク・ユスフの反オランダ活動も知られている。

これら一連の反西欧人活動の中で、この期の最大の反乱はバリ島出身で非イスラムのスラパティによるものであった。当時、バリ諸王の収入源の一つに、余剰住民の他島への売買があった。スラパティもその一人で、オランダ軍の下で働いていたが、余りの差別待遇に憤慨して逃亡し、バリ人盗賊団グループの首領となっていた。1683年、彼は一度はオランダ軍に降伏するが、1684年1月、オランダ軍の一部隊を攻撃し、ヨーロッパ人兵20人を殺害した。しかし、オランダ軍の反撃で多数の犠牲者を残し、彼は東方に逃走した。一方、反オランダ感情が高まるカルタスラ王宮では、宰相以下の反オランダグループがスラパティ一行の保護を王に願い出ていた。1685年11月、オランダ側はキャプテン・タックをスラパティ逮捕や他の種々の問題解決のためカルタスラ王宮に送ることになった。オランダ軍への戦費の支払問題も大きな課題となっていたのである。

1686年2月、タックがカルタスラに到着した時、アマンクラトⅡ世は偽りの攻撃をスラパティ居宅にかけていた。到着したタック部隊はすぐさまこれを支援せんとした時、後方の王宮周辺で大砲の音がした。これを王宮のオランダ要塞への攻撃と考えたタックは、急拠、王宮にかけつけた混乱時に、スラパティと王の軍がこれを攻撃し、タックはじめオランダ兵74名が戦死した。スラパティは王都から逃走し、東部ジャワに向い、そこで独立勢力を構築して行くことになる。宰相アンランクスマもこれに同行していた。この事件の前後に、先に

触れたラージャ・シャクティやヨンケル等の活動が活発化しており、それらにもカルタスラ王宮が関与していた。かくして、アマンクラトⅡ世に対するオランダ側の信頼は回復することはなかったが、オランダ側も、特に財政困難その他の諸問題を抱えて迅速で有効な対応をとれない状況にあった。この期、拡大するオランダ東インド会社の活動のなかで黒字を出す商館は日本、インドのスーラト、ペルシアだけであった。

　このような状況下、スラパティの勢力は1699年時点で一層拡大し、東部ジャワ内陸部はほぼ彼の勢力下となっていた。1690年にアマンクラトⅡ世が派した討伐軍も敗退する始末であった。王宮内ではスラパティとの関係を維持する高官が幾人もいたのである。

第2節　ジャワ王位継承戦争 〜敗者のオランダ依存の体質

◆ 第1次ジャワ継承戦争（1704-08）〜オランダ最初の大規模軍事介入

　スラパティ反乱の大混乱のなか、1703年、アマンクラトⅡ世が死去し、子息のスーナン・マスが王位を継承する（Ⅲ世；1703-08）。ところが1704年3月、Ⅱ世の弟、Ⅲ世には叔父となるパンゲラン・プーゲルがスマランのオランダ側に逃れ、この継承に異を唱えた。カルタスラ王宮のスラパティとの関係はオランダ側の信頼を回復させるものではなく、6月にはオランダはプーゲルをススフナン・パクブオノ（Ⅰ世；1704-19）と認証し、ここに第1次ジャワ継承戦争が勃発する。これにはマドゥラ島のチャクラニングラットⅡ世の策動があった。東部ジャワで勢力を拡大するスラパティはマドゥラには脅威となっていたのである。

　しかし、パクブオノⅠ世を支持するのはチャクラニングラットくらいで、他の沿岸部の諸勢力でパクブオノに関心を示す者はいなかった。人心はマタラム朝から離反していたのである。カルタスラに向けての勢力の糾合は1704年の中葉頃で、実際にジャワ・マドゥラ兵とオランダ東インド会社軍がカルタスラ王宮攻撃に向け動くのは、ようやく1705年8月のことであった。ところが、カルタスラでは主要部隊が早々と寝返り、Ⅲ世は逃走を余儀なくされ、スラパティと合流することになる。かくして9月には、パクブオノは抵抗もなく王座に座っている。翌1706年には反スラパティ連合軍は東部ジャワに大規模攻撃を加えた。スラパティはこの戦闘で戦死したが、反乱征圧とまではいかなかった。1707年にはジャワ東方沿岸部の

パスルアン地域が征圧された。アマンクラットⅢ世やスラパティの子達は内陸部のマランに逃れて抵抗を続けたが、1708年に至ってⅢ世は遂に降伏し、スリランカに流刑となった。

　この第1次継承戦争はオランダの大規模軍事介入の最初のもので、連合軍の総勢は4万6千人に達する大規模な戦争であった。また、この戦争では大きな軍事技術の刷新が見られた。それは、火縄銃から撃鉄銃に代わるもので、この他、手投げ弾、銃剣等が導入されていた。しかし、この技術革新は犠牲者数と戦費の著しい増大をもたらしたものであった。なお、この頃のオランダ（東インド会社）軍の構成は、西欧人、ブギス、マカッサル、バリ、マライ、バンダ、アムボン人その他から成るものであった。

　ところで、パクブオノⅠ世はオランダの支援を得るに際し、1705年10月、重大な意味を持つ条約をオランダと締結していた。この条約では、マタラム朝のオランダへの負債が解消される代わりに西部ジャワの広大なプリアンガン高地やチルボンに至るまでの沿岸部がバタビアの領域とされていた。プリアンガンは次代の主要商品となるコーヒー、茶等の栽培地となるものである。さらに、この条約にはその事より以上に重大な意味を持つと考えられるジャワ人航海への厳しい制限条項があった。ジャワ人は東方はバリ島東隣のロムボック島以東、北方はカリマンタン、西方はスマトラ島南部のラムポン以遠への航海は禁止されたのである。すなわち、ジャワ船は香料諸島へも、マラッカ海峡に入ることも封じられたことを意味するものである。これはまさに、ジャワ歴代王朝の繁栄の基盤を放棄したことを意味する。この他、マドゥラ島東部の譲渡、オランダ側の米の確保の権利等々、オランダの支配権確立への確固たる基盤を提供したことを示す内容ばかりであった。ジャワ王朝は内陸部に限定された農業王国へと封じ込められて行く第一歩となるものであった。

　パクブオノⅠ世にとっては、マタラム朝の伝統や威信よりも、まず自らの地位保全が第一の関心事であった。しかし、強まるオランダの圧迫感のもと人心はおさまるわけにはいかなかった。王宮をはじめとして各地でオランダへの憎悪心、敵対心が増幅されて行く。この混乱を助長するものの一つに、オランダと協力して来たマドゥラ王家のチャクラニングラットⅢ世（1707-18）のスラバヤ方面への勢力拡大策があった。スラパティの子孫やバリ兵達も各種陰謀団に加わり、1710年代には、スラバヤをはじめとする東部ジャワ各地で反乱が続発して行った。1718年には、バリ人部隊がマドゥラ島西部を略奪する事件も生じている。

　このような東部ジャワ地域の大騒動のなか、1719年2月にはパクブオノⅠ世は死去し、子息がアマンクラット（Ⅳ世；1719-26）として王位を継承する。人心がマタラム朝から離反している状況下、第2次継承戦争へと事態は進展するのも必然的なことであった。

◆ 第2次ジャワ継承戦争（1719-23）〜混迷深まるジャワ王朝

　1719年2月、アマンクラットⅣ世が王位を継承するが、人望が極めて乏しい人物であったようだ。6月には、この弟達パンゲラン・ブリタールやパンゲラン・プルバヤなどが王宮を攻撃するに至る。これには、母親やイスラム指導者達の支援があった。この攻撃自体はオランダの王宮守備隊の反撃で撃退されたが、この紛争は叔父のパンゲラン・アーリア・マタラムを巻き込んで行くことになった。この叔父もⅣ世を嫌い、自ら王を宣言することで第2次ジャワ継承戦争が勃発する。Ⅳ世を支援するものは、又もや、オランダだけであった。

　この継承紛争自体は、この10月にはアーリア・マタラムの降伏と処刑。11月には反乱派の駆逐でマタラム中心域では終息する。しかし、反乱派は東部ジャワの反乱地域に逃れて反乱部隊と合流することで、その鎮圧には1723年まで要したものであった。双方に多数の犠牲者が出たが、その戦費は王家のオランダへの負債として加わった。オランダにとっても、この戦役は何ら利益も、支配力強化につながるものはなかった。アマンクラットⅣ世は、最終的には勝利はしたが、その信頼回復とまでには至らず、1726年4月、毒を盛られて発病し、死去している。これは誰の仕業かも不明のままとなった。

　反乱は終息したが社会的不安定な状況は解消されることはなかった。その大きな原因の一つは、中心王朝たるジャワ王朝への信頼が回復することはなかったことと、今一つは、反オランダ人感情の増幅であった。この期におけるマタラム朝からの離反の動きはマドゥラ島のパンゲラン・チャクラニングラットⅣ世（1718-46）に代表される。先王達と同様、彼のマタラム朝への不信は敵視とまでになり、オランダの保護の方を選択して行ったものであった。他方、反オランダ人の感情に起因する騒動の象徴例は、欧亜混血人ピーテル・エルベルフェルトの反逆である。彼はジャワ貴族などとともに、東部ジャワ反乱の残党を集めて、1722年1月1日を期してバタビアのオランダ人皆殺しの陰謀計画を持っていた。数ケ月来の原因不明の相次ぐ火災、挙動不審者の持物からアラビア語の呪文を記す護符が次々と見つかることなどから、陰謀が露見して来たもので、エルベルフェルトは処刑され、その首は彼の居宅跡にさらし首にされた。2世紀後、これはようやく日本軍によって破壊された。彼はドイツ系で、父からの莫大な資産が書類不備などを理由にバタビアのオランダ当局に接収されたのが反逆の発端となったとされている（永積1977）。

　このような社会的不安定の状況は、時を置いて考えられもしない大惨劇を生んでいくこと

となる。

◆ 華僑大虐殺事件 〜「紅河の役」

　アマンクラットⅣ世を継承したのは16歳の子息で、パクブオノⅡ世（1726-49）を称した。若年であり、母・祖母・宰相ダヌレジャの強い影響下での継承であった。この新王はマドゥラのチャクラニングラットⅣ世とも姻戚関係を持ち、その関係修復に成功している。このように新王の統治は当初は希望がもてるように見えたが、王宮内では陰謀が満ちて行くことになる。その中心人物は宰相ダヌレジャであった。彼はオランダ側とは友好的姿勢をとらず、東ジャワのスラパティの子孫と関係をつなげていた。このことでマドゥラのチャクラニングラット王はマタラム王宮から離反して行った。先にも述べたが、東ジャワのスラパティ一派の強大化はマドゥラには脅威なのであった。この他、祖母の強いイスラム志向による王宮内のイスラム派閥と宰相の対立は1733年に至り、パクブオノⅡ世によるダヌレジャ追放となった。そして、王家はオランダ側とは負債返済、米の供給等に関する条約改正を行い、オランダ側は、ここについにジャワ王朝と安定した関係を構築できたと考えさせる状況に至った。それも1740年までのことであったが。

　他方、バタビアにおいてはオランダ東インド会社をとりまく状況はけっして順調なものではなかった。一つは、マラリアその他の伝染病による甚大な健康被害。一つは、ジャワ沿岸部における会社経営の大きな赤字等で、少なからず混乱状況を呈していた。このような中、華僑は過酷な扱いや、汚職に巻き込まれることが増えていた。また、多くのジャワ人にはオランダとの仲介役で活躍する華僑への憎悪感が増してもいた。そもそも華僑は、クーンのバタビア市建設時においては、新市の充実策のため移住が奨励されたものだが、その後、この期に至るまで増加を続け、華僑の移住制限がなされるに至っていた。しかし、この制限策も低い給料を補うための会社職員の汚職でしばしば潜り抜けられていた。しかも、新来の華僑の多くは仕事がなく、浮浪者か悪党団に加わることになっていた。

　このような過剰華僑が社会不安をもたらしていた状況下、オランダ・華僑、双方の疑念が頂点に達し、華僑大虐殺事件が勃発することになる。華僑側は過剰中国人はオランダ植民地下のスリランカの農園に送られる、しかも、噂が拡大し、船が出航し沖合に出ると、海中に放棄されると確信するようになっていた。また、オランダ人職員の中には、有産華僑に対してもスリランカ送りで脅して金銭を巻き上げていた者もいたのである。華僑社会は一種のパ

ニック状態に近い状況に陥り、それは暴発寸前の状況でもあった。オランダ側では、1740年10月に至り、華僑が反乱を計画中との結論に達していた。

　10月7日、郊外の華僑グループが攻撃を開始し、数人の西欧人を殺害することで事件が始まった。オランダ側は夜間外出禁止令をしき、武器探索のため華僑の家宅捜査を始めたが、その後どのような経緯をたどったものか、家宅捜査は制御不能となって行き、発砲事件が生じ、華僑殺害、そして略奪へと事態は展開して行った。一つには、時の総督ファルケニール(1737-41)が、華僑大粛清に同意のサインを出したことが大きかったとされる。この総督は後にこの責任を問われ、実刑判決を受け、獄中で刑死している。

　10月9日、華僑大虐殺が始まった。数日間、華僑居住区は焼かれ、略奪にまかされた。この暴動は、東インド会社兵には賞金を出して通常任務に戻るよう説得し、ようやく止まったという。華僑の犠牲者数については諸説があるが、1万人前後の犠牲者が出たものと考えられている。華僑側ではこの事件は、「紅河の役」として記憶されている。言うまでもなく、死体で河が赤くそまったことからの命名である。

　この出来事はバタビアではどうにか終息したが、18世紀最後の反オランダ紛争、第3次ジャワ継承戦争の導火線となって行ったものであった。バタビアを脱走した華僑は、東方で同胞と合流し、ジャワ東方沿岸諸都市で騒乱が展開されて行った。1741年5月には、オランダ東インド会社のジャワ北岸地域の本部があるスマラン商館が包囲された。ジュワナの商館は奪取され、ドゥマック商館員は避難を余儀なくされている。6月には、レムバンの商館員の脱出が成功せず、7月には殺戮されている。

　この騒乱は内陸部のマタラム王宮にも二者択一の重大な決断を迫っていた。王宮内では、華僑と合流せんとする一派と、オランダを支援して負債解消等の有利な条件を獲得せんとする一派に分裂していた。決断を迫られたパクブオノII世は、前者を選択することになった。II世は名目はオランダ支援の部隊をスマランに送るが、兵士達は包囲中の華僑と合体してしまった。1741年7月、カルタスラ王宮軍はオランダの王宮守備隊を攻撃し、西欧人35人を殺害。その司令官も殺害している。11月には、スマラン商館は2万数千人のジャワ人や華僑に包囲されていた。もはや華僑反乱の域を超える状況であった。

　この時点で、オランダが頼れる唯一の軍事勢力は、マドゥラのチャクラニングラットIV世であった。彼はカルタスラ王宮から離反し、オランダとの同盟、保護の下、東ジャワで独自勢力の構築を望んでいた。11月には、スマランにはオランダ軍の援軍が到着し、商館守備隊と共に3千余の兵力でようやく反撃が開始された。包囲する暴徒群やジャワ兵は撃破され、

第4章　17，18世紀、ジャワ王朝の衰退　～オランダ支配確立への道程

この地の華僑は皆殺しとなった。この後、翌1742年初頭にかけ、オランダは他の地域も回復し、チャクラニングラットは東部ジャワ全域で掃討活動を続けていた。

　この期に至ってパクブオノⅡ世は誤りに気づき、すばやくオランダ側に謝罪した。オランダ側は42年3月には、キャプテン・ホーヘンドルフを派遣して事態の収拾を図った。その収拾策の一つとして、6月には宰相ナタクスマがスマランに差し出された。彼は後、流刑となる。これで両者の関係修復は緒に就くかと考えられたが、このⅡ世の変心とオランダとの友好関係回復は、王宮内の強い反オランダ感情と相まって、多くの疑念を増幅させた。今や王宮内では、反オランダ、反パクブオノⅡ世派が勢力を強めて行き、オランダによって流刑されたアマンクラットⅢ世の12歳の孫ラデン・マス・グレンディを新ススフナン（王）として、この6月には王宮を支配するに至った。パクブオノⅡ世とホーヘンドルフは王宮を脱出し、東部ジャワのポノロゴに避難するを余儀なくされた。

　パクブオノはオランダに大幅な主権移譲を含む譲歩案を用意しない限り、自らの地位保全は叶わなくなる。オランダ側はⅡ世の申出を受入れるが、オランダ軍も、この時点では沿岸部の防衛だけで精一杯の状況であった。そこで、内陸部の騒乱鎮圧はチャクラニングラットが担うことになった。かくして、1742年11月には、マドゥラ部隊が王都カルタスラを奪回し、パクブオノは王宮に戻ることになった。チャクラニングラットは、パクブオノの処刑を求めたようが、オランダ側も余力がなく、何より協調し易い柔和な王、パクブオノⅡ世を選択したものであった。反乱軍の鎮圧にはこれよりなお1年を要し、1743年10月の反乱派の新王グレンディの降伏で終息に向かう。しかし、他の王子達の反乱志向はなお残っていた。その主要な者は、王の兄弟パンゲラン・シンガサリ、パンゲラン・マンクブミ（後のハマンクブオノⅠ世；1749-92）、甥のマス・サイド（後のマンクヌガラⅠ世；1757-95）等であった。

　1743年11月、マタラム朝とオランダ間の条約が締結され、パクブオノⅡ世は正式に王座に復帰する。条約の主要点は、ジャワ北岸諸港のオランダへの主権譲渡、宰相選任にオランダの同意を要すというものだが、これに加えてオランダのジャワ支配を決定づけるものに、ジャワ・マドゥラ・バリ外へのジャワ人航海の禁止条項があった。これで以て、ジャワ人は完全に近海漁民か農耕の民として封じ込められることになった。オランダは彼ら自身が発した言葉通り「ジャワ島の支配者」となったのである。

　なお、この条約にはマドゥラ島西部のオランダへの割譲条項も含まれていた。マドゥラ王国もオランダの従属下に入ったわけである。それにしても東部ジャワで反乱鎮圧に大功績のあったチャクラニングラットⅣ世は、その活躍に応じて東ジャワの大部分に権利を有すもの

と信じていた。しかし、オランダ側はそれを「異常な願望」とし、さらに東ジャワでのマドゥラ勢力の存在は不安定をもたらすものと考えられた。そこで、チャクラニングラットは、スラバヤ支配者やスラパティの子孫との関係をつなげ、それで以てバリ兵をも招き、オランダに敵対する姿勢を示し、東ジャワ諸港からのオランダへの関税支払、米の供給停止という実力行使策に出た。

1744年7月、オランダとチャクラニングラット間の会談が行われるが、成果なく、1745年2月には、オランダは彼を反乱者とみなすと宣言。東部ジャワ沿岸部やマドゥラ島全域で戦闘が展開されて行った。その終息には45年末まで要した。チャクラニングラットは喜望峰に流刑となり、その子息がオランダ保護下でマドゥラ王として継承した。しかし、オランダが望むジャワの安定には未だ程遠いものがあった。

第3節　第3次ジャワ継承戦争（1746-57）～ジャワ王朝の分割

◆ ヨクヤカルタ王宮の樹立 ～ハマンクブオノ王家誕生

1746年2月、パクブオノⅡ世は混乱するカルタスラ王宮から東12kmにスラカルタ王宮を建設する。現代にまで続く王宮である。しかし、小さくなって行くパイの分配をめぐる争いのように、王子達の反乱姿勢は止んでいなかった。Ⅱ世は、ソコワティ地域を占拠するマス・サイドの反乱部隊を掃討した者に3千チャチャ（世帯）の地を与えると宣言した。これに応じたのは王の兄弟でもあるパンゲラン・マンクブミであった。マンクブミは首尾よく反乱部隊を破ったが、宰相の反対でⅡ世は報奨の授与を思い留まっていた。

この混乱時にバタビアから総督ファン・イムホフ自身が王宮を訪問して来た。訪問の目的は1743年条約に基づく沿岸部諸港の完全な引渡であった。パクブオノⅡ世は余儀なく年2万ギルダーで沿岸部租借に同意することになった。また、イムホフはマンクブミの勢力増大の危険を王に説いた。Ⅱ世は沿岸部引渡の件を側近達に報告した時、マンクブミはジャワ王国の最重要部分の租借料が2万ギルダーでは少なすぎると、Ⅱ世の独断に不満を述べたようだ。従前、沿岸部の租借・委託は9万4千余ギルダーで行われていたのである（Ricklefs2005. p. 218）。

ある会合時、総督イムホフは出席者の面前で、マンクブミに対し3千チャチャ引渡問題を含め、野心過剰と譴責したという。この事がマンクブミの怒りを高め、また、大変侮辱されたと感じたようだ。1746年5月、マンクブミはスラカルタを去り、ヨクヤカルタ地域に移り、反乱を開始する。昨日の敵マス・サイドもこれに合流していた。翌、1747年にはマンクブミ軍は1万3千兵となっていた。1748年には、マンクブミ軍はスラカルタを攻撃し、王宮をも脅かす。しかし、絶対的勝利に至るほどの勢力には至っていなかった。

　このような騒乱のなか、1749年末にはパクブオノⅡ世は発病する。かつてⅡ世の王位復帰を果たしたホーヘンドルフは今やジャワ北東岸知事として王位継承の監視のためスラカルタを訪問して来た。12月11日、Ⅱ世はままならぬ王国統治の苦しみから、旧知のホーヘンドルフに王国統治を委ねる協定書に署名している。この協定書は現存するが、実行不可能なものであった。12月20日にⅡ世が死去する前の15日には、ホーヘンドルフは皇太子をススフナン・パクブオノⅢ世（1749－88）として継承させている。

　一方、マンクブミはこれより先の12日には、ススフナン・パクブオノ称号を用い始めた。ここに両者の争いは明白に王位継承戦争となった。またもやオランダ支援の王と反乱派の王という図式が展開される。ただ今回は反乱派が極めて強力であった。マンクブミはスルタン・アグン以来の英傑と考えられ、人望が高かった。彼は1755年には、スルタン・ハマンクブオノを称し、スルタン・アグン以来のスルタン称号を用いることになる。

　戦争は反乱派が優勢な軍勢を示し、1751年末から1752年にかけての攻勢ではオランダ軍は大敗退の様相で、沿岸部の相当部分も占領され、王都スラカルタも危機に瀕していた。スラカルタ王宮の高官達の離反も相次ぎ、皇太子までも反乱派に合流する事態となっていた。しかし、オランダの王宮守備隊は耐え得たのであった。ここに、どちらの側も最終的勝利には至らないことが明らかとなってきていた。しかも、1752年に至り、マス・サイドがススフナンの称号を望み始め、マンクブミと分裂することになった。マス・サイド軍も強力で、マンクブミも簡単には征圧できるものではなかった。オランダ側はこの機会を逃すことはなかった。オランダも戦費増大による破産の危機があり、会談を模索し始めた。1754年に至り、最終的勝利は不可能という段階に至ったマンクブミは、オランダとの会談に応じることになった。マス・サイド軍を征圧するにはオランダ軍の支援が必要との判断があったのである。

　1754年9月、マンクブミとジャワ北東岸知事ニコラス・ハルティンの会談が準備され、マンクブミの条件にそった両者の合意が形成されていく。それは、王国の半分の付与、沿岸部租借料の半分1万ギルダーの付与、それに、マス・サイド軍には共同で敵対するというもの

であった。1755年2月13日、会談が行われた地名をとったギヤンティ条約が締結された。ここにオランダは正式にスルタン・ハマンクブオノ（I世；1755－92）を認知することとなる。このスルタン称号の復活は、イスラム傾斜を明白に示すものと言える。翌年には、ハマンクブオノは新王宮を建設し、王都をヨクヤカルタと命名した。ラーマ王子の都アヨーディヤからとった命名である。ハマンクブオノはスラカルタ諸王のオランダ依存体質とは特質を異にして、ジャワの伝統維持を強く掲げ、これ以降もオランダに対しても強い姿勢を貫いて行くことになる。20世紀に入ってからの民族覚醒運動の勃興はヨクヤカルタ王家周辺の人々が主導するが、ここにその源があるのかも知れない。

1757年2月、残るマス・サイドがパクブオノIII世に降伏した。彼の勢力も強大で、2年にわたりどちらの勢力も彼を征圧できなかった。マス・サイドはパクブオノから3千チャチャの土地を譲渡され、マンクヌガラ（I世；1757－95）公国が創設される。ただこの時点では、彼の世襲権などは未決のままであった。この1757年からジャワ戦争が勃発する1825年までの間、ジャワでは大きな戦争がなく、長い平和期が続く。ハマンクブオノの兄弟パンゲラン・シンガサリは、1768年に逮捕され、1771年にはスラパティの孫、最後の子孫が逮捕されている。その他の諸反乱勢力も消滅してしまっていた。

1792年にはオランダはマンクヌガラI世の子孫の世襲権を認めることで、ジャワ王朝3分割は永続的なものとなり、オランダは王家間の諸問題の裁定者となる。この年の3月にはハマンクブオノI世が80歳で死去する。ヨクヤカルタ王家を最強で、最も自由な王国とした英傑であった。

◆ オランダ東インド会社の変容 〜商品作物の栽培始まる

中・東部ジャワで第3次王位継承戦争が展開していた頃、西部ジャワのバンテンでも反乱が生じていた。事の発端はスルタン・ザイナル・アリィフィンの妃の一人アラブ人のラトゥ・サリファが皇太子とスルタン間の紛争を利用し、両人をそれぞれ追放処分とし、若年の自らの甥を皇太子とし、自らは摂政として圧政政治を始めたことにある。1747年から48年にかけてのことであった。

人々の同情が流刑された皇太子に集まるなか、サリファの独裁・圧政に対して1750年10月、キヤイ・タパが反乱を起こした。前スルタンの甥ラトゥ・バグスもこれに加わっていた。ジャワで大戦争中でもあり手薄のオランダ軍は、当初は反乱軍に敗退を繰り返し、バタビアの

境界まで脅かされていた。この時点で、オランダ側はサリファ支援の誤りに気付き、流刑したスルタンの正統性を認識し直し、1751年3月、ラトゥ・サリファとその甥を流刑し、スリランカに流刑中の正統皇太子の帰還を待つ態勢を作った。しかし、反乱は止まず、放火・略奪が続き、西欧人の農園が破壊されもした。

　1751年9月にはオランダ軍も増強され、反乱軍の最大要塞は占領された。反乱はゲリラ戦的様相となり、キヤイ・タパはジャワの反乱と合流せんとしたらしいが、行方不明となったようだ。1753年にはスリランカより正統皇太子が帰り、スルタン・ザイヌル・アシキン (1753-77) として即位する。かくして、バンテンはオランダの支配下領域となった。この他、この間にオランダはスマトラ南部のラムポン地域をも領有している。

　このように18世紀中葉前後に至ってジャワ全島におけるオランダ支配が確立することになるが、オランダ東インド会社の状況は悪化していた。戦時費用の増大、職員の増加、会社職員の安い給料を補うための私貿易、低価格のオランダとの取引をくぐりぬける住民達の密貿易等々、会社の経営は悪化し、負債は莫大なものになっていた。特に、ヨーロッパにおけるフランスの攻勢のなか、経営が赤字でも信用維持のために会社は余儀なく高配当を続けていた。アムボンにおける丁字独占体制も1769年からのフランスの攻撃で崩壊していた。オランダはジャワ島での戦役で疲れ、ジャワ外では勢力が低下していたのである。

　このような衰微の兆候も見られる旧態依然たる香料貿易主体の会社経営からの脱却への試みは、17世紀末年から始まっていた。その代表例は、バタビアの内陸部に広がる広大なプリアンガン高地で香料に代わる商業産品の買い付けであった。産品は、綿糸・藍・硫黄・木蠟、それに胡椒などであったが、オランダの優越を背景に、価格や数量をオランダが一方的に決める強制的、義務的供出方式がとられていた。この方式は一般的にプリアンガン方式と称され、19世紀に入ってからの強制栽培制度の原型ともされるものである。

　これら新商品の開拓のなかでも、オランダにとり画期的、救世主的な商品はコーヒーであった。コーヒーの原産地はアラビア半島南端部であった。17世紀前半、イエーメンのモカを訪れたファン・デン・ブルークがオランダ人として初めてコーヒーを飲んだ人物とされている（永積1977）。この後、ヨーロッパにコーヒーが広がるが、産地が限定されており、高価格なものとなっていた。また、コーヒー輸入ルートがトルコに妨げられたことなどもあって、他地域への移植が試みられた。オランダ東インド会社は17世紀中葉にはスリランカで栽培に成功し、ジャワ島でも栽培が試みられることになる。

　コーヒー栽培は比較的容易で、また、荒地をもいとわぬところから、栽培者には歓迎され

た作物であった。17世紀末からプリアンガン地方で試作が行われ、早くも18世紀初頭には試作品がオランダに送られ、モカ・コーヒーに劣らないと好評を博した。1713年に至って、最初の２千ポンドが送られてから、年々著しく増加し、1740年には、生産過剰段階に達し、年間の取引量が４百万ポンドに制限されるまでに至った。19世紀初頭における、プリアンガン地方からのコーヒー生産高は1250万ポンドに達していた。

　コーヒーに続く産品として、紺色染料用の藍、赤色染料用の蘇枋（すおう）、それに砂糖、茶、ゴムとオランダ繁栄の源泉となる商品作物栽培が続くことになる。

第5章　19世紀、植民地支配体制の確立

第1節　混迷するオランダ本国 〜激動のヨーロッパ情勢

◆ オランダ東インド会社の終末

　18世紀中葉以降、インドネシア海域はほぼ平和が続き、オランダとジャワ王家も良好な関係を維持していた。このような状況下、1780年には第4次英蘭戦争が始まる（-84）。この時にはイギリスの攻撃に備えてスラカルタ・ヨクヤカルタ王家は、各々1千余の部隊をバタビア防衛のために派遣している。しかし、東インド会社の困窮度はこの戦争後に一層増し、これにヨーロッパ情勢の激変が会社の運命に決定的要因として加わった。

　1789年、フランス革命が生じ、オランダ国内でもこの革命に共感する愛国党（パトリオッテン）がオラニエ王家と激しく対立した。1793年、フランスが英蘭に宣戦布告するや、愛国党指導者ダーンデルスはフランス軍に加わってオランダ攻撃を行う事態に至った。95年にはオラニエ一族はイギリスに亡命し、オランダにはバタビア共和国体制が敷かれた（-1806）。そして、イギリスに亡命したオラニエ公ウィレムV世はオランダ植民地をイギリスに移譲するよう通達する「キュー書簡」を公表した。イギリスは各地のオランダ植民地を領有していくが、バタビアはこの通達に従わなかった。アメリカ商人がインドネシア産コーヒーを高値で買い付け、バタビアの東インド政庁は自立可能であったのである。しかし、東インド会社自体は、1798年のバタビア共和国憲法の制定と共にその生命を終えることになる。正式の解散は、1799年12月31日の特許期限の満了を以てとなるが、会社の債務1億3千万余ギルダーとその植民地経営は国家に引き継がれた。

　オランダ本国のバタビア共和国は植民地経営の基本的体制の構築を急ぐが、1804年にはナポレオンがフランス皇帝となり、1806年にはナポレオンはバタビア共和国を消滅させ、自らの弟ルイ・ナポレオンをオランダ国王に任命し、東インド（インドネシア）総督には自らの崇拝者である愛国党のダーンデルスを推薦した。自由主義者の新総督ダーンデルスは、インドネシア着任後、統治機構の改革等に精力的に取り組むが、その最大の目的はイギリス軍の到来に備えることにあった。イギリスはすでにジャワ島外の外領の多くを支配し、バタビアは本国との連絡も困難な状態にあった。さらに、1810年にはナポレオンはオランダを併合し、

大陸封鎖を厳しく実施した。オランダ貿易は壊滅することになった。

　ダーンデルスの自由主義的姿勢と性急な改革への取り組みはジャワの首領達の反感をつのらせ、後のイギリスのジャワ進攻を容易なものとした。彼の改革は、当時の王朝の貴重な財源である沿岸部租借料の強権的な廃止、農民に対する圧政の排除、王宮儀礼への介入等々であった。このような強圧的改革に対して、1810年にはラデン・ランガが反乱を起こすに至る。この反乱にはスルタンや貴族界からの支援があったが反乱自体は簡単に鎮圧された。この反乱にも起因して、改革に抵抗するヨクヤカルタ王家のハマンクブオノⅡ世は退位させられた。この一連の紛争は後のジャワ戦争の一因ともなる遺恨を残すことになる。ラデン・ランガの遺児スントットはその戦争で重要な役割を演じるのである。

　1811年5月16日、ナポレオンは不評のダーンデルスを解任するが、時はすでにイギリスのジャワ進攻が満を持している状況にあった。イギリス人のフランシス・ライトは1770年代からマレー半島に拠点を構築していたが、イギリスは19世紀初頭前後にはジャワへの進攻基地としてマラッカを占領していた。そして、1810年8月にはインド総督ミント卿にジャワ進攻の許可を与えている。すでに、ジャワ北岸地域はイギリスの支配下に入り、バタビア近海もイギリス艦隊に封鎖されている状態にあった。1811年8月4日、ミント卿は60隻の艦隊を率いてバタビアに到着し、20日余りでバタビアを占領することになる。ダーンデルスの後任ヤンセンスは中部ジャワに逃れ、ジャワ王家と共に抵抗を試みるが、ヨクヤカルタ王家がイギリスと手を結んだことで、降伏を余儀なくされた。9月17日のことで、この間に多数のオランダ人指揮官がジャワ人に殺されたという。

◆ イギリス統治時代 〜ラッフルズ

　この当時の西洋における世界認識では東南アジアもインド世界であった。したがって、インド総督ミント卿の信任を得ていたラッフルズはインド副総督として東インド（インドネシア）統治に当ることになる（1811-16）。オランダに降位させられたハマンクブオノⅡ世は復位したが、彼は着任してきたイギリス人のヨクヤカルタ知事にも激しく抵抗姿勢を示し、さらにⅡ世の異母兄弟のナタクスマ（1764-1829）とも対立する図式を見せた。ナタクスマは1810年のラデン・ランガの反乱に加担して、ダーンデルスによって投獄されていたもので、イギリス統治の開始とともに出牢していた。したがって、彼のイギリスへの接近は自然なものであった。また、彼も自らの地位保全に懸命であった。このヨクヤカルタ王宮内の対立に

着目したスラカルタのパクブオノⅣ世は、ハマンクブオノに接近し共に西欧支配に対して武力で戦う密約を結んで行く。しかし、パクブオノには西欧の武力でヨクヤカルタ王家を転覆させようとする裏の意図があったのである。

　この密約を察知したイギリスは、ヨクヤカルタ皇太子およびナタクスマと秘密会談を行った後、1812年6月、イギリス軍はスラカルタ軍と共同でヨクヤカルタ王宮を奪取するに至る。この時、スラカルタ部隊は、ただ傍観しているだけであったという。ハマンクブオノⅡ世はペナン島流刑となり、皇太子が王位を継承する（ハマンクブオノⅢ世）。この戦役後、パクブオノⅣ世は密約を追及され、多くの領土を奪われ、また、通行税や市場税徴収権も奪われている。そして、真に協力したマンクヌガラⅡ世王家には、1千チャチャの土地を増額している。パクブオノ王家から取り上げた土地である。また、イギリスに協力したナタクスマは、翌1813年3月に4千チャチャの土地の付与で以てパクアラム王家創設を認められている。現代にまで続くジャワ4王家が形成されるわけである。ところが、パクブオノⅣ世のヨクヤカルタ王家への敵対心は根強く、さらなる陰謀をたくましくして行く。それは、イギリス軍内のセポイ兵と組んで、ヨクヤカルタ王家と西欧支配を粉砕せんとする計画であった。この計画も露見し、セポイ兵70名が逮捕され、その内の17人が銃殺刑となった。Ⅳ世は再び降位の危機に面するが、一人のパンゲラン（王子）の流刑で以て、降位を免れることになる。1814年からその翌年にかけてのことであった。

　ラッフルズの治世はこのような紛争下に始まるが、その特徴は当時のヨーロッパの思潮動向を反映したもので、そういう面で自由主義者のダーンデルスの治世の延長線上にあるとも言える。彼は治世の基本に「原住民の安寧」を掲げるが、これはオランダがほぼ百年後に採り入れるものである。時代に先んじたラッフルズの植民地政策とも言われるが、その中でも際立った特徴は学術振興に力を注いだことであろう。動植物の標本や、マレー語の古文献の収集、ボロブドゥール遺跡への関心、そして、ジャワ社会の調査は自らが取り組んだ大事業で、『ジャワ誌』(History of Java) なる大著として結実している。彼は土地の言語や文化に本格的に関心を寄せた最初の西欧人治政者と言える。彼は自らの側にジャワについて深い知識を有する西欧人の有能な助手を幾人も置いていたのである。

　彼の統治はわずか5年で浸透するまでには行かなかったが、全く近代に通じる当時としては高い理念に基づいていた。まず、ジャワ全土の直接支配を目指し、ジャワを16の州区 (residentien) に分かち、土地の伝統的なブパティ（知事）の中間的支配を廃し、これを行政上の一役人とした。そして、村落を行政の第一の単位に置いた。村落統治に具体的に取り組

むのは彼が最初であった。また、ラッフルズの統治政策の大きな特質の一つは、貨幣経済の導入にあった。土地は政府の領有になるもので、農民は政府に地代を払うものとされた。この地租制度の導入に基づき、賦役制度は廃止され、強制的な栽培システムは借地制度へと転換がなされた。基本的に栽培と通商の完全な自由化を目指す施策の一環であった。ただし、コーヒーの強制的栽培やチーク林における賦役は除外された。また、農民個々人からの地租徴収は当時として現実的ではなく、村落単位の徴収や、現物納税という形も混在していた。

この他、従前は華僑に委託されていた塩の販売は、国家の専売とし、1814年には奴隷制度を廃止している。また、司法制度の整備、種痘の普及が加速された。さらに、植民地官僚組織にジャワ人官吏を登用したことにも、彼の政策の革新的特質が見られると言える。時代はジャワ王家との関係維持だけでは済まなくなっていた。

ラッフルズの治世はナポレオンが1814年4月に敗北を喫したことによって終わりを告げる。同年8月13日、英蘭間でロンドン協定が結ばれ、イギリスはインドネシアをオランダに返還することになった。イギリスは自身の防衛上の必要からも、オランダの強化を選択したのであった。かくして、1816年8月19日、東インドはオランダに引渡された。

1819年1月28日、ラッフルズはスマトラ西岸のベンクーレンでの任務を終え、シンガポールの開発に着手する。当時は人口もまばらな島であったが、彼はその価値を早くから認識していたのであった。1826年に彼は45歳で死去するが、シンガポールの価値が広く認識され出すのは彼の死後のことであった。

第2節　オランダのインドネシア支配復活 ～2大反乱の続発

◆ 混乱を増すオランダの復帰 ～ジャワ社会に募る不満

イギリスからオランダへのインドネシア植民地の引渡しには、オランダ側では3人の全権委員が担当した。国王直轄下という新しい統治形態の指針として1815年には「統治法」が制定されたが、実際には実施には至らなかった。オランダは総督制を復活させ、全権委員の一人カペルレンが総督に就任した（1816－26）。総督の下には総督補佐を任務とする参事会が設置された。全権委員は引渡し作業完了後の1819年には解散している。委員の一人エラウトが

植民地大臣となっている。

　オランダのインドネシア復帰は財政破綻、海軍力壊滅という状況下であった。また、インドネシア各地の領主達や住民のオランダ軽視の風潮の中でもあった。実際の施策については、ラッフルズのジャワ全土の州区制を継承したが、住民の統治については、領主層や土地の中間的統治者を活用する間接統治方式が採用された。いわば、自由主義から封建主義体制への逆戻りである。この統治者が急転する状況はジャワ社会に少なからぬ戸惑いを与えたのは当然である。オランダ側の王宮介入は止むことはなく、また、王宮では汚職と陰謀が一層渦巻き、農民は金納税に苦しんでいた。さらに、オランダは自らの財政窮乏下、ヨクヤカルタでは通行税が３倍となり、市場税の拡大等、徴税が一層厳しくなって行った。これらは地域の流通経済を破壊させて行き、1820年代には食糧不足、物価高騰が深刻化していた。この結果、住民の村落からの逃散が生じ、強盗団が増加して行った。この社会の疲弊化は阿片吸引者の増加をもたらした。この期、オランダ政庁の税収の12％は阿片からという状況となっていた。

　これに加えるに1823年、バタビア政庁は借地契約無効令を出し、混乱に拍車をかけることになる。当時、ラッフルズの自由主義的施策のもと、西欧人や中国人資本による農園が激増していた。それらの農園の土地には、王侯貴族や村長等の専有地が活用されていた。王侯貴族にとっては安定した確実な収入源であった。しかし、コーヒー栽培等を収入源ともしていたバタビア政庁にとっては、この外国人による自由なプランテーション農業は競争者となっていたのである。この借地禁止令は王侯貴族層の安定した収入源を奪うだけでなく、前払いの借地契約金の払戻し等で、彼らの財政状況を急速にひっ迫させ、大混乱をもたらした。このように、オランダの復帰はジャワに不満感を一層募らせて行き、これらが、1825年に勃発するジャワ戦争を王侯貴族だけの反乱にせず、一般大衆をも巻込んだ大戦争にした要因となるものであった。

　なお、英蘭両国は1824年、ロンドン条約を結んでいる。基本的にはスマトラはオランダの領有、マレー半島はイギリスの領有とするもので、スマトラ西岸のベンクーレン等とマレー半島のマラッカが交換され、シンガポールも正式にイギリスの領有とするものであった。

◆ ジャワ戦争（1825-30）～ジャワ最後の大反乱

　ジャワ王家周辺からの最後で最大となるオランダへの反乱はジャワ戦争と称され、その指

導者の名からディポネゴロ戦争とも称される。パンゲラン・ディポネゴロ（1785－1855）はハマンクブオノⅢ世の長男として生まれた。しかし、彼の母の地位が低かったことから、人望が高いにかかわらず王座は遠かった。1814年、Ⅲ世が死去するが、王位は母が貴族出の弟のジャロットが継承することになった（Ⅳ世）。この時点で時の総督ラッフルズは、Ⅳ世死去時はスルタンにと、ディポネゴロに約束していた。1822年、Ⅳ世が死去する。毒殺との噂が広がるなか、継承をめぐり激しい論議が展開された。しかし、オランダはⅣ世の3歳の遺児を継承者とし、ディポネゴロは摂政の地位にとどまった。ラッフルズは去った後であった。

オランダの復帰で社会の上層部も少なからず混乱しているなか、1820年代には小規模反乱が生じ始めていた。21年には稲が不作で、ジャワではコレラが流行した。そして、22年にはⅣ世毒殺の噂が流布し、この年の末、混乱を生む印とされるムラピ火山が噴火している。これらの社会不安に拍車をかけたものが、1823年の借地廃止令であった。結果的にこれが反乱への最終的圧力となった。農民層の苦難も頂点に達する段階にあった。

1825年5月、ディポネゴロ反乱への直接的契機となる問題が生じる。それは、彼が幼少期を過ごした領地内の墓地を通る新道の建設問題であった。この問題で建設反対のディポネゴロ派と宰相間の対立が激化し、ついに7月20日には、オランダ側はディポネゴロ逮捕の兵を送ることになった。彼は都を去り山にこもって反乱を決意するに至る。ジャワ戦争の勃発であった。反乱軍は急速に拡大し、パンゲラン（王子）やブパティの半数前後、ヨクヤカルタ王宮の多数の兵がこれに加担した。反乱軍の指揮はスントットが掌握し、ディポネゴロの叔父で最長老のパンゲラン・マンクブミも従っていた。ただ、スラカルタはこの反乱には距離を置き、どちらが優勢か見極める姿勢であった。ディポネゴロはラトゥ・アディル（正義王）を宣言し、1825年の攻撃ではオランダは危機に瀕した。ヨクヤカルタ領内のヨーロッパ人や中国系人の多くは殺されたと伝えられている。しかし、オランダ王宮守備隊は耐え抜いたのであった。反乱軍も最終的勝利にまでは至らなかったのであった。

1826年になるとオランダ軍も十分に補強された態勢をとるようになったが、ゲリラ戦には対応できなかった。この8月には、オランダはアムボン流刑中のスントットの父親ハマンクブオノⅡ世を呼び戻すなどの対応策をとっている（1826－28）。この年の10月には、ディポネゴロ軍はスラカルタ地域で大敗北を喫するが、中部ジャワ内陸部は、この年末まで反乱軍の支配下でオランダは進撃することもできない状況が続く。1827年に至ってオランダ軍は画期的な戦術を採用する。それは要塞戦法と称され、征圧地には要塞を構築し、敵軍の支配地を漸次縮小させるものであった。これには高い経費を要したが、極めて効果的で反乱軍は徐々

に占拠地から駆逐されて行くことになった。この期、長びく戦役で両軍とも疫病等による被害が甚大となって来ていた。

　1828年になるとオランダ軍の優勢は明白となる。ディポネゴロはスルタンを自称するが、その勢力は著しく減少し、反乱軍内では裏切りが続発し出していた。この年の11月には宗教指導者達が降伏した。1829年の後半期には反乱は終末に近づいた。9月にはパンゲラン・マンクブミが降伏し、ヨクヤカルタ王宮復帰が赦された。10月にはディポネゴロ軍最高司令官スントットが降伏している。彼は後に植民地軍中佐となり、スマトラのパドリ戦争に従軍している。そして、1830年3月、ディポネゴロはマグランでオランダとの会談に臨み、そこで逮捕されることになる。彼はメナド、それからマカッサルと流刑され、当地で死去している。

　この戦争の死者数を見るといかに大きな戦役であったかが理解できる。オランダ軍の死者はヨーロッパ兵8千、インドネシア兵7千の合計1万5千人。ジャワ人の死者は20万人にのぼった。ヨクヤカルタの人口は半減したという。この戦争の戦後処理でジャワ王侯領は王都周辺地の直轄領（ナガラアグン）のみに閉じ込められてしまう。直轄領周辺領（マンチャナガラ）はことごとくオランダに没収された。これに慣慨したスラカルタのパクブオノIV世（1823-30）は、インド洋海中に住すというラトゥ・アディルに会うためインド洋に船出した。これに反乱の危険性ありと見たオランダ側はIV世をアムボンに流刑している。

　ジャワ王侯貴族の農民大衆をも巻き込んだ最後の抵抗は、彼らのエネルギーを出し尽したのであろう、この後、20世紀に至るまでオランダ支配に対する深刻な敵対は見られなくなる。しかし、莫大な戦費を要したこの戦争でオランダの財政危機が一層深刻化する。これにさらにパドリ戦争の戦費が加わることになる。ベルギーの分離独立がもたらす税収減等による本国の困窮等々、ジャワも大きな利益をもたらす地にする必要に迫られていた。

◆ パドリ戦争 〜イスラムの旗のもとに

　スマトラ島の西側を背骨のように貫くブキット・バリサン（山脈）高地一帯を本拠にするのがミナンカバウ族で、母系社会や独特の文化伝統を維持している社会である。北側ではバタック、アチェ地方と接するスマトラ最大の部族でもある。古来から金を産出していたが、金の産出は18世紀後半期から著しく減少し、その後枯渇してしまっている。これに代ってコーヒー等の種々の商品作物栽培が盛んとなってくる。これにたずさわる商人層の活躍、これと母系社会に象徴される伝統的なアダット（慣習）派との対立がパドリ戦争の底流に存在し

ている。そもそもミナンカバウ人は商才にもたけ、パダン商人としてインドネシア海域の広範囲にわたって活躍してきたもので、この両者の対立の図式はこの期に限らないものがある。また、故郷を出たパダン商人社会は父系社会となるものでもある。

　ところで、スマトラ地域からのメッカ巡礼者は16世紀頃から始まり、18世紀にはかなりの数にのぼっていた。イスラムは18世紀末までにはミナンカバウの全域に浸透していた。メッカでは19世紀初頭には厳しい戒律への復帰を唱えるワッハーブ派が支配的となっていたが、1803年、メッカ帰りの3人が故郷で戒律強化運動を展開し、アダット派と激しい対立を見せ始めた。この対立はミナンカバウ全域に波及し、内戦の様相を呈し始めるに至った。これがパドリ戦争と称されるものの発端である。パドリの語源については、パードレ（神父）とされることが多いが、スマトラ北端のメッカ巡礼者の発着港プディールから由来するとの説が有力である。

　戦局はパドリ派には勢いがあり、1815年に至ると南部地域や北方のバタック族地域にも進出する勢いを見せ、ミナンカバウ王家の大部分が殺害されるという事態も生じた。アダット派は非商業地域・伝統社会地域で激しい抵抗を続けていたが、決定的に不利におちいりイギリス軍に保護を願い出た。当時、南方のベンクーレンにはラッフルズが駐在しており、彼は双方に種々の働きかけをしている。ところが、1819年にはオランダが中心都市であるパダンに復帰し、様相が変化してくる。バタビアの総督はアダット派や王家の生存者達からの支援の申出に応じて、1820年9月にはオランダ軍派遣の決定を行った。これには、スマトラ西岸のパダン海岸地域の割譲が条件となった。

　1821年2月、オランダ軍が攻撃を開始し、ここにパドリ戦争が始まることとなる（－38）。23年にはオランダ軍は勝利もするが、他地域では敗北もし決定的勝利に至らなかった。これには外国人、しかも異教徒と提携したということでアダット派には不利に働く要素も大きかった。また、オランダはジャワ戦争中で大きく兵力を割けない時期でもあった。オランダ軍には疲れも見え、24年には和平を達成するが、これは数カ月で決裂した。しかし、25年にはパダンを中心とした海岸地域はオランダの勢力下に、山岳地帯はパドリ派の勢力下という協定が成立する。大木氏（1984）によれば、この紛争には交易ルートの問題も背景としてあった。オランダはパダン港を中心として西海岸ルートを活用したが、土地の人々は河川経由でマラッカ海峡側にコーヒー等の産品を輸送していた。1833年にはオランダは河川貿易監視庁を設置し、この河川ルートの封じ込めを図ったものである。

　このようにパドリ派は一定の勢力を維持していたが、メッカではワッハーブ派が次第に退

潮となり、帰国してくるハジに穏健派が多くなる状況が現出する。これによりパドリ派には不統一が生じ始め、オランダはこの機を利用して有利な態勢を構築した。支援部隊も到着していた。かくして、1832年にはパドリ派は敗北することになった。ところが、翌年の1月、オランダ軍が回教寺院を汚す事件が生じる。これには非パドリ派の住民も激怒し、その地のオランダ軍は全滅させられてしまう。この抵抗の中心地はパダンから百キロ山中のボンジョール地区であった。そして、その指導者はイマム・ボンジョールと称される人物で、名門の出でもあり人望が高かった。

　1835年頃からオランダはこの地区を封鎖する戦術をとることで戦局が大きく傾いた。経済支援線が破壊されたイマム・ボンジョールの勢力は漸次縮小し、37年に至ってボンジョールの町はオランダ軍に占領されることになった。イマム・ボンジョールは脱出を試みたが、8月16日、ついに降伏しメナド追放となった。彼は民族運動の先駆者として、国家的英雄の一人とされている。この翌年、1838年にはオランダ軍は最終的に勝利を達成し、パドリ戦争は終結する。全ミナンカバウはオランダの支配下に入ることになった。しかし、パドリ派は敗北したが、この地にはイスラム的要素は一層強くなっていく。パドリ戦争は人口稠密なジャワにおけるジャワ戦争とは規模等においても比較しようがないが、インドネシアにおいてイスラムの旗のもとに人々が結集した最初の戦いであった。

第3節　植民地搾取体制の確立　～オランダ繁栄への道

◆　強制栽培制度の導入　～「オランダを沈ませなかった救命具」

　インドネシアにおけるオランダ時代は大きく2時代に区分できる。17, 18世紀はオランダ東インド会社の活動に代表される貿易活動が中心であった。各地の紛争への介入は平和で安定した商活動を維持するための、いわば余儀ない介入という性質を持っていた。これが19世紀になると、土地支配を基盤とした植民地搾取体制の確立という性質が前面に出てくる。その代表例が「強制栽培制度」の導入である。このシステムは西部ジャワのプリアンガン地方でのコーヒー等の義務供出制を基盤にして、より強い統制下でヨーロッパ向けの輸出用作物栽培を、肥沃で、また、村落行政の整った中・東部ジャワの広範な地域に導入された。オラ

ンダ側はこれを「栽培制度」（Cultuurstelsel）と称したが、一般的に「強制栽培制度」と称され、オランダ植民地支配の中で悪政の代表例ともされるものである。なお、この強制栽培制度はジャワ以外では、スマトラでもコーヒー栽培で導入された。ただ、コーヒー栽培は山地でも可能だが、ジャワでは水田が充当されたことが注視されねばならないことである。

　この強制栽培制度は、総督ファン・デン・ボス（1830-33）が導入したもので、1831年から1866年頃まで続いた。この間にオランダ本国に送られた利益により、オランダの植民地の負債どころか本国の負債をも償還したもので、まさに「オランダを沈ませなかった救命具」となったものである。オランダの国家収入の内、インドネシアからの収入は1850年以前は19％位であったが、1851年以降は30％を越え始め、60年代には3分の1前後となって行く。この巨額な利益の一部は輸出を円滑化するためのインドネシアの社会基盤、道路・港湾等の整備にも充当された。

　当初のオランダ側の計画では、オランダの指定する作物栽培は、水田の5分の1が充当され、地租はとらず借地料は収穫物で支払うことになっていた。ただ、その価格はオランダが設定した価格によった。また、米作以上の労働負担をかけない等々の簡素な原則が提示されていた。しかし、オランダは間接支配体制を持しており、村落レベルでのこのシステムの実施、監督等は全て土地の人々によるものであった。このいわば中間管理職による汚職等を伴う中間搾取が農民に過重な負担を強いたものであった。すなわち、当初計画の基本原則は守られることは少なく、例えば、水田の5分の1を充当するとの原則も、後には3分の1となって行った。また、地租免除の原則も無視されることが多かったようだ。

　導入された主要作物は、コーヒーを筆頭に、甘蔗（砂糖キビ）、藍であった。この他、茶、タバコ、綿花、胡椒等も付随的に伴った。甘蔗については奴隷を用いた西インドの糖業との競争に勝つことが目標となった。この制度の導入に際し、地域によって多くの変形があり一概には論じられない面があるが、全ジャワ住民の50％前後が関与するという大規模なものとなって行った。地域によっては、従事者は90％を越える所もあった。平均して70％以上の農家が関与したとする説もある程である。

　この期のオランダの統治体制は、インドネシア側で最高位にいる者がブパティ（レヘント。県知事）で、この下に郡長、村長が続いた。オランダ側では、幾つかの県が理事州を形成し、その長が理事官（レシデント）で、県には監督官（コントローラー）が置かれ、これがインドネシア人のブパティと直接接触することとなる。オランダ人監督官はブパティ以下の諸役人との接点は少なく、諸々の実情に疎くなるのは自然なことになる。伝統的社会を余りこわさず

に活用したのがオランダの施策と指摘される面があるが、農民は村落のみに完全に封じ込められて行ったものである。1854年には「基本法」が制定され、貴族層の世襲が定着すると共に、彼らはより一層オランダに直属することになり、一般社会からは切断されて行くことになった。社会の固定化が進展して行くのである。

コーヒー栽培は米作不能地でも栽培出来、しかも労力もそれ程必要としない作物だが、藍栽培は大変な労力を要し、しかも土地がやせ、種々の弊害をもたらして行く。甘蔗は一枚の水田での栽培とはいかず、村落単位の栽培となる。しかも、米作との交替栽培の形態をとるところから、ジャワ農村の一特徴ともされる村落共同体の土地共有を進展させた地域も少なくない。甘蔗栽培自体は労力をそれ程要しないが、その運搬への労力が農民に重くのしかかった。さらに、米作用との水配分等の種々な難題が村落に持ち込まれた。現金収入の増加による貨幣経済の進展も村落には新しい現象として加わることになった。

この栽培制度を支えた労力は、特にジャワで著しい人口増加であった。1830年頃のジャワの人口は7百万前後であったが、70年には1千6百万人余と激増している。この人口増加は20世紀に入っても止まることはなく、インドネシアの全般的貧困化の一大原因となって行く。人口増加の理由としては、長く続く平和、それに種痘普及や疫病の減少が指摘されている。水田耕作に吸収し切れない余剰人口は、これら栽培制度にかかわる賃金労働者としての新たな社会階層を生みだして行った。しかし、このシステムによる利益享受者は、村落エリート、非土着商人、西欧人役人・商人であった。農民層への重圧、それは大規模な飢饉の発生として現れてくる。

1840年前後からこの強制栽培制度による稲の不作等の弊害がジャワ島各地から報告されることになる。飢饉の最初の報告は、西部と中部ジャワの州境の港町チルボン地域からであった。1846〜50年間にはチプスを初めとする伝染病が流行。1849〜50年にかけては、中部ジャワの広範な地域で飢饉が生じた。人口が激減する地域も見られた。この飢饉はオランダの一新聞が報道したことで、その惨状が知られることになったもので、知られざる惨状については何ら手がかりがない。また、飢饉の発生は栽培制度の拡大についての限界を知らせるものでもあった。他方、1845〜50年代は産品輸出が減少に転じ、植民地財政は急激に危機におちいったが、1850年にはコーヒー、砂糖の国際価格が上昇し、1870年頃までは本国への送金は2倍となった。

植民地における惨状に対して、オランダ国内ではジャワ島での強制労働や圧政の廃止を求める声が高まってきていたが、この動きの背景には別の側面があった。それは、富を増した

オランダ国民の中には、蓄積した資本の活用策を求める社会層が形成されつつあったのである。彼らは国家の独占的植民地経営に反対し、自由主義的変革を求める声が議会でも勢力を増していた。かくして、1848年には自由主義的憲法が制定され、国会でも強制栽培制度についての賛否の議論が10年続くこととなった。

　1860年、栽培制度に関する論争の中、これに対して大きな影響を及ぼした出来事が生じる。元植民地官僚のダウエス・デッケル（1820-87）がムルタトゥリの筆名で小説『マックス・ハーフェラール』を出版した。この小説は植民地政府の残酷さと腐敗を暴くとともに、ジャワ農民の惨状を描いたものであった。これが栽培制度反対派の強力な武器となって行った。62年には議会では自由主義派が多数派を占め、利益の少ない作物から栽培制度は廃止されて行くことになる。1862年、胡椒。64年、丁字、ニクヅク。65年、藍、茶、肉桂。66年、タバコと続き、1870年には『砂糖法』が制定され、甘蔗の強制植付け禁止、政府の甘蔗栽培からの撤退が定められた。実際には、甘蔗強制栽培廃止は1879～81年にかけて実施された。コーヒーについては、70年代から段階的に廃止されたが、プリアンガンその他では1910年代まで残存していた地域もあった。

　1869年にはスエズ運河が開通し、アジアへの道は画期的に近くなる。世界的に新しい時代展開が求められていたのである。ただ、アジア人のほとんどは受動的姿勢を余儀なくされていた。1870年には、『農業法』が制定され、農地は私企業にも門戸が開かれて行く。私企業の活力は目覚ましく、1885年には民間輸出が政府輸出の10倍となり、全輸出額は1860年の2倍となっていた。オランダ人にとっては自由主義時代の到来だが、インドネシア人にとっては、より低迷せざるを得ない時代を迎えることになる。

◆ 自由主義時代の到来 ～栽培制度から私企業の繁栄へ

　自由主義時代が始まると、オランダ人投資家は農民・労働者と直接的に接触することになり、強制栽培制度時代には大きな存在感と富裕を誇ったブパティ等の役割の大きな部分が消失した。また、彼らの威厳と富の源泉の一つであった賦役も廃止され、封建的・領主的支配体制が簡単に崩壊して行った。さらに、封地・職田も廃止され、諸役人の現金給料化が進む。ただ、賦役の廃止は人頭税の導入となり、その現金支払いは農民にはより重くのしかかった。自由主義時代の到来と言っても、王侯・貴族社会の一層の形骸化と共にインドネシア側にとっては何一つ明るい徴候をもたらすものはなかった。この自由主義時代は1870年前後から

1900年まで続く。その時代的特質は、農産物をヨーロッパに輸出するという性格は不変で、その輸出用農業資源の一層の開発であった。インドネシア人はこの貿易への直接的関与は阻止され、その活動余地はより狭められた。賃金労働者も合理化等で収入は減少して行った。

　私企業は政府や住民と75年間の土地租借契約が可能となり、また、自由な契約によって労働力を獲得することになる。強制栽培時代には、農民は1バウ（約0.7ha）当たり平均42.8ギルダーの公定補償金を得て、また、地租も免除されていた。ところが、自由主義時代では借地料は1バウ30.95ギルダーとなり、しかも、地租が年5～7ギルダー課せられた。地租は村落単位で賦課されたことから、村落農民には逃げ道はなかった。後には、地租金納や消費用現金の不足で行った借金の抵当とした田地を手放し、村落内で土地なし農民が増加するという問題を引き起こすものである。

　自由主義時代の生産伸長には目覚ましいものがあった。砂糖生産を例に次の統計数字を見れば、その驚異的とも言える生産増加の一端が理解できる（WMS 1977. p.106-）。

<砂糖生産の経緯；バウ＝約0.7ha。ピクル＝約62kg>

	甘蔗植付面積（バウ）	砂糖生産量（ピクル）	1バウ当り平均生産量（ピクル）
1840	44,666	約 752,000	約 14.6
1870	54,176	2,440,000	45.38
1900	128,301	12,050,544	93.75

　この間、1884年からの砂糖価格の下落、特に87～88年期の最大の低落期には多くの事業家が破産したが、この危機は地代・賃金削減で乗り越えられた。1882年にチルボンで生じてジャワ島東端に至った砂糖病害の危機は、品種改良等の技術革新で乗り越えられた。特に、バウ当り生産量の劇的な上昇は近代の技術革新を背景にしたものであった。収穫物のヨーロッパへの輸送については、時代はすでに蒸気船、蒸気機関車の時代となっていた。近代の産業革命中のヨーロッパの勢いがここにも反映されているものと言えよう。

　砂糖キビ栽培は驚異的な栽培の進展を見せたが、他の作物、例えばタバコ栽培の様相を見ても同様の状況が見て取れる。ヨーロッパ人によるタバコ栽培は、東ジャワ・ブスキ地方で始まり、1850年には1万6千梱包の生産だったが、71年には、12万9千梱包、1900年には24万梱包と、これも爆発的生産増大を示した。また、一オランダ人が1870年に、スマトラ北部のデリー地方でタバコ栽培を試み出し、この70年には3千梱包余をオランダに輸出した。こ

れが本国で好評を博したことを背景に栽培が拡大され、1899年には26万梱包が輸出されている。

ただ、スマトラでのタバコ栽培は種々の問題を引き起こした。宮本氏（1993）によれば、スマトラ北部内陸部はバタック族の地で、強い血縁・地縁で結び付く氏族社会（マルガ）が維持されていた。ところが、オランダ人は支配下に置いていた沿岸部のマレー人地方領主であるスルタンの権威だけをもとに農園用租借地を設定して行った。土地の首長（ダトゥック）を無視していたわけである。バタック族はそれを座視できず、1872年5月から11月にかけてバタック戦争が勃発することになった。この紛争はダトゥックに租借料の一部を譲渡することで解決に至った。またそれと共に、ダトゥックはスルタンの下位に位置づけられることになった。1878年にはタバコ栽培との輪作方式を確立する租借法が制定されている。この方式は、ジャルラン制と称された。

今一つの大きな問題は、栽培には貧困化が進む中国南部の中国人クーリー（苦力）を大量に動員したことであった。アメリカでは1863年に奴隷解放宣言がなされたが、アジア、特にこのマラッカ海峡周辺地のプランテーション農場では奴隷的労働が始まっていた。1877年からその翌年にかけて、苦力達による大規模な暴動が頻発した。過重労働の苦しみからアヘン吸引や賭博に走る苦力が多く、それによる負債から逃れるための暴動であった。これには、苦力監督のための中国人労務管理者（タンディル）による苦力酷使という背景があった。1880年には逃亡苦力を取り締まるための『苦力令』まで出され、農園が治外法権化されて行くことになる。このデリー等における労働者の奴隷状態が社会問題化するのは、ようやく20世紀に入ってからである。1929年には、アメリカは関税法を布き、懲罰・強制労働による生産物の輸入禁止策をとっている。

自由主義時代の私企業の活動への批判は1890年頃から始まる。国際的に人道主義が唱えられる時代ともなっていた。また、ヨーロッパでの万国博覧会などを通じて、アジア諸国の文化への認識も大きく改まりつつあった。バリ島のガムラン音楽がヨーロッパ音楽界に与えた衝撃もよく知られていることである。オランダの植民地経営に対する批判も国際的に高まってきていたのである。他方、時代は電気の利用、内燃機関の活用の時代となって来ていた。自動車の開発、実用化、それには大量の石油、ゴムの需要が待ち構えていた。インドネシアは時代が変わろうとも、西洋諸国にとっては重要性は減じることはなかった。

◆ オランダの新たな富の源泉 〜石油、ゴム etc

　19世紀の末期には石油を初めとする鉱業、20世紀初頭からはゴムと、オランダにとって新たな富の源泉が現れてくる。農業についても生産の飛躍的拡大は続く。これらの輸送のため1888年には王立蒸気船郵便小包会社（KPM）が設立された。この会社は1891年には活動を開始し、独占的に海運を掌握してオランダ勢力拡大の活力源となって行く。

　農業はジャワ島に集中する傾向が強かったが、鉱業やゴムの開発はスマトラやカリマンタン（インドネシア領ボルネオ）に展開するというのも新しい時代の特徴となる。石油は1860年代より北スマトラ・ランカット地方の石油埋蔵が知られており、一オランダ人が1883年に土地の首領から開発権を得て採掘を始めていた。1890年には王立オランダ領インド石油開発会社が設立された。この会社は「de Koninklijke」（王立）と通称され、アジア諸地域にも輸出を始めていた。一方、イギリスでは1897年に「シェル」が設立され、カリマンタン東岸で活動を始めた。この両社が1907年に合併し「ローヤル・ダッチ・シェル」が誕生し、インドネシア海域の石油に圧倒的支配権を確立して行く。

　石油は当初は主に灯明に用いられていたものだが、1880年代には白熱電灯が発明され、いわば、石油の危機時代が到来していた。ところが、1900年頃、自動車が発明され、インドネシア海域の石油資源が一躍脚光を浴びることになる。1920年代にはスマトラ北部から東南部のパレンバンを中心とする地域、ジャワ東部の北岸地帯、カリマンタン東岸一帯に50社前後の会社が活動し、活況を呈した。アメリカのカルテックス、スタンバック、日本の会社もこの前後に参入している。

　自動車の開発で脚光を浴びる今一つのものはゴムであった。1860年代には固有種のゴムの栽培が始まっていたが、1900年にブラジルからの輸入種の導入でゴム栽培は急速な発展を見せる。1912年には輸出が開始され、20年代には爆発的な生産増加を見せるに至る。これにはゴムの生産制限に関する国際的合意がインドネシアには適用されなかったという背景もあるようだ。1930年にはインドネシアでの農園用主要植物用地の44％がゴムで、この頃の世界生産のほぼ半分を占めたという（Ricklefs2005. p.323）。しかし、宮本氏（1993）の研究では、1932年にはインドネシアのゴム生産は全世界の11％としている（p.259）。ゴム農園は主に「海峡植民地」すなわち、スマトラ東岸・イギリス領のマレー半島に展開した。ここでも中国人苦力が大量に動員されたわけである。この他、コーヒー・タバコ栽培でもジャワ島外の

外領の生産・輸出が増加し、ジャワは茶と砂糖のみで優位を保っていた。しかし、ジャワは世界最大の砂糖生産地の一つとなっていた。

さらに、インドネシア海域からの重要な天然資源として錫がある。マラッカ海峡の両岸地域一帯は豊富な錫鉱石の埋蔵地であり、近代産業の興隆の中、採掘量が激増する。古代は海峡北部のペラやケダが錫の供給地として著名であったが、この19世紀においてはバンカ島やビリトン島など海峡南部地域が注目され出した。かくして、インドネシアは世界の新産業のための原料供給地となって行った。

石炭は、スマトラやカリマンタンその他で豊富な埋蔵量があるが、全般的に品質が劣っている。スマトラやカリマンタンは石炭もさることながら、木材の重要な供給地であり続けることになる。キニーネ・籐・樹脂等々、インドネシア海域の島々は尽きることのない富の供給地としてヨーロッパ人の前に横たわっていたわけである。

◆ 諸地域の様相 〜オランダ支配の進展

19世紀も第4四半世紀ともなると蒸気軍艦や自動連発式モーゼル銃などに代表される近代兵器を伴うオランダの軍事力とインドネシア側のものとの差異は決定的となる。ただ、広大な海域に点在するインドネシア全島の支配については、各地で各々その様相は相当異なる。全般的に外領地域のオランダ支配は間接的支配に止まる場合が多かった。また、多数の島々についての研究は今後の課題として残っている場合が少なくない。ここでも、主としてリックレフス氏の報告に基づき概観するに止まるものである。

ジャワ島東部に隣接するマドゥラ島は土地が肥沃ではなく、塩業とジャワ島東部沿岸部への大量の移民を特徴としていた。オランダにとっては、この島は植民地軍の兵士の供給地としての評価が高かった。1817年には全島が1理事州に統合され、28年にはスラバヤ理事州の下に置かれ、全島がオランダの支配下に組み込まれた。そして、1887年には王家は廃止され、マドゥラ3地域の支配者はブパティと同等の地位とされた。マドゥラの塩はオランダに独占され、全占領地への塩の供給地となって行った。

バリ島は小さな島だが、オランダ支配への道程は複雑な様相を示している。その第一の理由は、19世紀前半時点でバリには10王家もあったことであろう。オランダはバリからは植民地軍用の人員の供給を受けていた。この奴隷売買はバリ諸王の収入源でもあった。19世紀初頭には年間2千人程度が供給されていたとされる。

オランダのバリ支配への発端は1840年頃に始まる。それは、バリ近海での難破船略奪行為を阻止するためであった。これには他のヨーロッパ勢力のバリ介入を阻止する目的も伴っていた。1841年にはバリの主権を尊重したうえでのオランダの主権を認める協定に4王家が批准した。この翌年から43年にかけての難破船略奪防止協定にはさらに2王家が加わっている。しかし、1844年、バリ島北岸のブレレン、東岸のカランアセム王家はこの協定の批准を拒否し、2王家同盟のもと他王家への戦争準備をするに至った。46年からオランダはこの2王家への攻撃を始めるが、北部の支配が成功するのは49年のことであった。しかし、山岳地帯を越えての島の南部への進出は困難で、オランダは南部や東部地域には深く関与しない姿勢を保っていた。この間、1855年にはオランダはブレレンの内乱を契機に官吏を配置して、北部と西部の直接支配体制をとっている。

　オランダのバリ全島支配への動きは1880年代に始まる。1882年、バリ・ロムボック島は1理事州とされたが、83年にはバリ諸王間の確執は王国間の広範な戦争にまで進展していた。85年にはギアニャール王家は、他王国からの攻撃に対してオランダに領土委譲を申し出る事態まで生じている。バリの上級王クルンクン王家は統一戦線の形成に向け努力するが、失敗し、紛争はより激化して行くことになった。1891年、ムンウィ王家はバドゥン王国に征服され、王は殺害されている。

　一方、東隣のロムボック島は、バリのカランアセム王国の影響下にあったが、バリからのヒンドゥー人と本来の住民であるイスラムのササック人の間の確執が底流としてあった。1843年、ロムボック王はオランダの主権を受容し、49年にはオランダと共にカランアセム王国を攻撃したこともあった。1891年、ロムボック王はササック人反乱を支援してオランダの介入を招き、94年には王都マタラムは征服された。この時、バリ人兵はププタンを敢行している。ププタンとは旧来の槍やクリス（短剣）の武装で、オランダ軍の銃列に立ち向かう自殺戦である。カランアセム王家のバリ東部もこの時にオランダの植民地となる。

　1900年には、ギアニャール王家は他王家からの圧迫を受け、オランダの植民地化を希望し、受理されている。このような状況下、1904年に難破船略奪事件が生じ、これがバリ独立の終焉の機会をオランダに与えることになった。1906年、オランダの攻撃にバドゥン王家はププタンを行う。白衣に身を包んだ王家の人達は槍とクリスだけでオランダ軍に立ち向かった。1908年には上級王クルンクンが阿片規制を拒否したことで、オランダ軍は最後の遠征を行う。これに対し、クルンクン王家のデワ・アグン王は従者と共に最後のププタンを敢行したものであった。バリ独立終焉の象徴的悲劇であった。

この間、バリ諸王家間の風習である王の火葬式に寡婦が火炎に身を投じて殉死するサティの禁止問題があった。特に第２夫人などは王の死後にサティを敢行したものであった。1903年、タバナンで最後となるサティが行われたが、オランダ総督はこれを阻止できなかったことで総督辞職問題にまでなったものであった。国際的な人道主義思想の高まりを背景に、1905年にはオランダの圧力で諸王は寡婦殉死廃止に同意することになった。

　バリ・ロムボック島東方に展開する東部諸島ヌサ・トゥンガラについては、奴隷貿易・難破船略奪問題等で、1838年と46年にオランダはフロレス遠征を行っている。1859年には、ポルトガルはオランダのフロレス支配を認めることになる。さらに、1907～8年にかけてフロレス反乱鎮圧部隊が派遣され、ポルトガル領の東ティモールを除くヌサ・トゥンガラ全域に対するオランダ支配が確立する。この間、離島のサウ島は1860年に門戸を開いたが、69年には天然痘が流行し、島民の３分の１から半分は死亡したという。また、スムバ島では1840年代に輸出用の馬の牧畜が開始されている。

　スラウェシー南部は香料諸島への中継地点でもあり強力な王国が形成されて来た。そのなかでオランダ東インド会社に協力して来たボネが地域最強の王国となっていた。ところが、オランダの復帰に際して、ボネは1667年のボンガヤ条約失効を宣し、両者には緊張関係が生じた。1824年、カペルレン総督自らが訪問してボンガヤ条約刷新を求めるが、ボネはこれを拒否し、ブギス諸国を糾合してオランダの２守備隊を殺戮するに至った。翌25年、オランダはかつての敵マカッサルのゴワ部隊と共にボネを破るが、ジャワ戦争中で兵力を大きく割けず、ボネの敵対は続いた。38年、オランダはボンガヤ条約改定には成功するが、反乱は続き、これら地域の敵対が終息するのは、ようやく1905～６年のことで、オランダの支配はスラウェシー中部のトラジャ族地域にまで及ぶことになった。

　香料諸島の中心港アムボンでもオランダ復帰は歓迎されず、パッティムラ等が指導する反乱が生じ、オランダ人理事官一家殺害、植民地軍が撃退されるなどの事態が生じていた。1817年、バタビアからの遠征軍が反乱を鎮圧し、パッティムラ等指導者３人は死刑となった。この後、アムボンはキリスト教化のもと、インドネシアで最もオランダに忠実な地域となって行く。

　アムボン東方の巨大島パプア（イリアン）は多くは未開の地で、主として他勢力の入植を阻止するための要塞が設置されたりもしたが、マラリア地域でもあり、多くの経費と犠牲を伴うものであった。1836年、オランダはパプアの要塞を放棄している。この地が恒久的にオランダ支配下に入るのは1920年代になってからとなる。このパプアの南のアルとタニンバル

諸島は1882年以降、オランダの支配下となった。

　カリマンタンは内陸部にはダヤック族が居住し、多くは外部との接触が少ない社会を維持していた。西洋諸勢力は中国や香料諸島に至る航路上の重要地点としての沿岸部への関心に留まり、おおむね1840年代まで本格的関与に至らない地域であった。ただ、イギリス人の一私人ジェームズ・ブルーク（1803-68）は、1841年、ブルネイ王家の兄弟戦争に介入し、その褒賞にサラワクのクチン知事に任命された。それ以降、3代にわたる白人王国を形成したことはよく知られている。

　オランダはジャワ島北方海域でカリマンタン南岸を拠点とする海賊行為に悩まされていたが、1840年代までは本格的な関与には至らなかった。南部の中心都市はバンジャルマシンで、1857年、当地の領主スルタン・アダムが死去すると、その後継問題で紛争が生じた。オランダはタムジディラーを後継とするが、彼の母は中国系で飲酒癖もあり、住民は貴族を母に持つ弟のパンゲラン・ヒダヤトゥーラを好んでいた。59年4月、王族のパンゲラン・アンタサリと農民指導者が大規模反乱、バンジャルマシン戦争（1859-63）をおこすに至る。オランダの各地の拠点は攻撃を受け、西洋人は殺害されていった。この年の6月にはオランダはタムジディラーを追放し、12月には主導権を取るが、反乱にはイスラム指導者も加わり、激しい抵抗が続いた。1860年、オランダはバンジャルマシン（マルタプラ）王国を消滅させ、直接支配を宣言した。62年の初頭にはヒダヤトゥーラが降伏し、この10月には指導者のアンタサリが病死するも、63年まで大規模な戦闘が続いた。この戦争後も王家を守る抵抗が続き、反オランダの抵抗が完全に終結するのは1906年となる。アンタサリの子孫が殺害され、王家の家系が断絶したからであった。

　スマトラ島においては、島の東南部、古代の海洋帝国スリィウィジャヤ王国の拠点であったパレンバンは、胡椒の供給地として、また、錫を産するバンカ、ビリトン島を支配する港湾都市として、戦略的に重要な位置を占めていることには変わりはなかった。1811年、イギリスのジャワ支配開始の混乱期に、スルタン・マームッド・バダルディンはオランダの守備隊を攻撃し、87人を殺戮した。これに対し、翌12年、イギリスはパレンバンを攻撃し、バダルディンに代えてその弟をスルタン・アフマッド・ナジャムディンとしたが、逃走した旧スルタンとの間に兄弟間の緊張が続いた。1818, 19年とオランダは2度にわたり遠征隊を送るが、バダルディンに敗北している。1821年にはオランダは大部隊を派してバダルディンをテルナテに追放して、23年にはパレンバンを直接支配下に置いた。1849年に生じた最後の反乱も壊滅させられている。

パレンバンの北方のジャムビでは、海賊を制御できないスルタンはオランダに支援を求め、1830年代には河口部にオランダの守備隊が配置されていた。このようにジャムビのスルタンはオランダの支配を認めていた中で、55年にはスルタンが退位させられ、ラトゥ・タハ・サイフディン（1855－1904）が継承した。ところが、58年、このタハがオランダの要求する条約の調印を拒否して攻撃を受け、彼は内陸部に逃走した。この後、彼は内陸部を支配して、その抵抗は彼が警備隊に殺害される1904年まで続いた。1901年、オランダが認めるスルタンが引退し、その後継が決まらず、オランダはパレンバンからジャムビを支配する体制をとった。
　スマトラ西岸ミナンカバウ族地域に北接するバタック族地域は、1850年代にはオランダはキリスト教化を進め、1872年のバタック戦争などを経由してオランダの支配下に入って行く。この間、この地域では1870年代から民衆の信奉を集めていたシンガ・マンガラジャの長期にわたる抵抗活動があった。彼はキリスト教徒を襲うなど、その活動は1895年まで、一説では20世紀初頭まで続いた。他のスマトラ諸地域に比し社会組織も強固なものを有するスマトラ北端部のアチェ地方では、オランダ植民地史上最大ともされ、また、最後ともなる反オランダ闘争、アチェ戦争が勃発することになる。

◆ メッカ巡礼の激増 〜民衆的抵抗運動の基盤に

　メッカ巡礼を行うと名前の前に「ハジ」の称号がつき、この時代には地域社会では指導的位置を占めた。これまでの反オランダ闘争は王侯貴族が主導的役割を果たしたが、疲弊する民衆の不満の集積を吸収して主導する役割はイスラム指導者が果たすケースが増えてくる。個々の民衆を統合し、活動体に導くうえでイスラムはイデオロギー的機能を果たすのである。王侯貴族層の権威と力が急速に衰え、古い時代は終わるが新しい時代の形が見えない。民衆の動揺する心はイスラムの威厳と力に依拠するより他はなかったようだ。
　インドネシア地域からのメッカ巡礼者数については諸書で異なる数値が示されている。ここでは、永積氏（1977）が示すものに基づいた。インドネシアからのハジ巡礼者は、1850年前後は年間2千人程度であったが、78年には5千人を越え、翌79年には9千5百余人と激増し、全世界からのメッカ巡礼者の16％を占めるまでになる。これが20世紀に入ると、さらに増加する一途で、1913年には3万人近くになり、1926年には5万人を超え、全世界からの巡礼者の5割前後がインドネシアからとなる。
　インド洋を横断しての巡礼者の増加には、1869年のスエズ運河開通でヨーロッパからの海

運の隆盛があった。汽船会社にとっては、植民地からの大量のハジ巡礼者の輸送は会社経営にとって願ってもないことであった。かくして、スマトラや西部ジャワなどで巡礼帰りのハジが中心となった農民の抗議運動が続発するが、彼らの不満のはけ口は、原住民役人であったり、華僑であったり、西洋人役人であったりと、必ずしも焦点の明確な活動ではなかった。したがって、植民地政府の脅威になるほどのものは一つとしてなかった。

ただ、これらの農民反乱のなかで西部ジャワ・バンテン地方の反乱が注目されている。この農民反乱は1888年7月に生じ、20日前後で征圧されたものだが、反乱の要因には地租制度の導入や交易税、市場税の一律賦課による負担過重にあった。これらの税は貨幣で支払うという貨幣経済の進展のなかで、それを満たす程の現金収入を得られない農民が多かった。彼らは土地を担保に借金し、ひいては、土地を売却して土地なし農民となっていく。ここに大土地所有者と零細農との間の確執が生じるのは自然な道筋であった。

バンテン農民反乱はイスラム反乱とも称されるが、複雑化する社会を背景に、救世主出現への願望や王国復興を願う復古主義的要素も強かった。しかし、王侯貴族社会内の亀裂は深く、彼らにはもはや民衆を指導するバイタリティーは期待できなかった。そこで、ハジを中心としたイスラム指導者が登場することになるが、彼らは 異教徒支配打破を叫ぶだけで指導者としての資質に欠ける場合が多かった。ただ、この農民反乱は村落レベルを越える連携を見せ、イスラムの普遍性に基づきイスラム・ナショナリズムの可能性を示したことで、後の民族運動の先駆的性格を持っていたものとされている（WMS 1977）。社会動向、思潮動向はすでに20世紀につながるものを示して来ていたのである。

◆ アチェ戦争 〜最後で最大の反オランダ闘争

スマトラ北端部のアチェ王国では、17世紀前半、英傑スルタン・イスカンダル・ムダが出現したが、このスルタン没後は王国は衰微していた。19世紀に入ると、スルタン・ムハマッド・シャー（1823-38）の治世時、その兄弟トゥアンク・イブラヒムが王国の秩序・勢力を回復させた。スルタン没後は彼が後継スルタンの後見役として1870年までアチェを実質的に統治した。この間、1854年にはアチェ勢力は南下し、北進するオランダとの衝突は不可避な状況を現出させていた。オランダにとって、当時、世界の胡椒生産の半分を占めるとされていたアチェ王国は周辺の小規模港市を支配下にして富み栄える強国で、脅威勢力と認識されていた。また、他のヨーロッパ勢力がアチェに介入する恐れもあった。

アチェはオランダに対処するに、自閉的ナショナリズムに走ったのではなく、種々の外交努力を行っている。1852年、フランス皇帝ナポレオンⅢ世（1852-70）が、アチェ使節を受け入れたとのニュースが伝わっている。1869年には、アチェがトルコ政府に保護を要請している。これには、スマトラ中部東岸のシアク王国の内紛にイギリス・オランダが介入し、最終的には1858年にオランダがシアク王国を支配下とする条約締結事件が背景としてあった。この時、シアク王国の領域が拡大解釈され、スマトラ島東北岸のアチェ王国の支配下にあったタミアン、ランカット、アサハンその他の港市がシアク領域に含まれていたのであった。65年にはオランダはこれら東北岸諸港を武力制圧している。イギリスは当初はこのオランダの進出に不満を表明していたが、スエズからシンガポールに至る航路上の重要地点への米仏の介入よりオランダ支配の方が得策とする判断を持つようになった。かくして、1871年11月にはイギリス・オランダ間にスマトラ条約が締結された。オランダはアフリカの黄金海岸をイギリスに譲渡するなど世界規模の交換条約であったが、インドネシアに関してはオランダはスマトラでの全幅的自由行動を獲得することとなった。

　アチェはこのような状況下、1872年後半からシンガポールを舞台にして各国と接触するとともに、メッカやトルコには使節を派遣した。そして、1873年初めにはシンガポールのアメリカ領事と条約締結に向け会談している。オランダはこれを介入とみなし重大視した。3月にはアチェに対して最後通牒を出すが、アチェはこれに回答することはなく、オランダは宣戦布告を出すに至った。アチェ戦争（1873-1904）の勃発である。この戦争は、オランダにとりインドネシアで最後で、また最も困難で多くの経費を費やした戦争となる。アチェ側にとっては親子3代にわたる戦いが始まることになる。

　この4月には、オランダは3千兵をクタラジャ（バンダ・アチェ）に上陸させるが、激しく反撃され、将軍と80兵の犠牲を出した。アチェのスルタンは各国に支援を要請するが、トルコとアメリカが共鳴感を示しただけで実質的支援はどこからも何も届かなかった。1873年末、オランダは1万兵の大遠征隊を派遣した。翌74年1月にはアチェ軍はクタラジャを撤退し、山岳部に入りゲリラ戦を余儀なくされる。オランダ軍は勝利宣言をするも、町は包囲状態にあり、この4月までに1千4百人の死者を出し、また、コレラ等で毎月150人前後の犠牲者を出していた。

　1881年、アチェの中心部の大アチェはほぼ制圧され、オランダは戦争終了宣言を出した。この時点でアチェ戦争は大きく変質して行くことになる。すなわち、世俗的指導者層であるウレーバランから、イスラム指導者層ウラマへとアチェ軍の主導権が移り、アチェ戦争は異

教徒に対する聖戦となって行った。オランダの勝利宣言とは、諸地域の領主やウレーバラン達の敗北のみを指していることであった。事実、オランダは守備隊支配地以外は何も支配できていなかった。1884年から翌年にかけ内陸部の多くはアチェ軍の支配に戻り、オランダ軍を圧倒する勢いを見せる状況が90年代半ばまで続いた。オランダ側にとり、この戦争の戦費が莫大なもので財政を大きく圧迫していた。しかし、1880年前後にはアチェには大きな経済的潜在力が有るとの見解を持つようになり、さらに98年にはアチェ戦場に石油が発見された。これが大規模軍事行動へとオランダを動かして行った。

　1896年、劣勢となる戦況を打開するためオランダ軍は著名なアチェ研究者でイスラム学者でもあるスヌーク・フルフローニェ（1857-1936）等に事態の打開策を求めた。彼は前線に立って助言することになった。フルフローニェの基本戦略は、狂信的ウラマについては交渉は望めず、徹底的撲滅を目指すこと。他方、旧支配者層のウレーバランへの信頼と協調を提言した。戦術面では多くの経費を要したが、要所要所に一連の要塞を建設していったことがよく知られたものである。

　アチェ社会に深い亀裂を生じさせることになるが、ウレーバラン層は徐々にオランダと妥協姿勢を示していった。フルフローニェはさらに地域諸領主と新しい形の政治的合意を目指し、1903年には、ウレーバランとの同盟の上で安定的政権を構築するに至った。スルタンとアチェ軍司令官は降伏し、この翌年の1904年にアチェ戦争は終了するに至った。しかし、終戦の年次については諸説がある。1907年にはクタラジャのオランダ守備隊は攻撃され、スルタンは流刑に処せられている。ウラマ達の抵抗は、この後も10年あるいはそれ以上にわたって続いたものであったが、1910年から12年にかけて著名なウラマの幾人かが戦死している。また少し飛躍するが、太平洋戦争での日本軍敗北後の権力空白期には、著名なウレーバランが投獄されたり、殺害される事件が生じた。アチェ戦争は終わっていないとするアチェ人がなお少なからずいたのである。

　ジャワではアチェで何が生じているかを知らないジャワ人が大部分であった。アチェは孤立して戦わざるを得なかったのは、「分割して統治せよ」という植民地統治政策がもたらした現実であった。かくして、1910年頃には現在のインドネシア共和国領域に相当するオランダ領東インドの領域が確定することになった。

第6章　20世紀、新時代の到来
～民族主義運動の興隆と独立への過程

第1節　倫理政策の導入　～民族的覚醒へ

◆ 倫理政策　～高い理念と厳しい現実

　新世紀を迎えてオランダの植民地統治にも新しい局面が展開する。一つには、拡大・深化する植民地支配に安価な原住民、インドネシア人の登用が不可欠となっていたこと。また、内外からの高まる批判に、オランダも人道主義的施策を打ち出す必要に迫られていたことなどが背景にあった。この頃の新しい植民地官僚の必読書は『マックス・ハーフェラール』であった。植民地、特にジャワ民衆の困窮状態がオランダ社会においても関心事となっていたものであった。これらが「倫理政策」と称されるものを産み出す要因となった。

　インドネシア人の窮乏化に対する内部告発は1885年に始まる。ファン・デン・ベルフは強制栽培制度以降、オランダは一方的にインドネシアから富を吸い上げてきた。これをインドネシアに対する「借り」とする論調を展開した。1898年には、下院議員で社会民主主義者のファン・コルが、「負債返還すべし」と下院で演説した。この翌年の99年には、下院議員のデ・フェンテルは「名誉の負債」なる論文を発表し、搾取した富の返還と共に植民地に対する道徳的義務を説いた。そして、1901年のオランダ国会では政権党の自由党が敗北するという政変が生じた。これが倫理政策への道を開くこととなった。さらに、1901年9月、この動きを決定づけるウィルヘルミナ女王の声明が出る。「オランダは東インドに道徳的責務を負う」というもので、東インド農民の窮乏を憂え、その調査を行うと宣言した。かくして、翌1902年には「ジャワ民衆貧困調査委員会」が設置されている。

　1902年、イデンブルフが植民地大臣に就任し、1903年には「地方分権法」が施行された。これは倫理政策の大きな柱となるもので、ハーグからバタビアへの大幅な権限移譲、バタビアから地方への権力分散を目指すものであった。これ以降、地方の大都市などで地方議会が設置されて行き、1918年に至って「国民議会」（Volksraad）が設置されるに至る。イデンブルフは1909年からは総督として東インドに赴任する（－16）。彼は誰よりも倫理政策の実行を推進する人物となる。

倫理政策の中心的課題は、この地方分権、それに教育、灌漑、過剰ジャワ人の移住等であった。また、経済活動に対応した社会基盤の整備もこの期に精力的に行われた。例えば、1873年には260kmだった鉄道は、1930年には7425kmとなっている。灌漑は、ジャワ農民の福祉向上を目指すなかで重要課題であり、この期に水路は1.8倍と成果をあげ、水田面積も増加したが、人口増加も同程度の勢いであった。この当時、人口増加に対しての有効な手段としては、移住政策しか考えられなかった。1830年、初めて正確は人口調査が行われた結果、インドネシアの総人口は6千万人、ジャワ・マドゥラで4千万人であった。インドネシア全域のわずか7％の地に全人口の70％が居住しているのがインドネシアの人口問題である。かつてはインドネシアの穀倉であったジャワ地方は食糧不足の地となっていた。しかし、この過剰人口の過疎地への移住政策がジャワの人口増加に効果があったとの報告は聞かれない。焼石に水的なものでしかなかったのである。

　人口激増の一因に前世紀からの種痘普及等があげられるが、公衆衛生の改善もこの政策の課題で、伝染病予防、生活改善キャンペーンには一定の成果を得たとされている。そもそも、1930年時点で、全インドネシアでの医師の数は1030人であって、この内、667人がジャワにいた。当時、東洋系を含めた外国人が160万人になっていた。ほとんどのインドネシア人は医師に接する機会もなかったものである。

　村落再編プロジェクトでは、自然村的な村々を行政村として統治機構の末端に組み入れられた。倫理政策のなかで、民衆の福祉向上をはかり、購買力を向上させ、それで以て経済の活性化をもたらすと主張する者もいたが、輸出産業が主体の経済活動のなかで、その声も消えて行った。1900年の蘭領東インドからの輸出総額は約2億6千万ギルダーであったが、20年には約22億6千万ギルダーとなっていた。砂糖生産は、1900年には7千万余ギルダーのものが、20年には10億余ギルダーに、茶は10倍に、タバコは5倍以上となる。石油、ゴム、コプラ（ヤシの果肉。植物性油脂）、錫の生産量が爆発的な増加を示す。倫理政策期、顕著な向上を見せたものはジャワ民衆の福祉ではなく、西洋資本側であった。

　ただ、ジャワ島外の外領地域では一般住民が現金収入を求めて輸出用農作物栽培に取り組んでいた。小規模栽培も集約されると驚くほどの数値を示す。外領ではゴム・茶・コプラ・タバコ・コーヒー・キャッサバ（アルコール用澱粉）等の栽培が盛んで、インドネシアからの輸出用農作物の内、30年代には住民農業の生産が農園企業を上回る局面も少なくなかった。コーヒーなどは20年代以降、住民農業の生産が60～70％を占めていたとされる。

　倫理政策の中で教育面の成果が注目されもするが、植民地政府や西洋系私企業では、下級

職員レベルでの知識・技術を有する原住民が必要となっていた中、その必要を満たす程度の教育機関の整備がなされたという性質が強かった。インドネシア人向けの教育機関が設置されたのは1851年に始まるもので、小学校教員養成のための「師範学校」がジャワで数ケ所、初歩的医学知識を授ける「医学校」がバタビアで開設された。1870年時点で原住民小学校数は79校であった。78年には、原住民官吏養成のため、ジャワ島の3都市に「首長学校」が設立された。ブパティ（県知事）の子弟用のものであった。これが1900年には、「原住民官吏養成学校」（OSVIA）となるが、エリートのための中等教育機関という特質は変わらなかった。1892年には小学校は5年制と3年制の2種に分けられた。

　OSVIA設立と前後して、「医学校」は「原住民医師養成学校」（STOVIA）に改編される。1909年には公立の職業学校が3校設立され、卒業生は私企業で働く道が開かれた。1914年、5年制小学校が「HIS」となり、オランダ語教育を小学校でも取り入れられ、上級校への進学の道が開かれた。14年設立の「MULO」（延伸初等教育）、19年設立の「AMS」（一般中学校）は中等教育に相当するものであった。西洋人と共学の高等学校もわずかに開設された。大学の設立は1920年の「（バンドン）工科大学」が最初で、24年にはバタビアに「法科大学」が設立された。27年には「STOVIA」が「医科大学」となる。

　小学校以外はオランダ語を用いる西洋式学校が主体となっていたが、1930年時点でのインドネシア人大学生総数は178人であった。大学以下の西洋式学校におけるインドネシア人生徒数は、全人口のわずか0.14％であった。村落部では費用は村民負担の3年制の国民学校は30年代には1万校に近づいたが、全就学適齢期人口の8％が就学したにすぎなかった。インドネシア社会の大部分はなお教育には無縁の昏迷状態の中にあった。30年時点における識字率はわずか7.4％であった。この当時、上級社会では家庭内でもオランダ語で会話がなされたと伝えられるが、オランダ語識字率は 0.32％であった。1939年、アメリカ統治下のフィリピンでは英語識字率が4分の1に達していたのである。

　リックレフ氏は倫理政策なるものについて次のように指摘している。倫理政策は新しいエリートも新時代精神も生まなかった。1914年以降、インドネシア人の生活水準が低下を示している。しかし、教育は優秀で忠実な官吏を少しは生んだ。そして、反植民地運動を指導する少数のエリートをも生むこととなった。なお、この第6章ではリックレフス氏の他に和田氏（WMS 1977）にも多くを依拠している。

　インドネシア人側からの教育活動もこの期から始まる。主要なものは、1912年設立のムハマディヤ学校、26年設立のナフダトゥール・ウラマの教育機関は、2大イスラム組織の設立

になるものである。また、ヨクヤカルタのジャワ主義者デワントロがタマン・シスワ学校を22年に設立している。彼はスカルノなどにも大きな影響を与え、「民族教育の父」称号を受け、その誕生日は「教育の日」とされている。

なお、この倫理政策はいつまで続いたものかについては諸説がある。第1次世界大戦、1930年前後からの世界恐慌などの激動期にはオランダも植民地の福祉向上などと言っておれないものがあり、そのなかで、民族主義運動への弾圧が強化されて行くことになる。

◆ ラデン・アジェン・カルティニ 〜民族意識の最初の覚醒者

ラデン・アジェンは王侯貴族を示す称号で、カルティニはジャワ北岸諸都市の知事（ブパティ）を歴任するマジャパヒト王家にもつながる名門貴族（プリヤイ）の家系に生まれた。祖父チョンドロネゴロIV世は、各地の知事を歴任し、1861年にはオランダから家庭教師を招いている。インドネシア人エリートがオランダ人家庭教師を雇うという最初期の例である。父ソスロニングラットは、1879年4月21日、カルティニが誕生した時はジュパラ県マヨン郡の郡長であった。父はこの翌年にはジュパラ県知事となり、カルティニはその知事公邸で11人の兄弟姉妹と共に成長する。85年には、彼女はヨーロッパ人小学校に入学している。これは当時では超エリートにのみ許されることであった。なお、この項は土屋健二『カルティニの風景』(1991)に依拠することになる。

1892年、13歳のカルティニにはピンギタン（婚前閉居）の時が至る。初潮を迎えた女性は、結婚まで外出を許されない家庭であった。彼女の涙ながらの進学への訴えも父は「否」であった。この後、カルティニは家庭にこもり、オランダ諸書の読書に明け暮れる生活を送る。父は植民地政府の原住民高級官僚であるから、訪れて来るオランダ人との会話は彼女の楽しみとなっていたであろう。他方、オランダ人にとっても彼女の才媛ぶりは一つの驚き、心地よい驚きともなっていた。一オランダ総督(1884-88)の「原住民は、最も際立った人々でさえ、全体として"アカデミック"教育には適さない」という言葉が知られている。新時代の到来を前に、良心的・進歩的オランダ人官僚は、インドネシア人に対するこのような一般的偏見とも戦わなければならない時代であった。

カルティニの名声は植民地政府中央部にまで届いていたのであろう。1898年5月2日、スマランでのウィルヘルミナ女王戴冠祝賀会に招待されることになる。これはまた、彼女のピンギタンに終止符が打たれたことを意味していた。1900年には彼女はバタビアやバイテンゾ

ルフ（ボゴール）に招かれ、1週間滞在している。この時、カルティニはオランダの婦人達を魅了したという。ジュパラ県副理事官夫人のすすめで、彼女の論考がオランダの諸雑誌や、学術書などにも掲載され始めていたのである。彼女はすでにオランダ人間では有名人となっていた。なお、ブパティはこの副理事官の監督下にあった。

　1899年、カルティニは20歳の時、オランダの一雑誌に文通相手募集広告を出している。その結果、社会民主労働党員のゼーハンデラールとの文通が始まる。彼女は党首のファン・コルとも親しい女性活動家であった。1900年8月には、植民地政府教育文化省長官アベンダノン（1900-05）がジュパラで彼女と会い、それ以降、この長官夫妻は物心両面にわたる支援をカルティニに与えることになる。とくにアベンダノン夫人の彼女への愛情はなみなみならぬものがあり、両人の間の文通は熱心に行われた。1902年4月にはオランダ社会民主労働党党首ファン・コル自身がジュパラを訪れ、カルティニと会合している。このように彼女は当時のオランダの最高レベルの知性との交流を維持していたのである。

　とくにアベンダノン長官にとっては、彼女は植民地におけるオランダ的教育の成果として、また、倫理政策の具体的成果につながるものとして一つの誇りとなるものであった。西欧文明をインドネシアにも波及させるというキリスト教的ミッションの精神、インドネシア人はそれを立派に受容できることをカルティニが示しているのであった。カルティニはオランダ側からの支援のなか、一つの夢の実現に向け尽力する。それは貴族階級の子女のための高等女学院の設立であった。1900年11月には具体案も確立し、実現に向け動き出した。しかし、各県のブパティ達がこぞって反対し、挫折することになる。1901年6月のことであった。女性教育への認識は、ジャワではなおこのような状態であった。

　この後、彼女はバタビアの医学校進学の意志を固めて行くが、これには父の反対があり実現には至らなかった。ファン・コルの訪問はこのような時であった。彼からは、オランダ留学への具体的な道が示されるようになるが、これにはアベンダノン夫妻が繰り返し説得し、カルティニは断念を余儀なくされている。オランダではカルティニは政争の具にされる危険が大きかったのであろうか。種々の制約のなか、彼女が実際になし得たことは、1903年6月に近所の子女を集め、小さな識字・手芸教室を開いたことだけであった。

　1903年7月にはレンバン県知事ジョヨアディニングラットの求婚を受諾し、その11月には結婚することとなった。そして、翌年の9月には長男を出産するが、その産後の熱病で、出産の4日後にカルティニは死去するに至った。封建的時代の女性の象徴のように、何一つ旧弊を打破できず、はかない人生を終えたカルティニ、その悲劇性が彼女を有名にさせたもの

ではない。ことの他、カルティニに愛情をそそいだアベンダノン夫人は、彼女と10名程のオランダ人との間の書信から104通を選び、『闇から光へ』と題した書簡集を1911年に出版した。夫人宛の手紙はその内の49通を占める。この書名の意図するところは、西欧の「光」が植民地の「闇」を照らすという西欧文明のミッションイデオロギーによるものともされるが、土屋氏はこの時代を、古い時代の崩壊が一層進展して行くが、新しい時代の「光」がまだ見えない「はざま」の時代と定義している。カルティニは「闇から光へ」向う、その「ひかり」としてイメージされているとした。ジャワは、全体的に深まるオランダ支配のなか、けだるい眠りのなかにたゆたっていた時代であった。

　この書簡集は、オランダでベストセラーとなり、また、インドネシア語は勿論として各国語にも翻訳されることになる。本の売上金はすべて、彼女の夢であったジャワ女性のための「カルティニ学校」の建設資金に充当された。1913年6月には「カルティニ基金」委員会がハーグで設置され、インドネシア各地に「カルティニ学校」が設立されて行く。『カルティニ書簡集』の内容的特質は、オランダ式生活で日々を過ごして来たカルティニではあったが、「ジャワの血潮」「民族の魂」への自覚、覚醒を求める思索の跡がつづられているところにある。また、近代社会の進展のなか、忘れ去られて行くジャワ人の美徳をさぐり、回帰せんとする彼女の決意と祈りが明確に示されているものである。この「自覚・覚醒」というものが、とりもなおさず、間違いもなく、ナショナリズムへの一つの原動力となるものである。かくして、カルティニは「インドネシア民族意識の先駆的表現者」また、「ジャワ思想史上最初に現れた近代的個」としてゆるぎない評価を得ることになる。

　1964年5月2日、インドネシア共和国政府はカルティニに「民族運動の英雄」称号を授与する。そして、彼女の誕生日、4月21日は「カルティニの日」「民族のめざめの日」として長く顕彰されることになった。また、彼女は女性解放家としての評価も高い。

　『カルティニ書簡集』がオランダでベストセラーとなった背景には、近代社会の進展のなか、人間性喪失への危機感が西洋社会に広がっていたことにもあるようだ。近代的合理主義にあきたらず、神の啓示を内的直観で得ようとする人々は、1875年、ニューヨークで「神智学協会」を設立した。1897年にはアムステルダム支部が設立され、1901年初頭には中部ジャワのスマランでも支部設立会議が開かれた。この運動はキリスト教社会から出発したものだが、諸宗教の根底に流れる普遍的神性を認め、それに到達するため霊的経験を重視する方向に進んで行った。ここに神智学協会はヒンドゥー教の「霊的体験」に強く傾斜することにな

り、1882年には協会の本部はインドのマドラス（チェンナイ）に置かれている。ベンガルの詩人タゴールが1913年にノーベル文学賞を受賞した背景にはアジア文化の再評価というこのような動きもあったであろう。

　この神智学協会の活動がジャワに入ると、ヒンドゥー的要素を強く持つジャワ神秘主義（ミスティック）と共鳴現象をおこすことになる。ジャワでの支部ではプリヤイを第一の協力者として広がり、ジャワ人も支部の執行部に名を連ねて行く。ファン・コルも15年余にわたるジャワでの勤務経験の中、この協会の熱心な活動家であった。このような文化人たちのささやかな願いや、人種を越えた交遊も、20世紀の世界経済・政治の激流に押し流されて行く。

◆　ダウエス・デッケル　〜欧亜混血児

　ダウエス・デッケルは父はオランダ人、母はジャワ人とドイツ人の混血という欧亜混血児（ユーラシアン）であった。父親が我が子と認知した場合には「ユーラシアン」と称されたが、その他は原住民社会に吸収されて行った。1851年にはこのユーラシアンは1750人であったが、1905年には9万5千人を数え、1930年には24万人となっていた。ユーラシアンは社会的にはヨーロッパ人と同位に扱われたが、就職という面では少なくとも1910年以前には冷遇されていたようである。

　ダウエス・デッケルは、1879年に東部ジャワのパスルアンに生まれた。かの『マックスハーフェラール』を著作したエドゥアルト・ダウエス・デッケルは大叔父に当る。カルティニとは同年の生まれとなるが、この過渡的な時代のなかでカルティニとは異なる局面で興味深い活躍をした人物である。彼はスイスのチューリヒ大学に学び、南アフリカのブーア戦争に従軍するなど、種々様々な体験をした後、1903年には東インドに戻っている。バタビアではジャーナリストとして活躍していた。そして、重要なことは、彼の住居が「医学校」の近くにあり、その自宅は医学生達の「クラブハウス兼勉強室・図書室」となっていた。特に民族運動興隆時の重要人物、チプト・マングンクスモ、スワルディ・スーリヤニングラット（後のデワントロ）は常に彼と行動を共にしていた。ちなみに、姓に「ニングラット」とあると、王家につながる人を指すものだが、スワルディの父親は貧乏で、彼は医学校を中退している。

　ユーラシアンのダウエス・デッケルにとっては、東インドが故郷であり、倫理政策の展開のなかで、東インドの自治、ひいてはオランダ本国からの独立という目標が彼の政治活動の原動力となって行く。原住民の青年達が将来独立する国家の名称を「インドネシア」と定め

るのは1928年のことであった。したがって、混乱を避けるため、ここでは今のインドネシアを指した「東インド」という呼称をあえて用い、また、インドネシア人は原住民（プリブミ）という当時の呼称のままを用いている。なお、この項からブディ・ウトモや初期の民族運動に至るまでは永積昭『インドネシア民族意識の形成』に多くを依拠することになる。

　1907年頃、デッケルはすでに明確な政治的主張を持っていた。当時の社会では、ジャワ族はそのほとんどがジャワの世界で一生を終えるもので、他地域の人々もこれと同様であり、自らの地域社会の事しか視野に入っていなかったものであった。植民地政策の基本「分割して統治せよ」が隅々にまで浸透していたのである。デッケルはオランダ領東インドのすべての住民を「(東) インド人」(Indiërs) と称したが、彼はこの東インド人全てを対象とする民族主義運動、すなわち、「原住民とユーラシアンが東インドの独立のために協力する政党」の設立を構想していた。かくして、1912年9月6日、「(東) インド党」(Indische Partij) が結成される。なお、この東インドの「東」は省略されるのが普通であった。総裁はデッケルで、チプトは副総裁となった。東インド党は、1899年設立の「(東) インド同盟」(Indische Bond)、1907年設立の「インシュリンデ」(東インド諸島) という欧亜混血児の2団体を合併させ政治団体としたものであった。ところが、党則を制定し植民地政庁に認可申請するが、即座に却下されてしまった。1854年制定の東インド統治法第111条、政治団体禁止条項に抵触するものであったからである。

　デッケルらは「倫理政策とは植民地の自治を許し、その究極の結果は独立ではないか」との見解を呈するが、当時の総督イデンブルフは「オランダは東インドに独立を与えることは決してあるまい」との強い姿勢を貫いていた。そして、1913年3月31日、東インド党は非合法組織として明確に認定された。また、この1913年はナポレオン支配からのオランダ解放100周年に相当し、植民地政府も祭典を挙行していた。他方、チプトとスワルディらは5人で「原住民委員会」を結成して、当局の政策を批判するパンフを配布していた。その第2号でスワルディが、このオランダの独立回復の祭典を揶揄する風刺論文「もし私がオランダ人であったなら」を掲載していた。オランダ政庁は、この題名だけでも権威に対する重大な挑戦とみなし、7月30日、チプトとスワルディを逮捕する。8月初頭には外国出張から帰国したデッケルも逮捕されることになる。これはインドネシアにおける政治運動の最初の犠牲者となるものであった。

　9月6日、この3人は最終的にはオランダへの追放処分となった。東インド党はインシュリンデに戻ることになった。この「3人組」は、オランダではインドネシア各地からの留学

生に多大な刺激を与える。インドネシア民族運動の初期には、オランダ留学生達が大いに活躍するが、そういう意味で彼等3人は全インドネシア的民族主義運動勃興への地盤を提供したと言える。なお、この「3人組」への追放処分は、その後に別々に解除されている。

◆ サミン運動 〜無学の者達の覚醒

　深まりゆく植民地支配、抑圧され、封圧されるジャワの大衆。彼等がこの時代をどのように理解していたかなどに関しては、記録もほとんど残っていない。ただ、中部ジャワ北岸部のブロラ県の農村地域に、貧困化する農民達が抗議の声をあげた特異な例が知られている。指導者はスロンティコ・サミンで、教育を受けたことも、また、イスラム教義を学んだこともないという一般的なジャワ農民である。ただ、祖父はキヤイ・パンゲランと称した高貴な身分出の宗教師であったという。キヤイは宗教師を示し、パンゲランは王子がつける称号である。こういうところからか、サミンは生まれながら超能力が備わっていると自ら考えていたようだ。森林での苦行の末、彼はある種の啓示を得たようで一定の教説を持つに至っている。それは、ジャワ農村が本来有していた平等・互恵的な伝統的秩序の崩壊、それはオランダ植民地支配によるものとの認識に基づくものであった。オランダ人はワヤン劇（影絵芝居）中の羅刹（ラクササ）にたとえられ、プリヤイもその手下となっている。なお、プリヤイなる呼称はこの時代には原住民植民地官僚の総称となっていた。そして、サミン自身はマハーバーラタ中のプンドゥオ5兄弟中の剛勇を誇り、悪鬼をも討伐するビーマになぞらえた。

　彼はオランダ人もプリヤイもいない、王の直接支配の日のために心身の準備を説いた。サミンの生年は1860年頃で、1880年代半ば、すなわち、彼の20代半ばから、この運動を指導し始めたようだ。かくして、サミンの民は政府の徴税や労務徴発にも応じない抵抗運動を始めて行った。1890年頃には、サミン運動は村を越え、他県にも広がり、3千世帯前後の勢力に達していたようだ。しかし、植民地政府は1907年2月に至って、サミンが反乱を企てているとして、サミン他8名を逮捕して流刑にしたが、運動は止まず、1910年代には最高潮に達したとされている。

　このサミン運動は、イスラム的要素も見られない、自らは何の記録も残していない無学のジャワ農民達の過渡的時代の泡沫のごとき抵抗運動であった。ただ、合理的な発言や、行動も出来ないでいるジャワ農民の心の内奥を示した運動であったとは言えるであろう。そして、すぐれた指導者が現れれば、それに呼応するであろう、声も出せず、何をなすべきかも分ら

ない抑圧されたジャワ大衆が存在していることをこの運動は示唆していると言える。

第2節　民族主義運動の勃興とその展開

◆　ブディ・ウトモ（Budi Utomo）〜最初の民族主義団体

　1908年5月、インドネシアで最初の民族主義団体「ブディ・ウトモ」（最上の英知）が誕生する。この結社設立に至る過程で、一人のジャワ人医師ワヒディンが大きな影響を与えた。1857年、彼は村落部の原住民官僚、下級プリヤイの家に生まれた。彼はヨーロッパ人小学校への入学を許され、そこを卒業後の1869年には12歳で「ドクトル・ジャワ学校」（医学校）に入学している。72年に成績優秀で卒業。医学校に数年間、残った後、1899年9月までヨクヤ（ジョクジャ）カルタの医療施設に勤務した。彼は、また、影絵芝居の名演者（ダラン）でもあった。1901年に至ってワヒディン医師は啓蒙雑誌『レトノドゥミラッハ』（輝く宝石）の刊行を始める。言語はマレー語を使用し、海外ニュースを大いに取上げていた。彼の基本姿勢は「調和」をテーマにして、ヨーロッパの模範に「あらゆる点で徹底的に従う」ことにあった。このような活動のなか、彼は貧困ゆえに勉学を断念するすぐれた若者を見るにつけ、奨学金制度設立の必要性を痛感することになる。1906年11月、彼はジャワ各地で奨学金制度の必要を説いて回る遊説を始めた。進取の気が満ちるパクアラム王家のノトディロジョがこれを大いに援助したものであった。

　1907年末に至ってワヒディンはバタビアで静養に入った。彼のもとには医学校（原住民医師養成学校）の優秀な青年が集まりだした。そのなかに、ストモとスラジがいた。ストモは祖父は村長、父は郡長という村方の下級プリヤイの出であった。彼は1903年、小学校成績優秀で無試験で医学校に入学している。この2人はワヒディンとの会合で、彼の尽力やその思想に対して「ブディ・ウトモ」という感嘆の言葉を発した。ストモとスラジの2人は、この会合での興奮さめやらず、同胞のめざめを促すための団体の結成を呼び掛けた。そして、「ブディ・ウトモ」をその団体の名称としたのであった。会員の対象は、ジャワ族・マドゥラ族・スンダ族（西ジャワ）とされた。これら最優秀の青年達であっても、「他（地域）の人達について余りに何も知らない」という時代状況にあった。また、地域差別、地域対立的状

況の存在も彼らは認識していたのである。

　1908年5月20日水曜日午前9時、医学校で第1回会合が開催されるに至った。ストモが開会を宣言した。医学校生徒のほか、首長学校、師範学校、ボゴール農学校等8校の学生が参加した。この日は「民族覚醒の日」として記念されている。医学校学生総数は127名だが、7月までに会員は650人に達していた。続いて8月8日には第1回ブディ・ウトモ大会開催に向けての準備のため第2回集会が開催された。古都ヨクヤカルタで10月の開催、議長はワヒディン医師との決定がなされた。

　1908年10月3〜5日、第1回ブディ・ウトモ大会がヨクヤカルタの師範学校で開催された。出席者は3百人とされている。パクアラムVII世、その子息でワヒディンの友人ノトディロジョその他の貴族の出席も見られた。ブパティ（オランダ側呼称ではレヘント）も4人出席していた。ワヒディンがジャワの伝統文化を統一の中心とする基調演説を行った。討議のなかで、学生や若い知識人の現状改革的議論は抑え込まれて行き、中年のプリヤイ達による主導権が確立して行った。なかでも、チプト・マングンクスモの、ブディ・ウトモを政治団体にすべき、大衆の啓蒙が急務、東インド全体の発展を目指す団体にすべきとの提案は、当時としては余りに先鋭的な主張であった。大会後半には幹部の人選が行われ、初代総裁には中部ジャワのレヘント、ティルトクスモが選任された。彼はこの時には出席していなかったが、オランダ総督、オランダ人上司の歓迎の意を確認して、12月に総裁を受諾している。彼自身はボゴール農学校出身者で、当時としては珍しい下級プリヤイ出のレヘントであった。任地では女学校を開設するなど開明的な人物であった。

　植民地政府はブディ・ウトモには概して好意的な反応を示し、文化・教育団体として正式に認可している。しかし、青年の手を離れプリヤイの団体化したブディ・ウトモは、これ以降、民族主義運動のなかでは大きな役割を果たすことはなかった。が、この結社結成の影響は小さなものではなかった。

◆ ブディ・ウトモ結成の影響 〜各種結社の誕生

　ブディ・ウトモ第1回大会終了から、わずか20日足らずの内に、2人のレヘントが全ジャワ・マドゥラのレヘントに通知を送り、レヘントによる団体「レヘンテンボンド」（県知事同盟）結成を呼び掛けたが、この同盟結成は順調にはいかなかった。おそらく、新プリヤイとも称された下級プリヤイ達の活動を快く思わない古くからのプリヤイの存在もあったのであ

ろう。一方、青年世代の反応には素早いものがあり、各々の地域原理にもとづく団体形成が急速に行われた。主要なものは、1908年から翌年にかけて、「アムボン同盟」「パスンダン」（西ジャワ）「ミナハサ同盟」「スマトラ同盟」が結成された。1912年には、ブディ・ウトモにも参加したダーランがイスラム改革運動を目指して「ムハマディヤ」を設立した。この組織は発展、強大化し、現在に至っている。1913年には西部ジャワのスンダ族の中級貴族青年達が「パグユバン・パスンダン」を設立した。このような時代状況のなか、各種の労働組合の設立も続いた。1908年には原住民も同等地位の「労働者同盟」（VSTP）が設立され、教員や官吏、それに工場労働者に至るまで、職場に応じた同盟設立が続いた。

1918年には、ジャワの青年達がマドゥラやバリの青年をも加えた「青年ジャワ」を結成している。この青年組織結成は、バタビアに学ぶ青年を中心とした「青年スマトラ」「青年アムボン」の設立を刺激することになる。スマトラ西部では1910年代半ばには、イスラム改革主義者達が「カウム・ムダ」（青年世代）を形成し、慣習派の「カウム・クノ」（老世代）に対抗して積極的な活動を始める。大木氏（1984）によれば、西スマトラでは1897年以降、金納税導入への反対闘争が続き、1908年には西スマトラ全域を巻き込む大規模な反税蜂起に至っている。しかしこれは、大きな犠牲を出して敗北している。

これらの結社自体はいずれも規模的に小さなものがほとんどであったが、インドネシア人の民族的自覚の進展を示すものであった。これらインドネシア各地の青年達の自覚的活動には、1908年のトルコでの青年トルコ党革命の影響が及んでいた。またこれらの動きの背景には、1905年の日露戦争での日本の勝利があった。アジア人が西洋人に勝利した、有色人種が白人に勝利したとのニュースが多くのアジア人を長い眠りから覚醒さす起爆剤となったものであった。

◆ インドネシア協会 〜オランダ留学生達の活動

インドネシアの民族運動史のなかでオランダ留学生達が重要な役割を果たした。まず第一に重要なことは、留学生間においては出身地域を越えた仲間意識・団結心が生まれたことである。これはオランダという外国に居住して初めて生じえた一体感であったと言える。1908年、ブディ・ウトモ結成に刺激されたオランダ留学中の23名は、ハーグで「（東）インド協会」を設立した。ブディ・ウトモ支部との提案もあったが、ここではオランダ領東インド原住民という仲間意識をはぐくむことが重要視された。そして、この協会では「原住民」

呼称を改め、「（東）インド人」という呼称を用いた。このことは当時のオランダ当局にも違和感を与えたもので、幹部は呼称問題で裁判所に呼ばれている。なお繰り返すが、通常「東インド」の「東」は省略された。また、後の会則変更では「オランダに留学している東インド人の共同体的感情を育成すべきこと」となった。インドネシア民族意識の形成ということを考える時、それは外国経験者によって初めてなされ得たものと言っても過言ではないものがある。

　1913年、追放された「（東）インド党」幹部がこの協会に加わる。16年3月には月刊機関誌『ヒンディア・プートラ』（東インド子弟）が発刊された。編集主任は東インド党のスワルディであった。この年の8月末には、第1回植民地教育会議が開催され、その「原住民学校における言語」セッションで、スワルディは「マレー語」の活用を主張している。ちなみに、同じ東インド党のチプトはオランダ語活用を提案したものであった。

　この頃、1914年から18年にかけてはヨーロッパでは第1次世界大戦が生じていた。オランダも通信も困難となった植民地に対しては寛容性を出さざるを得ない状況にあった。それと共に、日本海軍の進出を想定した「東インド防衛問題」がオランダ人、原住民を問わず議論されていた。1916年末、東インドから請願団がオランダに到着している。防衛問題や議会開設の請願を目的とするものであった。開設される議会に原住民議員も加われば、オランダ人と共に東インド防衛に加われるとする見解が大勢を占めていたのである。17年4月14日、東インド協会はこの代表団を招いて講演会を開催した。その中で、東インド協会会員スーリョプトロがオランダ領東インドの住民に対し「インドネシア人」という呼称を初めて公式の場で使用したものであった。そもそも「インドネシア」なる名称は、イギリス人人類学者が、1850年に「東インド諸島」を指す地域名として用い始めたものである。「ネシア」は「島」の意味である。

　1917年11月23日、レイデン大学インド学科の「インド学者同盟」に講演に招かれた東インド協会のバギンダは「インドネシア人」とは「オランダ領東インドの原住民」であると明確な定義を行っている。これは、この前年に改訂された東インド協会の綱領中の「インドネシア人は東インドの住民のうち圧倒的多数を占め、行政に加わる権利あり」を踏まえた定義であった。この11月23日の夜、「インド学者同盟」の指導者ファン・モークは「インドネシア学徒連合」を設立、東インドにかかわりのある諸団体の結集をはかった。東インド協会もこれに参加している。これが政治的な意味で「インドネシア」が用いられた最初の例となる。ところで、このファン・モークとは副総督、植民大臣をも歴任し、インドネシア独立後にも、

オランダの支配力を維持せんと暗躍する人物となる。また、この学徒連合結成に尽力したヨンクマンは、後に開設された「国民議会」(Volksraad)議長となる人物で、彼は東インドを自治領とし、国際連盟にも議席を持たそうとの見解を持していた。

　ここでは、オランダ側、インドネシア側とも「インドネシア」なる呼称の使用が既成事実化しつつあることが重要である。そして、1917年4月、第9号で中断していた東インド協会の機関誌『ヒンディア・プートラ』がこの学徒連合の機関誌として再生することになる。編集部はスワルディ、ヨンクマン、中国系留学生ヤップの3人であった。スワルディの「来たるべきインドネシア国の建設のために協力しよう」との発言が伝わっている。まさに、第1次大戦期におけるオランダの支配が弛緩した時代状況を反映しているものであった。

　1918年にはインドネシア学徒連合の第1回大会が開催された。15以上の団体、100名余の参加を見た。翌年の1月末、第2回大会がハーグで開催されたが、ヤップの発言が大論争を巻き起こした。これは「ハーグの狂乱」とも称されたもので、ヤップは支配者、圧政者としてのオランダ人を攻撃したものであった。さらに、この大会では東インド協会と中華会の対立が目立ち、この2団体は学徒連合から脱退することになる。この年の9月に開かれた第3回大会では出席者も激減し、学徒連合は1922年には解散している。

　なお、1926年8月、パリ近郊で第6回国際民主主義平和会議が開催された。その時、インドネシア代表のハッタが、国際会議で初めて「インドネシア」呼称を用いた。

　第1次世界大戦後の新しい動きとしては、インドネシアからのオランダ留学生の激増がある。ここからストモ、モハマッド・ハッタ、アリ・サストロアミジョヨ等々、後の民族運動や独立インドネシアを担う重要人物が多く育つことになる。そして、インドネシアでは越え難い地域対立、人種の壁を越えた交流が深まって行く。1923年1月、これら新来の留学生が東インド協会を担っていた。イワ・クスマスマントリが議長となり、新綱領が制定され、自治の要求、オランダ人と戦うためインドネシア人の団結が唱えられた。この1月の大会では、東インド協会は「インドネシア協会」(Indonesische Vereniging)と改称され、機関誌『ヒンディア・プートラ』が再刊行される。24年3月には機関誌名は『インドネシア・ムルデカ』となった。「ムルデカ」は「自由」「独立」の意味である。そして、彼らの意識革命は重要な方向に進展して行った。25年2月、団体名が「プルヒムプナン（会）・インドネシア」と、オランダ語を排除して、完全にマレー語の名称に改められた。そして、「マレー語」を「バハサ（語）・インドネシア」と称することとされた。これは単なる名称変更だけではなく、実

に大きな意識変革を迫る決定であったようだ。後に首相ともなるアリ・サストロアミジョヨは、この時の感慨を次のように述べている。

　「プルヒムプナン・インドネシアという名称は私が国から持って行った思想や確信を事実上全部打ち砕いた。…私の心の中に根本的な精神の変化を引き起こした。…ジャワ人というだけの感じがたちまち消えて…私はそれより大きなインドネシアの国に属していて…インドネシア人なのだと」

　また、これより先、会旗を紅白旗とし、忍耐強い民族性を象徴するものとして水牛の頭が真ん中に描かれた。紅白旗はマタラム王家も用い、歴史的にはマジャパヒト朝、あるいはそれ以前にまでさかのぼるもので、現代のインドネシア国の国旗となるものである。水牛の頭は、後にスカルノが設立するインドネシア国民党では野牛の頭となる。留学生はオランダ本国政府植民省の管轄下にあり、当局は1923年頃からインドネシア協会の活動に神経をとがらせ始めていた。27年に至ると植民省による妨害が著しくなり、手紙の抜取調査などが始まり、6月にはついに幹部の家宅捜査が行われた。そして、9月にはモスクワとの深い関係を裏付ける資料を得たということで、ハッタ等4人は逮捕された。しかし、翌年3月、4人には無罪判決が下された。ところで、インドネシア協会の会員は最盛期でもわずか38人で、全留学生の一部であった。そして、この27年末までには協会幹部の大半は留学を終えて帰国し、協会の最盛期は終わっていた。25年以来、留学生は目立った減少を見せていたのである。これはインドネシア国内での大学開設の動きを反映したものと考えられている。

　この頃、1920年代初期からヨーロッパで吹き荒れた思想の激動、誰しも多かれ少なかれその思想の影響を受けたマルクス・レーニン主義は、これ以降のインドネシアにも大きな影響を及ぼすことになる。1923年末、東インドを追放されたセマウンはアムステルダムを拠点に東奔西走していた。しかし、インドネシア協会のメンバーには、民族解放闘争より階級闘争を重んじるマルクス主義には納得できないものがあった。26年12月にセマウンとインドネシア協会会長のハッタが秘密会談を行い、セマウンは民族独立運動の主導権はインドネシア協会にあり、共産党はこれを全面的に支持するという協定を結んだ。しかし、翌年12月のコミンテルンからの協定は逸脱したものとの指摘に、この協定は破棄されている。

　1927年2月、ブラッセルにおいて「反帝国主義反植民地圧制連盟第1回大会」が開催された。アインシュタイン、バーナード・ショウ、インドのネルー等が出席していた。ハッタは中央執行委員になっていた。ところが、同年7月の第2回フランクフルト大会では、共産主

義系と非共産主義系の対立が表面化した。ハッタはこの時、コミンテルンの権威主義的態度に大変な失望をし、これ以後、インドネシア協会は急速に共産主義から遠ざかることになる。これはその後の民族運動の進展の中で重要な契機となったものと言える。

◆ 国民議会（Volksraad）〜総督の諮問機関

　倫理政策の一つの柱として権力分散があった。これに基づき、1903年以降、ジャワ各地に地方評議会が設置されて来た。16年頃に至り、その上部機関として植民地評議会の設置計画が浮上していた。この頃、第1次大戦の中、東インド防衛問題とからんで議会開設への要求が高まり、植民地評議会を改称して、国民議会の開設が急がれた。

　この議会は東インド総督の諮問機関であって、議決権は持たなかった。議員数は38名で、ヨーロッパ人20名（内、総督任命議員11名）、原住民15名（任命議員5名）、外来アジア人3名（全任命議員）であった。議員選出は地方評議会による間接選挙で行われた。時の総督スティルムは、原住民任命議員にイスラム同盟のチョクロアミノト、インシュリンデのチプト・マングンクスモを選んだ。この選出には多少の波紋を呼んだもので、インドネシア側知識人の議会への懐疑の声がひそまったが、保守的オランダ人は狂気の沙汰と呼んだものであった。1918年5月18日、バタビア南郊で開会式が行われ、続く本会議ではマレー語もオランダ語と並んで公用語と議決された。

　この年の11月にはドイツが連合軍に降伏したが、ドイツ国内での帝政廃止、社会民主革命の動きはオランダにも及び、オランダの社会民主主義者達の改革要求にオランダ政府も危機に陥っていた。世界的な革命的情勢の高まりの中、インドネシアでも諸団体が急進同盟を結成し、議会の権限拡大等を総督に約束させた。これは「11月宣言」と称されたものだが、その後の本国政府の安定で、逆に弾圧政策へと転じて行くことになった。

◆ イスラム同盟（Sarekat Islam）〜最初の巨大大衆組織

　インドネシアにおける民族運動には3つの大きな潮流がある。一つは民族ナショナリズム。ブディ・ウトモやインドネシア協会などがこの潮流に属する。一つはイスラムを掲げる潮流であり、今一つは社会主義的潮流を体現するものである。

　「イスラム同盟」の前身は、1909年、バタビアで設立された「イスラミヤ」で、これが翌

年にはボゴールでも設立され「イスラム商業同盟」を称することになる。指導者はティルトアディスリョで、急激に台頭する華僑バティック（ジャワ更紗）商人に対抗するためイスラム系商人の提携をはかったものであった。ティルトアディスリョは官吏養成学校卒業後の官吏の職を辞め、記者として活躍していた。1903年にはマレー語週刊誌『スンダ・ブリタ』（スンダ・ニュース）を創刊し、07年には週刊誌『メダン・プリヤイ』（プリヤイの広場）を創刊し、1910年にはこれを日刊紙にしている。原住民による最初の日刊紙である。彼はインドネシアでは先駆的報道人でもあった。

　この『メダン・プリヤイ』を通じて、ソロのバティック商人ハジ・サマンフディンは彼を招き、1911年にはソロで「イスラム商業同盟」を設立した。12年8月には、この同盟は中国系バティック商人に対するボイコット運動を展開し、かなりの成果を収めた。しかし、この運動は混乱を伴うものとなり、オランダ当局はこの団体の集会と会員募集を禁止した。また、ティルトとサマンフディンの間が不和となり、この12年にはスラバヤ支部のチョクロアミノトが再組織者として招かれた。彼も1902年の官吏養成学校卒業生であった。

　1912年9月10日、チョクロアミノトはスラバヤにおいて、名称も「イスラム同盟」と改称して、その議長についた。会員はすでに6万人を越えていた。会員数は翌13年には15万、14年には36万余と倍々に増加した。最盛期には会員数250万人ともされた。「イスラム同盟」は商業の振興とイスラムを2つの柱としたことで、イスラム大衆がこぞって参加したのであった。それに、当時の農村部では救世主「ラトゥ・アディル」（正義王）待望の思想が広まっていた。救世主はジャワ語では、「ヘル・チョクロ」とも称され、チョクロアミノトの名前とも通じることで、彼はカリスマ的人物に仕立て上げられて行った。農村部では同盟の会員章は護符ともみなされる状況が現出し、また、この大衆の動向には攘夷的様相もおびるようになった。これにはオランダ政庁もイスラム同盟自身も困惑したものであった。この頃、ジャワやスマトラで農民反乱が散発していたのである。

　1913年1月のイスラム同盟第1回大会でチョクロアミノトは、同盟は政治団体でも、また、混乱と破壊を目指す団体でもなく、オランダには忠誠であることを明言している。この前年の11月には、同盟の認可申請を政庁に出していたが、13年6月の回答では、イスラム同盟は単一の団体としては不承認、地方支部を個々に承認するというものであった。華僑社会との間に騒乱がなお続いていたのであった。1915年には中央イスラム同盟（本部）がスラバヤで発足し、翌年3月には正式承認された。この時点で80の支部を擁していた。イスラム同盟は全国的広がりを持てる性質を有していたが、実質的には中・東ジャワが活動の中心であった。

ただ、アブドゥル・ムイスやハジ・アグス・サリム等のスマトラ出身者が指導部に加わっていた。アグス・サリムはオランダ機関に勤務した経歴もある人物で、同盟から救世主的要素の除去に尽力した。

　1916年6月、バンドゥンで第1回全国大会が開催された。チョクロアミノトは議会設置と自治、村長選挙の改善等の要求をするなど政治運動への傾斜を強めた。そして、1917年大会では独立を究極的目標に掲げるに至っている。これには第1次大戦という背景、さらに共産系同盟員と本来の同盟員との間の激しい争闘の結果であった。ロシア革命の影響が大きく波及してくるのである。

　このような世界的な混乱情勢のなか、イスラム同盟にとり大打撃となる事件が続く。その一つは、1919年、スラウェシ島のトリトリ地方で農民反乱が生じ、進歩的なオランダ人官僚が殺害され倫理政策派に大きな衝撃を与えた。また、この事件にはイスラム同盟が関与したとされ、アブドゥル・ムイスが逮捕された。今一つは、同年9月、西部ジャワのガルット県チマレメ村で生じた。大戦中の食糧難で、米の強制供出が実施されていたが、富農の86歳のハジ・ハッサンが大家族を抱えて米の供出割当の軽減を願い出たが許されなかった。そして、その強制執行に際し抵抗姿勢を見せたところ、警察隊が発砲しハッサンを含め死者4人、負傷者20人、逮捕者30人を出す大事件となった。

　このチマレメ事件には西部ジャワの同盟支部長ハジ・イスマイルが関与していたとされる。特に、同盟の運動が宗教に重きを置かないという不満のなか、各地の地方支部内部にはB支部の設置がなされていた。これが救世主待望や神秘主義的傾向を強め、聖戦志向へと大衆をあおっていた。また、同盟員の中には、「護符」を売ることに味をしめていた者が少なくなかったのであった。この事件が生じる前の同年2月には、チョクロアミノトはB支部解散要求を出していたが、B支部同盟員はこれを無視していた。村落部では村落独自の力関係が働いており、村落部のキヤイ（宗教師）の影響の方が上部組織よりも強かったと考えられている。日露戦争で日本が勝利したことにより、日本の支援を期待するという雲をつかむような願望もあったといわれる。チョクロアミノトはこの事件の裁判で、1921年には偽証罪で逮捕され、11ヶ月間監禁されることになる。また、幹部多数も逮捕され、絶頂期にあったイスラム同盟は、一転、衰退に向う。さらに、この21年には保守派のフォック総督が着任し、大戦後の財政再建のため教育・福祉予算が大幅に削減されて行った。

◆ 社会主義運動の展開 〜アジアで最初の共産党

　インドネシアにおける社会主義、共産主義運動はオランダ人スネーフリートに始まると言える。彼は1883年、ロッテルダムに生まれ、中学卒業とともに鉄道会社に入った。その後、労働組合運動で頭角を現したが抗争に巻き込まれ、1912年にスラバヤに渡航して来た。翌年、彼はスマランの電車・鉄道労働組合で活動し、14年5月にはバールスやベルフスマなどオランダ人や欧亜混血児を中心にした「(東) インド社会民主同盟」(ISDV) を設立し、労働組合にその地盤を求めた。この頃、世界大戦による社会混乱、物価高騰を背景に政府部局の多くで労組設立の動きが続いていたが、いずれも白人主導のものであった。1915年にはスネーフリートはジャワの下級プリヤイ出のセマウン、ダルソノを入党させた。2人はいずれも当時は10代で、後にインドネシア共産党の重要人物となる。この2人はまた、イスラム同盟にも加わり、イスラム同盟の急進化を推進する。イスラム同盟第2回大会で採択された新綱領で、独立を目標とすること、反植民地支配の戦いを掲げたのは、彼らの意見が反映されたからであった。17年2月のロシアでの2月革命の影響が強かったと考えられている。そして、同年10月のロシア革命による世界最初の社会主義国成立はスネーフリートらを熱狂させ、彼らは東インドでの革命をも示唆し、ソビエトの組織化など、そのための具体的活動を開始した。これに対して政庁はすぐさま弾圧を始め、スネーフリートはじめ多くのオランダ人共産主義者は逮捕や追放処分とされた。追放されたスネーフリートは、この後、マリーンの名で中国に置かれたコミンテルン極東局長として活動することになる。

　ところで、1918年2月時点でISDVスマラン支部の同盟員はわずか49人であったが、イスラム同盟内での党勢拡大活動もあり、この8月には700人に急増している。その中には、後の共産主義運動の中心人物となるアリミン、ムソがいた。19年には、セマウン、ダルソノも一時的だが逮捕され、ISDVの活動は事実上停滞した。この年にはコミンテルンが設立され、オランダ社会民主党はオランダ共産党となる。20年3月、スネーフリートらと共にISDVを設立したバールスがジャワに戻り、ISDVを共産党と改称する提案をし、この20年5月には「(東) インド社会民主同盟」は「(東) インド共産主義同盟」と改称された。これはアジアでは最初の共産党となる。議長にセマウン、副議長ダルソノ、書記ベルフスマ、会計係ダウエス・デッケルと、インドネシア化が顕著に進展していた。

　インドネシアの社会主義運動の中で、上述の系譜と全く異なる所から重要人物が登場して

来る。タン・マラカである。彼はミナンカバウ族出身で、ブキティンギの首長学校を卒業し、1913年末16歳の時、郷里の奨学金で19年2月までオランダに留学する。当初は師範学校で教員資格の取得を目指していたが、スヌーク・フルフローニェ教授からオランダ人を教えるための教員資格取得の無意味さをさとされ、それ以降、哲学や社会主義思想の読書にふけったといわれる。19年末、帰国したタン・マラカはスマトラ東北岸デリのタバコ農園での学校教育に従事したが、経営者との摩擦が絶えず、中部ジャワのスマランに転じることになった。当時のスマランは共産党幹部セマウンが委員長であった東インド最大の労組、電車・鉄道労組（VSTP）の本部があり、共産党も当地を拠点としていた。

一方、イスラム同盟はチマレメ事件以後、衰退著しく、労組争奪戦にも共産党に圧倒されていた。共産党員がイスラム同盟の急進化を推進していたが、この頃から、その二重党籍問題が大きく問題視されて来ていた。チョクロアミノトは同盟の分裂をもたらすことには反対姿勢を貫いたが、彼の検挙中の1921年10月の大会で、ハジ・アグス・サリムが二重党籍禁止案件を提出し、セマウン、タン・マラカなどとの激論の末、可決にもって行った。かくして、大量の共産党員が同盟から脱退することになった。この後、23年にはイスラム同盟はイスラム同盟党と改称するが、その勢力は著しく衰退する。

1922年、共産党主導による相次ぐ賃上げストライキに対して、東インド政庁はタン・マラカ、ベルフスマを国外追放に処した。タン・マラカはコミンテルン派遣要員として、広東、マニラを拠点として活動を続けた。翌23年5月には1万2千人参加の電車・鉄道組合によるストライキが始まったが、政府の徹底的弾圧で3週間程で終息し、しかも、共産党の有力メンバーが逮捕された。セマウンは国外追放、オランダ人共産主義者はすべて本国に送還された。24年6月、東インド共産主義同盟は、インドネシア語の「インドネシア共産党」（PKI）と改称し、その綱領でプロレタリア革命を掲げた。また、党の権限を各地区委員会に大幅に委譲することになる。これが後に、地方支部の独走を許し、時期尚早の武装蜂起の遠因となるものである。PKIの性急な革命志向に対して、コミンテルンは農民の役割を軽視するPKIの偏向をしばしば批判している。しかし、コミンテルンからの指導はこの時点では届いてもいなかったとも言われる。

PKIは、1924年にはイスラム同盟内の共産系による赤色イスラム同盟を人民同盟と改称し、傘下におさめるが、余りにブルジョアすぎるとして、この年末にはこれを解散させている。そして、革命意識、蜂起への扇動が続けられた。25年には、大規模スト計画が事前に察知され、指導者が逮捕され、活動は地下活動を余儀なくされた。残された幹部は、25年12月、

プラムバナン遺跡で密かに会合し、半年後の蜂起を決定する。政府の追及が厳しい中、翌26年1月には党幹部はシンガポールで会議を行い、コミンテルンの承認を得るためアリミンをマニラのタン・マラカの元に、ムソらをモスクワに派遣した。タン・マラカは広範な大衆運動が未成熟として、この計画に強く反対した。その後も、彼はシンガポールなどで蜂起中止の説得を続け、一部で躊躇の空気も生れ、6月蜂起は数ヶ月延期されることになった。しかし、追いつめられていたPKIは党中央以外で蜂起計画を進展させ、11月12日夜のジャワ、スマトラでの決起が決定されて行った。

かくして11月12日の夜、バタビア、バンテンで蜂起が始まった。バタビアでは刑務所、中央電信電話局などが襲撃されたが、15日の朝には鎮圧されていた。バンテンでは4千人程が参加し、激しい市街戦も展開され、その鎮圧は12月中旬となった。続いて、12月31日深夜から元日の朝にかけスマトラ西部のパダン市を中心に暴動が発生した。これは約10日後に鎮圧されている。この他、ジャワ各地で小規模な襲撃事件が続くが、多くは事前に探知されたりで、すべて鎮圧されて行った。この蜂起での逮捕者は1万3千人にのぼるオランダ植民地史上空前のもので、けっして小さな蜂起ではなかった。逮捕者の内、死刑16人、懲役刑4500人、イリアンへの流刑者は1300人にのぼった。1927年1月、政府はインドネシア共産党を非合法化した。しかし、共産主義者というより民族主義者的色彩の強いこの蜂起はインドネシアでは初めての全国的な武力蜂起の事例となったものであった。

イスラム同盟は弱小化し、PKIは壊滅するという民族運動の空白状態のなかで登場してくるのがスカルノであった。

◆ 青年の誓 〜「インドネシア」呼称の確立

政党活動が壊滅するなか、若い世代の地道な活動が大きな成果に到達することになる。1917年から18年にかけ多数の青年同盟が結成されたが、18年結成の「青年ジャワ」（Jong Java）は、20年の第3回ソロ大会、翌年の第4回バンドゥン大会を通じて「青年スマトラ同盟」との合同に進んで行った。25年末から26年初めにかけての第8回バンドゥン大会では、会則第8条は次のように改められた。「自由（独立）インドネシアを達成する目的をもって、全インドネシア民衆の団結意識を養うために準備を整えることを目的とする」。これを契機に各地域の青年団体が大同団結への道を急ぐことになる。これには、オランダにあったインドネシア協会の熱心な働きかけがあった。

1926年4月30日から5月2日にかけ、第1回インドネシア青年会議が開催され、統合団体「インドネシア学生協会」（PPPI）の発足となった。27年には帰国してきたインドネシア協会幹部達の活動で、「青年インドネシア」が結成され、同年末には「プムダ・インドネシア」とインドネシア語名称に改称された。28年7月、第2回青年会議に向けての準備会議が、PPPIとプムダ・インドネシア合同で開かれた。そして、同年10月27〜28日、バタビアで出席者750名のもと、第2回インドネシア青年会議が開催された。挨拶のなかで「ムルデカ」（自由・独立）という言葉が出た時、オランダ政府代表、警察官が抗議の声をあげた。「ムルデカ」を使うと政治集会となり、18歳未満は参加できず、退場をうながされたが、議長は応じなかった。第2日目は会場はクラマット通り106番に移った。この午後、モハマッド・ヤミンが決議案草案を議長に提出した後、一旦休憩に入った。この休憩時間に、作曲家スプラットマンが、「インドネシア・ラヤ」（大いなるインドネシア）を披露した。現代、インドネシア国の国歌としてあるものである。

　会議再開後、議長スゴンドが決議案を読み上げた。その中心が「青年の誓」であった。
　　「我々インドネシア青年男女は、
　　　インドネシア国というただ一つの祖国を持つことを確認する。
　　　インドネシア民族というただ一つの民族であることを確認する。
　　　インドネシア語という統一言語を使用する」
　ここにインドネシア国の礎が置かれたわけで、今に至るもこの「青年の誓」は国家的儀礼として記念されている。

第3節　スカルノの登場　〜植民地政府、弾圧政策へ

◆ インドネシア国民党　〜先頭に立つスカルノの戦い

　インドネシア共和国の存在を考えるときスカルノ（1901-70）の存在なくしては語れないものがある。父は下級プリヤイ出身の教師、母はバリのバラモン階級出身で、東部ジャワで生まれた。彼は東部ジャワのモジョクルトのヨーロッパ人小学校卒業後、1916年にはスラバヤのヨーロッパ人高等学校（HBS）に入学する。下宿先は父の友人であったイスラム同盟の

チョクロアミノト宅であった。同宿者は25人もいたという。21年にHBSを卒業し、新設のバンドゥンの工科大学に入学した。この年、大学に入学した原住民は11人であった。チョクロはスカルノを自分の後継者とみなし、娘ウタリを結婚させ同行させた。スカルノはすでに青年ジャワやイスラム同盟での活動で注目されていたのである。また、チョクロ宅を訪問して来る当時の最先端を行く著名人達とも知己となっていた。

　バンドゥンでは追放から帰国していた急進的「（東）インド党」の3人、デッケル、チプト、スワルディ（デワントロ）らがおり、スカルノは彼らとの交流を深めていく。とくに、デワントロはジャワの再建を重視して「タマン・シスワ民族教育学校」を設立していく人物で、スカルノに大きな影響を与えた一人であり、ここにスカルノの確固とした民族ナショナリズムの基盤が構築されて行ったものと考えられる。彼はまた、セマウン、アリミンなどからはマルクス主義理論の手ほどきも受けていた。かくして、彼はイスラム人も共産主義者も離反することのない民族統一・統合理念を形成して行った。それは早くも、26年の「民族主義、イスラム、マルクス主義」論文として結実し、スカルノの生涯を通じて追い求めた理念となるものであった。なお、デワントロについては土屋氏（1982）の精密な研究がある。

　バンドゥンでの新しい生活のなかで彼は新思想の影響などを強く受け、チョクロアミノトとの関係が切断されて行く。1922年にはチョクロの娘と離婚し、23年には下宿先の妻、インギットと結婚する。26年5月、スカルノは工科大学を卒業し、技師称号を得る。当時のインドネシア人にとっては、空に輝く星のような肩書であった。この前後にストモがスラバヤで2年前に始めていた「インドネシア研究会」をモデルに、バンドゥンで「一般研究会」（Algemeene Studieclub）を発足させた。折しも、インドネシア協会幹部達が次々と帰国して来ていた。27年4月、スカルノ宅にチプト、インドネシア協会のブディアルトなど7人が集まり、新党結成のための準備委員会が開かれた。この7月4日、彼らは再度会合し、「インドネシア国民同盟」（Perserikatan Nasional Indonesia）を発足させた。議長はスカルノ、幹部の大部分は旧インドネシア協会のメンバーであった。この結社はインドネシア独立を目標に掲げ、非宗教・非社会主義の民族ナショナリズムを体現するものであった。また、オランダとの非協力を唱えていくのは、スカルノがオランダ政庁関係の職務につかなかったことの反映であったろう。そして、活動の基盤に、スカルノは貧農マルハエンをシンボルとした大衆主義（マルハエニズム）を掲げた。超エリートのスカルノが終生、大衆の熱狂に支えられた大衆政治家としての第一歩が踏み出されたわけである。

　1927年12月、彼は弁護士のサルトノらとの協力で設立した「インドネシア統一委員会」を

発展させて、「インドネシア民族諸政治団体協議会」(PPPKI) を設立した。イスラム同盟、ブディ・ウトモ、スマトラ同盟等々、各地の研究会もこれに結集したもので、スカルノのカリスマ的指導力が早くも発揮されたものである。28年5月、国民同盟第1回大会で、名称は「インドネシア国民党」(Partai Nasional Indonesia. PNI) と改称された。スカルノの精力的な集会開催活動、組織的大衆宣伝の結果、結党後2年で党員は2万を越えた。民族統一、独立の要求への一般的認識は全国的に波及して行った。スカルノの指導者としての名声は、この時点ですでに揺るぎないものとなっていた。29年の国民党大会では、野牛の頭がシンボルとして取り入れられ、線描の野牛の中にジャワ戦争のディポネゴロ胸像が描かれた。

一方、オランダ政庁では国民党の急成長は、かつての共産党のように武装蜂起に至るとの判断が大勢を占めるようになり、1929年12月、共産党との関係、武装蜂起計画の疑いで党幹部8人が逮捕された。取り調べの結果、武装蜂起の疑いは晴れたが、政府転覆の陰謀を企てたとして、スカルノら4人が告訴されることになった。この裁判でのスカルノの法廷演説「インドネシアは告発する」は余りにも有名なものとなる。

1930年9月、スカルノには最も重い禁固4年の判決が下る。国民党はほとんど活動不能となり、翌年4月にPNIは解散した。政府の禁令が出る1週間前のことであった。

◆ 世界恐慌 〜インドネシア産品に甚大な被害

スカルノが逮捕された1929年、この10月にはウォール・ストリートが崩壊し、世界恐慌が始まる。輸出向けのインドネシア農業も大打撃を受けるが、それは他国より重く、長期にわたるものとなった。インドネシアからの輸出総額は1928年時に比して、34年には3分の1となった。特に主力産品であった砂糖産業への影響は甚大で、1928年比で生産量は35年には40％に下落した。それよりも、総生産価格は10分の1以下の9％に下落したものであった。砂糖産業はまさに壊滅的打撃を受けた。ゴムは生産量は余り変化しなかったが、価格は25％に、コーヒーは生産が30％に下落し、価格は23％に下落した。また、植村氏（1997）の報告によれば、インドネシア人側に支払われた借地料総額は15％に下落し、労賃総額は9％未満というすさまじい数値を示している。栽培面積が最盛期の5分の1となっていたのである。ジャワではこの当時、人口の約65％が貧農・小作人・農業労働者・苦力（肉体労働者）層であった。しかも、34年にはジャワ・マドゥラでは凶作が広がり、深刻な食糧不足におちいっていた。

1931年、東インド総督には保守派のデ・ヨングが着任してきた（−36）。彼はあらゆる形態

の民族主義運動に敵対した。時はすでに、第2次世界大戦へと進みつつあった時期であった。1939年9月には、ヒトラーがポーランドを攻撃し、40年5月にはオランダが攻撃され、オランダ政府はロンドンに亡命する。インドネシアには戦時臨時法が施行され、民の声など出る余地はなくなって行った。

　世界恐慌下、日本はインドネシア地域への輸出に一つの活路を見出そうとしていた。それとともに、情報収集活動も開始していたようだ。1930年には満州事変、37年には日中戦争が始まる。大木氏（1984）の研究によれば、1829～30年では日本からの輸入はインドネシア輸入総額の10％程度であったが、31年からは急速に日本製品がオランダ製品にとって代わって行った。34年には日本からの輸入額は、32.5％に達し、オランダ輸入品の2.5倍に達した。スマトラ西部では、32年には日本の貨物船がパダンに寄港を開始し、34年には全繊維製品の76％が日本製品で、アラブ・華僑商人の扱う商品のほとんどが日本製となって行ったという。オランダはインドネシアにおける日本製品に対する輸入制限策をとり始め、これに対して日本が抗議し、34年には日蘭会商が行われた。しかし、この貿易交渉は失敗となった。この交渉失敗は来るべき日本の武力攻撃を予測させるものであったという。この後、36年には日本からの輸入は25.4％、38年には14.4％と急速に低下して行く。日本はインドネシア市場から追われ、インドネシア人は高価なオランダ製品を買わされることになる。また、日本の小売はインドネシア人を活用していたが、オランダは華僑の活用を主としていた。インドネシア人民は日本に共感する所が多く、安い日本製品と、日本商店の丁寧な接客を喜んでいた、と指摘するのはリックレフス氏である。

　民族運動のなかでも、反帝国主義運動が生じる一方、日本が影を落としだすのもこの頃であった。1939年7月にはアメリカが日本経済封鎖政策を開始。40年9月には日独伊3国同盟が成立し、日本はインドシナに進出を開始する。41年7月にはオランダはインドネシアから日本への輸出禁止策をとり、日本資産を凍結した。この年の12月、日本が真珠湾攻撃を敢行するに至るのである。

◆ スカルノ逮捕後の民族運動の展開

　スカルノと共にインドネシア国民党を結成したサルトノらは、国民党解散後、1931年5月に「インドネシア党」（Partindo）を結成した。一方、穏健路線を嫌うグループは、「ムルデカ派」を形成した。この一派は、帰国して来たハッタ、シャフリルを指導者として、「イン

ドネシア国民教育協会」（新 PNI）を設立して行く。31年12月末、デ・フラーフ総督は退任を前にスカルノに恩赦を与え、釈放した。スカルノはすぐさま民族運動に復帰し、パルティンドと新 PNI の統一を図るも失敗し、32年8月にはパルティンド党首となる。この同じ頃、帰国したハッタは新 PNI の議長となった。この他、イスラム社会の代表的人物ナッシールは、31年にはイスラムだけがインドネシア民族の基盤となり得ると主張している。彼はイスラム近代主義の指導者であるが、その目指すものはイスラム国家の建設であった。

　超保守派の新総督デ・ヨングは民族運動に対して徹底的な弾圧を加え、スカルノらの非協力路線も対象となった。33年8月、スカルノはじめパルティンドの党幹部が逮捕され、党の集会は禁止となった。これに続いて、スマトラのミナンカバウが拠点の「Permi」（インドネシア・イスラム連合）や「インドネシア・イスラム同盟党」（PSII）の全指導者が逮捕された。34年2月には「新 PNI」のハッタ、シャフリルら4名が逮捕されている。このように33年後半期からは民族運動は封圧されて行き、オランダとの協調路線をとらざるを得なくなって行った。白石氏（1997）によれば、スカルノは南スマトラ西岸のベンクルーが流刑地となり、かなりの好遇の下、当地のムハマディア支部長の娘ファトマワティと結婚している。

　1935年12月には、ブディ・ウトモ等穏健派が大同団結して「大インドネシア党」（Parindra）が結成された。ストモ、タムリン、スカルジョらの指導下であった。スラバヤで「インドネシア研究会」を主催していたストモは、30年頃から政党的活動を始め、31年1月には研究会を「インドネシア民族連合」と改称し、協同組合運動に注力していた。彼はこの前年にはインドネシア人だけを対象とした「インドネシア国民銀行」を設立し、協同組合に融資する活動を始めていた。また、植村氏によれば、ストモが32年に始めた農民組合（ルクン・タニ）運動も著名なもので多くの村長の賛同を獲得していたが、大不況下、これが地税不払い運動に進展し、政庁の弾圧を受けることになる。最終的には、37年にはこれら村長達が一斉に解任され、この運動も終息した。

　36年11月、パルティンドは解散を余儀なくされ、サルトノはシャリフディンらと共に37年5月に、「インドネシア人民運動」（Gerindo）を設立する。この結社は、反ファッシズム闘争を緊急の課題と掲げた。ファッシズム下では独立はより困難になると考え、オランダとの協力のもと、完全な議会開設を求めていったものであった。この前年、36年7月には国民議会議員のスタルジョは、オランダ憲法内でインドネシアに自治付与の請願をしている。「スタルジョ請願」と称されるもので、これへの回答は38年11月となり、正式に拒否されている。39年5月、「スタルジョ請願」拒否の影響下、タムリンの主導のもと、「インドネシア政治連

合」(GAPI) が結成された。インドネシア民族諸政治団体協議会に代わる政治連合で、国民教育協会以外のパリンドラ、ゲリンドその他が結集した。このタムリンは、41年1月、日本に接近したとの噂のもとに逮捕され、数日後に変死している。

　1939年12月、バタビアで90団体が参加する第1回インドネシア人民大会が開催された。インドネシア議会開設、インドネシア語の国語化、紅白旗・国歌の認証などの要求で一致し、大きな成果を得た。40年2月には、自治を要求する国民議会改善案である「ウィウォホ決議」がなされている。この5月にはオランダはナチに降伏し、インドネシアには戦時臨時法が施行され、政治的会議はすべて禁止された。41年9月、第2回インドネシア人民大会の準備会で、この大会をインドネシア人民協議会に改組する案が出され、議会開設要求を強化する方針が決定された。しかし、時はすでに日本軍の進攻が間近に迫っていた。

　激動する世界情勢のなか、政治的活動外でもインドネシアには新しい人材が育っていた。文学界でそれを見てみると、1933年7月には文学雑誌『プジャンガ・バル』(新文学)が創刊され、この後長くインドネシア文学界で重要な役割を果たして行く。この時代の文学活動は主にスマトラ系の作家達が中心的に担っていた。その中心的人物は、タクディル・アリシャバナ(1908-94)やアルミン・パネ(1908-70)などで、彼らの作品はインドネシア統一の言語と近代文学の規範を形成したもので、各界に大きな影響を及ぼした。特にアリシャバナは近代化(西洋化)が新インドネシアのアイデンティティであるとし、独立後も長く活躍した。また、オランダ政庁の機関ではあったが「バライ・プスタカ」(文献局)は、精力的な出版活動をし、多くの近代文学者を育てることになる。

第4節　日本軍時代　～独立への準備期間

　インドネシアにおける日本軍時代は、1942年3月から45年8月までと約3年半にわたるものであった。進攻当初の日本軍兵力は2個師団23個大隊、総勢5万余であったが、その後、2個旅団8個大隊1万5千人に縮小されて行った。社会秩序維持、それになによりも戦争遂行のためにはインドネシア人の大々的な協力が不可欠であった。そのインドネシア人の大量動員に指導的役割を果たしたのはスカルノ・ハッタで、この間にスカルノは全インドネシアの指導者としての地位を確固たるものにした。

　1941年12月8日、日本は連合軍に宣戦布告し、東南アジアへも進撃を開始した。12月10日

にはシンガポール沖で当時、不沈艦とも称された英軍の2巨艦を沈め、12月末から1月にかけてボルネオ島のバリックパパンの油田地帯などを占領。42年2月15日には陸軍落下傘部隊がパレンバンの油田地帯を確保した。日本軍はまず石油の確保を目指したものであった。ここでは斉藤（1977）、永積（1977）に依拠するところが多い。

　3月1日夜半にはジャカルタ西方のバンタム（バンテン）湾上陸を敢行し、連合軍の攻撃を退けジャワ島上陸を成功させている。この海戦はバタビア沖海戦と称され、当初の日本軍の勢いを示した大勝利であった。日本軍は3月5日にはジャカルタに進出し、7日にはスラバヤに無血入城し、早くも「軍政」施行の布告をなし、軍政監部を設置した。9日にはオランダ軍が降伏し、10日にはジャワ島の占領がほぼ完了。この間の日本軍の損害は、死者845、戦傷者1784にとどまった。3月中にはスマトラなどインドネシア全域をほぼ掌握している。この驚異的とも言える日本軍の素速い動きの背景には、住民の反発がほとんどなく、日本軍の進撃するところは、手作りの日の丸で住民に歓迎されたという状況が大きかった。インドネシア人には手も足も出なかった白人帝国が瞬時に崩壊したのである。

　インドネシアにおける日本軍政は、ジャワ島は陸軍第16軍、スマトラは第25軍、ボルネオ（カリマンタン）、セレベス（スラウェシ）等の群島部は海軍の主担任と分担体制がとられ、ジャカルタには連絡機関として海軍武官府が置かれた。この海軍武官府には海軍大佐前田精（ただし）が武官として着任した。彼は自由な立場であることを最大限活用し、陰に陽に民族主義運動家を支援し続け、インドネシア社会に食い込んで行った。彼のもとには、先鋭的な、また、やや反体制的な若者グループが集まり、独立塾なるものも開設された。スカルノ・ハッタらも講師として招かれ、コミュニズムも講義されたという。

　初期の日本軍政は寛容なもので、政治的結社や集会は禁止されたものの、行政などはオランダ時代のものをほぼ継承し、オランダ人も民間人技術者などは積極的に活用した。ただ、オランダ語名称は改められバタビアはジャカルタと称された。いわば、現状維持が貫かれ、順調なスタートとなった。オランダ婦人なども自由に買い物にでかけたりするジャワ軍政の寛容性には各方面から激しい非難を受けることになるが、占領後一発の銃声も聞こえないという状況を知ると、その批判者も納得したようだ。インドネシア人は他のどこの占領地よりも親日的で、治安が良好に保たれていた。寺内南方軍総司令官もジャワ視察の後、「軍政はこうでなければいけない」と述べたという。この「ジャワ軍政は弱い」との非難は東条首相にも達していたが、平和な現地状況の報告を受けると納得したようだ。

　日本軍政は、また、オランダ人の抜けた後の重要ポスト等に積極的にインドネシア人を登

用した。その象徴となるのがスカルノ・ハッタの軍政協力であった。2人は軍政協力につきシャフリルと協議したが、彼はファッシズムとの戦いを強く主張し地下運動グループとして活動を続けた。一説には、日本軍政には全く関与しない人物としてシャフリルは残ったとも推測されている。事実、日本敗戦後のオランダとの交渉に際し、スカルノ・ハッタなどは対日協力者と非難されるなか、一時期、シャフリルが対オランダ交渉の前面に立つことになる。

インドネシアにはジョヨボヨ予言なるものが広く流布していた。ジョヨボヨとは12世紀半ば、東ジャワのクディリで統治した実在の王であるが、予言自体は後世のものともされている。その予言では、北方から小柄な黄色人種が到来し、外国支配から解放してくれるが、その支配もとうもろこしの実のなる頃まで、とするものであった。日本の敗戦間近、旧サイゴン近郊で寺内南方軍総司令官はスカルノ・ハッタなどにインドネシア独立を伝えるが、ジャカルタに戻ったスカルノは、「インドネシアはとうもろこしの実のなる頃ではなく、花の咲くころに独立する」と伝え、群集の歓呼を受けたものであった（ハッタ1977）。日本に協力した多くのインドネシア人の脳裏の片隅にこの予言があったことは確かであろう。

ところで、シャフリルは地下活動に入ったが、その活動の実体、実績などは不明のままである。この他、軍の宣伝部に所属した、後の外相ともなるアダム・マリク、後の共産党幹部のアイディット、ルクマンなどは宣伝部グループとして積極的な活動をした。研究者によれば、海軍武官府グループも地下運動家に含めている。ここからは、後の著名人、スバルジョやイワ・クスマスマントリ等々が出ることになる。地下運動のなかで明白に反日活動をしたのはアミール・シャリフディン・グループで、オランダから資金を受けていた。43年1月、この幹部ら53名が逮捕され、内幾人かは銃殺された。アミール自身はスカルノ・ハッタの嘆願で終身刑に減刑された。彼は後に首相になる人物である。そもそもインドネシアの民族運動指導者にはオランダ留学経験者が多く、親蘭・反日的動きはけっして小さくはなく、隠然たる影響力を持っていた。これが独立後も独立を喜ばない層を形成して行くのである。

さて、インドネシアにおける日本軍政は順調に始まったが、当初は大東亜共栄圏思想や3A運動（アジアの光、日本。アジアの保護者、日本。アジアの指導者、日本）の展開で、インドネシア人民の協力を呼び掛けた。しかし、「アジア」という言葉を前面に出したことは一定の効果があったようだが、これらの宣伝活動は余り成果を得れず、スカルノ・ハッタを迎えることになる。1942年7月10日、流刑地のスマトラから日本軍の要請に応じてジャカルタに入ったスカルノは、第16軍司令官今村均大将と会談した。白石氏（1977）によれば、スカルノは今村を「本物のサムライ」として強い信頼感を持つことになる。それは、今村の「われわれ

はあなた方の目的と条件を承知している。それはわれわれ自身のそれと合致する」という発言にあったようだ。そして、43年3月には、「民衆総力結集運動」（略称プートラ）が開始される。3A運動に代わるもので、その目的は軍政施策の対住民徹底、協力宣伝、物資労務供出推進にあった。正副委員長にスカルノ・ハッタ、それにデワントロ、サルトノ、ムハマディヤ総裁マンスール等々、民族運動指導者の多くがこれに加わった。スカルノの声が、全土に通じたラジオ網で村々にまで届くことになる。

この間、42年9月にはハッタの指導下に「旧慣制度調査会」が設置された。インドネシアの社会や文化の調査を主目的としたが、インドネシア要人が集い、語る場となった。この会は無味乾燥な軍政への不満をやわらげる意図もあったようだ。また、「プートラ」発足と同時期、大宅壮一による「啓民文化指導所」が開設されている。アルミン・パネを招き、芸能・音楽・文芸等の振興活動を行った。43年4月には14歳から25歳の青年を対象として「青年団」が結成された。これは竹槍訓練など半軍事的性格を持ち、軍政浸透のために活用された。23歳から35歳の成人向けには「警防団」が結成された。これは防諜面などで警察の補助を目的とし、また、防火・防空演習などを指導した組織であった。約2～3百万人のインドネシア人が各種組織に属したとされる。多くのインドネシア人にとっては組織的活動の体験は初めてであり、厳しい訓練と規律で体格も上昇したとも言われる。これらは日本側においては、戦争遂行、軍政推進の円滑化を目的としたが、インドネシア側は将来の独立を担う組織に転化させ得るとの判断があったようだ。

画期的とも言えることは、43年半ばに補助兵としての「兵補」組織が導入され、戦争末期には2.5万人の兵員に達していた。これがさらに推進され、この年の10月には「祖国防衛義勇軍」（Pembela Tanah Air. PETA）が組織される。これは純然たる軍事組織で、連合軍の攻撃に備えるためであった。しかし連合軍はフィリピン経由で日本を攻撃し、インドネシア海域は比較的平穏に終始した。この「ペタ」は、終戦時には67大団3万8千兵と駐留日本軍の2倍以上の戦力になっていた。ただこの数字はジャワだけで、スマトラには2万いたともされる。この「ペタ」が後のインドネシア国軍の中核となって行くものである。第2代大統領スハルトなどは、この「ペタ」出身で、当時のインドネシア人にとっては「想像を絶する」厳しい訓練を日本軍人から受けたのであった。スハルトは、また、次のように述べている「彼ら（日本軍人）には我々への気持ちを感じた」「ペタでたたき込まれた闘争精神、愛国精神抜きには、我々は再植民地化のため攻めてきたオランダを撃退できなかった」（スハルト1998）。これらの動きには、43年2月には日本軍はガダルカナル島を撤退し、ジャワ・スマ

トラ方面へは増援の見込みがなくなっていたという背景もあった。

　人口の9割前後がイスラムのインドネシアである。日本軍政は「宗務部」を設置し、イスラム対策を講じていく。オランダ時代には重要視されなかったが、大衆動員を目論んだ日本軍政はイスラム社会と真正面に向き合うことになる。かくして、社会の前面へのイスラムの浮上、インドネシア語を公用語として普及させたことは日本軍政の大きな特徴となるものである。43年10月、まとまりの乏しい「ミアイ」（全インドネシア・イスラム協議会）が解散し、「マシュミ」（インドネシア・イスラム協議会）が設立され、その指導はムハマディヤとナフダトゥール・ウラマに委ねられた。これはイスラム諸勢力の大同団結を図ったもので、「マシュミ」は独立後も長く政界でも大きな影響力を持続する。日本軍政では村落部のイスラム指導者（キアイ）にまで軍政協力依頼活動をしたが、キアイ達はおおむね日本側の計画に賛同を示した。インドネシアのイスラムは狂信的要素は少なく、一般的に穏健であった。

　この間、7月には東条首相がジャカルタを訪れスカルノらと面談している。この9月には、インドネシア人の政治参与が許容され、軍政の諮問機関として中央参議院が設置された。そして、11月にはスカルノ、ハッタ、ムハマディヤ党首ハディクスモらが功績を認められ、日本に招待され天皇に謁見している。この時、天皇自らが3人に近寄り、握手したという。これは想定外の天皇独自の判断による行動であった。

　1944年1月、「プートラ」運動は発展的解消とし、「ジャワ奉公会」なる新住民組織活動が始まる。議長にはスカルノが就任。また、軍政監部各部にはインドネシア人の「参与」が配置され、各部長の顧問的役割を果たした。ただ、宗務部長にはインドネシア人が着任した。この変革には、「プートラ」が政治活動化し始め、日本軍に警戒心が生じたことが背景としてあった。日本での大政翼賛会は上からの総動員体制であったが、ジャワ奉公会は村落部を基点とした総動員体制と言える。村落部で自然に行われていた相互扶助システム「ゴトン・ロヨン」を基盤として「ルクン・トゥタンガ」（隣組）制度が導入され、村長の責任のもとに動員体制が構築されて行った。戦闘的中核体として5千人の「奉公推進隊」（バリサン・プロポール）なども編成された。一説には8万人に達していたとも言われる。この隣組制度（RT）は現在に至るまでインドネシア社会の基礎単位として活用されている。

　7月にはサイパン島が陥落し、東条首相に代わり小磯内閣が発足した。そして、9月7日には、近い将来におけるインドネシアの独立を認めるという「小磯声明」が出された。それとともにインドネシアの国旗、国歌の使用が解禁され、「奉公会」事務所には紅白旗が掲揚された。義勇軍「ペタ」は増強され、イスラム統一団体「マシュミ」も軍組織を所有するこ

とが許され、「奉公会」においてもゲリラ戦訓練が行われて行った。

　翌1945年3月、「独立準備調査会」設置が決まり、5月28日には発足式があった。ここでは憲法草案、国家組織等々の国家の基本問題が討議された。なかでも、6月1日にはスカルノによる国家5原則「パンチャシラ」披露演説が行われた。民族主義、民主主義、人道主義、社会正義、神への信仰等々を掲げたもので、現在に至るまでインドネシア共和国の国家原則で、国章にはこの5原則が絵でシンボライズされている。スカルノはこの5原則を1原則とするなら、それは「ゴトン・ロヨン」だとしたものであった。

　この年の3月には硫黄島が陥落し、日本をめぐる戦局は一層ひっ迫して来ていた。5月にはドイツが降伏。6月の沖縄陥落の後、7月には連合軍は日本の無条件降伏を求めるポツダム宣言を発している。インドネシア独立は急がなければならない状況になっていた。オランダの再支配だけは避けねばならなかった。7月末には、日本軍はインドネシア独立を9月初頭とすることに決定し、8月7日、「独立準備調査会」を「独立準備委員会」と改めた。8月11日、スカルノ・ハッタらは旧サイゴン近郊のダラットで南方総軍総司令官寺内大将と会見し、独立準備委員会のもと、旧オランダ領東インドの独立を急ぐよう伝えられた。この時、イギリス領マラヤ、ボルネオの併合については寺内は拒否した。インドネシアはオランダ植民地「東インド」の上に成立することが確定したのであった。スカルノらは8月25日前後の独立を考えていたようだが、事態はより急迫していた。ソ連が対日宣戦し、満州攻撃を開始したのである。

　8月14日、スカルノらの一行はジャカルタに戻ったが、翌15日には日本は無条件降伏を表明した。16日には連合軍から日本軍に対して現状維持の命令が出され、公式には日本軍はインドネシア独立への動きをも阻止しなければならない立場におかれた。しかし、連合軍の到着が9月後半から10月にかけてと遅れ、共和国には幸いしたことであった。

　シャフリル系の青年グループは、日本軍の設定外での独立を強く主張していた。戻ってくるオランダに対処するためである。スカルノらは対日非協力者による独立を提議するが、スカルノ・ハッタ以外での独立実行は誰もが思いつかない状況でもあった。青年グループは日本軍から主権を「奪取」する方策を考え、また、スカルノ・ハッタらにも迫っていた。8月16日朝、青年達はスカルノ・ハッタをジャカルタ東方のレンガスデンクロックのペタ兵舎に誘拐し、その間に大量動員で主権を「奪取」する妄想的計画を立てていた。しかし、何も動くことはなかった。この日の夜、スカルノ・ハッタは無事にジャカルタに戻った。独立宣言文の作成にとりかからねばならなかった。場所は海軍武官府前田邸が提供された。独立宣言

文中の「権力の移譲」を「奪取」にせよと青年達は迫る光景もあったようだ。ほぼ徹夜の作業でスカルノが独立宣言文を作成し、署名には出席者全員の賛成で「スカルノ・ハッタ」の署名がなされた。
　「インドネシア民族は独立を宣言する。権力の移譲はすみやかに、正確におこなわれねばならない」とする簡略な宣言文であった。ただ、日付には「17－8－05」と記されていた。「05」とは皇紀2605年を示すもので、インドネシア独立は敗戦国日本の影響下のもとであることを示している。後は、戻って来るオランダとの間で実際の独立を戦い取るしかないのであった。独立宣言は17日朝、スカルノ邸の前で無事行われた。ハッタ（1977）によれば、青年達の行動で1日遅れたのであった。
　3年半にわたる日本軍時代はここに終わりを告げたが、この間、反日的事件は数件、いずれも1944年以降に生じたとされる。その代表的なものは東ジャワで生じたブリタール事件と称されるもので、45年2月、ペタの小団長クラスの指導者が日本人を含む12人を殺害した。義勇軍関係の反乱はこの1件のみであったようだ。なお、この反乱で8名が処刑された。この他、リックレフス氏の報告では、アチェやカリマンタンで3件の事件があったが、いずれも軍政に影響を与えるものではなかった。
　ただ、独立宣言後の10月半ば、中部ジャワのスマランで、日・イン軍が交戦する事件があった。事の発端は、インドネシア側が日本人多数を連行し、監獄に押し込め、機銃掃射を行った。この時の邦人死者は149人、行方不明30人となった。この監獄の壁には、死に瀕した誰かが血書したのであろうか、インドネシア語で「独立万歳」と書かれていたという有名な逸話がある。この後、5日程交戦が続き、インドネシア側死者2千人前後、日本軍死者25名となった。この後、英軍が上陸し、日本軍の治安責任が解除された。この事件の背後には、日本軍の武器を奪取せんとする各地での動きがあったと考えられている。
　また、軍政における悪政の代表例として挙げられるのは「労務者」供出である。主として外領の土木工事に派遣されたもので、当初は自発的で円滑に進んでいたが、逐次強制的供出へと移行したようだ。数十万ともされる労務者の内、帰還しているのはわずかだという問題がある。しかし、泰緬鉄道建設にも数万の労務者が送られる計画であったが、インドネシアからは一人も到着していないという報告がタイ研究者からなされている。おそらく、マレー半島上あたりで逃散したものとも推測されるが、この問題の実態も、今となっては解明しようもないようだ。

第7章　インドネシア共和国の成立と展開

第1節　共和国完全独立への過程　～対オランダ独立戦争

◆ 国家体制の構築と連合軍の到来

　独立宣言の翌日8月18日、独立準備委員会が初めて開催された。そこでは独立準備調査会で作成された共和国憲法がまず採択され、続いてスカルノ・ハッタが正副大統領に任命された。この後、国民委員会の設置、内閣制度、地方制度が制定されて行った。国民委員会は憲法規定にある国民協議会が組織されるまでのもので、立法権も付与された。これにより独立準備委員会は廃止となった。国民委員会は中央だけでなく、地方毎にも設置された。

　翌19日には、全土を8州に分け、中央省庁は12省と定められた。8月22日には人民保安隊（BKR）の設置が決定された。9月2日にはスカルノ招集の全ジャワ・マドゥラのパンレ・プラジャ（官吏）会議が開催され、5日には内閣人事と州長官の任命が行われた。日本軍時代の州副長官が長官となった。しかし、連合軍の到来が迫っていた。9月6日、連合軍は日本軍に治安回復命令を出し、独立宣言は取消しとされた。9月8日、連合軍先遣隊がジャカルタの旧クマヨラン飛行場に落下傘部隊を降下させ、9月15日、連合軍の主力となるイギリス東南アジア軍司令官マウントバッテン提督がタンジュンプリオク港に上陸した。25日には主力部隊3個師団が上陸、日本軍から行政権を引き継いだ。インド兵が主体のイギリス軍に隠れて旧蘭印軍も従っていた。日本軍の武装解除と内地送還、それに戦争犯罪人の逮捕と裁判が始まることになる。なお、この第7章はリックレフス氏の論説を基軸としている。

　これらの動きに反応してタン・マラカ指導の青年グループは行動委員会を設置し、官公庁、公共施設、それに日本軍の武器奪取等を計画し、一部実行されて行った。民族共産主義者のタン・マラカは42年に秘密裡に帰国していた。行動的青年達のあせりともとれる行動を共和国政府も黙認していた。多数の日本人が殺害されたスマラン事件はこれらの動きと関連して生じたと考えられている。青年グループ初め、各種組織では独自の民兵組織を持ち始めていたのである。9月半ば、オランダ東インド文民行政代表ファン・デル・プラスの「オランダはインドネシアから手を引くことはあり得ない」との発言が伝わる状況があった。

　9月19日、青年グループはイカダ広場（現独立広場）で決起集会を開いた。20万人前後が集

まったが、スカルノは日本軍の要請で直接、開散命令を行った。大群衆はスカルノに従順に従った。彼の指導者としての力を見せつけたものであった。スカルノは、なお完全武装の日本軍との衝突を何よりも恐れていた。連合軍とも協力して独立の国際的承認を得ることに重点が置かれていた時期であった。10月1日、駐インドネシア連合軍司令官クリスティソン英中将は共和国を事実上承認していた。任務遂行に共和国政府の協力が不可欠であった。英軍は10万人ともされた西欧人の捕虜救出と日本軍からの権力移譲を主要任務とし、民政面等はオランダ側に委ねる「民政協定」を結んだ。この後も、イギリス側は共和国の存在を認め、再支配を目指すオランダとインドネシア間の仲介に努めることになる。

オランダのファン・モーク副総督は当初は蘭印政府の復活を意図したが、連合軍側の賛同を得れず、インドネシアとの連邦国家の創設を目指すようになっていた。なお、オランダは戦後は総督職は置かなかった。10月には共和国政府は中央国民委員会に常務委員会を設置し、委員長にシャフリル、副委員長にシャリフディンが就任した。これが第1次シャフリル内閣で、オランダとの協議路線が敷かれた。これには、対日協力者スカルノ・ハッタを忌避するオランダ側の強い姿勢が背景としてあった。

10月9日、人民治安軍（TKR）が創設され、ジャワに10個師団、スマトラに6個師団という態勢がとられた。11月には最高司令官に義勇軍出身のスディルマンが就任した。PETAは8月17日に武装解除されていた。10月23日、イギリスの斡旋でスカルノ・ファン・モーク会談が開かれた。オランダ側はオランダ・インドネシア連邦の結成を提案し、インドネシア側は完全独立の強い態度を表明した。インドネシア国内ではオランダとの協議派と闘争派間の争いが渦巻く状況にあった。オランダ軍は46年10月までに7万5千兵に増強され、インドネシア制圧計画を持っていた。イギリス軍はオランダ兵上陸禁止で収拾に努力するが、オランダの執念にはすさまじいものがあったのである。

11月には、副大統領ハッタの署名のもと、政党創設への政令が布告された。国民党は再建され、旧国民教育協会系統のシャフリル、シャリフディンなどは社会党を結成した。この他、イスラム連合組織であるマシュミは政党として出発し、共産党も再建された。

◆ 武力衝突と対蘭交渉 〜リンガジャティ協定

1945年10月にはジャカルタではインドネシア青年と、解放されたオランダ人やオランダ兵、あるいは華僑などとの間で紛争が生じていた。しかし、ジャカルタは連合軍兵力が強く、比

較的安定していた。大規模な武力衝突は東部ジャワのスラバヤで生じた。10月25日、マラビー准将指揮下のイギリス軍5千兵がスラバヤに上陸した。英軍は内陸部の西欧人捕虜救出作戦を急ぐなかで、各地でインドネシア側と衝突事件を起こし、戦闘状態になって行った。連合軍はインドネシア側の武装解除を求めたが、他方、イスラム指導者達は祖国防衛は「聖戦」と声高く声明していた。28日には連合軍が攻勢に出るが、インドネシア人民治安軍の包囲攻撃で英軍は甚大な被害を蒙った。29日、連合軍の要請でスカルノ大統領が仲裁に乗り出した。また、日本軍にも治安維持への協力要請があったが日本軍の動きは消極的であった。大量の武器が日本軍側からインドネシア側に流れたとされる。さらに、少なくない旧日本兵がインドネシア軍に合流していた。30日、スカルノ仲裁は一旦は成功する。この時点では、連合軍からの武装解除命令は撤回され、また、連合軍はスラバヤを占領せずとの合意が成立していた。しかし、翌31日には双方の境界線で衝突が生じ、マラビー准将は何者かに狙撃され、戦死した。停戦協定は破棄となった。

　11月9日、英軍は巡洋艦を派遣し、2万4千兵をスラバヤに上陸させ無条件降伏を要求した。翌10日、最後通告切れで英軍は空爆、艦船からの砲撃をともなう総攻撃を加え、3日間の戦闘で町の半分を占領した。聖戦を叫ぶイスラム指導者のもと、戦闘はなお1ヶ月近く続き、人民軍は市外へ転出し町を包囲する形をとった。この戦闘でのインドネシア側死者は6千以上、2万人とする説もある。この11月10日は「英雄の日」として記念されている。この戦闘においても連合軍側は共和国勢力の存在を認めざるを得ないものがあった。

　この間、11月1日にはインドネシア政府は外国人財産を返還する義務ありとする「ハッタ宣言」が出された。11月6日、イギリスの圧力下、オランダ政府はインドネシア処理方針を発表した。インドネシアは蘭印連邦の自治領とするというものであった。11月14日にはスカルノ兼任の内閣が終り、シャフリル内閣が正式に発足する。対日協力者は一歩後退する態勢となった。11月17日、クリスティソン英軍中将の仲介でシャフリル・ファン・モーク会談が始まった。シャフリルは共和国承認が前提条件と主張したが、彼はオランダの圧力に徐々に譲歩を余儀なくされて行くことになる。オランダ側の主張の根底には、共和国の正統性問題があった。独立共和国は敗戦国の「日本製」であること、広大に過ぎる共和国の領域の根拠等をインドネシア側に問い詰めたようだ。

　12月6日、シンガポールで連合軍東南アジア方面首脳会議が開かれ、英軍増派で合意するも、イギリスはオランダと共同行動をとる意図はなかった。また、インド政府はインド兵使用に反対しインドネシアからの撤退を要求し出した。オランダの国際的孤立化が際立って行

くことになる。戦局は一層ひっ迫してきていた。バンドゥンでは、11月下旬から衝突が生じ、インドネシア軍と連合軍は町を2分する合意に達したが、衝突は止むことはなかった。46年1月にはオランダ軍のジャカルタ支配が進み、共和国政府はヨクヤカルタ（ジョクジャ）に避難する事態となった。バンドゥンでは3月には連合軍の攻勢に、共和国軍は焦土作戦のなかバンドゥンを撤退しヨクヤカルタに転進した。スマランではスディルマンは英軍の内陸部進撃を阻止し、ヨクヤカルタを守った。この1月には人民治安軍は「インドネシア共和国軍」（TRI）と改称された。これに各種民兵組織が併存していた。

この時点でのオランダ軍の支配地域は、インドネシア東部諸島、スマトラ北部のメダンを中心とした東海岸地帯、パレンバンの石油地帯、ジャカルタ・バンドゥンを結ぶ線、スラバヤ地域と、いわば点と線の支配であった。おおむね、都市はオランダ軍が支配し、これを共和国軍が包囲する形となっていた。この1月にはオランダとの妥協を深めるシャフリルに対して、タン・マラカなどの青年指導者達は「100％独立」を掲げて公然と対決姿勢を示した。彼らは政党、軍を含む138団体を結集して「闘争同盟」を結成し、政府に7項目綱領を要求した。その要求の主要点は、完全独立承認を目指す対蘭協議、日本軍武装解除、西欧人捕虜の管理等はインドネシア側で行う、というものであった。3月には闘争同盟の圧力でシャフリル内閣は総辞職に追い込まれた。

3月12日、スカルノ大統領は再びシャフリルを首相に指名し、第2次シャフリル内閣が組閣された。7項目要求は過激性を失くし、5項目として受け入れられた。そして、シャフリルは対抗勢力を一掃せんとの行動に出た。3月17日、タン・マラカ、スカルニ、ヤミン等が逮捕された。この頃、ヨクヤカルタに隣接するソロの町が反政府勢力の拠点となり、混乱状態となって行った。この混乱のなかでソロ王家は人心を失い、王家としての種々の特権を剥奪されて行くことになる。反対に、ヨクヤカルタ王家は一貫して共和国政府を支持、擁護し、ヨクヤカルタ特別区の知事・市長としての地位を政府に保障され現在に至っている。ちなみに、「共和制 republic」という政体は王なるものの存在を認めないものである。

6月27日、ヨクヤカルタでの大集会で、ハッタ副大統領が対オランダ交渉の結果を報告した。オランダはジャワ・マドゥラ・スマトラでの共和国支配を認めたが、他地域は条件付きでオランダの統治に委ねるというもので、完全独立派に不満が広がった。この27日夜、シャフリル首相は拉致された。翌28日、スカルノは戒厳令を施行し、ラジオでシャフリル解放を呼び掛けた。29日には彼は釈放され、タン・マラカ派活動家が逮捕された。

7月3日、スカルノの元に国軍の師団長一行が面会に訪れ、内閣改造を求めた。しかし、

この一行はクーデタを企てたとして逮捕されることになった。これが「7月3日事件」と称されるものである。シャフリル支持者は少ないが、外交上、交替は望めず、外交路線が政策として堅持された。8月になると、イギリスは東南アジア高等弁務官キラーン卿を派遣し停戦協議の斡旋を始めた。10月に入るとシャフリルは第3次内閣を発足させ、7日に停戦協議が始まった。14日にはインドネシア・英蘭間の停戦が合意され、11月4日には停戦が実施され、政治的解決への道が開かれて行った。11月10日、会談場所がジャカルタ東方のチルボンのリンガジャティ（リンガルジャティとも称される）に移され、スカルノ大統領も参加し、合意に達して行った。これが「リンガジャティ協定」と称されるもので、15日にはジャカルタで仮調印が行われた。その主要な内容は、

 （1）オランダはインドネシア共和国がジャワ・マドゥラ・スマトラを支配していることを認める。
 （2）両国はオランダ領東インド全土からなるインドネシア連邦共和国樹立に協力する。
 （3）オランダ政府とインドネシア連邦共和国はオランダ・インドネシア連合を形成し、その首長はオランダ女王とする。
 （4）1949年1月1日までに設立するよう努力する。

　この協定の批准には両国の議会とも時間を要した。オランダ議会は12月には承認に至ったが、インドネシア側では、12月13日に国民党、マシュミ、タン・マラカ派などがリンガジャティ協定反対統一戦線を組織し、中央国民委員会の大勢も反対であった。そこで、スカルノは中央国民委員会にシャフリル派委員を多数増員し、47年2月末から3月初めにかけての国民委員会で承認にこぎつけ、3月25日にはシャフリル首相が正式に調印することになった。英米はこれを歓迎した。英軍はこの協定の仮調印段階で撤退を開始していた。
　この間、46年11月18日にはアラブ連盟のエジプト、イラク等7ケ国がインドネシアを主権国家として承認した。オーストラリア、インド、中国等も共和国を事実上承認していた。インドネシアは独立の国際問題化に成功するという大きな成果を獲得したのであった。

◆ 再植民地化への欲望 〜オランダ第1次警察行動

　日本軍の降伏、共和国の独立はインドネシア社会に小さからぬ動揺を与えたのは自然なことである。その代表的な事例は、日本軍時代への報復、反動という強い特質を持つ「社会革

命」を掲げた運動であった。ジャワでも幾つかの地域で村長職や県知事職を暴力的に奪ったりする権力闘争の様相を示したが、それが強奪、略奪事件等を伴って行った。スマトラではアチェやバタックでは階級闘争的様相を強め、多数の犠牲者を出している。しかし、これらは地域的騒乱にとどまったもので、共和国軍が千人以上を逮捕することで終息している。

一方、オランダはインドネシア再植民地化への欲望をあらわにしてくる。それを象徴するのが連邦国家形成のためのオランダ製構成国家を各地で樹立し始めたことである。46年12月には東部諸島に東インドネシア国、翌年1月には西ボルネオ国、バンカ臨時評議会を設立した。西部ジャワではパスンダン国家樹立工作を始めていた。オランダ軍兵力10万、あるいは、15万ともされる武力を背景としたものであった。46年11月、ジャワで軍事訓練を受けた青年がスラウェシー南部で活動し、オランダの立場を脅かし始めた。これに対し、オランダ側は12月にはウェスタリング大尉を投入し、3ケ月で3千人以上を殺害したとされる。バリ島では共和国派の有力者が殺害された。47年1月には東部ジャワのモジョクルトなどが武力占領され、2月には共和国青年グループの活動が壊滅させられている。

シャフリル首相はこれらの強引なオランダの行動に強く抗議し連邦国家形成への交渉は決裂寸前に至ったが、アメリカから交渉の早期妥結への申し入れがあった。1947年5月27日、5項目からなる提案がオランダ側から出された。その主要点は、連邦共和国樹立までは暫定政府とすること。暫定政府の統治権はオランダ女王、オランダ政府にあること。合同警察隊を設置することなどであった。インドネシア側の回答は暫定政府は東インドネシア国、西ボルネオ国代表をもって構成する。暫定政府にはオランダ人は入らない。合同警察隊の設置は拒否するというものであった。6月20日、シャフリルは大幅譲歩回答をするが、23日にはファン・モーク副総督は「5月27日提案」への諾否回答は6月27日までとする最後通告を行って来た。6月26日には諸政党や諸団体がシャフリルの回答を拒否し、彼は辞任に追い込まれた。全権はスカルノ大統領が担うことになる。この47年6月には「インドネシア国軍」（TNI）が誕生し、現代に至っている。

一触即発の状況のなか、英米は平和的解決を求める覚書を出し、危機は少し緩和された。スカルノは6月28日、スディルマン将軍を最高司令官とする国軍首脳の任命を行った。7月3日には社会党のアミール・シャリフディンを首相に指名し、左翼民族主義連立政権が誕生する。7月6日、シャリフディンは合同警察隊の設置を除きオランダの要求に屈する第2次回答を行った。しかし、ファン・モークはあくまで「5月27日提案」への「イエスかノーか」の回答を迫った。7月14日、最後となる交渉が行われた。合同警察隊設置、停戦ライン

等で双方が譲らず交渉は決裂した。

　「第１次警察行動」と称されるオランダ軍の進撃は、「５月27日提案」への回答期限切れの６月28日から準備が始まっていた。各地でオランダ軍は停戦ラインを越え出していた。７月19日、オランダ閣議は話合いを断念し、翌日にはオランダ首相はラジオ放送でリンガジャティ協定に拘束されずと表明した。かくして、７月21日午前零時、オランダ軍の大規模軍事行動が開始された。この強欲さをあらわにしたオランダの行動に対する国際的な反応は速かった。同日の７月21日には、アメリカはオランダの軍事行動を遺憾とする国務省声明を出した。23日にはイギリス外相ベバンが下院で平和的解決のためにはあらゆる機会を利用すると表明している。この他、インド、パキスタン、東南アジア諸国、オーストラリア、アラブ諸国が抗議した。インド政府はオランダ航空機のインド領使用禁止措置をとり、オーストラリアではオランダ船の荷役はボイコットされた。

　オランダ軍の行動は迅速で、ジャワ島の東部、西部の主要都市、スマトラではメダン、パレンバンなどを占領した。インドネシアはリンガジャティ協定違反で国連に提訴し、７月30日には、インド、オーストラリアが各々、国連安保理に提訴した。これに対しオランダは純粋にオランダの国内問題と主張したものであった。８月１日、安保理は敵対行動の即時停止、平和的手段での解決を求める決議案を採択した。８月４日、オランダ閣議はこの安保理決議を受諾している。停戦交渉では、インドネシア側は46年10月の停戦協定にもとずく境界線へのオランダ軍の撤退を要求したが、オランダ側は15日間の警察行動による占領地での治安維持に責任ありと主張した。これが占領した都市と都市、点と点をつないだ「ファン・モーク・ライン」と称されるもので、実にジャワ島の３分の２をおおうものであった。

　８月25日、安保理は停戦監視領事団、３カ国斡旋委員会を設立した。９月１日には停戦監視領事団が活動を開始し、９月22日と10月14日に安保理に報告を提出している。そこでは停戦順守の困難が報告されていた。11月１日、安保理は３カ国斡旋委員会に対して、停戦決議順守可能に向けての支援を要請した。この３カ国はオランダ指名のベルギー、インドネシア指名のオーストラリア、双方指名のアメリカからなっていた。かくして、12月８日、ジャカルタ沖に停泊するアメリカ輸送艦レンヴィル号上で停戦交渉が行われ、1948年１月17日に「レンヴィル協定」と称される停戦協定が調印された。現状維持線（ファン・モーク・ライン）に沿って非武装地帯を設定するなど10ケ条からなるものであった。また、政治問題解決のための６原則も定められた。インドネシア共和国の地位はインドネシア連邦共和国の他の構成国と同等地位とするものであった。オランダはすでに15の構成国・自治領を樹立したと主張

し、インドネシア共和国を中部ジャワに限定させるものであった。

　しかし、これはあくまで構図であって、オランダの強引さには人心が急速に離れて行くことになった。「レンヴィル協定」に対してはインドネシア国内では大きな不満が広がった。マシュミ党はオランダに屈したとして非難。与党国民党も協定反対の態度を表明した。48年1月23日、追い込まれたシャリフディン内閣は突如総辞職した。1月29日、スカルノは副大統領ハッタに組閣を命じた。大統領に対してのみ責任を負う大統領制内閣が誕生することになる。シャリフディンの左翼人民戦線は「人民民主主義戦線」と改称し、下野する。ハッタ内閣はオランダとの交渉を継続する一方、大きな国内問題に対処しなければならない時期に至っていた。それは肥大化した国軍や民兵組織、それに公務員の合理化、再編という課題であった。これは「マディウン事件」と称される内戦への導火線となるものであった。また、経済復興、開発等の政策綱領の策定も急がねばならない課題であった。

　48年2月にはナスティオン指揮下の西部ジャワの国軍最強部隊シリワンギ師団2万2千兵がレンヴィル協定に従い、中部ジャワに転進した。一方、ファン・モークは自治国樹立工作に奔走していた。その代表例がパスンダン国で、3月4日には暫定議会で国主を選出し、5月8日には内閣も誕生させ、正式にパスンダン国が成立したとしたものであった。さらに、5月27日にはインドネシア共和国が反対するなか、バンドゥンで暫定連邦政府を強行樹立させた。これには13の自治国・自治区の代表が参加し、大統領はファン・モークとの表明がなされた。人心が大きく離れるなか、オランダは軍事力を背景に解決を目指すほかなかった。強圧的な植民地支配というオランダの特質は何も変わっていなかった。一方、青年世代を中心としてインドネシア人は植民地時代のインドネシア人とは全く違っていた。

◆ マディウン事件 〜最初の大規模反乱

　レンヴィル協定の結果、オランダ占領地から大量の避難民がヨクヤカルタに移住して来ていた。経済的困難にも直面していた共和国政府にとって、肥大化した国軍の合理化が最大の課題となっていた。一方、国民委員会で28％の議席を持つシャリフディン系の「人民民主主義戦線」(FDR)は、レンヴィル協定・対蘭交渉反対、親ソ連政策を要求するなど反政府運動を先鋭化していた。反政府勢力の拠点ともなっていたスラカルタ（ソロ）の第10師団はFDRを支持するなか、第3師団シリワンギ部隊がこのソロ地域に転進して来たのである。第3師団は政府支持、マシュミ党支持であり、国軍内の対立は激化して行った。さらに、合

理化提案で合理化される側は当然、反政府運動を支援することになる。軍は種々の集団に分裂し、衝突が生じるなかで、第10師団長射殺事件、シリワンギ派の民兵指導者殺害事件などが生じ、武力対立が深まり、48年８月に至ると内戦の危機が迫る状況に至っていた。

　緊迫した状況下、1926年の共産党反乱時に国外脱出していたムソが、突如、ソ連から帰国し、反米・親ソをあおることになる。1948年は国際共産主義運動が激化した年であった。ムソはすぐさまFDRの指導権を掌握し、社会党系諸団体を共産党に吸収して党勢を一気に拡大させた。９月１日には将来を担うアイディット、ルクマン、ニョトらムソ派の青年達は政治局を設置した。政府は46年に逮捕した民族共産主義派のタン・マラカ派を釈放して対抗をはかるが、効果はなかった。タン・マラカは10月にはムルバ党を設立する。

　９月に入ると共産党はデモやストを推進し、ソロでは田地の奪取なども行われた。かくして、９月半ばには親共産党と親政府間で武力衝突が生じるに至った。そして、９月17日に至ってはシリワンギ師団は、ついにソロから共産党系勢力の掃討に成功した。追われた共産党系勢力は東部ジャワのマディウンに退却、集結することになった。そして、翌18日、彼らはクーデタを実行し、「人民戦線政府」、一説には「インドネシア・ソビエト政府」の樹立宣言を行った。大統領はムソであった。ムソ自身は地方遊説中で、事態を把握できていない状態のなかであった。反乱はマディウンの周辺都市にもすぐさま波及し、各地で親政府系指導者を殺害した。殺人は村落部でも生じ、一種の恐怖政治の様相を呈して行った。反乱軍の規模については、５千〜１万人説から、１万〜2.5万人説まで諸説が見られる。

　９月19日、スカルノはラジオ放送で、「ムソ共産党の反乱」を非難し、国民に「スカルノかムソか」の選択を迫ったものであった。政府軍の主力はナスティオン指揮下の第３師団と東ジャワの第６師団であった。９月30日には政府軍はマディウンを奪回し、反乱軍は村落部に退却し、10月15日には組織的抵抗は終焉している。10月31日、ムソはポノロゴ地方で政府軍により射殺された。12月１日には、シャリフディンが逮捕され、後、共産党指導者らと共に処刑された。オランダへの寝返りのおそれがあったためともされる。アイディットやルクマンはベトナムや中国へ脱出していた。この反乱は「マディウン事件」と称されるが、逮捕者は3.5万人に上り、死者は推定で８千人とされる。ソロなどでは報復で、共産党指導者が殺害される事件が続いた。共和国政府は、この最初の大規模反乱に勝利し、国軍の粛正、再編、多くの非正規（民兵）部隊の動員解除を行い得たのであった。非正規軍は47万人にも達していたとされる。そして、米ソ東西冷戦下、反共陣営の勝利ということで、インドネシアはアメリカの確固たる信頼と支援を獲得することになった。この後、アメリカはインドネシ

アの独立に決定的役割を果たすことになるのである。

　他方、西部ジャワではけっして小さくない反乱が生じ始めていた。指導者はカルトスウィリヨ（1905-62）で、一種の狂信的イスラム指導者であった。1927年、彼はその急進的政治思想のために医学校を追放され、後、イスラム同盟党からも追放されている。1940年には、彼は西部ジャワ内陸部のガルトでイスラム学校を設立した。その指導は自身への忠誠と洗脳であったという。日本軍時代にはこの学校は閉鎖されたが、彼は地域にとどまっていた。彼の共和国への反乱の契機は、シリワンギ師団が中部ジャワに転進した時、彼は共和国が西部ジャワを置き去りにしたと感じたところにもあったとされる。また、マシュミ党の民兵組織ヒズブラー部隊4千人は、この転進を拒否し、この地にとどまっていた。48年5月、彼はこのヒズブラー部隊の指導者となり、イスラム国家「ダルール・イスラム」の樹立宣言を行った。49年、オランダの第2次警察行動に際しシリワンギ師団が西部ジャワに戻ってきた時、これに攻撃を加え、明白に共和国に敵対することになった。

　ダルール・イスラムの活動は時とともに、略奪、圧迫、テロをともないながら西部ジャワ内陸部の相当部分を支配下に置いていた。ようやく、1962年に至りカルトスウィリヨは政府軍に逮捕、処刑され、この運動は壊滅した。このカルトスウィリヨの活動に対して、50年代には中部ジャワ、アチェ、南スラウェシー等で呼応する動きが見られた。アチェでは州軍政長官であったダウト・ベレーは、53年にはカルトに参加宣言をしたが、62年には政府軍に帰順している。南スラウェシーでは非正規軍指導者カハル・ムザカルが、正規軍に編入されないことで51年には反乱に至り、52年にカルト運動に参加している。彼の反乱は、ようやく1965年末に至って政府軍がムザカルを殺害することで終息している。

◆ オランダ第2次警察行動 〜国際社会の非難集中

　マディウン事件時の混乱、また、国軍が東部ジャワに展開、中部ジャワが手薄になった機会をオランダは見逃さなかった。それはインドネシア共和国の最終的破壊を意図する大規模な軍事行動であったが、オランダ側では警察行動と称した。

　1948年12月18日、オランダは一方的にレンヴィル協定を破棄し、翌19日には共和国首都ヨクヤカルタを一挙に占領した。オランダ軍はスカルノ・ハッタを初め閣僚の多くを逮捕し、バンカ島に幽閉した。この軍事行動はスマトラでも展開されたが、北部のアチェ地方は放置されていた。スカルノ・ハッタは在北スマトラのシャフルディン・プラウィラヌガラを共和

国非常時内閣議長とし、彼に全権を付与した。共和国軍は直接的抵抗を避け、ゲリラ戦戦術をとることになる。このオランダの暴挙に対し、オランダが設立した東インドネシア国やパスンダン国も抗議し、内閣は総辞職した。また、人心一般もオランダからさらに離反し、オランダに協力する者はわずかであった。

　国際社会からの反応も素早く、まず、国連安保理はオランダの行動に心証を大きく害し、アメリカも激怒した。ジャワに滞在中の国連斡旋委員会はレンヴィル協定破棄を通達されなかったこと、また、47年8月1日の安保理停戦決議違反と緊急安保理招集を要請した。12月20日、アメリカ、オーストラリアの要請で安保理が招集され、24日には敵対的行為の即時停止、共和国政府要人釈放の決議案が採択された。12月31日にはオランダは停戦勧告を受理し、ジャワでの戦闘を停止した。スマトラでは停戦実施は1月5日となった。

　この間、共和国軍は当初の劣勢を建て直し反撃態勢を確立して行った。農村部でゲリラ戦を展開し、オランダ軍を都市に追い込み、これを包囲する形勢を作った。オランダは共和国の破壊はならず、戦局は泥沼化し、軍事的進出の非を悟り始めていた。オランダはヨクヤカルタのスルタン・ハマンクブオノIX世には、新ジャワ国の指導者にとの慰撫工作を行ったが、拒否されている。王宮は国軍の連絡場所となっていたのである。オランダにはインドネシア人が全く変質しているのが理解困難であった、とリックレフス氏は指摘する。

　国際社会からの対蘭非難はさらに強まり、1949年1月20日に開催されたビルマ・インド両首相主導の19ケ国参加のニューデリー会議ではインドネシア共和国地域からのオランダ軍の撤退、政府要人釈放などが決議された。1月28日には、米、中、キューバ、ノールウェー共同提案決議案が国連で可決されている。独立・主権のインドネシア連邦共和国樹立への印蘭交渉の早期開始と1950年7月1日までに共和国への主権移譲を求めるものであった。アメリカは国連で初めて公式にオランダを非難し、米議会でも第2次大戦後の復興基金マーシャル・プランに基づく対蘭援助打切り決議案が上程されるに至っていた。このアメリカのオランダへの政治的、経済的圧力が大きな効果を及ぼす時期であった。

　かくして、2月16日、オランダは安保理決議案の受諾声明を行い、3月12日からのハーグ円卓会議開催を表明した。しかし、この時点ではオランダはなお、共和国政府の復活を拒否し、安保理排除を意図していた。3月23日には安保理の国連インドネシア委員会はカナダ決議案を可決している。共和国首脳のヨクヤカルタ復帰、ハーグ円卓会議の期日、条件設定のためへの協力を内容とするものであった。4月に入ると、国際社会で孤立するオランダはついに屈伏し、共和国との交渉を表明することになる。ここに至って、オランダはようやくイ

ンドネシア共和国の存在を認めざるを得なくなったわけである。また、3月1日には後に第2代大統領となるスハルト大佐の部隊が、未明から早朝にかけヨクヤカルタに進出し、6時間にわたり町を掌握し、国軍の態勢が整っていることを示していた。

　4月14日からオランダ代表ファン・ロイエンとインドネシア代表モハメッド・ルムの間で交渉が開始されたが、交渉は難航した。そこで、5月7日にはバンカ島からハッタ副大統領がジャカルタに出て、ロイエンと交渉し、妥協が成立した。これにはアメリカの仲裁が大きく作用した。妥協の内容は、ゲリラ戦の停止、共和国首脳の無条件解放、共和国政府のヨクヤカルタ復帰、共和国のインドネシア連邦共和国への参加承認、ハーグ円卓会議の早期開催とインドネシア連邦共和国への主権移譲の話合等であった。ここにインドネシア共和国の対オランダ独立戦争は完全勝利への道が確定したものであった。

　この後、6月末にはオランダ軍はヨクヤカルタから完全撤退し、7月6日には共和国政府が半年ぶりにヨクヤカルタに帰還することになる。8月に入ると停戦通達が出された。ジャワでは8月11日から、スマトラでは8月15日から停戦とするものであった。

　この間、全インドネシア会議が開催され、オランダ製の連邦諸国家も共和国とは共通利害を有することが確認され、インドネシア共和国への敬意表明がなされた。また、この会議ではオランダへの失望が表明された。さらに重要なことに、インドネシア連邦の中核軍はインドネシア国軍（TNI）であること、スカルノ・ハッタが大統領・副大統領であることで意見一致を見た。ハーグ円卓会議への準備が完全に整ったのである。この後、10月まではオランダの残存勢力の反攻や非正規軍の降伏等が続いた。また、49年2月にはタン・マラカが暗殺される事件が生じた。この暗殺は国軍によるものとの説がある。

◆ ハーグ円卓会議 〜オランダ完全撤退へ

　ハーグ円卓会議は1949年8月23日から始まった。会議自体は10日間位であったが、協定の合意発表は11月2日となった。これにはアメリカを初めとする国連インドネシア委員会のねばり強い仲介があった。参加者はオランダ代表、ハッタを団長とするインドネシア共和国代表団、それに15におよぶオランダが設立した自治国、自治領からの代表達であった。協定の主要内容は、（1）オランダはインドネシア連邦共和国に1949年12月30日までに主権を移譲。（2）オランダと連邦共和国はオランダ・インドネシア連合を形成。その首長はオランダ女王。（3）主権移譲後、オランダ軍は撤退。オランダ領東インド軍は解体。（4）オランダ領

東インド政府の負債は連邦共和国が引き継ぐ、というものであった。

この協定で最大の難問となって行くのが、ニューギニア西部（パプア）問題であった。オランダ側の見解では、ニューギニアはインドネシアの他の地方とは人種的にも文化的にも全く異なるもので、オランダとの関係を保持すべきというものであった。このパプア帰属問題については、主権移譲後、１年以内に交渉するということで当面の妥協が成立した。しかし、オランダはこの問題で、インドネシア国民の大きな不信と反感を買うことになり、後には、オランダ・インドネシア連合廃棄、外交関係断絶と両国関係は危機的状態におちいった。この他、オランダの債務61億ギルダー引き継ぎの問題については、国連インドネシア委員会、特にアメリカ代表の尽力で43億ギルダーに削減された。

12月14日には、連邦共和国憲法草案が承認された。この憲法は後に改訂され、1950年憲法と称されるものとなる。そこでは、責任内閣制による議会制民主主義が規定されており、大統領権限の強い1945年憲法とは全く異なり、大統領は象徴的元首とされていた。これが民主主義が未成熟であった当時のインドネシア社会で、議会制民主主義体制が混迷を深めて行き、９年後には1945年憲法に復帰することになる。12月16日、スカルノが連邦共和国の初代大統領、ハッタが副大統領に選出された。20日には大統領命令で、ハッタ首相の内閣が成立する。かくして、予定より３日早い12月27日、オランダからの主権移譲が行われた。連邦共和国の首都はジャカルタとされ、翌28日、スカルノ大統領は４年振りにジャカルタに帰還し、旧オランダ総督官邸である大統領宮殿に入った。

◆ 単一のインドネシア共和国の成立へ

インドネシア連邦共和国は16の構成国・地域の上に出発した。インドネシア共和国自体は領土的にはヨクヤカルタ周辺に限定されていた。1950年元旦、スカルノ大統領は年頭メッセージのなかで、年内の西イリアン（パプア）併合を声明した。この後、連邦諸国家と共和国指導者間で単一の共和国結成への話合いが進展して行くことになる。閣内でも連邦制支持者は、西ボルネオ（カリマンタン）国と東インドネシア国代表だけとなった。

この間、１月23日にはスラウェシーで婦女子ら４万人を殺害したと噂されるウェスタリング元オランダ軍大尉がバンドゥンに出現し、約８百兵でバンドゥンの主要地点を占領するという事件が生じる。しかし、親オランダ派の行動に呼応する者はすでにいなく、この反乱部隊もシリワンギ師団の抗戦の構えで撤退した。ウェスタリングは２月には国外に脱出してい

る。この事件にはパスンダン国の幾人かの指導者が加担しており、2月27日にはパスンダン国は解体されインドネシア共和国に併合された。4月初めには、この事件の首謀者として西ボルネオ国首長が逮捕され、この地域も併合された。3月9日には東部ジャワ、中部ジャワ、マドゥラが共和国と統合し、この動きに他地域も続き、未編入国は東インドネシアと東スマトラのみとなっていた。東インドネシア国はキリスト教徒のアムボン人が主体で、オランダとは親密な関係を維持していた地域である。

4月に入ると、マカッサルでアンディ・アジス元大尉の反乱が生じ、4月25日にはアムボンで南マルク共和国の樹立宣言がなされた。明白に反旗を掲げたこの2つの反乱は、インドネシア共和国軍の鎮圧作戦で壊滅している。残る東スマトラも大勢への順応を余儀なくされ、共和国と統合することになった。1950年8月17日の独立記念日には連邦制は正式に解消され、単一のインドネシア共和国が誕生した。

第2節　議会制民主主義の崩壊から指導された民主主義体制へ

◆ 議会制民主主義の試み　～脆弱な社会の実態

1950年憲法下で単一のインドネシア共和国が船出するが、当時のインドネシア社会は近代的民主主義への基盤が整った状態ではなかった。まず第1に、国民の識字率の問題があった。1930年の統計では、インドネシア全土での識字率は7.4％であった。1961年に至って、ようやく46.7％と5割近い識字率となるものである。ただ、この年の10～19歳の識字率は76％に達していた。混迷を続ける社会情勢のなか、教育分野は地道な成果を積み上げていた。識字率の問題だけでなく、教育は国民意識を均等に全土に浸透させ、広大な群島国家の一体性を維持するため何よりも重要なものであった。

次に重要な問題は、豊富な天然資源を有するが、石油を初めとする資源産業、銀行業、海運等はなお外国系の資本下にあり、経済的にはインドネシアは独立を達成していない状態にあった。経済回復の遅れと、財政支出の増加はインフレを招き、さらに急激な人口増加がともなった。1950年には8千万未満の人口が、61年には1億人近くに達していた。農村では一層零細化現象が進展し、過剰人口は都市に流入したが、都市では流入人口を吸収する職場は

用意されてはいなかった。これらは社会的不安の増大をもたらした。

　政府機構においても、植民地時代の1930年には1万4千人であった官吏は、50年には元ゲリラ兵等が役人に吸収され、42万人となり、60年には80万人に肥大化していた。これが役所全体の低給料化、非能率化をもたらし、インフレ増進による生活苦と相まって小規模汚職が常態化することになる。汚職の蔓延は社会の上層部でも同様で、この国の健全化を長く妨げる病弊となる。国軍においても、教育レベルの低さが一因でもあったが種々な問題をかかえていた。特に義勇軍ペタ出身者内の能力の低い層と、ナスティオンに代表された旧蘭領東インド軍で教育された「職業軍人」間のあつれきは、国軍の一体性を維持するうえで大きな問題であった。これにはまた、外領（ジャワ島外）出身者と、ジャワ系の人達の対立という、当時、どの分野にも共通して見られた地域対立の現象が基底にあった。しかし、国軍はマディウン事件を制圧し、「独立」「共和国」を守る責務を強く自覚した組織体としての一体性を保っていた。

　政党間でも、ジャワ対スマトラ、ジャワ対外領の対立の図式は顕著に見られるものであった。この地域対立の図式は、共和国の初期の数十年の歴史のなかで、政治力学の基底にあったものと言っても過言ではないであろう。政党の状況については、多くの政党が出現したが、主要なものは以下のものであった。1955年の第1回総選挙以前においては、マシュミ党が国会内で第1党であった。しかし、その巨大組織の内部ではスマトラ・ミナンカバウ出身でムハマディヤのモハメッド・ナシール派と、東ジャワを基盤とするナフダトゥール・ウラマのスキマン派に分かれていた。52年にナフダトゥール・ウラマが離脱した後は、マシュミは主として外領に支持基盤を置いた。マシュミは改革派に属し、ジャワ人の政治的支配に敏感で、スカルノと共産党の協力関係を常に警戒し、最終的にスカルノ大統領と対立して行くことになる。また、マシュミはスマトラ系のシャフリル指導下の社会党と連携し、ジャワ系の国民党・共産党連携と対立する図式を示すことになって行く。

　マシュミ党に次ぐ政党はインドネシア国民党（PNI）で、支持基盤はジャワ出身の官僚やイスラム色のやや薄いジャワ農民・地主層であった。強い民族主義イデオロギーを持ち、政策としては、経済のインドネシア化、中立主義的外交を推進した。55年9月の第1回総選挙では得票数ではマシュミ党をやや上回ったが、議席数は57と同数となった。しかし、同年12月実施の制憲議会選挙では、9百万票を獲得し、名実共に第1党となり、それ以後の政界の主導権を掌握する。

　インドネシア共産党（PKI）はマディウン事件後も禁止はされず、アリミンなどが再建に

努めていた。1950年、北京訪問から帰国したアイディットが、「全インドネシア労働者中央組織」（SOBSI）を再建し、党内で大きな発言力を持った。彼は朝鮮戦争時のゴム景気に応じて、ソブシを中心とした史上最大のストライキを打たせた。また、「人民青年団」を組織したのもこの頃である。アイディットは51年には同世代のルクマン、ニョトらと党の主導権を掌握していた。しかし、この頃の共産党は52年半ばでも、党員は公称10万人と、なお再建途上にあった。彼は53年には「農民戦線」を再編するとともに、この年の10月には党書記長に選出された。この後、国民党では左派が実権を握るなか、これとの連携を深めて行った。

　ナフダトゥール・ウラマ党は東部ジャワを基盤にして保守的イスラム層が結集していた。路線的にはスカルノや国民党に同調するものである。この他、シャフリルの社会党は健在ではあったが、支持者はジャカルタの知識人や高級官僚層と狭く、全国的な影響力は小さかった。また、イスラム同盟を継承するイスラム同盟党（PSII）は小政党から脱却できずにいた。

◆ 初期の内閣 〜短命内閣が続く

　単一共和国の初代内閣はモハメッド・ナシールが組閣した（1950年9月〜51年3月）。マシュミ党を中核とし、社会党が支援した。ヨクヤカルタのスルタン・ハマンクブオノIX世が副首相として加わっていた。内閣の課題としては国内治安の回復、西イリアン問題があった。外交政策は、中立・独立を基本として西側寄りであった。1950年9月には国連に加盟している。60番目の加盟国であった。

　治安問題では50年11月にはアムボンの反乱が終結し、1万2千余のアムボン兵とその家族はオランダに引取られた。オランダになれ親しみ、インドネシアなるものになじめない人々が少なくなかったのは当時の現実であった。経済的には朝鮮戦争で輸出品価格が上昇するという恩恵が51年半ばまで続いた。この初代内閣は何ら成果を得れないまま、51年3月末には内閣総辞職に追い込まれた。地方議会設置をめぐる紛争が直接の原因であった。この期の政治的対立の基軸には、国家統一の課題、対オランダ姿勢の問題などがあった。オランダ側は執拗に共和国の広大すぎる領域や、日本製の国家であることなどを問題視していた。一方、オランダと折衝するマシュミの主流派や社会党などスマトラ系の政治家は、どちらかと言えば、親オランダ派であった。西イリアンを外交交渉でオランダから奪回するなど望めない状況であった。

　スカルノ大統領は第2代内閣の組閣を国民党のサルトノに命じたが、彼は組閣に失敗した。

大統領は組閣者を任命するだけで、それ以上の権限は持っていなかった。代って、マシュミのスキマンが国民党との連立内閣を成立させた（51年4月～52年2月）。マシュミ党内のナシール派はこの内閣には入閣せず、党内基盤は弱体であった。また、ハマンクブオノも入閣しなかった。この51年の6月から8月にかけて一連のストライキが続いた。ボゴールでは群衆に手投げ弾が投げ込まれるという事件が生じ、また、共産主義者らしき武装集団の警察署襲撃事件も続いた。アイディットは共産党の関与を否定したが、政府は共産党の仕業と断定し、政府転覆のクーデタを企てているとして、8月11日、スマトラのメダンで共産党指導者を逮捕したのを皮切りとして、数日後にはジャカルタで大逮捕劇が展開した。共産党議員16名を含む、1万5千人が10月末までに逮捕された。ただ、アイディットやルクマン等は除外されていた。しかし、次の内閣では全員が釈放されている。これ以降、インドネシア共産党は、「民族統一戦線」政策に転換することになる。戦闘的性格も放棄され、スカルノへの接近をはかって行った。

　治安問題ではスラウェシー南部のカハル・ムザカル中佐の反乱勢力は、52年1月にはダルール・イスラム勢力と連帯した。これはスキマン内閣にとり大きな打撃となり、内閣は弱体化した。しかし、スキマン内閣の致命傷となったのは外交政策であった。52年1月、スバルジョ外相はアメリカとの間にインドネシア援助協定を締結した。ただ、この協定には、東西冷戦下、自由主義陣営に資することがうたわれていた。これに対し、国会では自主独立外交路線を逸脱するものとして、2月には外務大臣辞任要求が提出された。この問題はその後、外相辞任問題にとどまらず、全閣僚辞任という問題に進展し、スキマン内閣に終止符が打たれた。次の内閣ではアメリカとの間で、より束縛の少ない協定が締結された。

　続く第3代内閣は国民党・マシュミ党連立のウィロポ内閣（52年4月～53年6月）となった。ただ、この内閣発足後、ワヒド・ハシム総裁下のナフダトゥール・ウラマはマシュミから離脱し、8月にはインドネシア・イスラム同盟党、イスラム教育党その他とともにイスラム連盟（LMS）を創設した。共産党は初めて国民党を支持し、ウィロポ内閣に信任票を投じていた。それとともに集会ではスカルノの肖像写真を掲げ、スカルノ支持を明確化した。これらは民族ブルジョアジーとも協力する姿勢を示す180度の戦術転換であった。これに対して、ハッタとシャフリルは、共産党を脅威の再現とみなし、マシュミと社会党との関係を緊密化し、反共産党の態勢をとった。

　課題が山積するなか、この内閣時の最大の出来事となったのは、国軍の削減・合理化案にまつわる事件であった。国防相として入閣していたハマンクブオノIX世は、ナスティオン陸

軍参謀長やシマトパン総参謀長らと40万の陸軍を25万人とする削減案を作成していた。この当時、旧蘭印軍出身者の方が義勇軍出身者より訓練度は高いとみなされていた。これに対して学歴もなく地方軍閥化していた将校層から猛烈な反発が生じた。彼らはおおむね義勇軍出身者であった。この問題は、かくして、義勇軍出身グループと旧蘭印軍出身グループ間の対立の図式を呈するに至った。さらに、国民党は前者を支持し、社会党は後者を支持と政治的対立をもともなって行った。そして、国民党左派が明確に合理化案に反対を表明し、国防相不信任、内閣総辞職動議を提出し、国会も紛糾するに至った。

このような事態に対してナスティオン指揮下の陸軍参謀本部が激怒し、10月17日、大統領宮殿前に部隊を動員し、国会解散要求を行った。戦車も出動し、3万人が動員されたとされる。また、群衆が国会に乱入する事態も生じた。この事件は「10月17日事件」と称される。12月5日、ナスティオンをはじめ彼の主要支持者達が解任され、参謀長の後任には義勇軍出身のバンバン・スゲン大佐が就任した。当時33歳のナスティオンはこの後、3年間、任務から離れた。この間、彼はスカルノを同盟者とする戦術的転換を行った。

1953年1月には国防相は辞任し、陸軍合理化案は流されてしまった。しかし、軍事費は削減され、地方司令官などは私的財源を求めざるを得ない状況ともなった。この内閣時、朝鮮戦争が終結し、主要輸出品のゴムなどは3割前後も価格が下落して国家財政も危機に直面していた。経済対策では国民党とマシュミ党が対立し政治的不安も招いていた。政党の腐敗も進み、国民の政治に対する不信は、総選挙による議員選出が必要との声が高まる状況となっていた。かくして、53年4月に国民議会および制憲議会選挙法が公布され、総選挙は1955年9月、制憲議会選挙は12月と決定された。

このウィロポ内閣も短命に終わるが、その直接的原因となるのがスマトラ北部地域での農地問題であった。デリー地方のタバコ農園地帯では1945年8月の独立時に農民が農園の土地を解放し占拠していた。これに対して政府は、50年頃からこれらの占拠された土地の接収を始めていたが、53年5月に至り、ヨーロッパ人タバコ栽培業者からの接収要請で、6月には官憲と農民間で衝突が生じ、死傷者が出る事態となった。この問題の処理で内閣は分裂し、総辞職へと追い込まれて行った。国民党が内閣を信任せず、政府の土地接収はならなかったのであった。

この期の全般的な政治的状況としては、国内諸勢力間の対立の図式がより明確に現れてくるようになっていた。イスラム勢力はイスラム国家を求め、宗教色を持たない世俗勢力はパンチャ・シラ（国家5原則）をよりイスラム色の薄いものにせんとしていた。

◆ アジア・アフリカ会議 〜バンドゥンに29ケ国参集

　第4代内閣は国民党のアリ・サストロアミジョヨが組閣した（53年8月〜55年8月。第1次内閣）。彼は中部ジャワ出身でライデン大学を卒業していた。初代アメリカ大使を勤めていたが、ジャカルタに呼び戻されていた。調整に6週間要したこの組閣では、マシュミが初めて参加せず、ナフダトゥール・ウラマが支援した。また、共産党の支援も必要となり、共産党シンパ2人が入閣した。このアリ内閣時の特筆すべき出来事は、アジアの新興諸国との連携を進めるなかで、29ケ国が参集したアジア・アフリカ会議、通称バンドゥン会議を開催し、成功させたことである。東西冷戦下の国際政治の緊張を緩和させるという目的もあったが、何よりも、植民地解放、新独立諸国の連帯と、国家存続上の基本的な主張を世界に向け発信した意義が大きいものであった。特に先進諸国には第3世界の存在と、そのエネルギーを認識させる契機となるものであった。

　1954年4月28日から5月2日にかけ、スリランカのコロンボでインド、スリランカ、インドネシア、パキスタン、ミャンマーの5ケ国によるコロンボ会議が開催された。そこでは、植民地主義や大国による政治干渉の排除が主張された。また、中華人民共和国の承認を国際世界に求めた。この会議中にアリ・サストロアミジョヨはバンドゥン会議の開催を提唱し、賛同を得ていたものであった。この54年の10月にはインドのネルー首相と中国の周恩来総理の会談が行なわれ、平和5原則が唱えられた。主権尊重、相互不可侵、内政不干渉、平和共存、平等互恵と、この5原則はその後の国際政治のなかで大きな意味を有していく。また、この会談はバンドゥン会議開催への確かな足場となった。

　かくして、1955年4月18日から同24日にかけて、世界史上最初の有色人種による国際会議が開催された。参加国は29ケ国で、アフリカからは6ケ国が参加していた。インドのネルー首相、中国の周恩来、エジプトのナセル大統領、カンボジアのシアヌーク、ミャンマーのウ・ヌーと、これ以降も国際政治で重要な役割を演じる各国の指導者が参集した。日本からは、国会開会中で鳩山首相代理として高崎達之助経企庁長官が出席した。日本の国連加盟が支持され、戦後日本の国際舞台復帰への契機となった。

　会議では「バンドゥン宣言」がなされた。その骨子となるのが平和10原則で、平和5原則に国連および国連憲章の尊重等が加えられた。また、コミュニケでは西イリアン問題への支援が取り上げられた。これはこの問題の国際化をはかったインドネシア外交の勝利となるも

のであった。第3世界の確立をもたらしたこのアジア・アフリカ会議は、第2回会議は開催されることはなかったが、61年の非同盟諸国首脳会議に継承されて行った。

　このようなインドネシアの外交的成功とは裏腹に、国内情勢は憂慮すべき状態にあった。汚職の蔓延、インフレに伴う通貨ルピアの急落、国軍内部の対立問題、依然として続く各地の反乱勢力等々、アリ内閣の統治力の欠如が露呈されて行くことになる。治安問題では、53年後半期頃からアチェではジャカルタの政治的腐敗に憤激するイスラム勢力が、当地の官吏や軍人などにも支援され反乱を開始していた。そして、この反乱勢力はダルール・イスラムとも連帯して行った。国軍は各地の反乱勢力掃討のため、政界での発言力、影響力を増し、その後のインドネシア政治を左右する勢力として台頭する契機ともなった。

　政党では共産党が急速な拡大を見せていた。1954年時点では党員が50万人とされていたが、55年末には100万に達している。特に中・東部ジャワで大量の農民を傘下に入れ、大衆基盤を獲得しつつあった。共産党は他の政党に比べ組織力にまさり、また、財政的にも裕福であった。豊富な資金力は大部分は華僑社会からのもので、それにはジャカルタの中国大使館からの圧力があったとされる。対中国関係では53年5月には最初の大使が北京へ赴任し、12月にはインドネシアにとっては最初のものとなる対中国通商条約が締結された。55年には華僑の2重国籍に関する協定が締結され、在インドネシア華僑は国籍の選択を迫られたが、付帯条件等もあり多くはインドネシア国籍をとった。

　オランダとの外交交渉は、蘭印連合廃棄、西イリアン問題が重要案件としてあった。54年2月には交渉は開始されたが、インドネシア側には何ら成果のあるものとはならなかった。この年の8月、インドネシアは西イリアン問題を国連に提起した。蘭印交渉再開への決議案は、本会議で過半数を得るものの、3分の2には達しなかった。しかし、この問題はこの後のインドネシア外交路線を大きく転換させて行くことになった。オランダとの関係悪化は自然なことではあったが、この表決に棄権したアメリカとは次第に疎遠となって行き、インドネシアを全面支持したソ連、東欧諸国との接近がはかられることになる。対中国接近を含めた外交の左傾化が顕著なものとなって行くのである。

　諸問題が山積するなかで、アリ内閣の命運を左右したのは陸軍参謀長問題であった。かねてより辞意を伝えていたバンバン・スゲン参謀長の後任に、政府は1955年初頭、国民党系の将校の任命をはかっていた。この2月には、内紛が続いていた国軍の将校約3百人がヨクヤカルタで会合し、国軍内の派閥抗争の中止決議を行った。これはヨクヤカルタ憲章と称され、国軍の統一を誓うものであった。そして、アリ内閣が進める参謀長人事には反対の意思表明

が行われた。5月2日にはスゲン参謀長は辞任し、6月27日の内閣が任命した後任の参謀長人事によって、閣内対立が生じるとともに、軍部の意向とも対立した。さらに、この他の諸政策についても各所で不満が高まり、7月20日にはナフダトゥール・ウラマが内閣総辞職を求めると、与党までも離反し、内閣は総辞職に追い込まれた。

　この後、陸軍参謀長人事は、11月に至ってナスティオンが少将に昇任して復帰することで決着がつくことになる。国軍の存在感が一層高まって行くことになる。

◆ 第1回総選挙 〜政党政治への信頼失墜へ

　マシュミ党党首ハラハップが、アリ内閣の後継として組閣した（55年8月〜56年3月）。新内閣の政策綱領として、政府威信の回復、インフレ抑制、汚職撲滅、西イリアン回復闘争の継続等が掲げられたが、この内閣の最大の任務は何よりも前内閣時に決定されていた9月29日の総選挙の実施であった。比例代表制による257名の国会議員を選出するインドネシア共和国最初の総選挙は、計画通り9月29日に実施された。有権者総数4千3百万人で、投票率は90％近くに達した。国民の期待が大きかったのである。しかし、この選挙はスカルノ時代で唯一実施された総選挙となった。国民全般を大きく失望させた選挙戦であり、選挙後の社会状況であったからである。

　選挙結果の公表は党派別議席割り当てに時間を要して、翌56年3月1日となった。議席を獲得した政党は28にも達した。ただ、際立った得票を獲得した4大政党が出現した。すなわち、国民党（PNI）が22.3％と最多の得票で、57議席を得た。続いてマシュミ党が20.9％の得票だが、議席数は国民党と同数の57となった。次いでナフダトゥール・ウラマ党（NU）が18.4％の得票で、議席数は8から45へと大躍進し、大政党としての足場を固めた。共産党（PKI）も16.4％の得票率で、議席を17から39と大幅に伸ばし、4大政党の一角を確実に占めた。4大政党だけで80％近くの得票を獲得していた。

　この選挙結果で示された大きな特徴の一つは、従来、一定の影響力を保持していたイスラム同盟党（PSII。得票率2.9％、8議席）、社会党（PSI。2％、5議席）、ムルバ党（0.5％、2議席）などの著しい凋落であった。しかし、小政党群全体の得票率は20％強もあり、議席総計は59に達していた。これが政局の不安定要因の一つとなった。さらに、この選挙における地域別の得票の様相は、この国がこの後もかかえ続けねばならない地域対立、宗教的対立の図式を示していた。4大政党で、ほぼ全国的な得票を示したのはマシュミ党だけで、他の3党は中

部・東部ジャワを基盤とするものであることを明瞭に示した。マシュミはスマトラ、スラウェシー、西部ジャワ各地で特に強固さを示したが、これらの地域はイスラム色が強く、ジャワ族の重層的宗教観に基づくイスラムとは異なる。インドネシアにおける宗教対立とは、イスラム受容度の相違による地域対立でもある。ただ、マシュミは選挙結果からイスラムが国家的勢力となるには無理があるとの判断を持ったようだ。

　マシュミは、また、共産党の進出を強く警戒し、それが共産党の基盤であるジャワ族への敵対心を強めたとみられる。ジャワ族はインドネシア総人口の半分近くを占め、教育レベルも他地域よりは高く、各所で支配的存在感を示していたのも、反ジャワ感情の基底にあった。ただ、当時のジャワ社会の状況は、農村部では土地なし農民が4割前後にも達し、土地所有者も零細化が進んでいた。困窮する農民に焦点を当てる政策を示し、活動する政党は共産党だけと言ってもよく、この後も共産党の勢力拡大は止むことはなかった。

　選挙戦では、共産党を除き、各政党は綱領や政策の面で明確な特質を示すよりは、地域的、民族（部族）的、宗教的諸要素で以て有権者に強く訴えかけたものであった。これが政党間の抗争を一層深刻化させることになった。結論的に言えることは、総選挙は国家の統一を促進させるよりも、むしろその逆の効果をもたらしたものであった。政党間の抗争には感情的要素が加わり、また、その抗争を一般大衆にまで波及させることになった。社会の分裂状況が激化し、これが議会制民主主義そのものへの信頼を失墜させて行くことになった。スカルノ時代を通じて総選挙が再び実施されなかった大きな原因となるものであった。スカルノ大統領はやがて政党の権謀術策に対する批判を公にし始めるが、それは国民の声を代弁するものとも考えられるほどに政党政治への不信が高まって行った。民衆は独立インドネシア共和国の躍動力の再現をスカルノに、また、何よりも国家的統一性の維持を重視する国軍に期待し始めてもいた。

　なお、制憲議会選挙は同年12月15日に実施され、総選挙とほぼ同じ結果を示した。この議会は1950年暫定憲法に代わる共和国憲法を制定する目的を有したが、56年11月に一度、開催されただけで、3年後には何らの成果も出さずに解散した。ハラハップ内閣は総選挙結果発表を受けて、3月3日、スカルノ大統領に辞表を提出した。ナフダトゥール・ウラマが支援を停止したことも背景にあった。

第7章　インドネシア共和国の成立と展開

◆ 続発する地方の中央離反の動き ～議会制民主主義の崩壊へ

　スカルノ大統領は第1党の国民党党首アリ・サストロアミジョヨに次なる内閣の組閣を命じた。これが第2次アリ内閣（56年3月～57年3月）となる。この内閣は国民党とイスラム諸政党の連立であった。大統領は共産党からの入閣をも提言したが、イスラム政党がこれを拒否した。共産党のさらなる勢力拡大を警戒してであったとされる。

　3月26日、民選議員による最初の議会が開催された。5月22日には前内閣時からの懸案であったオランダ・インドネシア連合規定のあるハーグ協定廃棄法案が全会一致で承認された。8月には36百万ギルダーにのぼる対オランダ債務支払い停止が行われた。インドネシア側の見解では、この債務額は独立を阻止せんとしたオランダの軍事費に相当するもので、むしろ、オランダはインドネシアに支払うべきものとされた。

　一方、社会の分裂状況が一層悪化を見せていた。この社会的混乱の根本的原因は、中央政府の行政力・財政力が未だ地方にまで均等に及ばなかったことにあった。地方側では、地方自治制度の未整備、地方財源の不足を訴えていた。この抗議の背景には、輸出はスマトラを初めとして地方が主体であったが、その収入は国庫に入り、地方に還元されていないという所にもあった。それに加え、中央政府周辺では不正行為、汚職が横行し、ジャワ中心の中央集権政治、官僚主義が進行しているとされた。

　国軍においても、中央と地方の不均衡が目立っていた。それは訓練度、組織面にも見られたが、多くの地方の部隊は各々の地域に密着して存続しており、地方司令官は軍人であるとともに家父長的資質を求められる側面があった。特に、1952年以降、地方司令官は自らの部隊を養うために民間と関係を持つようになっていた。これが、54年末頃からは有力司令官のなかにも相当規模の密輸に関与する事態に至っていた。56年にはナスティオンに対抗し得る軍人とも言われた北スマトラの司令官シンボラン大佐によるゴム密輸計画が発覚している。スラウェシーでは軍の保護のもと、コプラの密輸がシンガポールやマニラなどとの間で続いていた。彼らには、将兵の給与、衣食住確保のためと弁明する余地が十分にあったのである。政府も強硬策は取れず、妥協策を模索していたが、次第に強硬策に転じて行くことになった。

　地方軍部の中央離反の動きを加速させたのは、1956年からのナスティオン陸軍参謀長が進めた陸軍の再編、合理化人事であった。彼は中央政府の統制権の確立を意図した大幅な人事異動を断行した。この当時、ジャワでも多くの士官は土地の事業者などとも関係を有してお

り、異動には大きな抵抗があった。ナスティオンの陸軍再編、合理化案に強い反発を示したのは、彼自身の基盤であるシリワンギ師団長カウィララン大佐であり、陸軍参謀次長ルビス大佐であった。ルビス大佐は国政刷新要求、アリ内閣批判を展開し、8月20日には解任された。彼は軍評議会の名のもとに新内閣組閣を試み、自らの部隊を率いてジャカルタ進撃を試みたが、これらはナスティオンの部隊に阻止されている。これは明白にクーデタの試みであった。ルビスは逃亡し、地方軍管区との関係を密にして中央離反の陰謀を進めた。

　この地方の中央離反の動きを大きく刺激したのがハッタ副大統領の辞任問題であった。ハッタはスマトラ出身でもあり地方の利害を代弁し得る指導者として特にスマトラ系の人々の信望を集めていた。彼は7月に辞任願を出し、12月1日には正式に副大統領職から退いている。この後も、ハッタ復活への強い要望が出されるが、彼とスカルノとの協調復活は不可能と考えられた。10月にはスカルノは政党解消論発言をし、指導された民主主義概念を表明していた。これらは、政党改善論者のハッタには容認できないものであった。ハッタ下野はマシュミや軍内部の反スカルノ派による強いスカルノ批判を生んで行くことになる。翌57年1月には、マシュミは内閣から離脱した。4大政党の内で、マシュミは唯一、地方の失望に共鳴する政党であった。

　ハッタ辞任後、スマトラ各地で中央離反の具体的な動きが始まった。12月20日には、中部スマトラでフセイン中佐が地方行政権を接収し、「軍評議会」を設置した。知事も是認の状態であった。12月22日には北スマトラの司令官シンボラン大佐が州知事から行政権を接収している。ただ、その要求するところはアリ内閣に辞職を迫るもので、未だ中央政府への反乱という性質のものではなかった。ただ、シンボラン大佐は新たな政府軍の到来を前にして、内陸部に逃亡している。1957年1月にはパレンバン駐屯の司令官バルリアン中佐が地方財政収入の中央還付停止宣言を行い、3月9日には行政権を接収している。このようにスマトラ各地では「軍評議会」が設置され、刷新断行、学校・道路改善、汚職撲滅を掲げ、さらにはハッタ内閣を要求して行った。この時点での政治勢力の図式は、スカルノ、ナスティオン、アリ首相、国民党派と、シンボラン、ルビス副参謀長、マシュミ、社会党派という2派の対立を示していた。

　そして、この中央離反の動きは他地域にも波及することになる。2月にはスラウェシーで「軍評議会」が設置され、3月には東部インドネシア軍管区、カリマンタンなどもこれに続き、ジャワを除く、ほぼ全ての外領地域で地方軍部が行政権を掌握するという事態に至った。さらに、東部インドネシア司令官スムアル中佐は、マカッサルから全領域に対して戦時非常

事態を宣し、彼自らが全権を掌握したと宣言したものであった。

　ナスティオンは当初から強硬措置は取らず、説得に努めていたが、ここに至り、大統領に対して非常事態宣言を求めた。かくして、3月14日、スカルノはインドネシア全土に戒厳令を布告した。この戒厳令は1963年まで続くことになる。戒厳令布告で国軍は合法的に国政参加の機会と権利を獲得し、スカルノは国軍最高司令官、中央戒厳令司令官として全国家権力を実質的に掌握することになった。戒厳令布告でアリ内閣は総辞職し、ここに議会制民主主義体制は崩壊するに至った。

　これに先立つ2月21日には、スカルノは「指導された民主主義」体制下で、職能グループ代表からなる「国民協議会」の設置を提案していた。職能グループ（ゴルカル）代表とは、青年、労働者、農民、宗教界、知識人、国軍、政党、地方等から選出された代表を指していた。この構想は大衆デモによって支援された。この当時、スカルノはマシュミ等の強い反発があったが、組織力にすぐれ、汚職のない共産党に傾斜しつつあった。共産党も軍や諸政党の敵視の中、一層、スカルノに依存する姿勢を強め、その組織力を生かして大規模な大衆動員で協力することになっていた。このスカルノ自身の左傾化には、56年8月から10月にかけて、彼が行った中国、ソ連など共産圏11ケ国訪問旅行が大きく影響したとされている。1党支配下における政治的安定、それが当時のスカルノには何よりも渇望することであったろう。

第3節　スカルノ独裁の時代　～生き続ける革命のロマンティズム

◆ 非政党内閣の出現　～指導された民主主義体制

　1957年3月10日、スカルノ大統領は国民党長老スウィリヨに組閣を命じたが、組閣はならなかった。そこで、大統領は戒厳令下の権限を行使して自ら組閣し、4月8日には前国務相のジュアンダ博士を首相とする内閣が形成された。この内閣は議会の承認も経ない超議会、非政党内閣となった。マシュミはこれを憲法違反と抗議したが、国会議長、最高裁長官もこの内閣を支持し、左翼勢力が大きな賛同を示した。6月14日には「国民協議会」（MPR）が発足した。議会の立法手続きを経ない「緊急法律第7号」に基づく開設であった。スカルノ自身が議長となり、ここに「指導された民主主義」体制が始まることになる。このMPRに

は国軍代表も加わっていた。これは国軍が公式に国政に参画する第一歩となるものであった。ただ、政党ではマシュミ等は除外された。

　ところで、スカルノが唱えた「指導された民主主義」なるものの本質を考えてみると、独立以降、西欧型の議会制民主主義を無批判に受容して来たことによる社会的混乱への反省があった。そもそもスカルノがこの「指導された民主主義」を唱え出した頃には、彼は村落運営の基盤としてあった「ゴトン・ロヨン」（相互扶助）システムに言及し、村議会の「話し合い」（ムシャワラ）「全会一致」（ムファカット）による運営原則を賞揚していた。村落レベルの社会運営を巨大国家の運営に適合させるのには、そもそも無理な面があると考えられるが、当時のインドネシア社会において固有の社会の組織体は村落部にしか残っていなかったのである。ジャワ王国が構築していたジャワ社会の秩序体系はすでに破壊されていた。各地の王国も一般社会とは切断されてことごとくオランダの支配体制下に組み入れられていた。

　ここにスカルノにも多大な思想的影響を及ぼしたデワントロの思想が大きな意味を持つことになる。デワントロはまさにこの失われてしまった秩序あるジャワ社会の再建が、インドネシア建設には何よりも必要なこととして、タマン・シスワ民族教育学校を設立して行くのである。王を頂点とした「君臣帰一」のジャワの秩序体系、スカルノがこの期のインドネシアに不可欠なものと「指導された民主主義」なる概念を生み出すうえで、デワントロとの接点があると考えられる（土屋1982）。教育ということでは、ジャワ系のイスラム2団体、ムハマディヤとナフダトゥール・ウラマも、それぞれ特色ある教育活動を拡大させ、政党として発展して行くうえで堅固な社会基盤を持つことになる。第2代大統領となるスハルトも、このムハマディヤ中学校の卒業である。

　いずれにしても、スカルノは「指導された民主主義」体制下、国家権力を一手に掌握し、インドネシア経済をなお支配する対オランダ強硬策に踏み込んで行くことになる。これは経済の独立闘争であったとも言える。この当時、在インドネシアのオランダ人はなお4万8千を数えていたのである。

◆ オランダ企業の接収、オランダ人追放 〜真の独立への戦い

　インドネシア政府の対オランダ強硬策は、一向に進展しない西イリアン返還問題が起点であった。1957年12月3日、政府は対オランダ抗議24時間ストライキの指令を出した。ところが、ソブシ（全インドネシア労働者中央組織）を中心とした労働者は、オランダ王立船舶会社

(KPM)、オランダ系各銀行、商社、農園を占拠してしまった。ただ、KPM の船舶はすでに退去していた。これに続き10日にはオランダ航空（KLM）は乗り入れ禁止となり、在インドネシアの全オランダ人は国外退去となった。当時、インドネシア海運の80％は KPM が掌握しており、また、オランダ農園の接収は農産物輸出の低下をもたらすのは明らかであった。流通は寸断され、生活必需品の不足、インフレ増進を来たすのは目に見えていたが、オランダ企業の国有化への国内世論の強硬さは、経済的不安定化による甚大な被害への懸念を打ち破っていた。オランダ側からの国際法違反との抗議も、何ら有効ではなかった。

12月13日、ナスティオンの指令で、これらの接収企業は国軍の管理下に移行された。石油ではロイヤル・ダッチ・シェルも接収され、ナスティオン配下のイブヌ・ストウォ大佐が送られ、社名は「プルミナ」と改称された。翌年の58年12月には、オランダ企業の国有化法案が可決された。接収企業は253企業にのぼり、総額8億4千万ドルの補償支払いは西イリアン返還後とされた。

この対オランダ強硬策と関連する動きであったのかは不明だが、58年2月、政府中枢から疎外されていたマシュミ党は西部スマトラでシャフルディン・プラウィラヌガラを首相とするインドネシア共和国革命政府の樹立宣言を行った。中央離反の将校達のハッタ内閣の要求が最終的に拒否されたからであった。アメリカが秘密裡にこれを支援したという兆候があったとされる。アメリカはスマトラには石油基地を持ち、アメリカ第7艦隊分遣隊がスマトラ沖に派遣されていた。また、スマトラの反乱部隊に対して実際に武器が投下され、米英はスマトラ進攻について打ち合わせを始めていたのは確かなことであった。これ以降、対米関係が極度に悪化する契機となるものであった。なお、近隣諸国でも、57年に独立したマラヤ、およびシンガポールも革命政府に武器を供与し、フィリピン、台湾なども反乱勢力に共鳴を表明した。しかし、この年の8月には台湾系企業も国軍に接収された。

3月には、インドネシア政府はアフマッド・ヤニ大佐を司令官とする統合参謀本部を設置し、スマトラ各地、スラウェシーの反乱軍鎮圧作戦を展開し、それらを容易に平定している。反乱軍は必ずしも大衆の支持を得ていなかったのである。アメリカの石油基地は国軍の護衛下に入った。このように、この国軍の作戦は米英の介入を阻止する緊急の目的もあった。この作戦の成功で国軍の信頼は高まり、政界での発言力は増して行った。そして、マシュミ党には致命的な汚点となった。

対日関係では、インドネシアは1951年9月のサンフランシスコ平和条約には調印したが、批准するには至らなかった。米英主導の条約であり、中立外交の建前を崩さなかったわけで

ある。また、対日賠償問題も残っていた。53年9月、第1次アリ内閣では対日国交正常化方針は決定されたが、両国間には賠償額に相当の隔たりがあった。1957年11月27日、岸・スカルノ会談でこの賠償額の問題はようやく決着した。対オランダ強硬措置の実施はこのすぐ後のことであった。58年1月20日、ジャカルタで藤山愛一郎外相、スバンドリオ外相間で、日イン平和条約、賠償協定等が署名された。賠償額は2億2千万余ドルで、4億ドルの経済開発借款供与が伴った。オランダ無きあと、日本がインドネシアの石油開発をはじめ、政財界に深く関与して行くことになる。

◆ 1945年憲法への復帰 〜イスラム国教化派の敗退

　制憲議会は1950年暫定憲法に代わる新憲法制定のために設置されたが、国家の基本理念をパンチャ・シラ（国家5原則）にするか、イスラムにするかで意見統一が不能の状態におちいっていた。58年7月、何よりも政局の安定を願うナスティオンは、大統領権限の強い45年憲法への復帰を提案した。彼は反乱征討の功績で独立戦争の英雄スディルマン以来となる中将に昇任し、国軍でゆるぎない地位を確立していた。45年憲法復帰への具体的な動きはこの年の後半期から始まり、11月にはスカルノ大統領は陸軍士官学校創立記念日に45年憲法復帰構想に言及した。59年2月17日からの陸軍の全国地方軍管区司令官会議で、このスカルノ構想が支持され、45年憲法復帰が決定された。戒厳令下、軍は政治的権力を掌握していたのである。19日には閣議でも45年憲法復帰が決定された。指導された民主主義実施のためとされた。4月22日、内閣は制憲議会に対して45年憲法復帰の提案を行った。しかし、6月に入っての第3回投票でも制憲議会では3分2の賛同に達せず、否決となり、以後は休会となった。事態は2ケ月に及ぶ外遊を行っているスカルノ大統領の6月29日の帰国を待つことになった。
　ナスティオンはスカルノに対して、その帰国翌日から45年憲法復帰への大統領布告の要請を行った。この要請は政府からの要請と軌を一にするもので、大統領も従うほかなかったようだ。この時点でスカルノはナスティオンの強大化に驚いたと言われる。かくして、7月5日、スカルノは45年憲法復帰への大統領布告を出すことになる。新体制へ移行する布告の内容は、制憲議会の解散、50年憲法の停止、45年憲法に基づく暫定国民協議会（MPRS）、最高諮問会議（DPA）の設置等であった。翌7月6日、ジュアンダ内閣は総辞職し、7月9日にはスカルノの首相兼任、ナスティオンを国防相とする「働く kerja 内閣」が組閣された。軍人閣僚が要職を占めていた。スカルノはナスティオンに国防相専任を求めたが、彼は陸軍参

謀総長兼任を譲らなかった。また、スカルノは共産党からも入閣させ、挙国一致内閣を考えたが、ナスティオンは共産党からの入閣に反対し、左翼系4人の入閣に止まった。7月22日には、国会は全会一致で、この大統領布告を承認し、布告に対する法律上の批判をも封じ込めた。ここにスカルノ自身が唱えたパンチャ・シラの復活、マシュミ党などのイスラム国教化勢力の敗退が明確となった。また、国会は立法権を独占できず、大統領布告で法規が効力を有すこととなった。

　この後、地方自治体の首長も任命制とし軍人が配属された。これらの国軍優遇策は、反乱軍一掃の成果上にあるもので、また、57～58年の地方選挙での共産党進出に対応させたものと考えられている。他方、諸政党は59年に予定されていた国会議員選挙を、共産党の勝利を恐れて延期要請を行い、延期となっていた。このような軍の各方面への進出は、軍のクーデタという噂も生むほどであった。この当時、第3世界の各国で軍事政権が続出していたという背景もあった。これについては、ナスティオンは前年の58年11月に、軍の中道ドクトリンと称される発言を行っている。すなわち、軍は政治から疎外されることも、政府の主導を取ることもないということで、スカルノとの協力姿勢を明示していた。ただ、スカルノと陸軍の不一致点は対共産党への姿勢にあった。陸軍は共産党に対して断固とした行動を取らんとするが、スカルノは一貫して共産党を擁護した。

　1959年8月17日の独立記念日演説で、スカルノは全国民に「指導された民主主義」の説明を行った。インドネシアの特性を強調した新政治体制がここに公式に始まることになる。この演説は「マニポール」(Manifesto Politik 政治表明)と称されている。

◆ NASAKOM体制 ～危うい政治的バランス

　新政治体制下で波乱と激動の1960年代が始まることになる。社会の安定化への第1の基盤である経済は一層衰退を示し、インフレが増進していた。この経済的混乱状況はスカルノ時代を通じて続くことになる。

　1960年3月、予算案をめぐる対立で民選の国会が解散させられ、任命制の暫定議会「ゴトン・ロヨン国会」が発足した。国会は存続したが法案の審議・協賛権しか有さなかった。この新国会には軍人代表も職能グループの中で加わっていた。7月には最高諮問会議が設立された。政党、地方・職能グループ代表43議員で構成された。その任務は大統領に対して不断に助言を提出するというもので、この機関は実際的に機能したようだ。

9月には選挙制の地方議会も任命制とされた。このようにスカルノ一身に国家の全権力が集中する独裁体制下で、彼の実際的パートナーは陸軍にあった。そして、陸軍に対置する勢力として肥大化する共産党が出現していた。しかし、共産党はこの肥大化で規律や、共産党としての本質的特質の維持が困難な状況におちいっており、規律の高まる陸軍と対置できるものでもなかった。ただ、スカルノに依存し、その意のままに動いていたとされる。陸軍ではこの年、士官学校第1期生が卒業を迎えていた。

　11月には暫定国民協議会第1回会議が開催され、スカルノに「革命の偉大な指導者」称号を付与している。国民協議会は国会議員を含めた616議員で構成され、大統領の選出や国策大綱を決定する権限を有した。この間、9月にはスマトラ反乱に関与したことでマシュミ党と社会党が解散させられた。マシュミ無き後、スカルノは諸政党の連帯・融和をうながす意図で唱えたスローガンがNASAKOM体制であった。「NAS」は民族主義勢力、主として国民党を意味し、「A」はagama（宗教）でイスラム勢力、「KOM」は共産党を意味している。この「ナサコム」なる用語に接して、すぐに想起させられるのが、彼の1926年の論文「ナショナリズム、イスラム、マルクス主義」である。この論文ではスカルノは、民族主義運動上のこれら3潮流の協調、融合が可能なことを説いたものであった。スカルノの革命のロマンティズムは30余年を経ても脈々と生き続けていたのである。しかし、現実のこの3勢力の融合、さらには共産党と陸軍との連帯の困難さはスカルノ自身がよく認識していたとされている。彼は共産党を一貫して擁護し続けたが、その社会構造の根本的再編というビジョンには共感していなかったと考えられている。経済の混迷は、社会の統合を阻害し、反対に社会的分散傾向が顕著に現れる時代状況であった。スカルノは当面する政治的対立・分裂を封じ込める必要があったのである。

　インドネシア共産党（PKI）は、60年代はじめには党員250万、支持者は数千万に達していたとされる。60年8月には国民戦線を組織し、その動員力には驚異的なものがあった。アジアでは中国に次ぐ勢力を擁していた。中国側もインドネシア共産党には期待を寄せるものがあったのであろう、インドネシアの華僑社会からの共産党への財政支援などは中国政府とも通じていたものと考えられている。共産党は7月には、中国批判を行ったスバンドリオ外相や内閣を非難したり、反乱分子の未処分問題では軍部批判を行い、政治局員全員が軍に逮捕される事件が生じている。8月には幾つかの地方司令官が、共産党禁止令を出している。これらの事件はすべてスカルノの仲裁で収拾が図られた。インドネシア現代史では未解明の問題が多々あるが、この共産党と華僑・中国政府関係の実際に関しても明解な研究成果が出さ

れていない。

　陸軍は経済・政治面での介入も強めていたが、59年5月には、村落での主として華僑を対象とした外国人の商活動を禁止すると告げた。高利貸し等で農民が田地を奪われる事例は村落部での病弊となっていた。59年末には、軍は村落部の華僑の強制移住を決行している。この処置で12万人前後の華僑が帰国を余儀なくされたと言われる。これに対して中国政府はインドネシアに強硬な外交的圧力をかけてきたものであった。スカルノは共産党、華僑を擁護し、それ以上の陸軍の行動を阻止した。スカルノにとり、西イリアン奪還闘争のためには、中国の支援は不可欠であり、また、共産党のエネルギーも必要としていた。彼は西イリアン問題をけっして軽くは見ていなかったのである。

　陸軍の圧力を前にスカルノが取った戦術は、空軍に接近することであった。空軍指導者はナスティオンとの関係がよくなく、共産党には理解があった。60年3月には一空軍パイロットがジャカルタとボゴールの大統領宮殿に機銃掃射を加えている。また、空軍はジャカルタに一部隊を進出させるなど、クーデタの様相をも示す行動をとっていた。ただ、これらの事件の背景もよく判明していない。

　このようにスカルノの一貫した共産党擁護の理由を青年期からの彼の民族統合の夢にも求め得るが、現実政治の中で中国を初めとする新興諸国との連帯が不可欠と考えていたことにもよる。彼はこの期、世界を新興勢力（NEFOS）と旧体制勢力（OLDEFOS）に2分、対立させ、大胆で積極的な外交を展開していた。この強引な外交戦略は1962年の西イリアン解放の成功をもたらすのである。

　複雑化する国内状勢とは裏腹に、スカルノの派手なパフォーマンス外交が展開する時代が続く。1960年末に提出された経済建設8ケ年計画も、内容は空虚な大儀礼的なパフォーマンスの一つであった。

◆ 西イリアン奪還成功 〜諸地域反乱の終結

　オランダの西イリアン支配への意図がより明確化するなか、1960年8月17日にはインドネシアはオランダとの外交関係を断絶させ、軍備増強に取り組んだ。一般社会では主として共産党主導の西イリアン奪還への大量動員デモが展開された。軍備増強では、アメリカに攻撃用兵器の売却を拒否され、ソ連から大量の武器が調達されることになる。1960年1月にはソ連のフルシチョフがジャカルタを訪問し、翌61年1月にはナスティオンがモスクワを訪問し

ている。総額6億ドルにのぼる武器調達用の借款供与をもたらした訪問外交であった。これでソ連は中国に次ぐ2番目の対インドネシア援助国となった。削減を繰返してきた国軍にとって、独立後初めての戦力増強で、兵力は30万から32万となった。61年1月にはアメリカではケネディ大統領が誕生した。彼はインドネシアのソ連接近に対抗して、西イリアン問題に積極的に取り組むことになる。

　他方、インドネシアの国内治安問題では、反乱軍将兵で帰順した者については処罰せずとする中央軍部による帰順工作が成果を挙げつつあった。反乱派においても弾薬が尽きかけていた頃でもあり、61年前半期にはスラウェシーやスマトラの反乱将兵は次々と投降し、主要指導者はジャカルタに帰還して来た。さらに、8月17日の独立記念日演説で、スカルノは10月5日までの投降には恩赦を与えるとしたことで、10月に入るとプラウィラヌガラ等による反乱政府も崩壊し、多くの将兵が投降した。投降した反乱将兵の総数は10万人に達したとされる。西部ジャワ内陸部のダルール・イスラム勢力に対する攻撃は61年末から始まり、翌62年6月には、その指導者カルトスウィリヨは逮捕、処刑された。ごく一部の抵抗勢力が残ったが、独立以来、初めて全国的に治安が回復することになった。しかし、62年1月、スラウェシー南部を訪問中のスカルノに対する暗殺未遂事件が生じ、自宅監禁中のこれら反乱指導者達、およびマシュミ、社会党の指導者は逮捕された。

　このような全国的な治安回復を背景に国軍は西イリアン奪還に取り組むことになる。一方、オランダは、61年、パプア（イリアン）民族自決案が国連で賛同を得れなかった後、この年の12月には、西イリアンを「西パプア」と改称して、国旗・国歌を制定した。これに対して、12月19日には、スカルノはオランダのパプア国粉砕命令を出し、自らを司令官とする西イリアン解放最高作戦司令部（KOTI）を設立した。そして、翌62年1月にはスラウェシー南部マカッサルに西イリアン解放マンダラ司令部を設置した。司令官は少将に昇任していたスハルトであった。この1月、西イリアン沖でオランダ・インドネシア軍の衝突が生じ、インドネシア側に35名（50人説もあり）の死者が出た。この事件に対してインドネシア世論が激高し、共産党による大量動員の西イリアン・キャンペーンも過熱して行った。この時、直接侵攻を控えたのは国連事務総長およびアメリカの斡旋工作が始まっていたことが背景にあったとされる。ナスティオンは国軍参謀長に就任した。彼自身は国軍司令官を望んだが、叶わなかった。これは彼の政治的敗北とされている。ここにインドネシア側は外交折衝では施政権移譲を前提条件とする態勢を固めて行く。

　2月にはケネディ大統領は、ロバート・ケネディ司法長官を仲介役としてインドネシアと

オランダ両国に派遣した。3月20日にはワシントン郊外でケネディ司法長官の調停による予備交渉が行われたが、3日間で中断した。オランダはパプア人の民族自決を主張したものであった。4月に入ると、ケネディ大統領自らが積極的な調停に乗り出した。インドネシア国内は100％前後のインフレが続き、国内世論は過激主義に走っていた。軍は一層、ソ連依存を強め、これらの状況を背景に共産党が急速な発展を示していた。アメリカとしてもインドネシアのソ連依存の加速を阻止する必要があった。かくして、アメリカが調停案（バンカー大使案）を出すことになる。その内容は、西イリアンの施政権を国連の暫定行政機関に移譲し、2年以内にインドネシアに移譲する。その後、一定期間内に西イリアン住民に選択の自由を行使する機会を与えるというものであった。5月にはオランダは、この案を基礎とした話し合いに同意するが、インドネシア側は、この案に関する討議ではなく、実施方法に関する検討であると主張し、話し合いは成立しなかった。しかし、オランダ側もパプア防衛に要する費用、熱帯での戦闘の困難さ、しかも、パプア駐留軍の兵力はインドネシア軍に対抗できるものではないことを悟り始めていた。

　この間、インドネシア人のイリアン潜入は増加し、国軍はゲリラ活動拠点を構築し、6月24日には空挺部隊を降下させていた。そして、ケネディ大統領、ウ・タント国連事務総長のオランダへの説得が続くなか、ついに7月21日に至り、暫定的合意に達した。この合意の主要内容は、国連は1962年10月1日までに西イリアンの施政権を掌握する。インドネシアは63年5月1日から施政権を掌握。ただし、63年1月1日より国連旗と共にインドネシア国旗の併揚を認める。遅くとも69年までに西イリアン住民の民族自決の選択を行うというものであった。

　8月15日には国連事務総長主宰で協定の調印がなされ、9月21日には国連総会で両国共同提案が採択され、協定が発効した。スカルノは1963年1月1日までに西イリアンにインドネシア国旗を翻すという公約を実現し、その地位を不動のものとした。翌63年5月には暫定国民協議会はスカルノを終身大統領に任命した。また、6月には戒厳令は撤廃された。

　米ソ冷戦下、アメリカを初めとする自由主義陣営はインドネシアがソ連圏に組み入れられる可能性を排除することに成功するとともに、この西イリアン問題では国連の機能が最大限に活用された事例となり、国連の権威が高まることとなった。

第4節　混迷を深める内外情勢 〜スカルノ体制崩壊への道程

◆ マレーシア連邦結成紛争 〜米中ソ三角利害関係

　西イリアン奪還の成功で巨大政治問題が消滅し、社会には一種の空白感が漂ったようだが、アメリカやIMF（国際通貨基金）の援助下で、経済再建策が実施された。予算の一気削減、平貨切下げなどをともなうもので、社会的混迷をも深めた。革命精神の消失を恐れるスカルノは、ジャカルタの町に巨大モニュメントを建設して行き、1962年にはアジア競技大会を主催した。エネルギー発散の場を失くして停滞感に襲われていた共産党（PKI）は、反米姿勢を強め、経済再建策に反対した。経済再建はアメリカや日本の影響力を増大させるという奇妙な理由からであったようだ。

　この頃、隣国では新しい動きが始まっていた。1957年にイギリスから独立したマレー半島のマラヤ連邦と、59年にイギリス連邦内の自治領となったシンガポールでは中国の影響力が増して、ともに左翼勢力の伸長に悩まされていた。一方、イギリスも、なおイギリス統治下のカリマンタン北部のサバ、サラワク、ブルネイの将来問題で悩みを抱えていた。これらの共通問題を一気に解決する方策として出てきたのがマレーシア連邦結成案であった。

　1961年5月、ラーマン・マラヤ連邦首相がこの新連邦結成を提唱し、同年9月のシンガポールのリー・クワン・ユーとの第2回会談で、2年後のマレーシア連邦結成が本決まりとなった。この動きに対してインドネシア国内で反対を唱えたのは共産党だけであった。共産党はイギリス勢力が残存することを新植民地主義として攻撃したものであった。一方、スカルノやインドネシア政府筋は62年末までこれらの動きを静観していた。62年7月、ラーマン首相が訪英し、マクミラン首相との2週間にわたる交渉の結果、63年8月31日までに新連邦結成で合意に達した。ところが、62年12月、ブルネイでアザハリを指導者とする「ブルネイ人民党」が連邦結成に反対し、「北カリマンタン国」の独立宣言を行った。この反乱自体はシンガポールからイギリス軍が派遣され簡単に鎮圧されたが、この事件の波紋が大きかった。

　まず、沈黙を守っていたインドネシア側がマレーシア連邦結成は民意を反映しておらず、しかも、インドネシア包囲をもくろむ「新植民地主義」の陰謀としてアザハリ反乱を支持した。63年1月には、スカルノはマレーシア連邦結成は受容できないと表明し、スバンドリオ外相は連邦結成を強行すれば武力衝突も生じ得ると、対決姿勢を強めた。さらに、これより

先、62年6月には、フィリピンのマカパガル大統領はサバの領有権を主張していた。これには世論の激しい支持が背景にあった。

かくして、63年4月から8月にかけてインドネシア・マラヤ・フィリピン3ケ国間の大臣級会談や首脳会談が繰り返された。この時点での話し合いは順調であったようで、同じ文化基盤に立脚する3ケ国による「マフィリンド連邦」(Maphilindo；3ケ国の略称)構想も討議されたものであった。そして、8月に至り、マラヤ側が国連によるサバ、サラワクの民意調査を行うとの提案に対して、スカルノやスバンドリオも妥協の可能性あることを示した。裕福なブルネイは独立を志向していた。

そこで、国連はサバ、サラワクに民意調査団を派遣し、ラーマン首相は連邦発足を9月16日に延期するとの表明を行った。9月13日には国連事務総長は、民意調査の結果、住民の過半数は連邦参加希望と発表した。しかし、インドネシアとフィリピンは民意確認方法に異議を唱え、連邦不承認の方針を固めた。そして、9月16日に至るや、この民意調査の正式な結果報告が未だ出ないまま、マレーシア連邦樹立宣言がなされた。これには、フィリピン、インドネシア側が激怒した。連邦発足の当日には、共産党が大規模な反マレーシア・デモを展開し、ジャカルタのイギリス大使館やその職員の自宅が焼打にあった。また、マラヤ大使館も攻撃を受けた。この報復にクアラルンプールのインドネシア大使館が攻撃された。この翌日の9月17日にはインドネシアとマラヤ・シンガポールとの外交関係は断絶した。この両国に対するインドネシア側の怒りには、スマトラに革命政府が樹立された時、これに支援を与えたという怒りをもともなっていた。9月25日には、スカルノが「マレーシア粉砕」宣言を行い、軍部もマレーシア対決政策を明確に支持した。

英米がマレーシア支持を明確化するなか、インドネシア経済再建計画が瓦解した。反対に中国・ソ連はスカルノを称賛した。アメリカのジャカルタへの影響力増大が阻止されたのである。しかし、世界の世論は、西イリアン問題時とは異なり、インドネシアに背を向けることになって行く。中国は、アメリカのベトナム介入が増大するなか、東南アジアに親西側国家の出現を好まず、マレーシア形成には強く反対していた。ただ、この時期、中国・ソ連関係は離反を示しており、ソ連は共産党よりも政府や軍部への影響力増大を望んでいた。そこにはスカルノ・共産党への中国関与を低減させる意図もあったようだ。しかし、ソ連が支持される場面は少なかった。64年6月には、ソ連のミコヤン副首相がインドネシアを訪問し、マレーシア対決政策を支持するとともに、武器援助の拡大を公約した。この7月には、アメリカのジョンソン大統領は、訪米したラーマン首相に対して、連邦支持と軍事援助供与を公

約した。インドネシアでは一層、反米闘争が激化した。国際的には、米・中・ソの三角利害関係がからみ、国内的には、スカルノ・軍・共産党の3勢力が競合していた。共和国護持を最大の任務とする国軍、特に陸軍は共産党の共和国への忠誠心に根本的な疑念を抱いていた。一方、軍部の勢力伸長を望まないスカルノは、共産党の勢力で軍を牽制する図式が現出していた。

◆ 亀裂深まるスカルノ体制 〜陸軍の反共態勢の構築

　インドネシアを取り巻く国際情勢は厳しさを増すなか、国内情勢も緊迫度を加えていた。1963年9月、長期のソ連、中国訪問から帰国したアイディットは、中国同盟強化とともに、アメリカ排斥を目指す反マレーシア活動の他に、国内での政治的攻勢を強めた。インドネシアにおけるアメリカの反共精神高揚の秘密活動は明白で、より大きな権力獲得を急いだわけである。国民党やナフダトゥール・ウラマ、軍将校への切り崩し活動も活発化し、内外の研究者の眼には共産党の権力奪取は間近と映ったほどの勢いを示していた。

　国内問題では土地改革も重要課題であった。土地問題については1960年代初めのジェンコル事件が著名である。東部ジャワにはオランダ農園を継承した国営会社のバル農園があったが、1945年以来、この農園の土地4千ヘクタールが農民に占拠されていた。農民戦線の指導によるものであった。60年3月には、このバル農園の軍人社長が農民に対して立ち退きを要求した。これに対し農民達は替地と補償金を求めた。ところが、翌61年11月に至って、この軍人社長が軍部隊を派遣して、農家・農地の取り壊しを強行した。農民約4千人が、この活動を取り囲んで中止の説得に努めていたところに、突然、別の部隊が現れて、いきなり一斉射撃を加えた。死者は28名にのぼったと言われる。事件後、農民戦線その他の指導者が逮捕された。

　1963年末から始まる共産党による土地改革は上記のものと異なり、既に成立していた「土地改革法」を共産党が「一方的に実行」するというキャンペーンのもとに行われた。これが特に、中部、東部ジャワ、バリ島、西部ジャワ、北スマトラでは土地所有者と激しい衝突事件をひきおこした。そして、東部ジャワではナフダトゥール・ウラマの青年集団による反共暴力が誘発され、各地で放火、誘拐、殺人事件が頻繁に起る騒動に発展した。これが有産階級を中心とした広汎な社会に共産党憎悪の奥深い感情を残した。64年1月には、マレーシア紛争ともからんで共産党系労働者はイギリス系の農園や企業を奪取する事件も生じている。

文化面でも共産党傘下の人民文化局（Lekra）による自由派・人道主義派文化人への激しい攻撃は、公職追放をもともなうものであった。また、共産党は反共の政府官吏の大規模改造要求をも行った。これら暴走とも言える共産党の行動は、63年11月に穏健なジュアンダ首相が死去し、親共産党のスバンドリオが内閣の主導権をとったことにも起因すると考えられている。スカルノは、共産党によるこれら過激な動きに対して異をとなえなかった。彼は1964年8月の独立記念日演説では、農地改革が余り進んでいないことに不満を表明している。「ナサコム体制」のなかで、突出し出した共産党勢力の容認は、自らが立脚していた諸勢力間のバランスに、自らが深い亀裂を入れたと言えるものであった。この背景には、中国を初めとする新興諸勢力のリーダーとしてのスカルノ自身の国際的な立場があったとも考えられる。62年のアジア競技大会に続き、63年には新興国競技大会（Ganefo）をジャカルタで開催している。スカルノはインドのネルー首相等の平和共存路線と一線を画して、旧体制勢力打倒を目指す新興勢力の中心にいたのである。

　対中関係では、63年4月には劉少奇国家主席がインドネシアを訪問した。翌64年11月には、スカルノが突然、上海を訪れ、周恩来と会談するや、折り返し、陳毅外相兼副首相がインドネシアを訪問するなど、この期における中国首脳との頻繁な接触は、国内情勢よりも、国際関係で動かされるスカルノが浮かび上がってくるようだ。一方、ベトナム戦場で苦境に追い込まれたアメリカは、何よりもインドネシアの共産化を恐れ、64年1月にはロバート・ケネディがインドネシア・マレーシアの休戦斡旋を始めた。しかし、3月にはマレーシア・インドネシア・フィリピン間の交渉は行き詰まり、アメリカの公式影響力はジャカルタでは消滅した。共産党はインドネシアのアメリカ傾斜を阻止し得るのは、反マレーシア闘争のみであると考えていたようで、大規模動員は続いた。まさに、中国の思惑通りに進んでいたわけである。

　5月にはスカルノはマレーシア対決司令官（Koga）に親共産党の空軍少将オマール・ダニを任命するや、カリマンタン森林部では小規模戦闘が生じた。6月に予定されていた東京でのラーマン・スカルノ・マカパガル会談が完全に失敗した後、8、9月にはインドネシア軍の一部がマレー半島西部に上陸し、小規模攻撃を加えている。これらの逸脱行為の続出は、政府中枢における制御能力の低下を示すものであったろう。また、インドネシア兵の侵入事件は、逆にマレーシア側の結束を早め、強める結果をもたらした。

　10月にはKoga司令官オマール・ダニの権限は、スマトラ、カリマンタンに限定され、マレー半島本土については国軍最強部隊である戦略予備軍司令官スハルトに託された。そし

て、陸軍は秘密裡にマレーシアと関係を通じ、事態の鎮静化をはかったようだ。マレーシアとの紛争は共産党を利するのみとの判断があったようだ。他方、軍の重要情報将校グループはイスラム諸指導者、反共派、西洋系諸団体と関係を持ち始め、共産党派や限度を超える汚職にふける将校達と対決する密謀団を形成しつつあった。この特別作戦（Opsus）を指揮するのはスハルト配下のアリ・ムルトポ（1924～84）であった。この時期、陸軍、共産党とも双方に工作員を送りこみ活発な工作活動をしていたとされる。この期における多くの逸脱行為も、これら工作員によるものもあったとも考えられ、何が真実であったかは多くは不明のままである。共産党の地下諜報員には「サム」なる人物がいたが、情報将校はこれと緊密な関係を持つことになり、共産党の情報は陸軍には筒抜けとなっていたともされる。

　64年末には共産党の「一方的行動」も、やや劣勢となっていた。この農地解放等にともなう過激な行動も、共産党の指導力が下位の指導者レベルで制御不能となっていたことにもよるものであった。共産党においても組織的弱点をさらけ出していたのである。

◆ 波乱の1965年 〜破局への前哨

　1963～4年には国家の歳出が歳入の2倍を越え、100％をはるかに越えるインフレが続いた。64年10月、スカルノはカイロでの非同盟諸国首脳会談で、健康上の衰えを見せた。1965年の波乱の底流には国民から絶対的信奉を得ていた彼の後継問題が浮上し、そして、経済混乱が背景としてあった。また、彼の強い反米姿勢には、この64年末から65年初めにかけて、ベトナム戦争による国内の反米感情が頂点に達していたことも重要な要因であったろう。この年に組閣されたマレーシア粉砕に向けての新内閣にはアイディット、ニョト、ルクマンら共産党指導者を初め、容共派が要職を占めていた。そして、中国首脳部のインドネシア共産党への支援姿勢にも異常とも言えるものを見せる。これには64年10月には中国は最初の核実験を成功させたこともあったと考えられる。11月には陳毅外相がインドネシアを訪問し、インドネシアに核技術指導を約束した。翌年にはスカルノ大統領は、インドネシアは近い将来に核兵器を製造するであろうと言明している。

　他方、スカルノと共産党の分離を目指すアダム・マリク等の活動もあったが、これらは封じ込められて行った。また、民族共産党のムルバ党は64年末に、共産党による権力奪取に関する秘密文書を暴露し、一時、共産党も窮地に追い込まれた。しかし、共産党はこの文書を偽造とし、一層、大統領を味方につけ、ムルバ党は解党させられて行った。

1965年に入ると波乱の様相は一段と強まった。この年の1月7日、マレーシアは国連安保理非常任理事国に選出された。かねてよりこれに反対を表明していたインドネシアは、即座に国連を脱退した。スカルノは、国連は世界の政治勢力の変化を反映せずと、「第2国連」とも称された新興勢力国際会議の開催に尽力していた。国連脱退後の事態を協議するためスバンドリオ外相は、すぐさま北京を訪問した。周恩来は公然とインドネシアの行動に支持を表明し、ジャカルタ・北京の同盟が公式に表明されたのであった。これ以降、インドネシア外交は中国一辺倒とも言える急激な中国傾斜を見せて行った。さらに、65年2月にはアメリカの北ベトナム爆撃が開始され、反米感情が一層激化し、共産党系労組や左翼グループがアメリカ系企業を接収する騒乱となった。3月にはアメリカ系の石油会社は「革命的措置」のもと政府の管理下に置かれた。

　インドネシアと中国の同盟関係強化のなか、65年2月には共産党は労農1500万人の武装で、第5軍創設を提案した。4月には中国からの使節団の来訪が相次ぎ、なかでも周恩来自身の来訪時、彼自らが第5軍創設を明白に要求したものであった。この案は、陸海空警4軍で約50万の国軍に対する挑戦であったが、空軍大臣で容共派のオマール・ダニ少将はこの案に賛意を表明していた。そして、5月にスカルノが第5軍創設構想を発表したが、そこでは、第5軍創設は陸軍の管轄下で行うとなっていた。陸軍が共産党の意図を阻止したのであった。なお、国軍は4月には、自らを国防任務とともに社会政治勢力であると規定し、国防のほかに国政にも参画する2重機能を有するとの理論を打ち出していた。

　この5月にはジャカルタのイギリス大使館では、ロンドンへの電報が暴かれるという事件が発生した。この電報は、陸軍内にイギリスと内通する者ありとして、スカルノや共産党の軍部への攻勢材料とされた。また、スカルノは第45回インドネシア共産党創立記念大会に初めて出席し、共産党への最大級の賛辞を贈っている。

　このような激動する政局のなか、65年8月5日、スカルノは会談中に意識不明となり、昏倒するという事件が発生した。この時点では彼はすぐに回復を見せたが、医師団のスカルノは重病との秘密情報が共産党には伝わったとされる。腎臓病が悪化していたのである。絶対的指導者の後継問題が目前の課題となってきたのである。町にはクーデタの噂が流れた。

　8月17日の独立記念日演説では、スカルノは人民の武装化による第5軍創設を説き、ジャカルタ・プノンペン・ハノイ・北京・平城枢軸の団結を誇示したのであった。この8月には、インドネシアはIMFや世銀からも脱退し、資本主義世界との関係を切断している。

　7月初頭から、空軍はハリム空軍基地で共産党が動員する民間人に短期の軍事訓練をほど

こしていた。9月末までにその数は2千人以上に達していた。一方、65年にはインフレが500％に達し、なかでも米価は900％の上昇を示した。さらに、通貨ルピアの大暴落と経済の悪化と大衆の生活苦は、共産党の反共勢力や軍部への攻勢を有利にしていた。物価引き下げや賃上げ要求デモが共産党によって連日組織され、それが社会的に支持されるという状況が醸成されていた。経済再建策に反対したのは共産党であったことは忘れられていた。ジャカルタでは、共産党の権力への接近は目に見えて進展しているとみなされていた。

9月14日には、スバンドリオは労働組合総評議会（SOBSI）で、官僚資本家との対決を扇動した。ここで言う官僚資本家とは蓄財にはげむ軍部を指すものであった。9月29日にはスカルノは共産党系の学生団体との会合で、将官連中の反革命分子粉砕を述べている。これらの発言は、共産党と軍部、この両者の対立が切迫して来ていることを示すものであった。他方、都市でも農村でも、また、共産派も反共派も、殺人チームが準備されつつあるとの噂が信じられていた。種々の予言や、悪い徴候が指摘され、暴力が横行しつつあった。ジャカルタでは、10月5日の国軍記念日の準備のためとして、9月末から何万もの軍が集結しつつあった。クーデタの噂が一層強まっていた。

◆ 9.30事件 〜スカルノ体制の終末

「9.30事件」とは、共産党壊滅、スカルノ体制の終結とスハルト新体制をもたらした大事件であった。8月初旬のスカルノ大統領昏倒事件後、その後継問題が生じたのは自然の成り行きであった。共産党首脳部では善後策の検討のなかで、先制攻撃で権力奪取をするかどうかが討議の焦点となった。そして、8月末の拡大中央委では、アイディットが先制攻撃方針を掲げ、その準備を命じたとされる。彼は同調する中堅将校が少なくとも3割はおり、大衆の支持で成功すると考えたようだ。ここで言う、先制攻撃とは陸軍による権力掌握を阻止することにあった。

9月3日、大統領親衛隊大隊長ウントゥン中佐は、ハリム空軍基地防衛隊司令官スヨノ空軍少佐から、ある会合に誘われた。その会合にはジャカルタ軍管区第1旅団長ラティフ大佐、秘密工作員と称されるサムとスポノの2人がいた。会合はサムが主導した。この会合は、9月9日、13日と続き、19日の会合では具体的な軍事行動計画に及び、その計画実施の総指揮者はウントゥン中佐と決められた。「革命評議会」なるものが形成されたのである。

9月29日には会議はサム宅で開かれ、ラティフ大佐が作戦を発表した。この行動は「9.

30運動」と称され、その核心となるものは将軍拉致と首都制圧等であった。連行する将軍で抵抗があれば射殺とされた。この会合には、北カリマンタン前線第4野戦軍司令官スバルジョ准将も出席していた。ここで言う拉致する将軍とは、スカルノに対するクーデタ計画を持つとされた「将軍評議会」の7人の将軍を指す。防衛大臣ナスティオン参謀総長、陸軍大臣ヤニ少将等々で、おおむねヤニ派の将軍達で、陸軍の重鎮達である。そもそも、ヤニはスカルノ信奉者で、スカルノ排斥などは考えられないものであり、彼らがクーデタ計画を持つとはデッチ上げの感が強いものであった。

「革命評議会」では「将軍評議会」がクーデタを決行するなら兵力の集結する10月5日の国軍創設記念日であると考え、9月30日に先制攻撃が設定されたようだ。9月30日午前10時、ハリム空軍基地隣接地のルバンブアヤで最終会議が行われた。行動開始は10月1日午前3時、本拠はハリムで、国家要人も空軍基地に迎えるとされた。かくして、ウントゥン中佐、ラティフ大佐、スヨノ少佐3人の指揮下の「9.30運動」部隊は、10月1日午前3時にハリム空軍基地司令部を出発し、7将軍宅を目指した。抵抗したヤニ将軍はその場で射殺され、助かったのは脱出に成功したナスティオンだけであった。ただ、彼の副官と5歳の愛嬢が犠牲となった。連行された他の将軍達もハリムで殺害された。陸軍首脳の6将軍が犠牲となった。

夜明けとともにジャカルタの中央放送局、中央郵便局、中央電信電話局等は占領され、ムルデカ（独立）広場には2千兵が配置された。ただ、リックレフス氏によれば、スハルト司令官の戦略予備軍がある東隅には兵員の配置はなかったとされる。かくして、午前7時には中央放送局から、ウントゥンが「9.30運動」はスカルノに対するクーデタを阻止し、スカルノを保護するための行動であるとのラジオ放送がなされた。この2時間後、大統領宮殿（官邸）に向うスカルノは見なれぬ部隊を見て、ハリムに向った。そこにはオマール・ダニやクーデタの主要人物がいた。アイディットは離れた部屋にいたとされる。スカルノはこのクーデタを明白に支持することはなかった。また、ウントゥンへの支持も避けたとされる。

午後には「革命評議会」が、国家のすべての権力を掌握するとの布告第1号を出した。このクーデタについては、実に種々様々な説が出されてきたが、大きな疑問点の一つには、ウントゥン中佐が中心人物となったが、彼がそれに相応した人物であったのかどうかというものがある。一方、スハルト少将、陸軍戦略予備軍司令官は、7時半に司令部に出向き行動を開始した。9時に戦略予備軍参謀会議を開き、「9.30運動」は武力反乱、クーデタであると断定した。10時には、ヤニ陸相拉致の報告のもと、臨時陸軍司令官に就任し、陸軍の指令権を掌握している。スハルトは陸軍内ではすでにヤニに次ぐ地位であり、外遊等でヤニ不在時

には司令官代理を務めていた。また、諸将軍同意のもとであったとされる。

　スハルトは、11時には陸軍空挺部隊に放送局奪取の命令を出すなど、自らの部隊もジャカルタ中央部に進出させた。独立広場の兵士たちは、飲料水や食料の供給もなく、暑さで疲労の極に達していたようだ。交代要員も確保されておらず、何とも奇妙なところの多いクーデタ計画とも考えられる。スハルトは、反乱部隊に警告を込めた説得活動を続けた。反乱主要部隊はこれに応じて撤退を始め、夕刻までには決起部隊はハリム空軍基地に撤収し、主要施設もすべてスハルト部隊が掌握した。この間、一発の銃声も聞かれなかったという。決起部隊の主要部は中部ジャワのディポネゴロ師団で、かつてスハルトがその司令官であり、ラティフ大佐は当時のスハルトの部下であった。また、ウントゥンもかつては同師団所属であり、共産主義に洗脳されるウントゥンの姿をスハルトはよく記憶していた。

　夜8時過ぎ、スハルトはラジオ放送でクーデタ粉砕の報告を行った。また、6将軍誘拐のもと、彼自らが軍の指揮をとると伝え、我々は必ず勝利すると、国民に支持を呼び掛けた。まだ誰も6将軍殺害の悲劇を知らなかったのである。この間、バンドゥンのシリワンギ師団の戦車、機甲2個中隊が到着しており、治安回復に十分な兵力は確保できていた。10時過ぎにスカルノはボゴールの大統領宮殿に移り、ハリムからはクーデタ指導者はすべて去った。翌未明、陸軍がハリム基地を小規模戦闘後に制圧した。この時には、戦死者1名、重傷者2名を出した。これで以て「9.30運動」は完全に制圧されたのであった。

　10月2日にはスハルトはボゴール宮殿でスカルノと会談し、治安秩序回復に必要なすべての権限を付与された。スカルノ退陣劇の始まりとなるものであった。スハルトは大統領に共産党擁護の姿勢の改善を求めたが、スカルノは非同盟諸国運動の創設者の一人として不可能なことと答えている。2人は、共和国政府がヨクヤカルタに避難した時、スハルトは首都守備隊司令官としてあり、古くからの知己であった。

　このクーデタはディポネゴロ師団と東部ジャワのブラウィジャヤ師団の一部が中心となっていたもので、中部ジャワ駐屯のディポネゴロ師団7歩兵大隊の内の5大隊がクーデタ支持を表明し、10月2日にはヨクヤカルタでは支持のパレードが行われた。また、スラカルタの共産党員市長も「9.30運動」支持の表明を行った。クーデタに呼応する動きはそれ位のものであった。そして、これらの動きも、6将軍の惨殺遺体が発見された10月3日には、事態は一気に激変することになった。

　10月3日、将軍達とナスティオンの副官の7人の遺体はルバンブアヤの古井戸の中に投げ込まれた状態で発見された。その余りの残忍さに対し、世論の非難が共産党に集中した。ス

ハルトは、この「9.30運動」の略称を、ドイツのナチを連想させる「Gestapu」と命名し、その残酷さを一層印象づけた。10月5日、国軍記念日に6将軍の壮大な葬儀がとり行われた。しかし、葬儀には大統領と中国大使が参列せず、大きな物議をかもし、中国大使館強制捜査、さらには中国大使館焼打事件等の事態を招くことになる。イスラム諸政党、キリスト教会派を含めた民衆の憎悪は急激に燃え上がり、軍とともに共産党の物理的破壊へと事態が進展することになる。10月16日にはスハルトは陸相に任命され、名実ともに陸軍トップとなった。

10月にはウントゥン中佐が逮捕され、射殺された。ラティフ大佐は逮捕、入獄となった。11月にはアイディット、ルクマン、ニョトら共産党首脳が次々と逮捕、処刑されて行った。その後、スバルジョ准将も逮捕された。「赤狩り」と称せられる共産党撲滅行動は、1965年10月中旬から11月下旬にかけて全国的に波及した。特にジャワとバリ島では最悪の殺戮行為となった。11月初旬には、ムハマディヤがGestapu/共産党撲滅を聖戦としたものであった。他のイスラム諸会派もこれにしたがった。甚大な被害を蒙った土地所有者の中には、自らも殺戮に加わった者もいたようだ。この大量殺人は1966年の初め頃には終息したようだが、その死者数については実に諸説が出される。公式的には20万とされているようだが、30〜40万人説が多いようだ。

65年12月には特別軍事法廷が開設され、労働組合総評議会の事務局長が死刑となったほか、スバンドリオはじめ11名の閣僚が逮捕された。ディポネゴロ師団では2600人が解雇された。さらに、政治犯として12万人が逮捕され、裁判もなく、劣悪な状況下、長期間抑留されることになった。これ以降、インドネシアでは共産党、共産主義という語は完全にタブーとなったものであった。中国との関係では、国交は断絶し、国内でも中国系住民に対しては中国語使用禁止、中国名使用禁止と厳しくインドネシア化を求めた。両国の国交回復は、1990年と25年後のこととなる。スハルトは「2度と内政に干渉しないこと」を厳しい条件としたうえであった。ただ、中国からの「謝罪」の言葉は引き出せなかった。面子を重んじる国情をスハルトも考慮して、それ以上は追い詰めなかったようだ。天安門事件後の中国が国際的に孤立している時であった。

1966年3月、スカルノはスハルトに大統領権限を委譲した。この後、暫定国民協議会は終身大統領制を廃止し、スカルノの終身大統領称号は消滅した。この7月にはスハルトは大将となった。67年3月、暫定国民協議会はスハルトを大統領代行に任命した。ラジオ放送で、彼はスカルノの病状の悪化を国民に伝えた。そして、翌68年3月、暫定国民協議会でスハルトは大統領に選出された。

1970年6月21日、スカルノは69歳でその波乱の生涯を閉じ、国葬でもって故郷の東ジャワのブリタールに埋葬された。その墓廟への参詣者は膨大な数となった。

第5節　スハルト「新体制」の時代 〜国家体制の再構築

◆ スカルノとスハルト 〜2大指導者の特質

　インドネシア共和国を国家として確立させたスカルノとスハルト、いずれも偉大な指導者であったが、この両者は政治家としてその特質において大きな相違を見せる。スカルノは植民地時代における一握りの超エリートであったが、自らの利害等を考慮せずに植民地支配に対して真っ向から闘った。さらに、独立後においては新興諸国のリーダーの一人として、欧米資本主義諸国を相手に闘いを挑んだ。まさに、その生涯を通じて闘う姿勢を貫いたエネルギッシュな指導者であった。国家、国民を経済的困窮におとしいれたとの批判もあるが、彼の一挙手一投足に熱狂した国民は多かった。また、彼は完全なシングルファイターでありながら、巨大民族の頂点に民族運動期を含めると40年以上にもわたり君臨したのである。まさに傑物という言葉が相応するものである。

　一方、スハルトは中部ジャワの古都周辺の彼自身の言葉で言う「村の子」として育った。教育はヨクヤカルタの私立のムハマディヤ中学校卒だけである。しかし、ヒンドゥー文化が色濃く残る静かな中ジャワ文化地帯のなかで、インド2大叙事詩等に基づく芸能演劇等から多くの人生訓や国家観が身についていたものであったろう。人との融和を重んじる地域文化はそのままスハルトの特質となっている。スカルノを「動」とすれば、スハルトは「静」であり、それはまた、東部ジャワ人と中部ジャワ人との間の一般的な差異を表している。白石氏（1997）がこの両者を比較研究している。ここでも依拠するところが多い。

　スカルノは空に輝くスターであり、人々は彼につき従ったものだが、スハルトは人との信頼関係を構築し、いわば「和合の力」で以て、着実に成果を積み上げるタイプであった。彼はオランダ植民地軍での経験も有したが、ペタ（祖国防衛義勇軍）での「想像を絶する」厳しい訓練と教育のなかで築かれた戦友達との強固な信頼関係を基盤として、独立後の国軍においても順調に昇進を重ね、有力な地位を築いていた。スカルノは西洋文化にも通じた知的エ

リートであったが、スハルトは護国を第１の任務とする軍人のエリートであった。1947年末、ソロのマンクヌゴロ王家につながるシティ・ハルティナとの結婚も彼には重要な人脈となった。

　経済面においては、スカルノは力を発揮できなかったが、スハルトはここにおいても強固な人脈の構築をもとに着実な成果を挙げる。政治的混乱が続くなか国家財政も深刻化し、これに行政機構の未成熟さも加わり、軍においても将官達は自らの部隊を維持するための資金調達にも努める必要性に迫られていた。これは新興諸国、あるいは、歴史上にも類例のあることだが、インドネシアではそれら将官のなかには華僑実業家と提携する者が少なくなかった。そこにおいて限度を越えた経済活動、汚職におちいる将官も少なくなかったようだ。そのなかでスハルトはその質素な人柄とともに、限度を越えない汚職との評価を得ていたといわれる。ただ、1959年にはナスティオンの汚職一掃策に抵触してディポネゴロ師団長を解任されている。この後、彼は陸軍指揮幕僚学校で６ケ月の再教育を受けることになる。そして、これの終了後、彼は准将に昇進しているのである。軍人としての彼への評価、信頼は揺るがなかったのであった。

　スハルトの資金調達活動において中心となった者に２人の華僑がいる。一人は華僑Ⅰ世の林紹良（スドノ・サリム）で、１代で東南アジア最大とされる財閥サリム・グループを作り上げた。今一人は華僑Ⅱ世で木材王とも称されたボブ・ハッサンである。ボブは有力将軍の養子として育ったインドネシア化の著しい中国系であった。この３人の結束は極めて強く、スハルト体制下での国家的プロジェクト等にも大きな役割を演じることになる。

　「ス・カルノ」の「カルノ」はサンスクリット語の「カルナ（業）」から来たものだが、スカルノはその名の通り、自らの活動が生み出す「業」にとりつかれ、身動きできないような最後となって行ったが、「ス・ハルト」は「ハルタ（財）」という名の通り、「財」に恵まれたと指摘するインドネシア人もいる。ちなみに、「ス」は美称で、「美、妙」その他に訳されるものである。いずれにしても、スハルトは、９.30事件までには、ポストにおいても、人脈、資金面においても、すでに極めて有力な地位を陸軍内に築いていたのである。

◆　オルデ・バル（新体制）〜安定と開発

　スハルトの「新体制」の本格的始動は、68年３月27日の大統領就任式後のことであった。彼はこの就任式の翌日の28日には、最初の公式外国訪問として日本を訪問している。この出

来事は、「旧体制」時代との決別、「新体制」の始まりを象徴的に示すものであった。

スハルトは、スカルノ時代とは全く異なる時代が始まることを「新体制」(Orde Baru) という自らの言葉で国民に訴え続けた。「旧体制」下のイデー先行とは異なり、「新体制」の特徴は実際的、具体的目標を掲げ、実行に移して行ったところにある。それらは、「パンチャ・シラ」（国家5原則）と「1945年憲法」堅持を国是とし、「安定と開発（経済建設）」をスローガンとするものであった。「パンチャ・シラ」はスハルト体制下では、これが常に国政の前面に掲げられ、しかも学校教育のなかにも導入し、国民への徹底化を図った。そして、「国家5原則」のなかでも、特に「神への信仰」が強調され、国民が信仰を持つことを義務化した。この徹底化の実際的な目的は、共産主義の再流入を防ぐことにあった。各種書類の氏名欄の横には必ず「宗教」の欄が設けられ、それを空白のままにすることは許されなかった。宗教欄の空白は、即、共産主義者とされたものであった。

社会の安定化への他の重要な方策としては、日本軍政が導入したとされる「隣組・町内会」(RT, RK) システムの徹底化であった。これは社会の基盤強化という側面が当然あったが、それ以上に「隣組」のなかでの相互監視機能が重視された。ここにも共産主義の再侵入を防ぐ意図が強かった。それとともに、このシステムは政策の通達機能面でも大きな役割を果たすことになった。また、青年団や婦人会その他の組織の活用も図られていた。

安定社会の構築のうえで何よりも強力な手段であったのが、軍人支配の体制構築であった。当時のインドネシア社会にあって、教育、訓練を一律に受けた規律ある社会は軍人社会が唯一のものであったという側面もあった。1970年時点で、大臣17人中6人、次官17人中7人、局長62人中25人が軍将校によって占められていた。当時のインドネシア全25州の17州の長官、県知事、市長の半分以上が軍人であったという。77年時点でも、大使の40％が国軍出身者であった。これには国軍人事の刷新、若返り策という側面もあったようだ。70年には将校の定年は48歳とされ、86人の将軍の定年が早められ、行政機関に送り出された。71年には22州の長官が元将校となった。

社会の安定化策とともに政界の安定化策として採られたのがスカルノ時代に淵源がある「ゴルカル」（職能グループ）と略称された政権与党の創設であった。国軍も含め公務員等はこれへの参加が義務化された。これで総選挙では安定的で絶対的な得票を確保してスハルト長期政権への揺るぎない基盤を提供した。これは政党政治によってもたらされた混乱の歴史という苦い経験のうえから考え出された方策であったと考えられる。

国民生活の面では、悪性インフレは1966年にはなお639％であったが、67年には113％、68

年には85％、69年には9.9％と克服されて行った。この期には国家財政の収支均衡予算が断行されたのである。しかし、国家財政の脆弱性には変わりはなかった。例えば、国防予算にしても必要の半分にも満たないものであったと言われる。これへの対策としてスハルトが唱えたのが「家族主義」であった。これは、実に、彼が師団長時代に部下の福祉目的に始めた「財団」創設と、それによる資金調達活動の公認に他ならなかった。公務員による資金調達は私有すれば汚職となるが、皆で分配すれば「家族主義」となるとするものであった。インドネシアでは一般役所では住民登録等の手続きは無料なのだが、支払余力のある者が一定額を寄付の名目で手数料を支払うことが共通認識化されて行った。各役所ではこれらの寄付金は集約され、所内で分配し、絶対的に不足する給与の補塡等に充足させたものであった。当時の公務員給与は1週間の生活費にも満たなかったと言われる。スカルノがしきりに唱えた「ゴトン・ロヨン」（相互扶助）のシステム化とも言える。

　様々な組織体、例えば戦略予備軍にあっては実質的な企業活動を行い、その利益を子女の教育費補助等を含めた「大家族」の福祉費に充当していた。これらは当時の私企業が未成育であったインドネシアにあって、社会の空隙を埋めるという実際的な効用もあったようだ。戦略予備軍では主として長距離バスを運営し、安定した料金で治安不安の社会状況のなか安全な移動手段を提供した。この「家族主義」的相互扶助システムは、スハルト時代の一特質であったが、「家族主義」は汚職とつながり易いのは自然なことであった。ただ、その後の社会・経済の安定化とともに、例えば、国軍にあっては国防に専念との本来任務への回帰運動も始まることになる。

　いずれにしても、スハルトの「新体制」、それは目の前に繰り広げられた生々しい大量殺戮、大粛正を背景に、国民の軍への恐怖心とともに始動したのであった。

◆ 安定から開発へ 〜自由主義圏への回帰

　スハルト「新体制」の何よりも大きな特質は、非同盟の原則は崩さなかったが、自由主義諸国に大きく門戸を開放して行ったことにある。まず、マレーシアとの紛争状態を解決する方針が66年3月に決定され、67年7月末には両国の外交関係が正常化している。この交渉のなかで、ASEAN（東南アジア諸国連合）結成への機運が生じ、同年67年8月には東南アジアの非共産圏諸国、インドネシア、マレーシア、シンガポール、タイ、フィリピン5ケ国によってASEANが結成された。当初は実際的な動きを見せなかったが、インドネシア外交の

大きな成果であった。また、66年9月にはインドネシアは国連復帰を果たしている。

インドネシアの対外債務は1965年10月には支払不履行に陥ったが、66年の春には日米英その他の国々が債務返済猶予、新規借款供与で支援態勢をとった。これ以降、IMFが経済安定化策を勧告して行った。さらに、66年9月には東京でインドネシア問題に関する11ケ国参加の国際会議が開かれた。これが67年1月の「対インドネシア債権国会議」(IGGI)設立となり、IGGIがインドネシアの債務繰延べ、新規援助の枠組みを設定して行くことになる。この67年には新しい「外国資本投資法」が制定され、外資導入が促進されて行った。これが石油等の鉱業、林業、製造業諸分野で劇的な発展を見せて行き、財政再建に決定的な役割を果たすことになった。日本が最大の投資国、援助国として前面に出てくることになった。

1968年6月には、第1次開発内閣がスタートした。この内閣には軍人よりも多数の専門家が入閣していた。また、スルタン・ハマンクブオノを引き続き副大統領として擁して政権の安定感、信頼感を強化した。スルタンは何よりも派閥抗争を超越した、しかも進歩的で独立した人物として、中ジャワ人だけでなく国民全般から尊敬の念を集めていた。敏腕のアダム・マリクも外相にとどまり、一定期間はスハルトとこの2人による指導体制が続いた。アダム・マリクは民族共産主義のムルバ党に関係し、スカルノ体制には批判的な人物であった。これらの人事は軍事政権色をやわらげる効果も高かった。69年4月には工業化と農業振興を柱とする「開発5ケ年計画」が実施された。ここにはアメリカ等で経済学を学んだ「テクノクラート」が集められた。とくにカリフォルニア大バークレー校で博士号を取得したインドネシア大学の3人がチームの中心となったところから、「バークレー・マフィア」とも称された。彼らは世銀、IMF等の国際的エコノミストのネットワークに属する者達であった。

この69年には、国連の支援でイリアンで住民投票を実施した後、26番目の州として正式にインドネシアに帰属させた。また、この年にはアメリカのニクソン大統領の訪問があり、アメリカからの軍事援助が増大して行った。

国家財政の基盤となる石油生産については、68年に国営石油会社を一つに統合して「プルタミナ」(国営石油ガス会社)が誕生した。総裁にはナスティオン配下のイブヌ・ストウォ大佐が就任した。ナスティオンは大統領職はスハルトに取られたが、石油は自らが掌握したとも観測されるものがある。事実、プルタミナはさまざまな事業を展開する世界的にも有数の巨大企業体を形成して行き、「インドネシアのもう一つの国家」とも称されるようになる。一時期、プルタミナは国家への納入金をも納めず、完全に「私的王国」の観を呈した。これに対し、69年後半期頃から諸新聞でプルタミナの実態暴露報道が続き、学生デモ等の社会的

第7章 インドネシア共和国の成立と展開

批判が高まった。そこで、政府はようやく71年には鉱山相、蔵相等による監査役会を設け、72年1月からプルタミナ収益の国庫納入システムが機能することになった。72～74年間の政府歳入の40％がプルタミナからの収益であったとされる。しかし、75年には放漫経営、汚職蔓延によりプルタミナは破産状態に陥り、イブヌ・ストゥォは失脚することになる。ここに「聖域」であったプルタミナは政府直轄下に入ることになったものであった。

◆ 新体制の確立 ～新たな課題、社会的不平等

　1971年7月、独立後、第2回目となる総選挙が実施された。選挙結果はゴルカルが63％の得票率を獲得し、これに大統領任命議員100名が加わり、議員定数460名の73％に相当する336名という絶対的安定多数を政権側が確保した。この選挙で往時の勢力を維持したのは18.4％を確保したナフダトゥール・ウラマだけであった。国民党や他のイスラム諸党の凋落が目立った。また、この国会（DPR）議員を基盤に地方代表等を加えて構成する国民協議会（MPR）では、大統領任命議員は33％とされており、揺るぎないスハルト新体制が構築された。MPRは大統領選出を重要任務とするものである。かくして、73年3月開催のMPRでスハルトは再選された。任期は5年である。この年の1月には小党乱立を解消するため、イスラム系4党は「開発統一党」（PPP）に、国民党、キリスト教諸会派その他は「インドネシア民主党」（PDI）に統合され、国会のさらなる安定化策が実施されていた。

　体制の確立を受けたスハルトは大きく政治姿勢を変えていく。このスハルトの政治的変質の第一の特徴はハマンクブオノ、アダム・マリクとの緊密な関係が弛緩し、大統領の私的補佐官となっていた特別工作班（OPSUS）のアリ・ムルトポ少将、スジョノ・フマルダニ少将等の発言力が強まり、彼らがスハルト政権の重要施策の多くを掌握して行くことになる。そして、彼らに対抗し得る人物として、国軍副参謀総長で治安秩序回復作戦司令部司令官のスミトロ将軍がいた。この両者の対立の背景には、陸軍内の派閥抗争があった。また、これには地域対立の感情が隠されてもいた。当時、政権内では中部ジャワのディポネゴロ師団出身将校が支配的であり、スミトロ将軍は東部ジャワ人の期待を背負うものであった。

　軍内部の派閥抗争の顕現化の契機となったのが、73年8月のゴルカルの下部組織として「インドネシア青年全国委員会」（KNPI）の設立であった。これにともない、スカルノ退陣劇で活躍した学生組織「カミ」や「ガッピ」その他の青年団体は解体された。この官製の学生組織への反発は、政治権力の一層の軍部集中、大規模な外資導入にかかわる軍部の汚職を

抗議するデモや言論機関の活発化として現れた。なかでも外資批判については、日本資本の急激な進出が標的となった。この8月にはバンドゥンで反華僑暴動が発生したが、対象となったのは日本資本と関係の深い華僑であった。また、この暴動では、軍部をも含め、国民の間に複雑な不満がわだかまっていることが示された。10月には、バンドゥン工科大学の学生達による外資批判が行われ、ジャカルタのインドネシア大学の学生会議は、腐敗、物価上昇、民意無視を批判した。この2大学はインドネシアを代表する大学で、その影響力は小さいものではなかった。11月には、IGGIのオランダ人議長と学生達との対話集会が開かれたが、そこでは膨大な援助資金の使途への疑念が強く出されたものであった。

この頃からスハルト政権そのものへの批判が高まるとともに、アリ・ムルトポとスミトロの対立が取り沙汰されるようになっていた。そして、この政権内の派閥抗争に、特に日本問題が持ち込まれて行ったのである。この1973年時点、インドネシアからの輸出の53％、輸入の29％が日本で、さらに日本からの投資が傑出していた。このような状況下、74年1月14日夜、田中角栄首相がジャカルタを訪問するや、デモ隊の歓迎を受けることになった。そしてその翌日にはジャカルタは異常な事態に陥ることになる。デモ隊がふくれあがり、ジャカルタの町を占拠し、暴動化して行った。破壊された車両800台、100棟のビルが放火された。暴動は放置された状態に置かれていた。ようやく、翌日になって軍が出動して暴動は収束された。死者11名、逮捕者は学生、教授等を含め775名にのぼった。この軍出動の遅延は、治安秩序の責任者としてのスミトロへの疑念を高めることになった。

田中首相は大統領官邸から一歩も出れずにジャカルタを去った。この暴動の激しさは、日本人居住者を戦慄させただけでなく、インドネシア政府にも衝撃を与えるものであった。しかし、デモ隊の攻撃先は、スハルト大統領ではなく、アリ・ムルトポ、スジョノ・フマルダニそして華僑であった。すなわち、デモは政権打倒への動きではなく、軍内部の勢力争い、派閥抗争を公然化することになったのである。学生達にはスミトロ将軍からの激励があったとする兆候が指摘されて行った。

この暴動後、スミトロ将軍は退陣に追い込まれ、ナスティオンも完全引退となった。一方、アリ・ムルトポは変わらずスハルトの片腕として権力の座にあった。1970年代は一握りのエリートと華僑が繁栄を享受し、また、陸軍将校は全レベルで事業体と共生関係を形成していた。急激な経済開発政策は一般大衆を置き去りにした不平等の拡大をもたらしていた。この後、政府は華僑実業家（チュコン）と癒着状態にあった大統領補佐官制度を廃止した。そして、メディアを含めた社会全般で、少数の者が圧倒的な分配にありついている所得格差問題

に関して、「社会的公正」「所得分配論」等の議論が広範囲に展開されていった。

　74年には第2次5ケ年計画が実施された。石油価格高騰等で国内資金が72％を占めるに至っていた。72年前後では、政府歳入の20％程度であった石油からの収益が、第1次石油危機後の74年には49％に、第2次石油危機後の80年には61％に達したとされる。石油価格高騰はスハルト政権に大きな追い風となったのは自然なことであった。

　1975年には、自由主義世界のインドネシア援助の大きな背景となっていたベトナム戦争は共産側の勝利で終結した。

◆　東ティモール問題　〜異なるアイデンティティー

　広大なインドネシア群島を一つに統合するのは至難のことである。国是「多様性の中の統一」（ビンネカ・トゥンガル・イカ）は多様性を尊重するなかでの統一を目指すものだが、東ティモールのアイデンティティーはそれをも受容できなかったものであった。ティムール（東の意）島は、その東半分はティムール・ティムール（東ティモール）と称され、インドネシア独立後もポルトガル領としてとどまっていた。ところが、1974年4月、ポルトガルで革命が生じ、新政府は植民地の清算に取り組むことになった。ポルトガル新政府は東ティモールでは76年に総選挙を実施し、78年に主権移譲との政策決定を行った。ところが、東ティモールの現地では、以下の3勢力が出現し、対立する状況となっていた。
　（1）即時独立派の「独立東ティモール革命戦線」（フレテリン）。
　（2）段階的独立派の「ティムール民主連合」（UDT）。
　（3）インドネシアと統合を目指す「ティムール民主人民協会」（アポデティ）。勢力は最小。

　スハルト政権は「コモド作戦」と名付けた統合工作に着手するが、ポルトガル政府との外交工作は成果を得れなかった。この間、フレテリンと民主連合間の争いは内戦状態となっていた。フレテリンは75年11月28日にはこの内戦に勝利し、東ティモール民主共和国の独立宣言がなされた。ところが、その翌日の29日にはインドネシアが支援するアポデティがインドネシアとの統合宣言を行った。インドネシアは東ティモールの政情不安で共産主義が流入することを恐れていた。スハルト自身の言葉によれば「東南アジアと豪州の間にキューバに相当する国ができる。アジアの安全保障にかかわる重要な戦略問題」との判断がなされた。か

くして、75年12月7日、インドネシア軍が東ティモールに進攻し、武力制圧に乗り出し、76年7月には東ティモールは27番目の州としてインドネシアに併合された。しかし、山岳部に逃れたフレテリンはゲリラ闘争を続け、それを支持する住民は少なくなかった。東ティモールでは、内戦とインドネシア軍による制圧戦、それに伴う社会混乱による飢餓や疾病等で10〜15万人が死亡したとされる。一説には、東ティモールの65万の人口の10％の民間人が死亡したとも言われる。

　この後、東ティモール人民はインドネシアの統治に反発するところが多く、その抗議の声は国際世界に発せられて行った。キリスト教地域社会とイスラム社会とが対立する図式はインドネシアでは珍しくはないが、それは数百年間におよぶ歴史的経緯が背景となっているものである。東ティモールではポルトガル文化が深く浸透し、インドネシア的なものにはなじめない者が多かったものと考えられる。東ティモール人民の抗議の声に応えてアムネスティや各種人権団体からの批判が世界各地で強まって行くことになる。この東ティモール人民への国際的支援を象徴する出来事が96年のベロ司教、ラモス・ホルタ民族抵抗評議会代表へのノーベル平和賞授与であった。これが国際的批判に頭を痛めていたインドネシア側の政策転換に決定的な契機となった。97年6月には南アフリカのマンデラ大統領と抑留中の後に初代大統領となる東ティモール独立闘争指導者グスマオとの会談が実現している。

　さらに、インドネシアの東ティモール政策転換へと追い打ちをかけるような事態が生じる。それは97年からのアジア経済危機であった。インドネシア経済も大打撃を受け、98年5月の千人以上が死亡したジャカルタ大暴動となって行った。この混乱でスハルト大統領は辞任し、ハビビが第3代大統領に就任する。ハビビはこの6月にはベロ司教とジャカルタで会談を持ち、東ティモール独立への道は急速な歩みを始めることになる。インドネシア政府も深刻な経済危機のなか、東ティモールへの財政負担が重くなっていたという背景もあった。また、アチェでの独立闘争が深刻な状況となっており、さらにはイリアンでも独立運動が見られるようになっていた。

　1998年12月、国連総長特別使節団が東ティモールを訪問し、独立要求の強い状況が検証された。かくして、99年5月、ニューヨークでアラタス外相、国連総長、ポルトガル外相間の会談が行われ、東ティモールでの自治か独立かを決める住民投票をその年の8月に実施するとの決定がなされた。8月30日、住民投票が行われ、その結果は独立賛成票は78.5％を占めた。9月7日、初代大統領となるグスマオは釈放された。9月12日にはハビビ大統領はティモールに国連治安維持軍を受け入れる決定をなした。かくして、この翌年の2000年に東ティ

ムール民主共和国が誕生して行った。

　世界の政治状況はソ連邦が崩壊し、中国でも解放政策が始まっていた。共産主義の脅威が消滅していた。世界はイスラムのテロ攻撃の脅威の時代を迎えていたのである。

◆ スハルト政権の黄金期 〜国際政治にも大きな寄与

　1970年代、石油価格上昇のなかでインドネシアの石油生産は急増する。これにともない開発計画は予想を上回る成果を示した。ジャカルタには高層ビルが林立し、中間階層の出現も見せるようになる。71〜81年間には国民総生産は年7.7％前後の伸びを見せた。さらに、79年にはイラン・イラク戦争が勃発し、81年にはインドネシアの天然ガス生産は世界一となった。この他、76年には人工衛星が打ち上げられ、群島国家の通信が画期的に改善されて行った。

　このような好調な経済のなか、77年5月に新体制下での第2回目の総選挙が実施された。ゴルカル支持押し付けへの激しい非難のなかでの選挙であったが、ゴルカルの得票率は62.1％を占めた。しかし、翌年に控えた大統領改選、スハルト3選に反対する動きが活発化して行った。この選挙後のジャカルタのバス運賃値上げを契機とするように、激しい政府攻撃の活動が展開された。バス運賃値上げは弱者に重い負担を強いるものであった。特に汚職批判を掲げるデモは大学構内で日常的に激しく行われ、77年末にはジャカルタ、バンドゥン、スラバヤでは大規模な街頭デモが行われた。政府批判では、政治における軍の役割が攻撃され、スハルト3選反対も強く唱えられた。しかし、バンドゥン工科大の学生会議議長が大統領、国会誹謗で逮捕され、これに学生・知識人の逮捕が続いた。また、77年11月に汚職記事掲載のニューズ・ウイーク誌が発売禁止とされたのに続き、78年1月には多くの新聞が発行停止となった。このような状況下、78年3月、国民協議会でスハルト大統領は3選を果たし、完全な支配力を掌握して行くことになる。

　インドネシアの地理的、民族的多様性は常に社会的分裂をもたらし易く、軍を背景とした強権的支配がなお続くことになる。イスラム過激派も活動を見せ始め、77年にはその組織の存在が指摘され、数百人が逮捕された。彼らは裁判もなく長期間拘留された。81年には国営航空のガルーダ機がイスラム過激派5人に乗っ取られる事件が発生した。この事件はバンコクでインドネシア軍がこの内の4人を射殺して終息した。84年9月に至ってはジャカルタの港町タンジュン・プリオクで反政府、反財閥、反パンチャ・シラを掲げるイスラム・デモが

起こり、混乱状態に陥った。これに対し出動した軍が発砲し、少なくとも28人が死亡した。この事件はイスラム・デモであったが、その主要目標はスハルトの盟友林紹良財閥の銀行であったようだ。この後も事件は終息せず、イスラム擁護を掲げる反政府ビラがジャワ中に配布され、ジャカルタでは爆破、放火が続いた。85年1月にはボロブドゥール寺院の一部が爆破される事件も生じた。さらに、この年の7月にはジャカルタの華僑街の商業中心部で放火事件が続いた。この時には中央放送局も爆破された。放火されたビルが60棟にものぼった。この一連の事件で30人前後が逮捕されたが、その中には元産業大臣、さらにはASEAN初代事務総長であったダルソノ将軍もいた。この2人にはそれぞれ懲役19年、10年の刑が下された。産業化社会の進展は大きな社会的軋轢を生んでいたのである。

　この間、政府の開発計画は着実に成果を挙げていた。それはスハルト政権の黄金期と称してもいいものがある。まず、一人当りの国民所得が82年には600ドルを越え、世界銀行はインドネシアを中流国に分類している。この翌年の83年には国会はスハルトに「開発の父」称号を授与した。66年当時、製造部門はフィリピンやタイより小さかったが、84年にはインドネシアは東南アジア最大の製造国となっている。また、開発計画の一つの柱であった農業部門では、84年には米の自給をついに達成している。スハルトにとっては何よりも喜ばしい成果であったのであろう、自らメディアを通じてこの成果を報告している。

　村落政策については、79年に「デサ法」が制定され、各地でまちまちであった村落呼称が、ジャワで一般的な「デサ」に統一された。また、村長は国家役人とされ、政府から給与が支給されることになった。80年には「国軍、村落に入る」と称された活動で、国軍兵士が村落の橋や道路の建設、改修に取り組み、村落建設に寄与したものであった。

　スハルト政権の政策のなかで、国際的にも高い評価を得たものは家族計画であった。「2人っ子」政策を掲げて強力なキャンペーンが全土で展開された。1950年には1女性の出生率は6.4人であったが、95年には2.8人に低下している。人口増加率は60年代には2.32%であったものが、80年には1.97%となった。この成果は世界で最も成功した家族計画の一つとされ、国連から表彰もされた。

　教育分野については、汚職蔓延の世相のなか、地道で着実な成果を挙げていた。73年には児童の就学率は57%であったが、84年には97%に達している。この間、10万校が増設されたといわれる。また、国語使用可能率は90年には80%に達した。71年には40.8%であった。一方、パンチャ・シラ、そのなかでも特に宗教信仰が強調されるなか、ジャワでは回教寺院数

は50％以上も増加した。これは、カソリック、プロテスタント教会においてもほぼ同様の増加となっている。

　スハルト政権は、国際政治の分野でも小さからぬ成果をおさめている。まず、1976年2月には反共を旗印としたASEAN首脳会談の初開催に成功している。事務局のジャカルタ設置が決定され、初代事務総長にはシリワンギ師団司令官ハルトノ・ダルソノ中将が就任した。85年には、アジア・アフリカ会議30周年記念会議も成功させ、非同盟諸国活動に指導者として復帰した。この85年10月には、ローマにおける国連FAO（食糧農業機関）会議では、南北問題が提議されたが、スハルトは南代表で演説している。

　この期におけるインドネシア外交で国際政治に大きく貢献したものは、カンボジア問題解決に示した主導的役割であった。1978年末、残虐を極めたポル・ポト政権下のカンボジアにベトナム軍が進攻し、占領した。疲弊が進むカンボジアの事態打開に向けて最初に動いたのはインドネシアであった。84年、国軍司令官ムルダニがハノイを訪問し、外相はモスクワを訪問した。翌85年にはモクタル外相がハノイを訪問した。そして、この年にはベトナムの外相、防衛大臣のジャカルタ訪問を見たが、この段階では何ら具体的な成果はみられないものであった。ところが、88年にインドネシア外相にアリ・アラタスが就任するや、彼は積極的な行動をとり、成果を得て行くことになる。この年の7月に、カンボジア問題打開に向けたジャカルタ非公式会議が開催された。これへの参加者は、カンボジア4派閥代表、ASEAN諸国、ベトナム、ラオス代表等であった。この会議が翌89年のカンボジアの旧宗主国であるフランスとインドネシアが共催するパリ国際会議へと続くことになる。そして、ついに91年10月に至り、パリで包括的合意に達することになった。国連が直接的に支援するカンボジアの国連臨時政権がスタートし、インドネシア軍が進駐してこれを支援し、安定政権形成への道を監視する態勢がとられた。この新政権は大きな混乱を見せることもなく確立して行き、インドネシアのこの地域における指導力に国際的評価を得たものであった。

　インドネシアはこの91年には非同盟諸国会議の議長国に選出された。これらの国際政治舞台での活躍の一方、国際世界からインドネシアへの批判も強まっていた。とくに、アムネスティ・インターナショナルは、裁判なしの政治犯がインドネシアには5.5万から10万人もいるとして、批判活動を強く展開させた。さらに、76年11月には、米大統領にカーターが就任し、基本的人権を強く訴えたことの影響も大きかった。80年には、インドネシアはBC級政治犯を大量に釈放している。9.30事件から15年も経過していた。

◆ 1980年代の変貌 〜政府主導から民間経済活動主導の時代へ

　1980年代、インドネシアでは２つの大きな変貌が見られた。一つは石油価格の大幅下落もあり、石油依存体質、換言すれば政府主導の経済から民間の経済活動が主体となる時代への移行である。今一つは、国軍における世代交替も進み、軍の政治・経済活動からの撤退と、本来の任務、すなわち国防任務専念への回帰を目指す動きが始まることである。

　1982年頃から86年にかけて、先進国経済が後退し、石油価格が大幅に下落した。81年には石油・ガスからの政府収入が123億ドルあったが、84年には95億ドル、86年には44億ドルと３分の１近くに激減した。国家財政の内で、石油・ガスからの収入は88年には29％にまで下降した。この国家財政の危機を克服するため通貨ルピアの切り下げ、大型プロジェクト縮小、政府補助金削減等の対策が取られたが、何よりも84年に導入された所得税、付加価値税が石油・ガスからの収入を越えるようになっていた。85年には汚職と煩雑さで有名であった関税局を廃止し、その業務は外資系の民間会社に委託している。これによって輸出入業務に劇的な変化がもたらされた。

　工業製品生産は着実な増加を示し、88年には工業製品の輸出額は石油輸出を抜いている。また、外貨獲得のため、特にバリ島を中心とした観光事業の振興策にも着手されたのも80年代のことであった。87年から92年にかけての経済成長は年平均6.7％を維持し、完全に石油・ガス輸出経済からの脱却を果たしている。90年代には農業従事者が50％を割ることになった。給与生活者が着実に増加していたのである。政府主導型経済開発政策の時代が終わり、民間主導型経済開発の時代が到来したわけだが、そこでは華僑財閥の活動が一層目立ち、また、スハルトの６人の子供達の経済活動、ファミリー・ビジネスが社会にさまざまな波紋を与えるようになっていた。88年２月には国軍司令官ムルダニは、スハルト大統領に子息達の事業について直接忠言を行っている。

　このようにインドネシアは80年代の経済危機を自力で乗り越え得たわけだが、それは小さからぬ社会混乱、治安悪化のなかでであった。この犯罪事件の増加時、83年から85年にかけ、入れ墨をした犯罪組織の構成員が次々と正体不明者、おそらくは特殊部隊に深夜等に狙撃されるという事件が続いた。犠牲者は一説には５千人前後に達したとされる大事件であったが、その真相は不明のままである。

　80年代の今一つの変貌、国軍の改革への動きには、軍の職業性、規律を見つめ直し、国軍

への尊敬を取り戻そうとする動きが背景としてあった。その象徴的な一歩となったのが、80年8月に出された国軍の政治活用の停止等を求めた「50人の嘆願書」であった。ナスティオン、アリ・サディキン、ハルトノ・ダルソノ等々、著名な人物が名を連ねていた。政権側も軍の経済活動の制限、軍を含めた統治機構の改革、さらには83年にはゴルカル総裁に民間人を充当するなど、国軍の影響力の削減策に着手していた。社会の進展のなか、軍の過大な存在感には誰もが不自然に感じる時代になっていたのである。しかし、国軍の本来任務への回帰への動きに決定的な役割を果たしたのは世代交替であった。定年制の厳密な実施で、80年代半ばにはスハルトの周辺には独立戦争を共に戦った盟友や、かつての部下達はすべて姿を消していた。国軍将官には士官学校出の若きエリート達がそろい始めていた。スハルトは盟友の大臣や国軍首脳には政策のほとんどを任せきりにしていたようだが、今や彼の周りには一世代も二世代も若い連中が取り囲み、何かにつけスハルトの指示を求めるようになっていた。彼がテレビ等で連日、饒舌な演説をするのはこの頃からであった。

　スハルト体制は、82年の総選挙ではゴルカルが64.3％と前回より2％余り得票を伸ばし安定していた。イスラム系の開発統一党（PPP）は27.8％であった。PPPでは近代化派が主導権をとり、保守的、伝統派的なナフダトゥール・ウラマ（NU）はこれを脱退し、政治活動からはこの時点では撤退した。インドネシアのイスラム世界における近代化派と伝統派間の抗争は、ジャワ対スマトラの対立を一例とした地域間、エスニック間の対立も背景としてあるのが特徴である。伝統派とは固有文化社会のなかでのイスラム信仰を建て前とするが、近代化派は純粋、厳密なイスラム信仰を主張し、未来志向が強く、それが歴史や固有文化をも否定する過激主義的側面を持ち易い特質がある。そして、イスラムを国教とするイスラム教国の樹立を目指すのも一つの特徴となる。

　「多様性の中の統一」「国家5原則」を掲げる共和国政府にとってはイスラム教国を求める勢力はあなどりがたく、克服が困難な問題として横たわっていた。83年、政府はイスラム勢力に対抗する統一イデオロギーの必要性を痛感し、改めてパンチャ・シラを唯一のイデオロギー基盤とするとの政府決定がなされ、85年2月には法制化された。NU、ムハマディヤ、さらには政党としてのPPPも、いわばイスラム教国を否定するパンチャ・シラを唯一の基本とすることを受容したが、これに追随できないイスラム勢力も存在を続けた。それは、ジャワ人が主体とみなされたインドネシア政府に反抗する反政府勢力でもあった。この他、共和国政府を信頼しようとはしない親オランダの人々もけっして少なくはなかった。

　87年4月の総選挙ではナフダトゥール・ウラマがゴルカル支援に回り、ゴルカルの得票率

は73.2％と驚異的な数値を示した。一方、開発統一党は16％に下落した。そして、民主党（PDI）は勢力を盛り返し、10.9％の得票を獲得して一定の勢力を確保することになった。さらに、イスラム勢力が最も強固とされるスマトラ北部のアチェ地方でもゴルカルが51.8％を確保し、42.8％の開発統一党に勝利したものであった。この選挙結果は、スハルト政権がイスラム勢力の掌握に成功したものとみなされ、政権の自信は強められた。82年から続いた5年間の経済困難も乗り越えられつつあり、国内・国際情勢もスハルト政権に協力的であった。社会改善も進み、村落にまで電気が通じるようになっていた。この期は、スハルト体制の爛熟期と称してもいいものがある。88年3月にはスハルトは5選を果たすが、誰も対抗する者はいなかった。

◆ 次代を担う指導者の登場 〜ハビビ、ワヒド、メガワティ

スハルト大統領5選について、国民間では5選は長過ぎるとの感を生んでいたのも事実であったが、ふさわしい後継者がいなかったのも実情であった。しかし、優秀な人材が社会の各分野で出現し出していた。後にスハルトの後継者となるバハルディン・ユスフ・ハビビもその一人であった。ハビビは1936年、スラウェシーでジャワ人とマカッサルの主要部族ブギス人との間に生まれた。彼が14歳の時、父が死去したが、司令官としてマカッサルに赴任して来たスハルトは彼を養子とした。スハルトの居宅がハビビの家の前で、ハビビは学業にすぐれ、天才児として評判をとっていた。この後、彼はバンドゥンで学業を続け、バンドゥン工科大学に進学し、さらに西ドイツに留学し、航空機工学を学んでいる。1965年には工学博士号を取得している。そして、74年に至り、ハビビはドイツの一流航空機会社の要職にあったが、スハルト大統領の帰国要請を受けることになる。

この帰国要請はインドネシアでの航空機産業の創設のためであったが、彼の事業はエレクトロ、造船等々と巨大国営企業集団を形成して行き、ハビビ大王国とも称されて行く。しかし、その事業展開への巨額なドル消費が批判されたり、軍への技術介入が嫌悪されたりと、必ずしも国民の称賛を得たものではなかった。78年、彼は研究・技術大臣に任命され、官僚機構内で最大の影響力を持つようになる。また、先進諸国のアカデミー会員に推挙されたり、種々の表彰を受けたりと、国際機関でよく名が知られるようになっていた。

他方、敬虔なイスラム教徒であったハビビは、イスラム信仰強化活動を強力に推進し、公立学校ではイスラム教育を導入するに至っている。90年12月には「インドネシア回教徒知識

人協会」（ICMI）を設立し、4万人の会員を擁した。これは、政権側から敵視されがちであったイスラム社会と国家との和解の象徴であったともされている。ただ、ナフダトゥール・ウラマの指導者ワヒドは、この協会をセクト的エリート組織として、また、多様性インドネシアへの脅威として批判を続けた。

　活動的で、時には独善的なハビビの諸分野での行動は批判を受け易かったが、92年、東ドイツの艦船39隻を482百万ドルで購入した問題ではメディアの大批判を受けた。大規模な汚職がからんでいるとされたのである。この騒動では、有力週刊誌『テンポ』が廃刊とされた。98年3月、スハルト大統領は7選となるが、ハビビはこの時、副大統領に抜擢された。高齢でもあり健康問題も抱えるスハルトは、自らの後継者とした人事であった。5月にはスハルトは大統領を辞任するや、ハビビは第3代大統領に就任することになる。

　ハビビを継承し第4代大統領となるのが、アブドゥールラーマン・ワヒドである。彼は1940年生まれで、祖父はナフダトゥール・ウラマ（NU）創設者、父もNUの指導者というエリート一家に育った。彼の基本姿勢はイスラムが合理主義的で、寛容で、多元社会性であることを強調し、インドネシアのイスラム社会の閉鎖性の打破を目指したところから、その余りの自由な発言に驚かされる人々も多かった。ワヒドは1963年から70年にかけて、カイロやバグダットのイスラム大学に留学し、帰国後は父や祖父も教えたイスラム寄宿制学校プサントレンで教えた。プサントレンはジャワの村落部に広く展開し、NUの最大の基盤となるものである。一方、ムハマディヤは都市部の私学校展開を基盤とするもので、この2大イスラム組織の基本的差異となるものである。
　71年にはワヒドはジャカルタに移るが、その幅広い経験と読書、解放的性格とともに持って生れたカリスマ性で著名人となって行った。82年の総選挙に際し、開発統一党（PPP）内の抗争でNUが危機に瀕した時に、彼はキーパーソンとして登場したものであった。この時、NUのPPP脱退、政治活動停止へと導いたのは彼であった。なお、このPPPとの紛争時、NU自身も分裂の危機に直面したが、83年末にはプサントレン指導者達、青年改革派、すなわちワヒド派の勝利に導いている。84年には国軍司令官でキリスト教徒のムルダニをプサントレンに招いたり、政府の諸分野との協力関係を深めることに成功している。87年の総選挙では、ワヒド自身がゴルカルの選挙活動に参加している。彼はNUを宗教・教育・文化・社会・経済組織として規定し、プサントレンを社会経済建設のための機関として行くのである。かくして、90年にはNUは村落銀行の設立を発表する。その協力銀行が華僑財閥

系のものであったのも人々を驚かすに十分なものがあった。そして、翌91年には「インドネシア・ムアラマット（社会）銀行」をも設立した。

しかし、ワヒドは90年代初頭からのハビビによるイスラム強化活動には加わらず、一貫して批判的姿勢を貫いた。これはスハルト・ハビビ体制にとり潜在的脅威とみなされ、ワヒド指導権を打破する工作も行われたが、この工作は失敗している。90年代半ばには、彼はNUの3～4千万人を従え、正直・正義・人種的宗教的多様性の重要性について戦っていた。

97年5月のスハルト体制最後となる総選挙では、スハルトの娘トゥトゥトと共に遊説を行い、74.5％というゴルカル過去最高の得票に貢献している。この翌年の5月19日にはスハルトは自身の進退につきイスラム指導者達を招いて会談を行うが、その内にはワヒドも招かれていた。この2日後、スハルトは大統領を辞任するのである。

ワヒドはハビビを継承して第4代大統領となるが、ワヒドを継承することになるのが1947年生まれのメガワティ・スカルノプトリである。「スカルノプトリ」とは「スカルノの娘」との意味である。彼女はスカルノの長女で、もともと政治活動を行ったこともなく、政治的野心も何も持たなかったが、1987年に「インドネシア民主党」（PDI）から国会議員にかつぎ出された。そして、93年12月にはPDIの混乱時に、熱狂的な支持のもとに党首となった。彼女の弟、グルも加わっていたが、これらは民主党躍進の原動力となった。92年の第6回総選挙後、スハルトが6選を果たした後のことであった（秋尾2009）。

そもそも、PDIはスカルノが創設した国民党の流れをくむもので、「スカルノ」を党のシンボルとして党勢を復活させたわけである。この当時、宗教紛争をはじめ、婦人運動、労働組合運動その他、種々の社会紛争が出現していた。これに加え、ハビビの大量の予算消費、スハルトの子供達の蓄財等々、反スハルトの潮流が強くなり始めており、ワヒドと共にメガワティも大きな支持を得ることになる。スハルト陣営にとり、メガワティと一層の民主化を求めるPDIが深刻な対抗者となるのを阻止する動きも見られた。これがかえってPDIの人気を一層高めていたなか、96年6月、国軍・内務省の工作で民主党臨時大会が開催され、メガワティを党首から降ろし、前党首のスルヤディを再選出した。メガワティおよびその支持者達は、この決定を拒否し、彼女自身はPDI本部に座り続け、政府を告訴して、法的に追及して行った。この事件は大きな社会的関心事となり、各種団体が演説やデモを展開することとなった。7月27日に至り、スルヤディ会派を名乗る一団がPDI本部を襲撃し、メガワティ派を強制排除した。この後、ジャカルタ暴動と称される事件が生じ、死者5人、負傷者149人、国軍による逮捕者200余人という大騒動となった。この襲撃には軍が関与していたと

される。この事件後も「闘うメガワティ」への支援は減少することはなく、「民主党メガワティ派」として一定の勢力を維持して行く。ワヒドとも親密な関係を構築し、後にワヒドを継承して第５代大統領となる。

　この他、陸軍士官学校出身の1988年に国軍司令官に就任したストゥリスノ、98年に国軍司令官となったウィラントなどもスハルト後継者かと噂されたが、なかでも1951年生れのプラボウォは輝かしく優秀な人材の登場として脚光を浴びた。彼は95年に44歳で准将となり、96年には少将、98年には陸軍戦略予備軍司令部（Kostrad）司令官として中将となっている。スハルトの娘と結婚し、スハルト後継者の有力候補ともされたが、イリアン、東ティムール、さらには泥沼化して行くアチェ独立運動の鎮圧作戦等々、治安関係の重要任務を遂行するなかで、「汚れ役」のイメージがつきまとうこととなった。しかし、国軍には第６代大統領となるユドヨノなる人材が控えていたのである。

◆　アチェ独立運動　〜最大の中央離反の動き

　この期、共和国からの離反の動きで代表的なものは、東は東ティムール独立問題であり、西はアチェ独立運動であった。東ティムールは国際世論からも強い支援があり、また、地政学的にも遠隔地で、天然資源もさして見込めず、中央政府の独立容認に対して国内世論は比較的冷静であった。しかし、アチェはスマトラ北端部に位置し、いわばマラッカ海峡の出入口とも言える戦略的に極めて重要な地点である。しかも、豊富な天然資源、とくに天然ガスが豊富で、中央政府としてはその独立を容認できるものではなかった。さらに、東ティムールはキリスト教優位社会で西洋社会からの支援も高まったが、アチェは強固なイスラム社会ということもあったのか、国際世界からの支援は高まらなかった。世界はアチェ問題はインドネシアの国内問題との認識を持ったものであった。

　また、アチェの独立運動には東岸地域の天然ガス開発の基地が置かれたルクシュマエの町の退廃化も要因となったようだ。ルクシュマエは工業地域となり、その建設のなかで農民の権利が剥奪され、売春、賭博、アルコール、麻薬がはびこる町となって行った。これにさらに国軍兵士の悪行グループの行動も加わり、敬虔なイスラム教徒の多いアチェ人にはルクシュマエの町が呈する様相は受容不能なものがあったようだ。しかも、天然ガスからの巨額な利益はほとんど中央政府に吸い上げられていることへの反感も加わっていた。この資源の持ち去りという問題は、パプア（西イリアン）の独立運動などとも共通の要素となっている。

アチェ独立運動の主要な展開は、1976年12月にアチェ独立宣言がなされたが、この動きは82年までのことで、それ以降は平穏な情勢が続いていた。ところが、88年5月には反乱が再発し、翌89年には「アチェ独立運動」（GAM）の兵士が国軍基地を攻撃し、武器を奪取するという事件が生じた。このGAM兵士とはマレーシア在住のアチェ人社会が財政支援を行い、数百人がリビアで軍事訓練を受けた者たちであった。かくして、90年から98年にかけてアチェには戦時非常事態法が適用され、プラボウォ指揮下の戦略予備軍部隊が派遣された。GAMのシンパと思われる者は逮捕、そして裁判なしでの処刑が可能であった。90年代半ばは反乱の頂点期であった。軍はGAMの活動を減少させては行ったが、国軍への評判、とくにアチェ人のジャカルタ政府や軍への憎悪が一層深まることになって行った。GAMはアチェ北部、東部地域で大衆の支援を得ていたものであった。そこで、98年8月、国軍司令官ウィラントがアチェを訪問し、国軍によってもたらされた苦難を謝罪し、軍の撤退を伝えた。しかし、現実はその逆で、国軍は一層増強され軍による暴力も激化して行った。99年5月には、ルクシュマエで軍と住民が衝突し、死者50人、負傷者100人を出し、7月にはGAM指導者トゥークー・バンタキヤのプサントレンが攻撃され、バンタキヤとその妻ら50人以上が殺害されるという事件が続いた。

　泥沼化するアチェの事態に光明がさすかと思われたのが、ハビビ政権下の民主化と和解の歩みと、それに続くワヒド体制下の休戦への努力であった。2000年5月、ワヒド大統領の指導下、アチェで休戦協定が署名された。しかし、そこでは独立問題には触れられておらず、また、GAM側にも信頼を失墜させる動きもあり、軍事紛争が再開され、最終的には軍のGAM制圧行動へと進んで行った。

　一方、パプアでは、98年7月には「パプア独立組織」（OPM）旗がデモのなかで掲げられ、軍の武力制圧で3人が死亡したと伝えられた。翌99年5月にはジャカルタで、西パプア社会からのデモが見られたが、他からの支援は得られることはなかった。この99年9月には、放火等の大規模騒動が発生したが、これは独立要求によるものではなく、東ティムールやアムボン等からの避難民の到来に抗議するものであった。この年には、アムボンではイスラム社会とキリスト教社会との間で大紛争が生じていた。アジア経済危機の余波が原因と考えられるものであった。これより先、97年には南西カリマンタンでは、マドゥラ島からの渡来人1千人以上が先住民ダヤック族に殺害されるという事件も発生している。

◆ スハルト体制の終末 ～大波乱劇の展開

　スハルト体制崩壊のドラマは、1996年4月のスハルトの妻イブ・ティエンの死去に始まるとも言える。この後、スハルトはその盤石の安定感を崩して行ったとも指摘される。これには彼自身の健康問題もかかわっていたのは確かであろう。この96年には彼は西ドイツに腎臓と心臓の検査に行っている。強健な体力を持つスハルトもすでに76歳となっていた。

　スハルトの妻ティエンは子供達の活動に常に忠告を与えていたとも言われるが、その死去で彼らの活動にも制約がきかなくなって行ったのかもわからない。96年初めには国民車組立計画が持ち上がった。この計画には3男トミーがたずさわることになったが、実際には韓国の自動車会社からの完成車の輸入となっていた。しかも、税・関税は免除されていた。これには国内からの批判だけでなく、日本とアメリカは国際通商条約違反として強く抗議するとともに、WTOに提訴するなど、国際的なビジネス・スキャンダルとなって行った。

　この国民車問題も含めて国民間で社会経済的不満が高まるなか、97年5月に総選挙が実施された。スハルト政権下の最後の選挙となったが、それはまた各地で多数の死者を出した大騒動をともなう最悪の選挙戦となった。選挙結果自体はワヒドのナフダトゥール・ウラマ票が加わったゴルカルが74.5％と過去最高の得票率を獲得した。これは当然、政権の安定を示すものであったが、この97年2月にはタイが通貨危機におちいり、やがてその影響はアジア通貨危機としてインドネシアにも波及して来た。インドネシアの通貨ルピアは1ドル2500前後であったが、97年8月には9％下落し、10月には1ドル4000ルピア、12月には5800ルピアと下落が止まらなかった。IMFは巨額の融資等のインドネシア支援策のなかで、16銀行を閉鎖させたが、スハルト一族の2銀行が再開された。IMFとスハルトの対立の始まりであった。98年1月には、日、米、独の首脳がそれぞれスハルトにIMF改革の受け入れを迫り、1月15日にはスハルトもこれらの忠告を受け入れた。しかし、彼は公共料金値上げ、各種補助金削減には強い抵抗を示し続けた。国内情勢がそれを許さない状況であったのである。事実、3月に至っての公共料金大幅値上げが、スハルト退陣につながる大騒乱の引き金となったものであった。

　98年1月末、スハルトは大統領7選を目指す態勢として、ハビビを副大統領候補とした。ところが、これが最悪の通貨下落を招くことになった。巨人スハルトの退陣が近いとの観測のなか、予算浪費家として名高いハビビがその後継ともなりかねないのである。ルピアは1

万5千から1万7千前後へと急落した。ジャカルタの証券取引所は壊滅し、多くの近代的企業が倒産に追い込まれ、何百万もの失業者を出した。また、中産階級の貯蓄にも甚大な被害を及ぼしたものであった。

このような状況下、大統領を選出する3月の国民協議会開催を控えた2月頃から民主化を求める活動家が次々と行方不明となって行った。学生活動家20人が治安機関に誘拐され、その内、9人は殺害されたとされる。戦略予備軍司令官プラボウォの仕業と人々には信じられたものであった。3月11日にはスハルトは7選を果たし、ハビビは副大統領に選出された。ところが、新内閣ではスハルトの娘トゥトゥットが社会大臣に、また、政商ボブ・ハッサンが通商大臣に抜擢された。ハッサンには長年の功績に報いる意図もあったようだが、彼はその任に耐えないことがすぐさま判明する始末であった。新内閣は改革への能力が欠如する、まさに終末期的内閣の様相をにおわすものであった。

この頃から、ムハマディヤのアミン・ライスが突出した批判者として、また、学生運動の中心的指導者として登場して来る。事実、彼がスハルト政権終結ドラマで重要な役割を演じることになる。3月半ば、IMF改革案にも従い公共料金等の大幅値上げが実施された。一般庶民には過重とも言える負担を強いるものであった。スマトラ北部メダンでは暴動が発生し、各地に波及していく。ただ、この時期、学生デモはキャンパス内でのみ許可されていた。ところが、5月12日、スハルトがカイロでの非同盟国首脳会議出席で不在時であったが、ジャカルタのトゥリサクティ大学での市民をも含めた政府批判デモは、街路にあふれ出すことになった。混乱のなか、ついには警備中の国軍が発砲し、学生6人が死亡、多数の負傷者を出す事態が生じた。この日には、バンドゥン工科大でも学生デモ隊と治安部隊が衝突し、スラバヤでも大規模なデモが展開していた。

翌日の5月13日、トゥリサクティ大学で合同葬儀が行われた。これにはアミン・ライス、そして、この時期には注意深く沈黙することの多かったメガワティも出席した。メガワティは国軍部隊を強く非難すると、参列していた1万人が熱狂した。この葬儀後、ジャカルタの町は混迷を深めて行き、夕方には暴動、略奪行為へと進展して行った。華僑街のコタでは放火が相次ぎ、華人には死者も出ることになった。各地で騒乱が生じたが、ジャカルタとならんで中部ジャワのソロも最悪の状態であった。事態はさらに悪化し、翌14日には都市機能がマヒする一説には数十万とも言われる群衆が暴徒化することとなった。この大暴動は15日まで続き、ジャカルタでは死者は千人以上に達した。あるショッピングビルは放火によるものか、炎上し、何百人もの焼死者を出した。史上最悪の商店略奪が各地で生じ、華僑や大使館

員をも含めた大量の在住外国人の国外脱出劇が展開された。治安部隊はこの時点ではこれらの暴動を、一種、放置する態勢をとっていた。制御不能とも言える状況であった。

　5月15日、スハルト大統領はカイロから帰国したが、各方面からは退陣要求が出されていた。国民協議会（MPR）は新大統領選出のための会議開催の準備に入り、18日にはMPR議長はスハルトに退陣要求を行った。この頃から学生デモ隊がジャカルタに集結し出したが、街路でのデモが禁止されたこともあり、彼らはMPR議事堂に集結することになった。20日には広大なMPR議事堂敷地だけでなく、議事堂の大屋根までもが学生で埋まった。騒然とする状況を呈したが、学生デモ隊は暴動化することはなかった。

　MPR議長の退陣要求を受けた翌19日にはスハルト大統領は9人のイスラム指導者と自らの進退に関して会談を行った。ここにはアミン・ライスは含まれていなかった。そして、この時点では、スハルトは自らは立候補はせずに新大統領選出のための総選挙を早める方策を持ったと考えられる。しかし、そのための内閣改造は翌20日には失敗することになった。入閣辞退者が14名にも及んだからであった。かくして、5月21日、スハルトは大統領を辞任し、副大統領のハビビが第3代大統領に就任した。

　スハルト退陣への不同意を示すものか、スハルトの娘婿プラボウォは自らの部隊を展開させ、クーデタの動きらしきものを見せた。国軍司令官ウィラントは、これを囲むように部隊を展開させ、プラボウォを解任し、この動きを阻止した。プラボウォを支援する動きはどこからも出なかった。学生デモ隊は5月23日には国軍の要請を受け、撤収して行った。このような大騒乱でもなければ、スハルトの退陣が実現しないのかとも思わせられたスハルト体制の終末ドラマであった。

終章　大統領公選、夢の実現へ

　1998年5月21日、第3代大統領に就任したハビビは、次々と民主化、自由化の施策を打ち出し、清新な風を社会に送り出した。治安問題を第一に重視する軍人政権ではなし得なかったであろうと思わせるものであった。まず第一に、少なくない政治犯が釈放され、言論・集会の自由、政党結成の自由が掲げられた。さらに、独立労働組合の結成が承認され、国会における国軍の議席数は半減された。政党結成の自由化では、すぐさま100の政党が名乗りをあげたが、最終的に登録に至ったものは48政党となった。主要なものは、「インドネシア民主党」(PDI)のメガワティ派は「闘争民主党」を創設し、ムハマディヤのアミン・ライスは「国民信託党」、ナフダトゥール・ウラマのワヒドは「民族覚醒党」を創立した。

　98年11月、国民協議会(MPR)はスハルトが示していた新大統領を選出するための総選挙の前倒しは、翌99年5月実施で合意した。計画通り実施されたこの総選挙は、最初の自由な総選挙となったものであった。その選挙結果では、闘争民主党が一躍、33.7%の得票を獲得し、153議席を得て第1党となった。ゴルカル党は得票率22.4%で120議席、開発統一党は58議席、民族覚醒党51議席、国民信託党34議席、月星党13議席、その他33議席となった。これに半減されたが国軍指名枠38議席が加わり、合計500議席となった。政党存続には得票率2%以上が必要とされていたので、48政党は一気に以上の6政党に淘汰された。なお、議席配分が最終的に決定したのは9月になってからであった。

　99年10月3日、信託党のアミン・ライスがMPR議長に選出された。そして、この10月14日には、ハビビは大統領就任以来の施政を総括する演説をMPRで行ったが、10月20日にはこのハビビ総括演説はわずかの差でMPRで拒否された。承認332、拒否355であった。MPRは国会議員500名に、地方その他の代表200名を加え700名で構成され、大統領選出はその大きな任務である。ハビビは経済改革、民主化推進の成果を強調したが、彼自身、汚職問題に巻き込まれていた状況があった。

　10月21日にはMPRで大統領選挙が実施された。ハビビは立候補を辞退し、メガワティとワヒドが立候補していた。第1党のメガワティ絶対優勢の事前予測であったが、投票結果はワヒド373票、メガワティ313票と、ワヒドの逆転勝利となった。これにはアミン・ライスのイスラム諸会派を軸とした中道連合結成への強力な活動があった。また、イスラム社会のなかで、女性大統領は不適との根強い世評、あるいは、メガワティの政治的手腕が未知数であ

ったことも彼女には不利に働いた。この結果に対して、故スカルノ初代大統領の母親がバリ島出身ということで、スカルノ家の強固な地盤であるバリ島では大暴動が発生した。ワヒドは、直前までメガワティ支持の姿勢を示していたもので、この結果はワヒドの裏切りとも言われたが、二人の関係は親密で、メガワティは副大統領に迎えられた。

　ワヒド大統領の基本的な政治姿勢は、スハルト時代の中央集権的抑圧体制をくつがえし、多様化と開放を推進するところにあった。2001年1月には、財源を大幅に地方に移譲する地方分権化が実施された。国軍に対しては、基本的人権違反、汚職追及で将軍を次々と解任し、世間を驚かすとともに、軍にも大きな動揺を与えた。ただ、国際的にも大きな批判の対象となっていたスハルト一族の巨額蓄財問題は法廷に持ち込まれていたが、これについては例え有罪判決が出ても赦すとしていた。しかし、現実はスハルト裁判は一向に進むことはなかった。他方、スハルトの盟友ボブ・ハッサンには汚職で実刑判決が下された。スドノ・サリムは大暴動時、邸宅は焼かれ、シンガポール等に居を移し、戻ることはなかった。ただ、彼の巨大企業体はすでに子息が継承していた。

　ワヒドが直面した大問題にはアチェ独立運動（GAM）があった。おそらくはこれのためであったろう、彼は異常に長期の外遊を続けた。これによってワヒドは諸外国に多くの友人を獲得して行った。そして、これが国際的にGAMへの支援者を減少させることになり、国軍によるGAM制圧を容易にしたものであったと考えられる。

　ただ、ワヒド政権は経済問題では見るべき成果を見せず、経済困難は一層悪化していた。ワヒドの周りには汚職家が取り巻き、大統領自身をも巻き込んで行く汚職問題となって行く。汚職はインドネシアの文化とも言われたこの社会構造的図式は簡単には変えられないことが明らかとなるものであった。また、ワヒド大統領の視力の悪化は盲目に近いものとなっていたのが致命的であった。2001年7月には混乱のなかで大統領辞任を余儀なくされ、MPR臨時議会が開催され、副大統領のメガワティが第5代大統領に選出された。ワヒドの最大の功績は、ハビビ時代から続く後戻りできない民主主義の一層の定着と、法治国家の回復にあったとも言える。

　メガワティ大統領の在位期間は2001年から2004年までと、前2者に比して安定したものとも言えるが、汚職・癒着・縁故主義がはびこり、それはスハルト時代より悪化したものとも言われた。経済回復の面でも目ぼしい施策を見せなかったが、内外の投資は増加した。インドネシアは政権が安定さえすれば、華僑からの投資をはじめ、外国の投資家には魅力的な国であることは確かである。これによって貧困ライン下の人口は23%から18%に低減している。

この時期、20世紀末からイスラムテロが増加していたが、21世紀に入るとその頻度が増した。そして、その象徴ともなったのが、2001年9月の3千人の死者を出したニューヨークでの残酷なテロであった。2002年10月には、バリ島での外国人観光客を中心として202人の死者を出したテロも世界の人々を驚愕させた。インドネシアにおけるテロ組織は、ジェマー・イスラミヤなる組織であると解明され、徐々に摘発されて行った。

　メガワティ政権も、なお様々な難問に直面していたが、その最大の功績は、大統領公選制の実現を果たしたことであった。2004年4月、5年に1度の総選挙が実施された。この選挙はインドネシアに民主主義が顕著に定着していることを見せることになった。そして、国軍エリート出身のスシロ・バンバン・ユドヨノの新党「民主党」（PD）が10.4％の得票率を獲得した。通常はこの選挙後、国民協議会が開催され、大統領を選出するものであったが、全国民による大統領直接選出体制を実現させて行った。

　2004年7月、最初の大統領公選選挙が実施された。第1回投票では、ユドヨノ33.6％、メガワティ26.6％、ウィラント22.2％、アミン・ライス14.7％となり、上位2者の決選投票へと進んだ。9月に実施された第2回投票では、ユドヨノ60.9％、メガワティ39.1％となり、この10月に、ユドヨノが第6代大統領に就任した。

　多くのインドネシア人が夢見たことが実現され、民主主義が一層定着することになる。ユドヨノは施策の目標の一つに汚職撲滅を掲げ、実際にチームを作り、汚職摘発に取り組み始めた。これも大統領公選によって実現可能となったものと考えられる。

おわりに

　インドネシア通史を概観する書籍は、日本でも国際的にも、今まで出版例がない。その大きな理由の一つは、古代史の多くが歴史の闇に包まれていたことにあったと考えられる。一方、近現代史研究に従事する者は、イスラムを主体とする巨大社会の理解に悪戦苦闘し、全く文化的背景の異なるヒンドゥー時代の理解などに力を注ぐ余力がなかったことであったろう。

　筆者は古代史を専攻し、古代史研究に一定の成果を得たが、現代的諸問題に無関心であったわけではなかった。この国の激動する現代史の展開の成り行きには、いつも大きな関心を寄せ続けたものであった。近現代研究者にとっても、大国インドネシアの理解は古代史に劣らず困難なことであった。それは、インドネシア社会自体の混乱のなか、メディアも含めた諸情報の混乱の様相にも起因することであった。現代史の諸書に年代を含めて見解の相違が散見されるのはそのためであろう。古代史は史料不足に悩まされるが、現代史は錯綜する情報の洪水に惑わされるわけである。

　古代史、近現代史ともどもインドネシア史の研究にはまだまだ解明されていかねばならない課題が山積している。現代インドネシアは世界有数の大国である。歴史研究を通じて、この巨大国家の正しい理解を深めねばならないのは自明の理である。インドネシア史研究に従事する若い世代の輩出を願ってやまない。

　なお本書は歴史叙述を優先したところから、注記等はおろそかになっている面があると思われる。それらは諸参考文献の参照で補っていただきたい。

参考文献

秋尾2009：秋尾沙戸子『運命の長女―スカルノの娘メガワティの半生』新潮社。
浅田1989：浅田　実『東インド会社　巨大商業資本の盛衰』講談社現代新書。
愛宕1984：愛宕松男『マルコ・ポーロの旅　東方見聞録2』平凡社。
足立1942：足立喜六訳注『大唐西域求法高僧伝』(1984、2刷) 岩波書店。
有光1970：有光教一他『半島と大洋の遺跡。朝鮮半島・東南アジア・南太平洋』新潮社。
有吉1985：有吉厳訳クロム著『インドネシア古代史』道友社。
生田1966：生田滋訳注トメ・ピレス『東方諸国記』岩波書店。
　　　1998：生田滋『大航海時代とモルッカ諸島』中公新書。
石井1988：石井和子訳『古ジャワ語サン・ヒヤン・カマハーヤーニカン（聖大乗論）』伊東定典・渋沢元則先生古希記念論集。
植村1997：植村泰夫『世界恐慌とジャワ農村』勁草書房。
大木1984：大木昌『インドネシア経済史研究』勁草書房。
大林1984：大林太良『東南アジアの民族と歴史』民族の世界史6。山川出版社。
大村1972：大村西崖『密教発達志』国書刊行会。（大正7年初版）
桑田1936：桑田六郎「三仏斉考」台北帝大文政学部史学科研究年報3。
小葉田1939：小葉田淳『中世南島通交貿易史の研究』日本評論社。
斉藤1977：斉藤鎮男『私の軍政記』財団法人日本インドネシア協会。
静谷1954：静谷正雄「三仏斉仏教史に関する西蔵文の一考察」石浜先生還暦紀念論文集。
重松1993：重松伸司『マドラス物語』中公新書。
白石1997：白石隆『スカルノとスハルト』岩波書店。
田中1984：田中恭子『シンガポールの奇跡』中公新書。91年4刷。
千原1975：千原大五郎『インドネシア社寺建築史』日本放送出版協会。
津田1995：津田真一『和訳金剛頂経』東京美術。
土屋1982：土屋健治『インドネシア民族主義研究』創文社。
　　　1991：『カルティニの風景』めこん。
寺田1984：寺田隆伸『中国の大航海者　鄭和』清水書院。
冨尾1974：冨尾武弘「七世紀スリィウィジャヤの仏教について」龍谷史壇68/69合併号。
　　　1975：「タラン・トゥオ碑の社会経済的背景」南方文化2輯。
　　　1976：「クドゥカン・ブキット碑文の研究」龍谷史壇71号。
　　　1976b：「呵羅単国考」東洋史苑10号。
　　　1978：「赤土国の諸問題」東洋史苑11号。
　　　1985：「マタラム朝（後）の村落役人について」摂大学術B．No.3。
　　　1989：「古代のジャワとスマトラ」摂大学術B．No.7。
　　　1991：「幻のガルー王国―訶陵国考―」摂大学術B．No.9。

1992：「ガルー王国考補遺―婆露伽斯考―」摂大学術Ｂ．No.10。
　　　1993：「三仏斉の宋代における中国遣使記録と諸問題」摂大学術Ｂ．No.11。
　　　1996：「5世紀を中心としたインドネシアの状況」摂大人文科学第3号。
　　　1997：「紀元前後における黄支国への旅程について」摂大人文科学第4号。
　　　1999：『梵漢音写例一覧表』松香堂。
　　　2000：「スマトラなる呼称の由来と諸問題」摂大人文科学第8号。
　　　2004.1：「海のシルクロードのひとこま」東洋史苑第62号。
　　　2004.9：「ジャワ元寇再考」摂大人文科学第12号。
　　　2006：「ジャワ元寇補遺」摂大人文科学第14号。
　　　2008：「崑崙層期国考―マライ世界とマダガスカルの交流―」東洋史苑第70/71号。
　　　2010：「三仏斉国の滅亡―胡惟庸の獄との関連で―」東洋史苑第75号。
　　　2012：「満剌加国の確立と暹羅関係―鄭和大遠征を背景として―」東洋史苑第79号。
永井1986：永井重信『インドネシア現代政治史』勁草書房。
長岡1959：長岡新治郎「明代の蘇吉丹について―ジャワにおけるイスラム都市の生成―」東方学
　　　18．pp. 77-90．
長沢1971：長沢和俊訳注『法顕伝・宋雲行紀』平凡社東洋文庫。
永積1977：永積昭『アジアの多島海』世界の歴史13。講談社。
　　　1980：『インドネシア民族意識の形成』東京大学出版会。
藤田1943：藤田豊八『東西交渉史の研究』南海篇。荻原星文堂。
藤善1991：藤善真澄訳注『諸蕃志』関西大学。
松田1977：松田毅一『黄金のゴア盛衰記』中央公論社。
宮本1993：宮本謙介『インドネシア経済史研究』ミネルヴァ書房。
村上1942：村上直次郎・原徹郎訳 A. J. エイクマン、F. W. スターペル『蘭領印度史』東亜研究所。
松岡1924：松岡静雄訳補フロイン・メース夫人『瓜哇史』
家島2001：家島彦一訳注イブン・バットゥータ『大旅行記』第6冊。平凡社東洋文庫。
和田1975：和田久徳「モスレム国家マラッカの成立」東洋史研究34-2。
　　　1976：「マラッカ国諸王の在位年代」お茶の水女子大学人文科学紀要29-2。
WMS1977：和田久徳、森弘之、鈴木恒之『世界現代史5　東南アジア現代史Ⅰ　総説・インドネ
　　　シア』山川出版社。
スハルト1998：「スハルト大統領・私の履歴書」日本経済新聞 98年1月30回連載。
ハッタ1977：モハマッド・ハッタ『独立宣言前後』(1)(2)。南方文化4,5。冨尾武弘訳。
レッグ1984：J. D. レッグ著　中村光男訳『インドネシア歴史と現在』サイマル出版。
セデス1969：辛島他訳 G. セデス『インドシナ文明史』みすず書房。

『アジア動向年報2013』アジア経済研究所。
『インドネシア古代王国の至宝』東京国立博物館、1997年。
『最新世界各国要覧』12訂版、東京書籍、2006年。

『平凡社世界大百科事典』

Casparis, J. G. de 1975 : Indonesian Palaeography. Brill.

Coedes, G.1930 : Inscriptions Malaises de Çrîvijya. BEFEO, XXX.

Damais, L.C. 1957 : Review of Riwajat Indonesia by Purbacaraka, 1952. BEFEO, 48.2.

Dowson, John 1973 : Clasical Dictionary of Hindu Mythology and Religion, Geography, History, and Literature. New Delhi.

Gonda, Dr. J. 1973 : Sanskrit in Indonesia. New Delhi.

Graaf, Dr De 1958 : De Verdwenen Tjandi Te Salatiga. BKI, 114.

Jones, Antoinette M.Barnett 1984 : Early Tenth Century Java From the Inscriptions. Dordrecht.

Krom, Prof. Dr. N. J. 1954 : Zaman Hindu (tr.by Arif Effendi). 2nd edi.Jakarta. (orig. title; Hindu-Javaansche Tijd. Geshiedenis van Nederlands Indie. deel I)

Meulen, van der 1966 : Tjarita Parahyangan dan Rahyang Sandjaya. Basis, vol.15. No. 6-10.

Murtono, Sumarsaid 1968 : State and Statecraft in Old Java. Ithaca.

Naerssen, F. H. Van & R. C. De Iongh 1977 : The Economic and Administrative History of Early Indonesia. Leiden, E. J. Brill.

Purbacaraka, Prof. Dr. R. Ng. 1952 : Riwajat Indonesia. Jakarta.

Ricklefs, M. C. 1974 : Jogjakarta under Sultan Mangkubumi, 1749-1792. London.

　1981 : History of Modern Indonesia. Macmillan.

　2005 : Sejarah Indonesia Modern 1200-2004. 3rd.ed. 印訳。Serambi, Jkt.

Sarkar, H. B. 1971 : Corpus of the Inscriptions of Java I. Culcutta.

Schrieke, B 1960 : Indonesian Sociological Studies. 2nd. Sumur Bandung, Bandung.

Sejarah Nasional Indonesia II（インドネシア国史II）: 1975.

Slametmulyono 1963(?) : Sriwidjaja. Ende, Indonesia.

Sukumono, R. 1979 : The Archaeology of Central Java before 800 A. D. (in Smith & Watson, Early South East Asia) Oxford UP.

Tibbetts, G. R.1979 : A Study of The Arabic Texts Containing Material on South-East Asia (Arabic Texts on South-East Asia).E.J.Brill, Leiden & London.

Van Leur, J. C. 1955 : Indonesian Trade and Society. The Hague. rep. 1967.

Woyowasito, S. 1950 : Sejarah Kebudayaan Indonesia II. 1952, 2nd. Jakarta.

Zoetmulder, P. T. 1983 : Kalangwan. Jakarta.

著者略歴

冨尾武弘（とみお　たけひろ）

1943年、大阪府生まれ。龍谷大学大学院文学研究科東洋史学博士課程修了。元摂南大学外国語学部教授。

専攻：東西交渉史、東南アジア史、インドネシア古代史。
著書：『梵漢音写例一覧表』1985、松香堂。
　　　『インドネシア古代史の謎』2004、インドネシア文化観光センター。その他。
共著：『平凡社大百科事典』1985年。『仏教文化事典』1989年、佼成出版社。『インドネシアの事典』1991年、同朋舎。その他。
論考：代表3点。「幻のガルー王国―訶陵国考―」摂大学術B No.9、1991年。「三仏斉国の滅亡―胡惟庸の獄との関連で―」東洋史苑75号、2010年。「満刺加国の確立と暹羅関係―鄭和大遠征を背景として―」東洋史苑79号、2012年。
海外研究活動：於インドネシア国立ガジャマダ大学主催国際シンポジウム、古代史解明の成果「ガルー（訶陵）国研究」報告、1993年。この他、マレーシア、シンガポール、ブルネイにおいて研究報告（いずれも招聘）。

インドネシアの歴史
東西交流史の中心的ステージとして

2015年1月15日　第1刷発行　　　　定価5,000円（税別）

著　者　冨　尾　武　弘
発行者　土　江　洋　宇
発行所　朋　友　書　店
〒606-8311　京都市左京区吉田神楽岡町8
　　　　　　電　話（075）761－1285
　　　　　　ＦＡＸ（075）761－8150
　　　　　　E-mail:hoyu@hoyubook.co.jp
印刷所　株式会社　図書印刷同朋舎

ISBN 978-4-89281-142-5 C3022 ￥5,000E